教育部哲学社会科学发展报告建设项目（13JBG004）

江苏省社会科学基金重大项目"江苏制造业'智能化'转型升级研究"（18ZD003）

国家自然科学基金项目（71673145）

江苏高校品牌专业建设工程（TAPP）资助项目

江苏省高校哲学社会科学重点研究基地"中国制造业发

江苏高校哲学社会科学优秀创新团队建设项目（2015ZSTD008）

中国制造业发展研究报告2019：中国制造40年与智能制造

李廉水 刘 军 程中华等 著

科学出版社

北 京

内 容 简 介

本书首先从文献综述、回溯和展望及国际比较 3 个方面总结和分析了中国制造业 40 年发展的辉煌成就，梳理了中国制造业发展的理论演变，回溯与展望了中国制造业 40 年发展历程，比较研究了中国同世界主要发达国家制造业发展之间的差异。本书不仅根据世界银行、经济合作与发展组织以及主要制造业国家 2016、2017 和 2018 年上半年的相关报告，分析了世界制造业发展形势及政策趋势，还从宏观视角、区域视角、产业视角、企业视角和智能化视角等维度对 2017 年国内外制造业研究动态展开评述。本书贯穿了智能制造引领中国制造业发展的主线，倡导制造业智能化的发展路径，创造性地对中国制造业智能化发展进行了整体研究、区域研究、产业研究、企业研究和国际比较研究，取得了许多有建设性、洞察性和启示性的结论。同时，本书还围绕中国制造业智能化的影响因素、智能化对中国制造业发展的影响、中国制造业智能化转型升级的模式、路径与案例等问题进行了专题研讨，探索了制造业智能化发展的新路径。

本书适合政府机关工作人员、企业领导、相关专业的研究人员以及关注中国制造业发展的所有人士阅读。本书对于从事制造业研究，尤其是智能制造领域的专家学者及政策制定者来说，具有重要的参考价值。

图书在版编目（CIP）数据

中国制造业发展研究报告.2019：中国制造 40 年与智能制造/李廉水等著. —北京：科学出版社，2019.6

ISBN 978-7-03-061328-8

Ⅰ.①中… Ⅱ.①李… Ⅲ.①造工业–经济发展–研究报告–中国–2019 Ⅳ.①F426.4

中国版本图书馆 CIP 数据核字（2019）第 104174 号

责任编辑：王腾飞/责任校对：杨聪敏
责任印制：师艳茹/封面设计：许　瑞

科 学 出 版 社 出版
北京东黄城根北街 16 号
邮政编码：100717
http://www.sciencep.com

北京凌奇印刷有限责任公司 印刷
科学出版社发行　各地新华书店经销
＊

2019 年 6 月第 一 版　　开本：787×1092　1/16
2019 年 6 月第一次印刷　　印张：26 1/4
字数：630 000
POD定价：　198.00元
（如有印装质量问题，我社负责调换）

编 委 会

序　言

智能制造助推中国制造业转型升级

从改革开放至今,中国制造业 40 年取得了举世瞩目的成就,无论是制造业整体规模,还是技术含量,均实现了巨大跨越。40 年来,中国制造业先后经历了乡镇企业开启制造业复苏发展阶段(1978～1991 年)、民营和外资企业催动制造业快速发展阶段(1992～2001 年)、中国制造业融入全球制造业体系、规模迅猛扩张和深度国际化发展阶段(2002～2010 年),以及新发展理念创新转型促进制造业高质量发展和全球价值提升阶段(2011 年至今)。从发展战略上来看,中国制造业 40 年经历了从改革开放初期的来料加工,用市场换技术以满足国内需求,到成为全球第一制造和贸易大国,以科技创新来发展新型工业化,再到以发展智能制造谋求引领全球制造业变革,中国制造业在开放包容中实现着质量和效益的不断提升。在不断开放和创新的 40 年中,中国制造业通过提升产品品质和优化产业结构,逐步融入国际分工体系,成为世界制造业生产和出口大国,制造业增加值逐年攀升,制造业国际竞争力不断增强,相较于美国、日本、德国等国家,中国制造业展现出更加强劲的发展动力。

中国制造业在保持良好发展态势的同时也面临诸多挑战和困境。需要警醒的是,中国制造业整体上仍然处于全球价值链中低端,"人口红利"不复存在;自主创新能力相对较弱,关键核心技术对外依赖程度高;资源利用效率较低,环境污染问题依然突出;智能制造发展基础薄弱,新模式成熟度不高。尤其是随着欧美发达国家实施"再工业化"战略,旨在抢占制造业技术制高点和竞争新优势,中国制造业的国际发展环境也变得更加严峻。随着新一代信息技术的快速发展和广泛利用,智能制造将引领全球制造业发展模式的革新,向智能化转变是中国制造业转型升级的必经之路。党和政府高度重视智能制造发展。2015 年 3 月 5 日,李克强总理在全国两会上作《政府工作报告》时提出要实施"中国制造 2025",坚持创新驱动、智能转型、强化基础、绿色发展,加快从制造大国转向制造强国。国务院 2016 年 5 月 20 日发布《关于深化制造业与互联网融合发展的指导意见》,指出面向生产制造全过程、全产业链、产品全生命周期,实施智能制造等重大工程,强化制造业自动化、数字化、智能化基础技术和产业支撑能力。《智能制造发展规划(2016～2020 年)》指出加快发展智能制造,对于推动我国制造业供给侧结构性改革,打造我国制造业竞争新优势,实现制造强国具有重要战略意义。十九大报告也指出,要加快建设制造强国和发展先进制造业,推动互联网、大数据、人工智能和实体经济深度融合。这一系列重要文件均指出,制造业智能化是未来中国制造业发展的重要方向。

从实践进程来看,中国的智能制造发展取得明显成效,以高档数控机床、工业机器人、智能仪器仪表为代表的关键技术装备已经取得积极进展和广泛应用。以工业机器人为例，根据国际机器人联合会的统计数据，2017 年中国的工业机器人出货量近 14 万套，而 2006 年仅出货 5800 套，年供货数量在十余年时间内增长了 20 倍以上，占世界工业机器人出货的比例也不断提升。然而，从横向对比来看，2016 年中国每万人拥有工业机器人数量仅为 68 套，而位于世界第一的韩国则达到了 631 套，是中国的近 10 倍。统计结果显示，中国每万人拥有量尚未达到世界平均水平（世界平均每万人拥有工业机器人数量为 74 套），与韩日及欧美发达国家相比差距甚远，中国制造业智能化发展的道路任重道远。

马克思主义认为，理论与实践是具体的、历史的统一，实践是理论的基础，科学的理论对实践有指导作用，要努力做到理论和实践相结合。随着智能制造的快速发展，国内围绕制造业智能化的理论研究处于起步阶段，还不能满足其日益增长的快速需求，中国也急需科学、系统的智能化理论来指导制造业智能化实践。通过完善制造业智能化理论来指导制造业发展，再从制造业智能化实践中发现问题和解决问题，使得理论与实践充分结合，相辅相成，继而不断完善制造业智能化理论。其中，如何科学地界定制造业智能化内涵、客观地评价中国制造业智能化发展、准确地识别制造业智能化发展的内生动力及其影响因素、系统地探讨智能化发展对制造业的影响，并剖析制造业智能化转型升级的模式及路径，是中国制造业智能化发展理论中非常关键的科学问题，迫切需要研究。

2003 年，我在科技部工作期间，李廉水教授牵头组建的研究团队获批了教育部哲学社会科学研究重大课题攻关项目"东部特大都市圈和世界制造业中心研究"。在研究过程中，他和我多次商量，提议我们共同研究并出版中国制造业发展研究报告，我觉得很有意义，提出了从"新型制造业"视角来研究和描述，他觉得很好，我们合作撰写了《"新型制造业"的概念、内涵和意义》文章，不但将其作为首卷本《中国制造业发展研究报告 2004》的研究主线，而且还在《科学学研究》杂志发表了这篇后面被广泛引用的论文。我们共同担任主编合作出版了五部中国制造业发展研究报告，后来我的职务有了变化，主动退出了研究团队，不再担任共同主编了，李教授继续坚持每年主持出版中国制造业发展研究报告，如实记录中国制造业创新引领发展轨迹，在学术界产生了较大影响。从 2004 年开始，研究始终贯穿着"新型制造业"理念，强调制造业在经济创造、科技创新、能源节约、环境保护和社会服务等方面协调发展。"新型制造业"理念的提出，为系统研究中国制造业提供了科学的角度、新的基点和整体分析框架，为制造业研究的立体展开拓展了空间，为评价中国制造业发展提供了定量指标设置的依据，从而能够客观评价中国制造业发展状况，科学地研究和分析中国制造业发展优势及其发展过程中存在的主要问题。

让我特别欣喜的是，以李廉水教授为首席专家的研究团队最近完成的《中国制造业发展研究报告 2019：中国制造 40 年与智能制造》读来令人欣慰，该研究报告首先从文献综述、发展历程及国际比较三个方面总结和分析了中国制造业 40 年发展的辉煌成就，梳理了中国制造业发展的理论演变，回溯与展望了中国制造业 40 年发展历程，比较研究了中国同世界主要发达国家制造业发展之间的差异。该研究报告不仅根据世界银行、经济合作与发展组织以及主要制造业国家 2016 年、2017 年和 2018 年上半年的相关报告，分析了世界制造业发展形势及政策趋势，还从宏观视角、区域视角、产业视角、企业视角和智能化视角等维度对 2017 年国内外制造业研究动态展开评述。更为可喜的是，该研究报告以智能制造引领中国制造业发展为主线，倡导制造业智能化的发展路径，创造性地对中国制造业智能化发展进行了整体研究、区域研究、产业研究、企业研究和国际比较研究，取得了许多有建设性、洞察性和启示性的结论。同时，该研究报告还围绕中国制造业智能化的影响因素、智能化对中国制造业发展的影响、中国制造业智能化转型升级的模式、路径与案例等问题进行了专题研讨，探索了制造业智能化发展的新路径。

　　中国制造业发展正处于转型升级的关键时期，智能制造已成为制造业重要发展趋势，加快发展智能制造势在必行。相信这部以"智能制造"为主线的中国制造业发展研究报告的出版，必将对中国制造业发展的学术研究和政策制定提供有益借鉴，值得细细研读。

杜占元

前　言

　　"中国制造业发展研究报告"2013 年获得教育部哲学社会科学发展报告建设项目立项，这是对我们十年坚持不懈努力的认可与肯定。至今，我们围绕"新型制造业"已经连续出版了十四部《中国制造业发展研究报告》（2004、2005、2006、2007、2008、2009、2010、2011、2012、2013、2014、2015、2016、2017～2018）；为扩大制造业报告的国际影响，2009 年和 2016 年在中文版的基础上，还出版了英文版。在此过程中，我们深切感受到中国制造业的快速发展，见证了中国制造业经济创造能力、科技创新能力和资源环境保护能力等方面的快速提升。我们希望这份研究报告能够在建设创新型国家、推进自主创新进程中，成为准确反映中国制造业自主创新能力提升轨迹的报告，成为助推中国制造业转型升级、创新驱动发展的报告。

　　《中国制造业发展研究报告 2019：中国制造 40 年与智能制造》是第十五部中文研究报告，由江苏省高校哲学社会科学重点研究基地"中国制造业发展研究院"和教育部人文社会科学重点研究基地"清华大学技术创新研究中心"的研究人员为主体进行研究并编写，传承了传统《中国制造业发展研究报告》的写作风格，并在研究内容上作了较大的创新，以智能制造引领中国制造业发展为主线，倡导制造业智能化的发展路径，在保留传统学术动态篇的基础上，创造性地对中国制造业智能化发展进行了整体研究、区域研究、产业研究、企业研究和国际比较研究，同时对中国制造业智能化的影响因素、智能化对中国制造业劳动生产率的影响、智能化对中国制造业生产方式的影响、智能化对中国制造业就业的影响、智能化对企业就业结构的影响、中国制造业智能化转型升级的模式及路径以及徐工集团、比亚迪智能制造转型升级案例等当前制造业智能化的前沿热点问题进行了专题研究。尤其 2018 年恰逢是改革开放 40 周年，本报告从文献综述、回溯与展望、国际比较三个方面撰写了中国制造业 40 年辉煌成就。本研究报告的特色和创新之处主要体现在以下几个方面：

　　"中国制造业 40 年辉煌成就"部分。首先，从时间维度和中外文文献角度对中国制造业研究 40 年进行了文献综述，旨在分析中国制造业理论研究的热点问题，进而梳理中国制造业发展的理论演变。其次，回溯与展望了中国制造业 40 年发展历程。改革开放 40 年，中国从一个农业国发展为世界第一制造大国，制造业总体规模不断扩大，科技创新能力不断提高，产业结构不断优化，对外贸易规模不断增长，国际竞争力不断攀升。然而，中国制造业在快速发展过程中也面临诸多困境，如整体处于全球制造业价值链中低端、自主创新能力仍然较弱、资源能源利用效率不高等。未来，中国制造业创新发展的根本路径在于，坚定地向智能化、高质量、绿色化和服务化转型，逐步完成"制造业大国"向"制造业强国"的本质性飞跃。最后，采用描述性统计比较方法从经济创造、科技创新和资源环境保护等方面，对中国同英国、德国、日本、美国等制造业发达国家进行了比较研究，以期发现中国制造业同世界发达国家之间在哪些方面还存在差距，在哪些方面具有优势。

"**学术动态**"部分。一方面，通过解析世界银行集团发布的《全球经济展望——浪潮的转折》和《2016 年度报告》、经济合作与发展组织发布的《下一个生产革命：对政府和企业的影响》以及美国制造业年度报告、德国《数字化战略 2025》、日本《汉诺威宣言》等一系列报告，探究世界主要经济体的经济发展前景、工业革命对政府和企业的影响以及美国、德国和日本制造业发展策略。另一方面，遴选出 2017 年发表的与制造业密切相关且被 SCI、SSCI、CSSCI 等检索的高质量中外文期刊论文，从宏观视角、区域视角、产业视角、企业视角等维度对国内外制造业文献研究动态展开评述，并在此基础上推荐了部分影响力较大的学术论文。

"**发展研究**"部分。从制造业智能化整体评价来看，提出了制造业智能化的定义，分析了制造业智能化的内涵，构建了中国制造业智能化的评价指标体系，结合中国制造业数据，通过熵权法对各指标进行赋权，继而对中国制造业智能化水平进行了比较和分析。从制造业智能化区域评价来看，从制造业智能化发展的基础层、应用层和市场层三个方面对四大区域、三大城市群、智能制造城市展开了比较分析。从制造业智能化产业评价来看，基于固定资产投资视角对中国制造业细分产业的智能化程度进行评价，然后根据我国制造业智能化历年发展所体现出来的特点，构建了我国的制造业智能化的评价指标体系，从基础层、应用层、市场层三个层面对航空航天及设备制造业、汽车制造业、计算机、通信和其他电子设备制造业、造纸和纸制品业、石油加工、炼焦和核燃料加工业、黑色金属冶炼和压延加工业六个行业进行了智能化评价。从制造业智能化企业评价来看，界定制造业上市公司"智能化"能力评价内涵，构建制造业上市公司"智能化"能力评价指标体系，分别对离散型制造业（汽车制造业、计算机、通信及其他电子设备制造业）和流程型制造业（医药制造业、化学原料和化学制品制造业）上市公司进行了智能化能力的评价。从制造业智能化国际比较来看，分析了美、德、英、日、中等五个国家的智能制造发展概况，并对各国的智能制造战略重点和推进措施进行了阐释和分析，通过对中国和发达国家智能制造发展战略进行比较，理清发达国家智能制造发展战略的优势与我国的不足之处。

"**专题研究**"部分。主要围绕中国制造业智能化的影响因素，智能化对中国制造业劳动生产率的影响，智能化对中国制造业生产方式的影响，智能化对中国制造业就业的影响，智能化对企业就业结构的影响，中国制造业智能化转型升级的模式及路径，徐工集团以及比亚迪智能制造转型升级的案例等相关主题展开了研究。

《中国制造业发展研究报告 2019：中国制造 40 年与智能制造》的出版对于从事制造业研究，尤其是智能制造领域的专家学者及政策制定者来说，具有重要的参考价值。本研究报告既是一部系统研究中国制造业发展的年度报告，也是一部汇集中国制造业发展数据的权威工具书，还是一部较为全面反映全球制造业发展研究动态的学术导读书，同时是一部旨在推动制造业智能化发展的政策建议书。本报告不但理念先进、方法科学，而且数据翔实、行文流畅，其出版无论是在理论上，还是在实践上，都会对我国制造业发展产生积极的影响。我们借此报告抛砖引玉，愿与更多关注中国制造业发展的朋友们合作，共同研究探索中国制造业发展的轨迹和路径，为铸就中国制造业的辉煌尽一分力量。由于水平有限，本研究报告难免会出现错误或不当之处，敬请各位专家和读者批评指正。

目　录

第2部分　学术动态篇

第 3 部分　发展评价篇

第4部分　专题研究篇

第1部分

中国制造业40年辉煌成就

第1章

中国制造业研究40年：文献综述

1.1　引　　言

在围绕中国制造业发展的问题上，国内外学者展开了广泛而深入的研究，并且取得了丰富的研究成果。本章主要从时间维度和国内外角度对中国制造业研究 40 年进行文献综述，旨在分析中国制造业理论研究的热点问题，进而梳理中国制造业发展的理论演变。本章内容主要从以下三大方面展开：一是综述 1978～2001 年期间国内制造业研究的五大热点问题，二是综述 2001～2017 年期间国内制造业研究的十大热点问题，三是综述 2001～2017 年期间国际制造业研究的十大热点问题。本章所综述的论文主要包括与中国制造业发展密切相关且被 CSSCI/SCI/SSCI 检索的期刊论文。限于篇幅，本着择优原则，试图全方位多角度呈现出 40 年中国制造业研究文献的基本特征。

1.2　1978～2001 年期间国内制造业研究的五大热点问题

从 1978 年改革开放到 2001 年加入世贸组织，中国制造业先后经历了复苏阶段（1978～1991 年）和快速发展阶段（1992～2001 年）。但该阶段围绕着制造业系统研究的文献相对较少，且文献研究的焦点相对集中，主要围绕发展战略和路径、经济发展、结构调整、竞争力、国际比较与启示等五大热点问题展开。

1.2.1　制造业发展战略和路径研究

制造业该如何制定发展战略和路径，对于复苏阶段和快速发展阶段的中国制造业来说至关重要，因此，许多学者从不同角度对制造业发展战略和路径进行了分析，但研究结论却存在一定差异。一些学者认为实行再工业化的发展战略应该成为我国经济发展的现实选择（"1991～2010 年经济发展思路"课题组，1994；周民良，1995）。部分学者认为发展外向型的劳动密集制造业是适合我国现阶段土地稀缺、资本积累有限、劳动资源富裕的基本国情的最佳战略选择（林毅夫，1988；吕政，2001）。少数学者认为我国应积极适应全球化步伐，将我国逐渐发展成为世界制造中心（吴晓波和倪义芳，2001；倪义芳和吴晓波，2001）。还有学者认为我国制造业发展行之有效的战略应该是一种复合战略，一是通过多种途径增加国内需求，以加快国内需求拉动制造业可持续发展，二是积极扩大具有比较优势的劳动密集型产品的出口，三是加强行业内部和行业之间的联系（吕铁，2001）。李寿生（2001）也认为 21 世纪中国制造业发展应采取复合战略，对于中国具有"比较优势"的制造产业，要大胆实施"走出去"的发展战略；对于具有巨大国内市场和竞争优势的产业，要更加积极地实施"以我为主"的发展战略；对于具有高成长性和较大市场空间而又缺乏技术优势的产业，要更大胆地实施"请进来"的发展战略。

1.2.2　制造业经济发展研究

在该阶段，如何推动制造业经济发展对于我国经济增长显得尤为重要，因此，许多学者从不同角度对制造业经济发展中存在的问题以及经济增长的动力进行了分析。部分学者围绕着我国制造业经济发展中存在的问题进行了分析，研究发现，随着我国经济总量的持续快速增长，产业结构的演变也在加速，国有企业在多年计划体制下形成的产业结构与经济发展的要求已不相适应，国有企业经营机制方面的弊端以及负担过重等是造成国有企业陷入困境的重要原因，必须从市场、技术、政府等多方面进行改革和突破（吴仁洪和邹正青，1990；刘富江和朱金渭，1999；朱高峰，2001）。还有一些学者分析了我国制造业的增长模式，研究发现，短期来看劳动生产率的大幅增长是 20 世纪 90 年代我国制造业保持快速增长的主要动力；但从长期的角度看，作为技术进步结果的附加价值率提高无疑将成为制造业劳动生产率增长的重要来源（吕薇，1996；吕铁，2000）。部分学者还分析了制造业增长的驱动因素，研究发现促进产业结构升级、加快西部地区工业化进程将成为我国工业长期稳定增长的保证（江源，2000）。少数学者还分析了中国制造业增长与结构变动的关系，研究发现发展就是经济结构的成功转变，结构变动越快则经济增长率越高（陈耀，1995）。

1.2.3　制造业结构调整研究

早期的学者们较多关注制造业结构调整问题，以期通过结构调整来推动制造业经济增长。部分学者总结了制造业内部的结构变动，研究认为，我国制造业内部结构向技术更加密集的部门转变，表明我国正在进行制造业的深化过程（殷醒民，1998）。还有一些学者分析了我国产业结构调整的战略选择，研究发现，我国工业部门面临两个主要问题：一是能源和原材料工业的供给不能满足加工工业的需要，二是加工工业的加工水平，主要是零部件，特别是关键零部件和机械设备的水平落后（"中国产业结构与产业政策调整动态"课题组，1993）。此外，有学者认为国际贸易分工理论不能作为制定我国产业政策的理论依据，在加工工业与能源、原材料工业之间，应以提高加工工业水平、扩大高附加价值部门比重为主，结构升级的核心是加快技术进步，提高整个社会的生产率（王岳平和葛岳静，1997）。因此，我国应将农业、以电力工业为主的能源工业、以钢铁、铝、化工原料为主的原材料工业、交通运输与通信业、关键工业交通设备制造业、纺织工业、微电子工业作为近中期产业结构调整中的战略产业（谢伏瞻等，1990）。

1.2.4　制造业竞争力研究

制造业竞争力研究一直是制造业研究的热点问题之一，相关研究主要围绕竞争力比较、竞争力影响因素等方面展开。一些学者比较分析了我国制造业的国际竞争力，研究发现，在 2000 年前 10 年左右时间，以劳动生产率为衡量标准，中国与其他生产率领先国家之间的差距并没有缩小，即没有追赶趋势（王珺，1991；任若恩，1998；郭克莎，2000）。部分学者进一步比较分析了中国通信设备制造业和医药制造业的国际竞争力，研究发现，中国通信设备制造业和医药制造业在许多领域与发达国家还存在较大差距（穆荣平，2000；穆荣平和蔡长塔，2001）。还有一些学者分析了我国制造业竞争力的影响因素，研究发现，外资企业在资产运营能力方面的显著优势是外资企业保持对国有企业竞争优势的关键，税负不平等的原因难以解释制造业内外资企业的竞争优势的普遍存在（何枫和冯宗宪，1999）。因此，要充分利用、开发劳动力资源，以在不同的产品层次上发挥低投入优势，同时要建立现代化大企业，发挥规模优势（陈旭东，1991）。

1.2.5　国际比较与启示

欧美发达国家的制造业发展对我国制造业发展具有较好的启示，因此，许多学者从不同角度分析了国外制造业发展，以期为我国制造业发展提供更多借鉴和启示。部分学者分析了美国的早期"再工业化"战略，研究认为，美国制造业 20 世纪 80 年代以来的"复兴"不是短期的偶然性事件，而是一系列国际国内因素变化的必然结果，是带有长期性的（赖祥麟，1988）。美国政府为推进"再工业化"而采取的主要对策是：减少政府对企业的干预，加速开发经济不发达地区，扶持和资助新兴工业部门和传统工业部门，推行部门干预政策（佟福全，1982；丁浩金，1991）。还有一些学者分析了日本制造业企业的竞争优势及对我国的启示，研究认为，日本制造业企业的成功经营在日本经济迅猛发展时期具有举足轻重的作用，高质量的产品和服务、低成本、交货期的短期化成为其竞争优势，而这主要源于和谐的企业文化、优秀的员工队伍和高度的综合技术体系、经营管理机制（刘求生，2000）。

1.3　2001～2017 年期间国内制造业研究的十大热点问题

2001 年中国加入世贸组织之后，围绕制造业的研究也逐渐丰富起来，并呈现出研究范围广、研究精度细、研究深度深的显著特征。

1.3.1　制造业生产率与效率研究

在新常态下和供给侧改革的要求下，改善要素配置效率和提升全要素生产率是实现经济增长方式转变的重要途径，也是中国制造业发展的迫切需求。一些学者围绕要素配置效率展开相关分析，研究发现，劳动要素在制造业产业内、产业间均存在着不同程度的配置扭曲（杨振和陈甫军，2013；周新苗和钱欢欢，2017），这就使得要素配置效率对制造业生产效率增长的贡献非常有限（张杰，2016），这可能是因为中国制造业集聚存在着较高的拥挤效应和较低的技术外部性（孙元元和张建清，2015）。部分学者围绕全要素生产率展开相关分析，研究发现，中国制造业全要素生产率（total factor productivity，TFP）年均增长主要得益于技术进步水平的提高，而效率变化影响不显著甚至产生负面影响（沈能，2006；方虹和王红霞，2008；宫俊涛等，2008；陈静和雷厉，2010）。围绕着制造业能源效率，一些学者进行了相关研究，研究发现，中国制造业全要素能源效率总体呈现上升趋势，但行业之间差异显著。全要素能源效率较低的行业主要集中在劳动密集型行业，全要素能源效率较高的行业主要集中在垄断程度较高、进入壁垒较高的行业（王霄和屈小娥，2010）；全要素能源效率增长率较高的行业主要集中在垄断程度高、进入壁垒高的行业，增长率较低的行业主要是劳动密集型行业（王姗姗和屈小娥，2011）。还有一些学者分析了制造业产能利用率，研究发现，我国制造业存在着产能过剩行业（韩国高等，2011；董敏杰等，2015；杨振兵和张诚，2015；杨振兵，2016），并且呈现出复杂性、全局性甚至长期性特征（孙焱林和温湖炜，2017）。

1.3.2　制造业就业与工资研究

凭借绝对的劳动力数量和成本优势，中国制造业得到了迅猛的发展，使中国成为制造业第一大国，名副其实的"世界工厂"。但随着人口红利的逐步消失和劳动力成本的不断上升，制造业的就业和工资以及与此相关的劳动生产率问题不得不引起重视。研究重点主要集中在以下两个方面：一是围绕制造业就业问题展开相关研究，但研究结论却存在一定差异。有些学者认为中国的制造业同时经历了大规模的就业创造与就业消失，平均就业净增长为正（马弘等，2013；屈小博等，2016）。还有一些学者认为中国制造业已经出现了"民工荒"现象，尤其是在高技术行业和新兴技术产业（章铮和谭琴，2005；袁富华和李义学，2008）。二是围绕制造业工资问题展开相关研究，这些研究主要是考察制造业工资的影响因素，主要包括市场分割（都阳和蔡昉，2004），企业规模（陆云航和刘文忻，2010），垂直专业化（戴魁早，2011），资本特征（张杰等，2012），人力资本（严兵等，2014；徐伟呈和范爱军，2017），并且这些因素对制造业工资的影响还呈现出行业异质性。

1.3.3　制造业技术创新研究

创新对于制造业发展的作用已不言而喻，许多学者围绕着制造业技术创新展开相关研究。一是从宏观层面分析制造业技术创新的相关问题。一些学者分析了中国制造业技术创新能力，研究发现，我国制造业企业自主创新能力仍很薄弱，产学研的互动仍需进一步加强，R&D 经费强度还需进一步提升（张华胜，2006），创新经费投入对制造业创新能力的提升起着至关重要的作用（林洲钰和林汉川，2012；李廉水等，2015）。部分学者分析了中国制造业为何难以突破技术技能升级陷阱，研究发现，跨国公司通过 FDI、外包的国际生产组织安排，虽然在一定程度上通过物质资本路径促进我国制造业的技术升级，但对人力资本路径和研发资本路径的影响总体上都是负向的，尤其是外包生产组织方式的安排，能有效地控制技术和技能的传播和溢出，固化了劳动力的低端技能模式，是中国制造业技术升级和技能升级产生路径依赖的微观生产组织根源（洪联英等，2016）。还有一些学者分析了制造业绿色工业创新系统和低碳创新系统，提出了制造业绿色创新和低碳创新系统的演化与形成机制（田红娜和毕克新，2012；樊步青和王莉静，2016；毕克新等，2017）。二是从企业层面分析制造业技术创新问题，相关研究主要分析制造业企业技术创新的影响因素，主要包括企业 R&D 强度（安同良等，2006），企业规模（张杰等，2007；孔伟杰和苏为华，2009），所有制结构（李春涛和宋敏，2010），垄断行为（王贵东，2017）。

1.3.4　制造业发展路径与战略研究

未来相当长的时期内，我国仍处于工业化阶段，制造业的增长状况将直接影响着我国经济增长的速度和质量。因此，对我国制造业的发展路径或战略进行探讨就具有重要的实际意义。关于国内制造业发展路径与战略的研究主要集中于以下两个方面：一是国内制造业发展路径研究。一些学者分析了中国打造世界制造业中心的路径，研究发现，中国成为世界制造业中心需要5个关键条件：对当地市场的必要保护、对当地市场的培育、后发优势的作用及其利用、市场机制的作用、对市场机制的引导（胡立君和陈静，2003；宋泓，2005）。还有一些学者研究发现，世界产业的信息化、全球化、环保化趋势对中国产业发展产生了越来越广泛和深刻的影响，促使中国必须探索新型工业化和新型制造业的道路（金碚，2003；李廉水和杜占元，2005；李廉水等，2014；2015）。二是国内制造业发展战略研究。相关研究主要围绕以下发展战略展开分析："十三五"规划（黄群慧和李晓华，2015），供给侧结构性改革（黄群慧，2016），"中国制造2025"（吕铁和韩娜，2015；黄群慧和贺俊，2015），"一带一路"倡议（许和连等，2015；孟祺，2016）。

1.3.5　国际贸易与对外投资

随着中国加入世界贸易组织，制造业国际贸易的研究越来越受到关注。与此同时，随着中国与海外合作的频繁开展，我国的境外投资得到快速发展，对外直接投资净额连年增长，投资规模不断扩大。因此，许多学者围绕着制造业国际贸易和对外直接投资展开了相关研究，主要集中在以下两大方面：一是围绕制造业国际贸易展开分析，其中对制造业国际贸易的研究一般侧重于出口方面。较多学者围绕着"生产率悖论"展开了相关研究（李春顶，2010；汤二子等，2011；盛丹和王永进，2012；范剑勇和冯猛，2013），这些研究主要分析了中国制造业出口企业是否存在生产率悖论现象，并分析了其作用机制。还有一些学者围绕着出口结构或技术复杂度展开了测度和分析（祝树金和张鹏辉，2013；刘维林等，2014；魏浩和王聪，2015；李小平等，2015；戴翔，2016；余淼杰和张睿，2017）。二是围绕制造业对外直接投资展开分析。部分学者分析了制造业对外直接投资的效应，主要包括空心化效应（刘海云和聂飞，2015）和逆向技术溢出效应（杨连星和罗玉辉，2017）。还有一些学者分析了制造业对外直接投资的影响因素，主要包括母公司竞争优势（葛顺奇和罗伟，2013）和产能利用率（王自锋和白玥明，2017）。

1.3.6　国际比较与启示

中国制造业的高速发展得益于全球化浪潮和改革开放政策，其发展始终处于复杂的国际环境中。特别是2008年国际金融危机发生后，发达国家纷纷实施"再工业化"战略，以重塑制造业竞争新优势，加速推进新一轮全球贸易投资新格局。发达国家的这些战略布局和政策重点无疑会对中国制造业的发展产生重大影响，由此可能带来竞争格局和各方竞争力水平的变化。因此，研究重点主要集中在三个方面：一是发达国家制造业发展战略的影响与启示，主要包括美国再工业化（国务院发展研究中心，2013；黄永春等，2013；陈汉林和朱行，2016；王永龙，2017）和德国"工业4.0"战略（丁纯和李君扬，

2014；李健旋，2016）。二是国际竞争力的测评与比较。一些学者构建了国际竞争力评价
体系，并对中国制造业国际竞争力进行了测算（郑海涛和任若恩，2005；金碚等，2006；
甄峰和赵彦云，2008；陈立敏等，2009）。部分学者对中国与具体国别的制造业竞争力进
行了比较（郭克莎，2000；马月才，2003；吴贵生等，2004；王燕武等，2011；赵彦云
等，2012；王茜，2013）。三是中国制造业国际竞争力的影响因素，这些因素主要包括产
业集中度（王仁曾，2002），贸易专业化水平（毛日昇，2006），外商直接投资（徐涛，
2009），环境规制（傅京燕和李丽莎，2010；余东华和孙婷，2017），要素禀赋（王文治
和陆建明，2012）。

1.3.7　产业集聚或转移研究

制造业的空间分布特征与演化规律是制造业研究中的热点问题之一，相关研究主要
集中在以下四个方面：一是产业集聚的测度与分析，但研究结论存在一定差异。早期的
学者研究发现中国制造业的地理集聚程度虽然相对较低但却呈现不断加深的趋势（魏后
凯，2002；吴学花和杨蕙馨，2004；路江涌和陶志刚，2006；文东伟和冼国明，2014；
赵璐和赵作权，2014）。部分学者研究发现制造业聚集地的分布极不平衡，两极分化严重
（罗勇和曹丽莉，2005；杨洪焦等，2008；吴三忙和李善同，2010）。还有一些学者研究
发现，中国制造业空间结构变动过程和结果都同时表现出集聚和扩散两类特征，其中集
聚占绝对优势（陈秀山和徐瑛，2008；赵果庆和罗宏翔，2009）。二是分析产业集聚的影
响因素，这些因素主要包括地方保护主义（路江涌和陶志刚，2007），运输成本（杨洪焦
等，2008），马歇尔外部性（吴建峰和符育明，2012；韩峰和柯善咨，2012），传统比较
优势（韩峰和柯善咨，2013）。三是产业集聚的影响效应研究，主要包括经济增长（刘军
和徐康宁，2010），科技创新（刘军等，2010），能源效率（沈能，2014），全要素生产率
（范剑勇等，2014），创新效率（刘军等，2017），环境污染（刘军等，2016），工资（刘
修岩和殷醒民，2008），税收（钱学锋等，2012）。四是产业转移研究，这些研究主要分
析了中国制造业是否出现了产业转移现象以及其背后的内在机制（范剑勇，2004；李娅
和伏润民，2010；曲玥等，2013）。

1.3.8　高技术产业研究

高技术产业的发展对我国制造业发展至关重要，相关研究主要集中在以下三个层面：
一是测度高技术产业 TFP，并分析其驱动因素，研究发现，技术进步和消费对中国高
技术产业产出的贡献程度远小于其他发达国家，但中国高技术产业"投资驱动型"特
征明显，净出口对产出增长的贡献呈现出"一枝独秀"局面（张同斌和高铁梅，2013）。
同时，人力资本和企业利润中间产品对高新技术企业 TFP 发展具有显著的促进作用（罗
雨泽等，2016）。二是高技术产业集聚或空间分布状况（唐根年和徐维祥，2004；蒋金
荷，2005；王子龙等，2006），研究发现，我国高技术产业呈现较明显的集群发展态势，
主要发生在京津唐、长江三角洲和珠江三角洲三大地区。三是测度和分析高技术产业创
新效率。大多数学者运用数据包络分析（data envelopment analysis，DEA）方法测度了
高技术产业的技术效率（官建成和陈凯华，2009；吴和成等，2010；夏维力和钟培，2011；

冯志军和陈伟，2014；刘伟，2016），少数学者运用随机前沿分析（stochastic frontier approach，SFA）方法对中国高技术产业创新效率进行了实证分析（刘志迎等，2007；韩晶，2010）。

1.3.9 战略性新兴产业研究

随着战略性新兴产业的兴起和发展，许多学者对此进行了分析，相关研究主要集中在以下三个层面：一是战略性新兴产业理论研究。相关研究主要围绕战略性新兴产业理论分析框架、产业生态系统等方面展开理论分析（郭晓丹和宋维佳，2011；贺俊和吕铁，2012；王宇和刘志彪，2013；李晓华和刘峰，2013；周城雄等，2017）。二是战略性新兴产业实证研究。大多数学者对战略性新兴产业的效率进行了测度和分析（吕岩威和孙慧，2014；黄海霞和张治河，2015；刘晖等，2015）；还有一些学者分析了战略性新兴产业创新补贴的绩效（陆国庆等，2014；吴俊和黄东梅，2016；武咸云等，2017）。三是战略性新兴产业案例研究。霍国庆等（2017）以华为公司、佛山陶瓷产业技术联盟、中国科学院微电子研究所、中国汽车技术研究中心为例，分析了我国战略性新兴产业技术创新的四种模式，即外溢模式、联盟模式、供应模式和大规模定制模式。王宏起等（2018）以中国新能源汽车产业为例，运用解释性案例和专利计量嵌入相结合的研究方法，揭示基于主导优势的战略性新兴产业核心能力形成机制。

1.3.10 装备制造业研究

在对具体行业的研究中，装备制造业是最受关注的行业之一，相关研究主要围绕以下几个方面展开：一是围绕产业集聚或产业集群展开分析，这些研究旨在对装备制造业的产业集聚进行定量分析，揭示集聚的现状、特点及其影响因素（张威，2002；李凯和李世杰，2004；2005；赵忠华和胡运权，2009）。二是围绕技术创新展开分析。一些学者测算分析了装备制造业技术效率或全要素生产率（原毅军和耿殿贺，2010；牛泽东和张倩肖，2012；王卫和綦良群，2017；范德成和杜明月，2018），还有一些学者分析了装备制造业技术创新能力的影响因素（赵建华和焦晗，2007；孙晓华和田晓芳，2010；徐建中等，2014）。三是围绕装备制造业结构展开分析，这些研究主要分析了区域装备制造业产业结构升级过程，总结影响区域装备制造业产业结构升级的关键因素（綦良群和李兴杰，2011；巫强和刘志彪，2013；张丹宁和陈阳，2014；唐晓华和刘相锋，2016）。

1.4 2001～2017 年期间国际制造业研究的十大热点问题

制造业对于各国经济发展都至关重要，因此制造业研究也受到了国际上的广泛关注。由于国际制造业研究的期限较长，在该部分中我们仅选取了 2001～2017 年这一时间段，主要考虑到 2001 年中国加入世贸组织，正式融入制造业全球价值链，而且这一时间段也是制造业研究的热点期间。由于围绕制造业研究的文献众多，我们仅遴选出 2001～2017 年间与制造业密切相关且被 SCI 和 SSCI 检索的期刊论文。在此基础上，归纳总结出 2001～2017 年期间国际制造业研究的十大热点问题。

1.4.1　制造业技术创新研究

制造业技术创新研究一直是制造业研究的热点问题之一，国际上不乏文献对制造业技术创新进行分析，相关研究主要围绕制造业 R&D 研究以及制造业技术创新的影响因素研究等两大方面展开。一是制造业 R&D 定量和测度研究，相关研究主要对不同国家的研发活动进行了定量研究，这些国家包括印度（Kumar and Aggarwal，2005），美国（Shiferaw and Fidel，2007），西班牙（Gonzalez-Alvarez and Nieto-Antolin，2007；Hervas-Oliver et al.，2011），欧盟（Bos et al.，2013），日本（Ito and Tanaka，2016）。二是制造业技术创新的影响因素研究，这些研究主要分析制造业技术创新的影响因素，主要包括信息来源（Amara and Landry，2005；Hsu，2011），信息管理（Frishommar and Horte，2005），企业规模（Chang and Robin，2006），组织战略（O'Regan et al.，2006；Chao et al.，2011；Kao et al.，2011），专利保护（Allred and Park，2007），员工培训（Santamaría et al.，2009）。

1.4.2　制造业生产率研究

如何提高制造业生产率对于制造业发展至关重要，相关研究主要集中在制造业生产率测度研究以及制造业生产率的影响因素研究等两大方面。一是制造业生产率测度研究，这些研究采用不同方法测度和分析不同国家的制造业生产率，主要包括英国全要素生产率（Crafts abd Mills，2005），韩国制造业全要素生产率（Fernandes，2008），印度尼西亚制造业全要素生产率（Margono and Sharma，2006），德国制造业生产率（Cantner and Kruger，2008），印度制造业劳动生产率（Jigna，2007），美国制造业生产率（Feng and Serletis，2008），中国制造业全要素生产率（Yang et al.，2013），智利制造业全要素生产率（Oberfield，2013）。二是制造业生产率的影响因素研究，这些研究重在分析制造业生产率的影响因素，主要包括汇率和通货膨胀率（Harmse and Abuka，2005），国外投入/产出（Andreas and Marios，2005），出口程度（Hu and Tan，2016；Beverelli et al.，2017），节能政策（Li and Maani，2016），技术变化（Mouelhi，2009；Woods，2017）。

1.4.3　制造业能源投入或效率研究

提高制造业能源投入或效率对于制造业经济增长和节能减排具有重要促进作用，相关研究主要集中在能源效率测度研究以及能源效率的影响因素研究等两大方面。一是制造业能源效率测度研究，这些研究采用不同方法测度和分析不同国家的制造业能源效率，主要包括美国制造业能源效率（Azadeh et al.，2007；Mukherjee，2008a），荷兰制造业能源效率（Neelis et al.，2007），土耳其制造业能源效率（Onut and Soner，2007），印度制造业能源效率（Mukherjee，2008b），俄罗斯制造业能源效率（Salnikov et al.，2017）。二是制造业能源效率的影响因素研究，这些研究旨在从不同角度分析制造业能源效率的影响因素，主要包括制造业产业结构（Lescaroux，2008；Choi and Oh，2014；Mulder，2015），公共能源政策（Oikonomou et al.，2009），能源价格（Steven and Brantley，2016），能源审计和实施能源效率措施（Trianni et al.，2016）。

1.4.4 制造业环境影响研究

制造业是能源资源消耗和环境污染的主要部门，制造业的发展一直受到能源、资源、环境的约束，尤其是在近年来原材料价格上涨、能源紧张、环境保护受到更多关注的背景下，制造业环境方面的研究受到了很多学者的关注。相关研究主要集中在制造业环境污染的影响因素研究以及绿色技术研究等两大方面。一是制造业环境污染的影响因素研究，这些研究从不同角度分析了制造业环境污染的影响因素，主要包括环境标准和立法（Long et al.，2013；Nath and Ramanathan，2016），供应链（Egilmez et al.，2014），生产资源再分配（Fujii and Managi，2015；Bostian et al.，2018）。二是制造业绿色技术研究。一些学者采用博弈论的方法对制造业的环保动机进行研究（Fairchild，2008；Nouira et al.，2014），还有一些学者采用内生增长模型比较分析了制造业使用清洁生产技术和非清洁生产技术的差异（Acemoglu et al.，2016）。

1.4.5 制造业信息化研究

信息化有助于提升制造业的竞争力。相关研究主要集中在信息化融合制造业研究、制造业信息化的效应研究以及制造业信息化的影响因素研究等三大方面。一是信息化融合制造业研究，这些研究重在分析信息化融合制造业的作用机制或内在机制，揭示信息化对制造业竞争力提升的基础支持性作用（Sun and Jiang，2007；Wang，2007；Thakur and Jain，2008；Karabegović et al.，2015）。二是制造业信息化的效应研究，这些研究重在分析制造业信息化会给企业带来哪些方面的影响，主要包括生产率（Nesta，2008），制造业效率（Mouelhi，2009；Castiglione and Infante，2014），制造业柔性（Antti and Pekka，2015），制造业全要素生产率（Benhabib et al.，2016）。三是制造业信息化的影响因素研究，这些研究重在分析哪些因素影响制造业信息化，主要包括知识管理（Wadhwa et al.，2008），公司规模（Oliveira et al.，2014），技术和组织因素（Aboelmaged，2014），公共政策（Billon et al.，2016），用户创新和大规模定制（Rayna and Striukova，2016）。

1.4.6 制造业国际贸易研究

制造业国际贸易的研究一直是制造业研究的热点问题之一，相关研究主要围绕国际贸易的效应研究以及国际贸易的影响因素研究等两大方面展开。一是制造业国际贸易的效应研究，这些研究重在分析制造业国际贸易给经济发展带来的影响效应，主要包括挤出效应（Razmi，2007），溢出效应（Harasztosi，2016），生产率和效率（Kosteas，2008；De Loecker，2011；Finicelli et al.，2013），工厂倒闭（Baldwin and Gu，2011），环境污染（Solaymani and Shokrinia，2016）。二是制造业国际贸易的影响因素研究，这些研究着重分析哪些因素影响制造业国际贸易，主要包括产品创新（Cassiman and Golovko，2011），国际多元化（Lampel and Giachetti，2013），利率和汇率变动（Villarreal and

Ahumada，2015；Cheung et al.，2016），贸易自由化（Marks，2017）。

1.4.7　制造业生产流程管理研究

改进或优化制造业生产流程对于制造业发展至关重要，相关研究主要集中在制造业生产流程优化以及制造业生产流程创新等两大方面。一是制造业生产流程优化，这些研究重在分析制造业如何调整和优化其生产流程，从而达到效率最优化。这些研究认为当今的制造业（尤其在复杂的高精度行业）普遍实行了一种高度结构化的生产模型，但是快速变化的生产和市场需求要求企业具备更高的灵活弹性，应该依据面向对象的设计思路提出一种改进的制造业业务流程模型，同时还需要考虑有关环境方面的改进（Carchiolo et al.，2010）。在这种情况下，准时生产（just in time, JIT）系统共同的特点在于具有坚定协调的组织，迅速解决问题的人力资源能力，全面质量管理的坚实基础，稳定或可预见的信息系统，有效的技术发展，以及商业/制造业的战略整合能力（Matsui，2007）。二是制造业生产流程创新，相关文献主要集中在讨论虚拟制造（Su et al.，2005）和柔性制造（Tseng and Lin，2005）。

1.4.8　制造业供应链管理研究

制造业供应链管理一直是制造业研究的热点问题之一，相关研究主要集中在供应链优化研究、绿色供应链研究以及供应链案例研究等三大方面。一是供应链优化研究，这些研究着重分析制造业如何优化其供应链，相关方法主要包括，回归模型（Balram and Paul，2007；Vickery et al.，2010），作业成本法（Askarany，2010），费舍尔模型（Lo and Power，2010），Agent 模型（Behdani et al.，2010），综合优化模型（Vernyi et al.，2006；Bilgen，2010），结构方程模型（Cao and Zhang，2011）。二是供应链案例研究，这些研究主要以实际制造业企业为基础，调查和分析制造业供应链结构，并研究在供应链结构中处于不同位置企业的服务策略（Karabuk，2007；Wang et al.，2010；Lofberg et al.，2010）。三是绿色供应链研究，这些研究重在分析如何在传统供应链基础上纳入环境因素，关注于减少资源的使用和加强对环境的保护（Chung and Wee，2008；Zhu et al.，2013）。

1.4.9　制造业集聚研究

制造业的空间分布特征与演化规律是制造业研究中的热点问题之一，相关研究主要集中在以下两个方面：一是分析制造业集聚的影响因素研究，这些因素主要包括运输成本和自然禀赋（Rosenthal and Strange，2001；Glaeser and Kohlhase，2004；Forslid and Okubo，2014），市场潜力（Head and Mayer，2004；Hanson，2005），企业成本（Foster et al.，2008），贸易成本（Okubo et al.，2010）。二是分析制造业集聚对经济发展所带来的影响效应，主要集中在产业集聚对经济增长的影响研究（Brulhart and Sbergami，2009；Cerina and Mureddu，2014），产业集聚对技术创新的影响研究（Roberto and Giulio，2011；Filip and Beveren，2012；Zhang，2015），产业集聚对环境污染的影响研究（Zeng and Zhao，2009；Sun and Yuan，2015；Cheng，2016），产业集聚对税收竞争的影响研究（Sylvie and Sonia，2010；Brülhart et al.，2012；Koh et al.，2013；Monseny，2013；Karen and Karolien，

2013；Eva and Kurt，2014）。

1.4.10 制造业发展战略或路径研究

制造业发展战略的制定以及制造业发展路径的选择对于制造业未来发展至关重要，相关研究主要集中在制造业发展战略研究以及制造业发展路径研究等两大方面。一是制造业发展战略研究。部分研究从宏观层面研究了制造业战略目标和战略方法（Swink et al.，2007；Wang and Gao，2008；Gyampah and Acquaah，2008；Xia，2017），还有一些研究从微观层面分析了企业应对激烈竞争应采取的发展战略（Dangayach and Deshmukh，2006；Thun，2008；Mia and Winata，2008）。二是制造业发展路径研究。部分研究通过案例分析来解释评价模型中的运作程序，并讨论和分析不同制造业发展路径对企业发展的影响（Tseng and Lin，2005；Cucculelli and Bettinelli，2015），少数研究从理论层面探讨不同制造业发展模型对于节能减排的影响效应（Luo et al.，2016）。

1.5 本章小结

本章主要从时间维度和国内外角度对中国制造业研究 40 年进行了文献综述，分析了中国制造业理论研究的热点问题，梳理出了中国制造业发展的理论演变。1978~2001 年期间国内制造业研究的五大热点问题分别为制造业发展战略和路径研究、制造业经济发展研究、制造业结构调整研究、制造业竞争力研究和国际比较与启示。2001~2017 年期间国内制造业研究的十大热点问题分别为制造业生产率与效率研究、制造业就业与工资研究、制造业技术创新研究、制造业发展路径与战略研究、国际贸易与对外投资、国际比较与启示、产业集聚或转移研究、高技术产业研究、战略性新兴产业研究和装备制造业研究。2001~2017 年期间国际制造业研究的十大热点问题分别为制造业技术创新研究、制造业生产率研究、制造业能源投入或效率研究、制造业环境影响研究、制造业信息化研究、制造业国际贸易研究、制造业生产流程管理研究、制造业供应链管理研究、制造业集聚研究和制造业发展战略或路径研究。

参 考 文 献

"1991~2010 年经济发展思路"课题组. 1994. 中国经济发展的理论思考与政策选择(下). 管理世界, 4: 24-33.

安同良, 施浩, Ludovico Alcorta. 2006. 中国制造业企业 R&D 行为模式的观测与实证——基于江苏省制造业企业问卷调查的实证分析. 经济研究, 2: 21-30.

毕克新, 付珊娜, 杨朝均, 等. 2017. 制造业产业升级与低碳技术突破性创新互动关系研究. 中国软科学, 12: 141-153.

陈汉林, 朱行. 2016. 美国"再工业化"对中国制造业发展的挑战及对策. 经济学家, 12: 37-44.

陈静, 雷厉. 2010. 中国制造业的生产率增长、技术进步与技术效率——基于 DEA 的实证分析. 当代经济科学, 32(4): 83-89.

陈立敏, 王璇, 饶思源. 2009. 中美制造国际竞争力比较: 基于产业竞争力层次观点的实证分析. 中国工业经济, 6: 57-66.

陈秀山, 徐瑛. 2008. 中国制造业空间结构变动及其对区域分工的影响. 经济研究, 10: 104-116.

陈旭东. 1991. 发展中国家制造业出口竞争优势的选择. 世界经济, 11: 28-32.

陈耀. 1995. 中国地区工业增长与结构变动. 中国工业经济, 10: 46-52.

戴魁早. 2011. 垂直专业化的工资增长效应——理论与中国高技术产业的经验分析. 中国工业经济, 3: 36-46.

戴翔. 2016. 中国制造业出口内涵服务价值演进及因素决定. 经济研究, 9: 44-57.

丁纯, 李君扬. 2014. 德国"工业 4.0"：内容、动因与前景及其启示. 德国研究, 4: 49-66.

丁浩金. 1991. 试论美国工业在经济中的地位和作用——兼论美国经济的"非工业化"和产业"空心化". 世界经济, 5: 38-45.

董敏杰, 梁泳梅, 张其仔. 2015. 中国工业产能利用率：行业比较、地区差距及影响因素. 经济研究, 1: 84-98.

都阳, 蔡昉. 2004. 中国制造业工资的地区趋同性与劳动力市场一体化. 世界经济, 8: 42-49.

樊步青, 王莉静. 2016. 我国制造业低碳创新系统及其危机诱因与形成机理分析. 中国软科学, 12: 51-60.

范德成, 杜明月. 2018. 高端装备制造业技术创新资源配置效率及影响因素研究——基于两阶段 StoNED 和 Tobit 模型的实证分析. 中国管理科学, 1: 13-24.

范剑勇. 2004. 长三角一体化、地区专业化与制造业空间转移. 管理世界, 11: 77-84.

范剑勇, 冯猛. 2013. 中国制造业出口企业生产率悖论之谜：基于出口密度差别上的检验. 管理世界, 239(8): 16-29.

范剑勇, 冯猛, 李方文. 2014. 产业集聚与企业全要素生产率. 世界经济, 5: 51-73.

方虹, 王红霞. 2008. 中国制造业技术变化实证研究. 统计研究, 25(4): 40-44.

冯志军, 陈伟. 2014. 中国高技术产业研发创新效率研究——基于资源约束型两阶段 DEA 模型的新视角. 系统工程理论与实践, 5: 1202-1212.

傅京燕, 李丽莎. 2010. 环境规制、要素禀赋与产业国际竞争力的实证研究——基于中国制造业的面板数据. 管理世界, 10: 87-98.

葛顺奇, 罗伟. 2013. 中国制造业企业对外直接投资和母公司竞争优势. 管理世界, 6: 28-42.

宫俊涛, 孙林岩, 李刚. 2008. 中国制造业省际全要素生产率变动分析——基于非参数 Malmquist 指数方法. 数量经济技术经济研究, 25(4): 97-109.

官建成, 陈凯华. 2009. 我国高技术产业技术创新效率的测度. 数量经济技术经济研究, 10: 19-33.

郭克莎. 2000. 制造业生产效率的国际比较. 中国工业经济, 9: 40-47.

郭晓丹, 宋维佳. 2011. 战略性新兴产业的进入时机选择：领军还是跟进. 中国工业经济, 5: 119-128.

国务院发展研究中心"发达国家再制造业化战略及对我国的影响"课题组, 李伟, 刘鹤, 等. 2013. 发达国家再制造业化战略及对我国的影响. 管理世界, 2: 13-17.

韩峰, 柯善咨. 2012. 追踪我国制造业集聚的空间来源：基于马歇尔外部性和新经济地理的综合视角. 管理世界, 10: 55-70.

韩峰, 柯善咨. 2013. 空间外部性、比较优势与制造业集聚——基于中国地级市面板数据的实证分析. 数量经济技术经济研究, 1: 22-38.

韩国高, 高铁梅, 王立国, 等. 2011. 中国制造业产能过剩的测度、波动及成因研究. 经济研究, 12: 18-31.

韩晶. 2010. 中国高技术产业创新效率研究——基于 SFA 方法的实证分析. 科学学研究, 28(3): 467-472.

何枫, 冯宗宪. 1999. 国有企业与外资企业制造业竞争力的比较研究. 中国软科学, 9: 93-96.

贺俊, 吕铁. 2012. 战略性新兴产业：从政策概念到理论问题. 财贸经济, 5: 106-113.

洪联英, 韩峰, 唐寅. 2016. 中国制造业为何难以突破技术技能升级陷阱?——一个国际生产组织安排视角的分析. 数量经济技术经济研究, 3: 23-40.

胡立君, 陈静. 2003. 中国打造世界制造中心的路径依赖初探——兼论缓提"中国是世界制造中心"的口号. 中国工业经济, 1: 40-47.

黄海霞, 张治河. 2015. 基于 DEA 模型的我国战略性新兴产业科技资源配置效率研究. 中国软科学, 1: 150-159.

黄群慧. 2016. 论中国工业的供给侧结构性改革. 中国工业经济, 10: 5-23.

黄群慧, 贺俊. 2015. 中国制造业的核心能力、功能定位与发展战略——兼评《中国制造 2025》. 中国工业经济, 6: 5-17.

黄群慧, 李晓华. 2015. 中国工业发展"十二五"评估及"十三五"战略. 中国工业经济, 9: 5-20.

黄永春, 郑江淮, 杨以文, 等. 2013. 中国"去工业化"与美国"再工业化"冲突之谜解析——来自服务业与制造业交互外部性的分析. 中国工业经济, 3: 7-19.

霍国庆, 李捷, 张古鹏, 等. 2017. 我国战略性新兴产业技术创新理论模型与经典模式. 科学学研究, 11: 1623-1630.

江源. 2000. 工业行业和地区结构变化对1993~1999年我国工业增长率的影响. 中国工业经济, 12: 15-21.

蒋金荷. 2005. 我国高技术产业同构性与集聚的实证分析. 数量经济技术经济研究, 22(12): 91-97.

金碚. 2003. 世界分工体系中的中国制造业. 中国工业经济, 5: 5-14.

金碚, 李钢, 陈志. 2006. 加入 WTO 以来中国制造业国际竞争力的实证分析. 中国工业经济, 10: 5-14.

孔伟杰, 苏为华. 2009. 中国制造业企业创新行为的实证研究——基于浙江省制造业1454家企业问卷调查的分析. 统计研究, 26(11): 44-50.

赖祥麟. 1988. 试论美国制造业的"复兴". 世界经济, 7: 33-38.

李春顶. 2010. 中国出口企业是否存在"生产率悖论"基于中国制造业企业数据的检验. 世界经济, 7: 64-81.

李春涛, 宋敏. 2010. 中国制造业企业的创新活动: 所有制和 CEO 激励的作用. 经济研究, 5: 135-137.

李健旋. 2016. 美德中制造业创新发展战略重点及政策分析. 中国软科学, 9: 37-44.

李凯, 李世杰. 2004. 装备制造业集群网络结构研究与实证. 管理世界, 12: 68-76.

李凯, 李世杰. 2005. 装备制造业集群耦合结构: 一个产业集群研究的新视角. 中国工业经济, 2: 51-57.

李廉水, 程中华, 刘军. 2015. 中国制造业"新型化"及其评价研究. 中国工业经济, 2: 63-75.

李廉水, 杜占元. 2005. "新型制造业"的概念、内涵和意义. 科学学研究, 23(2): 184-187.

李廉水, 杨浩昌, 刘军. 2014. 我国区域制造业综合发展能力评价研究——基于东、中、西部制造业的实证分析. 中国软科学, 2: 121-129.

李寿生. 2001. 21 世纪的中国制造业. 中国工业经济, 9: 5-14.

李小平, 周记顺, 王树柏. 2015. 中国制造业出口复杂度的提升和制造业增长. 世界经济, 2: 31-57.

李晓华, 刘峰. 2013. 产业生态系统与战略性新兴产业发展. 中国工业经济, 3: 20-32.

李娅, 伏润民. 2010. 为什么东部产业不向西部转移: 基于空间经济理论的解释. 世界经济, 8: 59-71.

林毅夫. 1988. 外向型战略的最佳选择: 发展劳动密集型制造业. 改革, 3: 69-73.

林洲钰, 林汉川. 2012. 中国制造业企业的技术创新活动——社会资本的作用. 数量经济技术经济研究, 10: 37-51.

刘富江, 朱金渭. 1996. 我国国有工业行业发展状况及其结构调整研究. 管理世界, 6: 93-101.

刘海云, 聂飞. 2015. 中国制造业对外直接投资的空心化效应研究. 中国工业经济, 4: 83-96.

刘晖, 刘轶芳, 乔晗, 等. 2015. 我国战略性新兴产业技术创新效率研究. 系统工程理论与实践, 35(9): 2296-2303.

刘军, 程中华, 李廉水. 2016. 产业集聚与环境污染. 科研管理, 37(6): 134-140.

刘军, 李廉水, 王忠. 2010. 产业聚集对区域创新能力的影响及其行业差异. 科研管理, 31(6): 191-198.

刘军, 王佳玮, 程中华. 2017. 产业聚集对协同创新效率影响的实证分析. 中国软科学, 6: 89-98.

刘军, 徐康宁. 2010. 产业聚集、经济增长与地区差距——基于中国省级面板数据的实证研究. 中国软科学, 7: 91-102.

刘求生. 2000. 日本制造业企业的竞争优势及对我国的启示. 现代日本经济, 2: 29-33.

刘维林, 李兰冰, 刘玉海. 2014. 全球价值链嵌入对中国出口技术复杂度的影响. 中国工业经济, 6: 83-95.

刘伟. 2016. 考虑环境因素的高新技术产业技术创新效率分析——基于2000~2007年和2008~2014年两个时段的比较. 科研管理, 37(11): 18-25.

刘修岩, 殷醒民. 2008. 空间外部性与地区工资差异：基于动态面板数据的实证研究. 经济学(季刊), 8(1): 77-98.

刘志迎, 叶蓁, 孟令杰. 2007. 我国高技术产业技术效率的实证分析. 中国软科学, 5: 133-137.

陆国庆, 王舟, 张春宇. 2014. 中国战略性新兴产业政府创新补贴的绩效研究. 经济研究, 7: 44-55.

陆云航, 刘文忻. 2010. 民营制造业中的企业规模-工资效应. 经济理论与经济管理, 6: 73-79.

路江涌, 陶志刚. 2006. 中国制造业区域聚集及国际比较. 经济研究, 3: 103-114.

路江涌, 陶志刚. 2007. 我国制造业区域集聚程度决定因素的研究. 经济学(季刊), 6(3): 801-816.

罗勇, 曹丽莉. 2005. 中国制造业集聚程度变动趋势实证研究. 统计研究, 22(8): 22-29.

罗雨泽, 罗来军, 陈衍泰. 2016. 高新技术产业TFP由何而定？——基于微观数据的实证分析. 管理世界, 269(2): 8-18.

吕铁. 2000. 90年代我国制造业增长的来源分析. 中国工业经济, 12: 45-50.

吕铁. 2001. 比较优势、增长型式与制造业发展战略选择. 管理世界, 4: 55-62.

吕铁, 韩娜. 2015. 智能制造：全球趋势与中国战略. 人民论坛·学术前沿, 11: 6-17.

吕薇. 1996. 制造业的增长源泉及增长模式分析. 数量经济技术经济研究, 2: 70-75.

吕岩威, 孙慧. 2014. 中国战略性新兴产业技术效率及其影响因素研究. 数量经济技术经济研究, 1: 128-143.

吕政. 2001. 中国能成为世界的工厂吗. 中国工业经济, 11: 5-8.

马弘, 乔雪, 徐嫄. 2013. 中国制造业的就业创造与就业消失. 经济研究, 12: 68-80.

马月才. 2003. 中、美、日制造业发展比较研究. 中国工业经济, 5: 22-27.

毛日昇. 2006. 中国制造业贸易竞争力及其决定因素分析. 管理世界, 8: 65-75.

孟祺. 2016. 基于"一带一路"的制造业全球价值链构建. 财经科学, 2: 72-81.

穆荣平. 2000. 中国通信设备制造业国际竞争力评价. 科学学研究, 18(3): 54-61.

穆荣平, 蔡长塔. 2001. 中国医药制造业国际竞争力评价. 科研管理, 7(2): 5-14.

倪义芳, 吴晓波. 2001. 世界制造业全球化的现状与趋势及我国的对策. 中国软科学, 10: 24-28.

牛泽东, 张倩肖. 2012. 中国装备制造业的技术创新效率. 数量经济技术经济研究, 11: 51-67.

綦良群, 李兴杰. 2011. 区域装备制造业产业结构升级机理及影响因素研究. 中国软科学, 5: 138-147.

钱学锋, 黄玖立, 黄云湖. 2012. 地方政府对集聚租征税了吗. 管理世界, 2: 19-29.

屈小博, 高凌云, 贾朋. 2016. 中国制造业就业动态研究. 中国工业经济, 2: 83-97.

曲玥, 蔡昉, 张晓波. 2013. "飞雁模式"发生了吗？——对1998~2008年中国制造业的分析. 经济学(季刊), 12(3): 757-776.

任若恩. 1998. 关于中国制造业国际竞争力的进一步研究. 经济研究, 2: 3-13.

沈能. 2006. 中国制造业全要素生产率地区空间差异的实证研究. 中国软科学, 6: 101-110.

沈能. 2014. 工业集聚能改善环境效率吗？——基于中国城市数据的空间非线性检验. 管理工程学报, 28(3): 57-63.

盛丹, 王永进. 2012. 中国企业低价出口之谜——基于企业加成率的视角. 管理世界, 224(5): 8-23.

宋泓. 2005. 中国成为世界制造业中心的条件研究. 管理世界, 12: 85-94.

孙晓华, 田晓芳. 2010. 装备制造业技术进步的溢出效应——基于两部门模型的实证研究. 经济学(季刊), 1: 133-152.

孙焱林, 温湖炜. 2017. 我国制造业产能过剩问题研究. 统计研究, 34(3): 76-83.

孙元元, 张建清. 2015. 中国制造业省际间资源配置效率演化：二元边际的视角. 经济研究, 10: 89-103.

汤二子, 李影, 张海英. 2011. 异质性企业、出口与"生产率悖论"——基于 2007 年中国制造业企业层面的证据. 南开经济研究, 3: 79-96.

唐根年, 徐维祥. 2004. 中国高技术产业成长的时空演变特征及其空间布局研究. 经济地理, 24(5): 604-608.

唐晓华, 刘相锋. 2016. 中国装备制造业产业结构调整中外资修复作用的实证研究. 数量经济技术经济研究, 2: 144-155.

田红娜, 毕克新. 2012. 基于自组织的制造业绿色工艺创新系统演化. 科研管理, 33(2): 18-25.

佟福全. 1982. 美国的"再工业化"战略. 世界经济, 7: 59-63.

王贵东. 2017. 中国制造业企业的垄断行为: 寻租型还是创新型. 中国工业经济, 3: 83-100.

王宏起, 杨仲基, 武建龙, 等. 2018. 战略性新兴产业核心能力形成机理研究. 科研管理, 39(2): 143-151.

王珺. 1991. 论制造业的比较国际竞争力. 经济研究, 6: 67-72.

王茜. 2013. 中国制造业是否应向"微笑曲线"两端攀爬——基于与制造业传统强国的比较分析. 财贸经济, 34(8): 98-104.

王仁曾. 2002. 产业国际竞争力决定因素的实证研究——进展、困难、模型及对中国制造业截面数据的估计与检验. 统计研究, 19(4): 20-24.

王姗姗, 屈小娥. 2011. 基于环境效应的中国制造业全要素能源效率变动研究. 中国人口·资源与环境, 21(8): 130-137.

王卫, 綦良群. 2017. 中国装备制造业全要素生产率增长的波动与异质性. 数量经济技术经济研究, 10: 111-127.

王文治, 陆建明. 2012. 要素禀赋、污染转移与中国制造业的贸易竞争力——对污染天堂与要素禀赋假说的检验. 中国人口·资源与环境, 22(12): 73-78.

王霄, 屈小娥. 2010. 中国制造业全要素能源效率研究——基于制造业 28 个行业的实证分析. 当代经济科学, 32(2): 20-25.

王燕武, 李文溥, 李晓静. 2011. 基于单位劳动力成本的中国制造业国际竞争力研究. 统计研究, 28(10): 60-67.

王永龙. 2017. "再制造业化"战略建构及对我国的影响效应. 经济学家, 11(11): 97-104.

王宇, 刘志彪. 2013. 补贴方式与均衡发展: 战略性新兴产业成长与传统产业调整. 中国工业经济, 8: 57-69.

王岳平, 葛岳静. 1997. 关于新时期我国产业结构调整战略的思考. 管理世界, 2: 100-104.

王子龙, 谭清美, 许箫迪. 2006. 高技术产业集聚水平测度方法及实证研究. 科学学研究, 24(5): 706-714.

王自锋, 白玥明. 2017. 产能过剩引致对外直接投资吗?——2005~2007 年中国的经验研究. 管理世界, 8: 27-35.

魏浩, 王聪. 2015. 附加值统计口径下中国制造业出口变化的测算. 数量经济技术经济研究, 6: 105-119.

魏后凯. 2002. 中国制造业集中状况及其国际比较. 中国工业经济, 1: 41-49.

文东伟, 冼国明. 2014. 中国制造业产业集聚的程度及其演变趋势: 1998~2009 年. 世界经济, 3: 3-31.

巫强, 刘志彪. 2012. 本土装备制造业市场空间障碍分析——基于下游行业全球价值链的视角. 中国工业经济, 3: 43-55.

吴贵生, 王毅, 唐晓媛. 2004. 我国制造业与主要制造国家的差距与追赶战略. 科研管理, 25(2): 1-6.

吴和成, 华海岭, 杨勇松. 2010. 制造业 R&D 效率测度及对策研究——基于中国 17 个制造行业的数据. 科研管理, 31(5): 45-53.

吴建峰, 符育明. 2012. 经济集聚中马歇尔外部性的识别——基于中国制造业数据的研究. 经济学(季刊), 11(2): 675-690.

吴俊, 黄东梅. 2016. 研发补贴、产学研合作与战略性新兴产业创新. 科研管理, 37(9): 20-27.

吴仁洪, 邹正青. 1990. 中国制造业动态与经济发展: 现实与假说. 管理世界, 1: 61-73.

吴三忙, 李善同. 2010. 中国制造业空间分布分析. 中国软科学, 6: 123-131.

吴晓波, 倪义芳. 2001. 二次创新与我国制造业全球化竞争战略. 科研管理, 22(3): 43-52.

吴学花, 杨蕙馨. 2004. 中国制造业产业集聚的实证研究. 中国工业经济, 10: 36-43.

武咸云, 陈艳, 李秀兰, 等. 2017. 战略性新兴产业研发投入、政府补助与企业价值. 科研管理, 38(9): 30-34.

夏维力, 钟培. 2011. 基于 DEA-Malmquist 指数的我国制造业 R&D 动态效率研究. 研究与发展管理, 23(2): 58-66.

谢伏瞻, 李培育, 仝允桓. 1990. 产业结构调整的战略选择. 管理世界, 4: 88-95.

徐建中, 赵伟峰, 王莉静. 2014. 基于博弈论的装备制造业协同创新系统主体间协同关系分析. 中国软科学, 7: 161-171.

徐涛. 2009. 中国制造业的国际竞争力——基于网络型产业组织的分析. 中国工业经济, 11: 77-86.

徐伟呈, 范爱军. 2017. 中国制造业就业和工资的影响因素研究——来自细分行业的经验证据. 南开经济研究, 4: 105-124.

许和连, 孙天阳, 成丽红. 2015. "一带一路"高端制造业贸易格局及影响因素研究——基于复杂网络的指数随机图分析. 财贸经济, 36(12): 74-88.

严兵, 冼国明, 韩剑. 2014. 制造业行业收入不平等变动趋势及成因分解. 世界经济, 12: 27-46.

杨洪焦, 孙林岩, 吴安波. 2008. 中国制造业聚集度的变动趋势及其影响因素研究. 中国工业经济, 4: 64-72.

杨连星, 罗玉辉. 2017. 中国对外直接投资与全球价值链升级. 数量经济技术经济研究, 6: 54-70.

杨振, 陈甬军. 2013. 中国制造业资源误置及福利损失测度. 经济研究, 3: 43-55.

杨振兵. 2016. 中国制造业创新技术进步要素偏向及其影响因素研究. 统计研究, 33(1): 26-34.

杨振兵, 张诚. 2015. 中国工业部门产能过剩的测度与影响因素分析. 南开经济研究, 6: 92-109.

殷醒民. 1998. 论中国制造业内部结构的升级. 复旦学报: 社会科学版, 6: 8-14.

余东华, 孙婷. 2017. 环境规制、技能溢价与制造业国际竞争力. 中国工业经济, 5: 35-53.

余淼杰, 张睿. 2017. 中国制造业出口质量的准确衡量: 挑战与解决方法. 经济学（季刊）, 1: 463-484.

袁富华, 李义学. 2009. 中国制造业资本深化和就业调整——基于利润最大化假设的分析. 经济学(季刊), 8(1): 197-210.

原毅军, 耿殿贺. 2010. 中国装备制造业技术研发效率的实证研究. 中国软科学, 3: 51-57.

张丹宁, 陈阳. 2014. 中国装备制造业发展水平及模式研究. 数量经济技术经济研究, 7: 99-114.

张华胜. 2006. 中国制造业技术创新能力分析. 中国软科学, 4: 15-23.

张杰. 2016. 中国制造业要素配置效率的测算、变化机制与政府干预效应. 统计研究, 33(3): 72-79.

张杰, 卜茂亮, 陈志远. 2012. 中国制造业部门劳动报酬比重的下降及其动因分析. 中国工业经济, 5: 57-69.

张杰, 刘志彪, 郑江淮. 2007. 中国制造业企业创新活动的关键影响因素研究——基于江苏省制造业企业问卷的分析. 管理世界, 26: 64-74.

张同斌, 高铁梅. 2013. 高技术产业产出增长与关联效应的国际比较——基于美、英、日、中、印、巴六国投入产出数据的实证研究. 经济学（季刊）, 12(3): 847-868.

张威. 2002. 中国装备制造业的产业集聚. 中国工业经济, 3: 55-63.

章铮, 谭琴. 2005. 论劳动密集型制造业的就业效应——兼论"民工荒". 中国工业经济, 7: 5-11.

赵果庆, 罗宏翔. 2009. 中国制造业集聚: 度量与显著性检验——基于集聚测量新方法. 统计研究, 26(3): 64-69.

赵建华, 焦晗. 2007. 装备制造业企业技术集成能力及其构成因素分析. 中国软科学, 6: 75-80.

赵璐, 赵作权. 2014. 中国制造业的大规模空间聚集与变化. 数量经济技术经济研究, 10: 110-121.

赵彦云, 秦旭, 王杰彪. 2012. "再工业化"背景下的中美制造业竞争力比较. 经济理论与经济管理,

31(2): 81-88.

赵忠华, 胡运权. 2009. 装备制造业集聚度分析. 中国软科学, 4: 50-55.

甄峰, 赵彦云. 2008. 中国制造业产业国际竞争力: 2007 年国际比较研究. 中国软科学, 7: 47-54.

郑海涛, 任若恩. 2005. 多边比较下的中国制造业国际竞争力研究: 1980~2004. 经济研究, 12: 77-89.

"中国产业结构与产业政策调整动态"课题组. 1993. 世界产业结构的重组趋势(上). 管理世界, 1: 125-136.

周城雄, 李美桂, 林慧, 等. 2017. 战略性新兴产业: 从政策工具、功能到政策评估. 科学学研究, 35(3): 346-353.

周民良. 1995. 再工业化: 中国产业发展的战略选择. 管理世界, 4: 24-33.

周新苗, 钱欢欢. 2017. 资源错配与效率损失: 基于制造业行业层面的研究. 中国软科学, 1: 183-192.

朱高峰. 2001. 关于发展我国制造业的几点思考. 中国工业经济, 7: 5-16.

祝树金, 张鹏辉. 2013. 中国制造业出口国内技术含量及其影响因素. 统计研究, 30(6): 58-66.

Aboelmaged M G. 2014. Predicting e-readiness at firm-level: An analysis of technological, organizational and environmental (TOE) effects on e-maintenance readiness in manufacturing firms. International Journal of Information Management, 34: 639-651.

Acemoglu D, Akcigit U, Hanley D, et al. 2016. Transition to clean technology. Journal of Political Economy, 124: 52-104.

Allred B B, Park W G. 2007. The influence of patent protection on firm innovation investment in manufacturing industries. Journal of International Management, 13: 91-109.

Amara N, Landry R. 2005. Sources of information as determinants of novelty of innovation in manufacturing firms: evidence from the 1999 statistics Canada innovation survey. Technovation, 25(3): 245-259.

Andreas S, Marios Z. 2005. International Technology Diffusion and the Growth of TFP in the Manufacturing Sector of Developing Economies. Review of Development Economics, 9: 482-501.

Antti T, Pekka H. 2015. Performance effects of using an ERP system for manufacturing planning and control under dynamic market requirements. Journal of Operations Management, 36: 147-164.

Askarany D, Yazdifar H, Askary S. 2010. Supply chain management, activity-based costing and organisational factors. International Journal of Production Economics, 127(2): 238-248.

Azadeh A, Amalnick M S, Ghaderi S F, et al. 2007. An integrated DEA PCA numerical taxonomy approach for energy efficiency assessment and consumption optimization in energy intensive manufacturing sectors. Energy Policy, 35(7): 3792-3806.

Baldwin J R, Gu W L. 2011. Firm dynamics and productivity growth: a comparison of the retail trade and manufacturing sectors. Industrial and Corporate Change, 20(2): 367-395.

Balram A, Paul S. 2007. Matching plant flexibility and supplier flexibility: Lessons fromsmall suppliers of U.S. manufacturing plants in India. Journal of Operations Management, 25: 717-735.

Behdani B, Lukszo Z, Adhitya A, et al. 2010. Performance analysis of a multi-plant specialty chemical manufacturing enterprise using an agent-based model. Computers & Chemical Engineering, 34(5): 793-801.

Benhabib J, Liu X, Wang P. 2016. Endogenous information acquisition and countercyclical uncertainty. Journal of Economic Theory, 165: 601-642.

Beverelli C, Fiorini M, Hoekman B. 2017. Services trade policy and manufacturing productivity: The role of institutions. Journal of International Economics, 104: 166-182.

Bilgen B. 2010. Application of fuzzy mathematical programming approach to the production allocation and distribution supply chain network problem. Expert Systems with Applications, 37(6): 4488-4495.

Billon M, Lera-Lopez F, Marco R. 2016. ICT use by households and firms in the EU: Links and determinants from a multivariate perspective. Review of World Economics, 152: 629-654.

Bos J W B, Economidou C, Sanders M. 2013. Innovation over the industry life-cycle: Evidence from EU manufacturing. Journal of Economic Behavior & Organization, 86: 78-91.

Bostian M, Färe R, Grosskopf S, et al. 2018. Time substitution for environmental performance: The case of Swedish manufacturing. Empirical Economics, 54(1): 129-152.

Brülhart M, Jametti M, Kurt S. 2012. Do Agglomeration Economies Reduce the Sensitivity of Firm Location to Tax Differentials?. Economic Journal, 122(563): 1069-1093.

Brülhart M, Sbergami F. 2009. Agglomeration and Growth: Cross-country Evidence. Journal of Urban Economics, 65(3): 48-63.

Cantner U, Kruger J J. 2008. Micro-heterogeneity and aggregate productivity development in the German manufacturing sector: Results from a decomposition exercise. Journal of Evolutionary Economics, 18: 19-133.

Cao M, Zhang Q Y. 2011. Supply chain collaboration: Impact on collaborative advantage and firm performance. Journal of Operations Management, 29(3): 163-180.

Carchiolo V, D'Ambra S, Longheu A, et al. 2010. Object-oriented re-engineering of manufacturing models: a case study. Information Systems Frontiers, 12: 97-114.

Cassiman B, Golovko E. 2011. Innovation and internationalization through exports. Journal of International Business Studies, 42(1): 56-75.

Castiglione C, Infante D. 2014. ICTs and time-span in technical efficiency gains. A stochastic frontier approach over a panel of Italian manufacturing firms. Economic Modelling, 41: 55-65.

Cerina F, Mureddu F. 2014. Is Agglomeration really good for growth? Global efficiency, interregional equity and uneven growth. Journal of Urban Economics, 84(11): 9-22.

Chang C, Robin S. 2006. Doing R&D and/or Importing Technologies: The Critical Importance of Firm Size in Taiwan's Manufacturing Industries. Review of Industrial Organization, 29(3): 253-278.

Chao C Y, Lin Y S, Cheng Y L, et al. 2011. Employee innovation, supervisory leadership, organizational justice, and organizational culture in Taiwan's manufacturing industry. African Journal of Business Management, 5(6): 2501-2511.

Cheng Z H. 2016. The Spatial Correlation and Interaction between Manufacturing Agglomeration and Environmental Pollution. Ecological Indicators, 61(2): 1024-1032.

Cheung Y W, Chinn M D, Qian X W. 2016. China-US trade flow behavior: the implications of alternative exchange rate measures and trade classifications. Review of World Economics, 152: 43-67.

Choi K H, Oh W. 2014. Extended Divisia index decomposition of changes in energy intensity: A case of Korean manufacturing industry. Energy Policy, 65: 275-283.

Chung J C, Wee H M. 2008. Green-component life-cycle value on design and reverse manufacturing in semi-closed supply chain. Production Economics, 113: 528-545.

Crafts N, Mills T C. 2005. TFP Growth in British and German Manufacturing, 1950-1996. The Economic Journal, 115: 649-670.

Cucculelli M, Bettinelli C. 2015. Business models, intangibles and firm performance: evidence on corporate entrepreneurship from Italian manufacturing SMEs. Small Business Economy, 45: 329-350.

Dangayach G S, Deshmukh, S G. 2006. An exploratory study of manufacturing strategy practices of machinery manufacturing companies in India. Omega, 34(3): 254-273.

De Loecker J. 2011. Product differentiation, multiproduct firms, and estimating the impact of trade liberalization on productivity. Econometrica, 79(5): 1407-1451.

Egilmez G, Kucukvar M, Tatari O, et al. 2014. Supply chain sustainability assessment of the U. S. food manufacturing sectors: A life cycle-based frontier approach. Resources, Conservation and Recycling, 82: 8-20.

Eva L, Kurt S. 2014. The effect of agglomeration size on local taxes. Journal of Economic Geography, 14(2): 265-287.

Fairchild R J. 2008. The Manufacturing Sector's Environmental Motives: A Game-theoretic Analysis. Journal of Business Ethics, 79: 333-344.

Feng G H, Serletis A. 2008. Productivity trends in U. S. manufacturing: Evidence from the NQ and AIM cost functions. Journal of Econometrics, 142: 281-311.

Fernandes A M. 2008. Firm Productivity in Bangladesh Manufacturing Industries. World Development, 36(10): 1725-1744.

Filip D B, Beveren I V. 2012. Does firm agglomeration drive product innovation and renewal? An application for Belgium. Tijdschrift voor Economische en Sociale Geografie, 103(4): 457-472.

Finicelli A, Pagano P, Sbracia M. 2013. Ricardian selection. Journal of International Economics, 89: 96-109.

Forslid R, Okubo T. 2014. Spatial sorting with heterogeneous firms and heterogeneous sectors. Regional Science and Urban Economics, 46: 42-56.

Foster L, Haltiwanger J, Syverson C. 2008. Reallocation, firm turnover and efficiency: selection on productivity or profitability. American Economic Review, 98(8): 394-425.

Frishammar J, Horte S A. 2005. Managing external information in manufacturing firms: the impact on innovation Performance. Journal of Product Innovation Management, 22(3): 251-266.

Fujii H, Managi S. 2015. Optimal production resource reallocation for CO_2 emissions reduction in manufacturing sectors. Global Environmental Change, 35: 505-513.

Glaeser E, Kohlhase J. 2004. Cities, regions and the decline of transport costs. Regional Science, 83(1): 197-228.

Gonzalez-Alvarez N, Nieto-Antolin M. 2007. Spain, appropriability of innovation results: An empirical study in Spanish manufacturing firms. Technovation, 27: 280-295.

Gyampah K A, Moses A. 2008. Manufacturing strategy, competitive strategy and firm performance: An empirical study in a developing economy environment. International Journal of Production Economics, 111: 575-592.

Hanson G H. 2005. Market Potential, increasing returns and geographic concentration. Journal of International Economics, 67(13): 1-24.

Harasztosi P. 2016. Export spillovers in Hungary. Empirical Economics, 50: 801-830.

Harmse C, Abuka C A. 2005. The links between trade policy and total factor productivity in South Africa's manufacturing Sector. The South African Journal of Economics, 73(3): 389-405.

Head K, Mayer T. 2004. Market potential and the location of Japanese investment in the European Union. The Review of Economics and Statistics, 84(6): 959-972.

Hervas-Oliver J L, Garrigos J A, Gil-Pechuan I. 2011. Making sense of innovation by R&D and non-R&D innovators in low technology contexts: A forgotten lesson for policymakers. Technovation, 31(9): 427-446.

Hsu Y. 2011. Multi-criteria optimization with multiple responses for technological innovation. African Journal of Business Management, 5(4): 1493-1508.

Hu C, Tan Y. 2016. Product differentiation, export participation and productivity growth: Evidence from Chinese manufacturing firms. China Economic Review, 41: 234-252.

Ito B, Tanaka A. 2016. External R&D, productivity, and export: evidence from Japanese firms. Review of World Economics, 152:577-596.

Jigna S. 2007. Total factor productivity in Indian manufacturing: evidence from a firm-level study. B. A. Trent University.

Kao S C, Wu C H, Su P C. 2011. Which mode is better for knowledge creation?. Management Decision, 49(7-8): 1037-1060.

Karabegović I, Karabegović E, Mahmić M, et al. 2015. The application of service robots for logistics in manufacturing processes. Advances in Production Engineering & Management, 10(4): 185-194.

Karabuk S. 2007. Modeling and optimizing transportation decisions in a manufacturing supply chain. Transportation Research Part E, 43: 321-337.

Karen C, Karolien D B. 2013. Taxes, agglomeration rents and location decisions of firms. De Economist, 161(4): 421-446.

Koh H J, Riedel N, Bohm T. 2013. Do governments tax agglomeration rents?. Journal of Urban Economics, 75: 92-106.

Kosteas V D. 2008. Trade protection and capital imports in the Mexican manufacturing sector. World Development, 36(12): 2822-2837.

Kumar N, Aggarwal A. 2005. Liberalization, outward orientation and in-house R&D activity of multinational and local firms: A quantitative exploration for Indian manufacturing. Research Policy, 34(4): 441-460.

Lampel J, Giachetti C. 2013. International diversification of manufacturing operations: Performance implications and moderating forces. Journal of Operations Management, 31: 213-227.

Lescaroux F. 2008. Decomposition of US manufacturing energy intensity and elasticities of components with respect to energy prices. Energy Economics, 30: 1068-1080.

Li Q M, Maani S. 2016. Detecting positive effects of the ASEAN-China free trade agreement on foreign direct investment. International Economics & Economic Policy, 156: 1-19.

Lo S M, Power D. 2010. An empirical investigation of the relationship between product nature and supply chain strategy. Supply Chain Management-An International Journal, 15(2): 139-153.

Lofberg N, Witell L, Gustafsson A. 2010. Service strategies in a supply chain. Journal of Service Management, 21(4): 427-440.

Long X, Oh K, Cheng G. 2013. Are stronger environmental regulations effective in practice? The case of China's accession to the WTO. Journal of Cleaner Production, 39: 161-167.

Luo Z, Chen X, Wang X J. 2016. The role of co-opetition in low carbon manufacturing. European Journal of Operational Research, 253: 392-403.

Margono H, Sharma S C. 2006. Efficiency and productivity analyses of Indonesian manufacturing industries. Journal of Asian Economics, 17: 979-995.

Marks A. 2017. Trade liberalization and international performance of Australian manufacturing industries and ITs. Global Information Technology & Competitive Financial Alliances, 1: 183-193.

Matsui Y. 2007. An empirical analysis of just-in-time production in Japanese manufacturing companies. International Journal of Production Economics, 108: 153-164.

Mia L, Winata L. 2008. Manufacturing strategy, broad scope MAS information and information and communication technology. The British Accounting Review, 40: 182-192.

Monseny J J. 2013. Is agglomeration taxable. Journal of Economic Geography, 13(1): 177-201.

Mouelhi R B A. 2009. Impact of the adoption of information and communication technologies on firm efficiency in the Tunisian manufacturing sector. Economic Modelling, 26: 961-967.

Mukherjee K. 2008a. Energy use efficiency in U.S. manufacturing: A nonparametric analysis. Energy Economics, 30: 76-96.

Mukherjee K. 2008b. Energy use efficiency in the Indian manufacturing sector: An interstate analysis. Energy

Policy,36: 662-672.

Mulder P. 2015. International specialization, sector structure and the evolution of manufacturing energy intensity in OECD countries. The Energy Journal, 36(3): 111-136.

Nath P, Ramanathan R. 2016. Environmental management practices, environmental technology portfolio, and environmental commitment: A content analytic approach for UK manufacturing firms. International Journal of Production Economics, 171: 427-437.

Neelis M, Ramirez-Ramirez A, Patel M. 2007. Energy efficiency developments in the Dutch energy-intensive manufacturing industry, 1980-2003. Energy Policy, 35: 6112-6131.

Nesta L. 2008. Knowledge and productivity in the world's largest manufacturing corporations. Journal of Economic Behavior and Organization, 67(3): 886-902.

Nouira I, Frein Y, Hadj-Alouane A B. 2014. Optimization of manufacturing systems under environmental considerations for a greenness-dependent demand. International Journal of Production Economics, 150: 188-198.

Oberfield E. 2013. Productivity and misallocation during a crisis: Evidence from the Chilean crisis of 1982. Review of Economic Dynamics. 16: 100-119.

Oikonomou V, Becchis F, Steg L. 2009. Energy saving and energy efficiency concepts for policy making. Energy Policy, 37(11): 4787-4796.

Okubo T, Picard P M, Thisse J F. 2010. The spatial selection of heterogeneous firms. Journal of International Economics, 82(2): 230-237.

Oliveira T, Thomas M, Espadanal M. 2014. Assessing the determinants of cloud computing adoption: An analysis of the manufacturing and services sectors. Information & Management, 51: 497-510.

Onut S, Soner S. 2007. Analysis of energy use and efficiency in Turkish manufacturing sector SMEs. Energy Conversion and Management, 48: 384-394.

O'Regan N, Ghobadian A, Sims M. 2006. Fast tracking innovation in manufacturing SMEs. Technovation, 26: 251-261.

Rayna T, Striukova L. 2016. Involving consumers: The role of digital technologies in promoting 'prosumption' and user innovation. Journal of the Knowledge Economy, 1: 1-20.

Razmi A. 2007. Pursuing manufacturing-based export-led growth: Are developing countries increasingly crowding each other out?. Structural Change and Economic Dynamics, 18: 460-482.

Roberto A, Giulio C. 2011. The role of spatial agglomeration in a structural model of innovation, productivity and export: a Firm-level Analysis. Annals of Regional Science, 46(3): 577-600.

Rosenthal S, Strange W. 2001. The determinants of agglomeration. Journal of Urban Economics, 50: 191-229.

Salnikov V, Galimov D, Mikheeva O, et al. 2017. Russian manufacturing production capacity: Primary trends and structural characteristics. Voprosy Economiki, 5(3): 240-262.

Santamaría L, Nieto M J, Gil A B. 2009. Beyond formal R&D: Taking advantage of other sources of innovation in low- and medium-technology industries. Research Policy, 38: 507-517.

Shiferaw G, Fidel P S. 2007. Patents, R&D and lag effects: evidence from flexible methods for count panel data on manufacturing firms. Empirical Economics, 35(3): 507-526.

Solaymani S, Shokrinia M. 2016. Economic and environmental effects of trade liberalization in Malaysia. Journal of Social and Economic Development, 18: 101-120.

Steven P, Brantley L. 2016. Energy efficiency in the manufacturing sector of the OECD: Analysis of price elasticities. Energy Economics, 58: 38-45.

Su Y H, Guo R S, Chang S C. 2005. Virtual fab：An enabling framework and dynamic manufacturing service provision mechanism. Information & Management, 42(2): 329-348.

Sun H B, Jiang P Y. 2007. Study on manufacturing information sharing and tracking for extended enterprises. International Journal of Advanced Manufacturing Technology, 34: 790-798.

Sun P Y, Yuan Y. 2015. Industrial agglomeration and environmental degradation: empirical evidence in Chinese cities. Pacific Economic Review, 20(4): 544-568.

Swink M, Narasimhan R, Wang C. 2007. Managing beyond the factory walls: Effects of four types of strategic integration on manufacturing plant performance. Journal of Operations Management, 25: 148-164.

Sylvie C, Sonia P. 2010. Do agglomeration forces strengthen tax interactions?. Urban Studies, 47(5): 1099-1116.

Thakur L S, Jain V K. 2008. Advanced manufacturing techniques and information technology adoption in India: A current perspective and some comparisons. International Journal of Advanced Manufacturing Technology, 36: 618-631.

Thun J H. 2008. Empirical analysis of manufacturing strategy implementation. International Journal of Production Economics, 113(1): 370-382.

Trianni A, Cagno E, Farné S. 2016. Barriers, drivers and decision-making process for industrial energy efficiency: a broad study among manufacturing small and medium-sized enterprises. Applied Energy, 162: 1537-1551.

Tseng Y J, Lin Y H. 2004. The grey relational evaluation of the manufacturing value chain. Consumer marketing, 21(7): 486-496.

Vernyi B. 2006. A new day for manufacturing in America?. American Machinist, 1(150): 6.

Vickery S K, Droge C, Setia P, et al. 2010. Supply chain information technologies and organizational initiatives: complementary versus independent effects on agility and firm performance. International Journal of Production Research, 48(23): 7025-7042.

Villarreal C C, Ahumada V M C, et al. 2015. Mexico's manufacturing competitiveness in the US market: A short-term analysis. Investigación Económica, 74(292): 91-114.

Wadhwa S, Bhoon K S, Chan F T S. 2008. Postponement strategies for re-engineering of automotive manufacturing: knowledge-management implications. International Journal of Advanced Manufacturing Technology, 29(3): 367-387.

Wang C C, Lin G C S, Li G C. 2010. Industrial clustering and technological innovation in China: new evidence from the ICT industry in Shenzhen. Environment and Planning A, 42(8): 1987-2010.

Wang J, Gao D. 2008. Relationships between two approaches for planning manufacturing strategy: A strategic approach and a paradigmatic approach. International Journal of Production Economics, 115: 349-361.

Wang L D. 2007. An information-integrated framework to support e-Manufacturing. International Journal of Advanced Manufacturing Technology, 37: 625-630.

Wang W Y C, Chan H K. 2010. Virtual organization for supply chain integration: Two cases in the textile and fashion retailing industry. International Journal of Production Economics, 127(2): 333-342.

Woods J G. 2017. The effect of technological change on the task structure of jobs and the capital-labor trade-off in US production. Journal of the Knowledge Economy, 8(2): 739-757.

Xia J. 2017. A review to the development of foreign capital manufacturing industry in China: Looking forward to Made in China, 2025. American Journal of Industrial & Business Management, 7(5): 604-613.

Yang C H, Lin H L, Li H Y. 2013. Influences of production and R&D agglomeration on productivity: Evidence from Chinese electronics firms. China Economic Review, 27(2): 162-178.

Zeng D Z, Zhao L X. 2009. Pollution Havens and Industrial Agglomeration. Journal of Environmental Economics and Management, 58(2): 141-153.

Zhang H Y. 2015. How does agglomeration promote the product innovation of Chinese firms. China Economic Review, 35(9): 105-120.

Zhu Q H, Sarkis J, Lai K H. 2013. Institutional-based antecedents and performance outcomes of internal and external green supply chain management practices. Journal of Purchasing & Supply Management, 19(3-4): 263-273.

撰稿人：　程中华　李健旎
审稿人：　刘军

第2章

中国制造业40年：回溯与展望

2.1　引　　言

改革开放 40 年，中国从一个农业国发展为世界第一制造大国，制造业总体规模不断扩大，科技创新能力不断提高，产业结构不断优化，对外贸易规模不断增长，国际竞争力不断攀升。中国制造业发展取得举世瞩目的成就，在世界 500 种主要工业品中，中国 220 种产品产量位居全球第一位，世界 500 强企业榜单上中国企业已经占到 120 家。中国制造业的快速发展，带动了中国国民经济和社会全面进步，实现从农业占主体地位的国家转型成为世界第一制造大国，而且在许多领域，如中国造家电、大桥、高铁、新能源车、北斗卫星、超算计算机、大飞机、航母等高端制造业领域取得非常值得自豪的巨大成就。然而，整体上看，中国制造业仍然"大而不强"，处于全球制造业价值链的中低端，与制造业强国相比仍然差距较大，继续发展面临诸多挑战。一方面，东南亚国家和非洲国家等正在以更多的优惠政策和更低的成本承接中低端制造业的转移；另一方面，美国、德国等制造业强国纷纷实施"再工业化"战略，积极推进创新引领高端制造业发展，力图巩固全球制造业中心地位，从而使得中国制造业面临"双向挤压"。2018 年 3 月开始的中美"贸易战"，美国针对"中国制造 2025"重点发展产业的商品加征关税，阻挠中国高端制造业发展的意图明显。面对制造业发展的客观需求和严峻的外部竞争态势，中国制造必须加快转型升级步伐，加大创新发展力度，积极应对复杂竞争环境，实现由大到强的高质量发展。

制造业是国家经济和社会发展的主体产业，学者们关于制造业发展的研究形成了丰富的学术资源。最早关于制造业的系统研究是钱纳里的工业化阶段理论（Chenery, 1956），该理论从经济发展的长期过程考察了制造业内部各产业部门的地位和作用的变动，揭示了制造业内部结构转换的原理，为了解制造业内部的结构变动奠定了基础。此后，国外研究制造业的学术线索大致上可以分为三个阶段，即结构调整阶段的探索性研究、全球化阶段的对策性研究、再工业化阶段的系统性研究。从 20 世纪 50 年代开始，由于产业结构升级的需要、资源和环境的约束以及制造成本的逐渐上升，发达国家逐渐将大量劳动密集型、资源密集型和污染密集型等附加值低的制造业企业转移至资源丰富、成本较低以及消费市场较大的发展中国家，制造业进入了结构调整阶段。对于结构调整阶段的探索性研究，学者们主要围绕结构调整（Harrington, 1985）、产业集聚与转移（Krugman, 1991）、就业与工资（Glaeser et al., 1992）等方面展开。到 20 世纪 80 年代末，随着制造业企业的大规模转移，发展中国家制造业获得了长足发展，同时发达国家有更多制造业企业从事跨国经营，制造业全球化的趋势越来越强烈和明显，制造业也逐步进入了全球化阶段。对于全球化阶段的对策性研究，学者们主要围绕国际贸易与对外投资（Bernard et al., 2003）、生产流程（Dunne and Troske, 2005）、供应链（Emmanuel, 2006）、企业战略与管理（Kumar and Aggarwal, 2005）、国际比较与启示（Crafts and Mills, 2005）等方面展开。2008 年国际金融危机之后，美国、德国等制造业强国为了提振经济以及在新一轮工业革命中占据制高点，纷纷提出再工业化战略，进入了再工业化阶段。对于再工业化阶段的系统性研究，学者们主要围绕技术创新（Banri and Tanaka, 2016）、生产率与效率（Cheng et al.，2018）、信息化（Rayna and Striukova，2016）、能源与环境（Yao et al.，2016）、智能制造（Farid，2017）等方面展开。

国内研究制造业 40 年来的学术线索大致上可以分为三个阶段，即起步阶段的介绍性研究、迅猛扩张阶段的对策性研究、创新驱动发展阶段的系统性战略研究。从 1978 年改革开放以后，中国制造业逐步复苏，乡镇企业制造业快速起步发展。对于起步阶段的介绍性研究，学者们主要围绕制造业定位（林毅夫，1988）、竞争力（王珺，1991）、国际比较与启示（赖祥麟，1988）等方面展开。2001 年中国加入世贸组织之后，众多跨国制造业巨头纷纷进入中国，国内制造业也进入了迅猛扩张阶段。学者们围绕制造业国际化和规模化发展开展了大量对策性研究，包括制造业结构调整（齐志强等，2011）、就业与工资（章铮和谭琴，2005）、产业集聚或转移（路江涌和陶志刚，2006）、国际贸易与对外投资（李春顶，2010）等。2011 年，中国提出创新驱动发展战略，制造业进入创新驱动发展阶段。对于创新驱动阶段的系统性战略研究，学者们主要围绕技术创新（洪联英等，2016）、生产率与效率（张杰，2016）、能源与环境（邵帅等，2017）、高技术产业（罗雨泽，2016）、战略性新兴产业（王宏起等，2018）、新型制造与智能制造（王卫和綦良群，2017）等方面展开。

综上所述，关于制造业发展的研究成果丰硕，但现有文献对制造业发展 40 年来的阶段性特征、时空性发展困境等方面的分析还不够系统深入，对未来创新性发展的国际竞争态势的分析不够清晰明确。本章基于改革开放 40 年的阶段性特征，回溯中国制造业 40 年的发展历程，着重分析中国制造业阶段性特征及时空性发展困境，并力求清晰展望中国制造业未来创新驱动发展前景。

2.2　中国制造业 40 年历程回溯

40 年来，中国制造业的发展历程大致可分为四个阶段：第一阶段（1978～1991 年）为乡镇企业开启制造业复苏发展阶段；第二阶段（1992～2001 年）为民营和外资企业催动制造业快速发展阶段；第三阶段（2002～2010 年）为中国制造业融入全球制造业体系规模迅猛扩张和深度国际化发展阶段；第四个阶段（2011～现在）为新发展理念创新转型促进制造业高质量发展和全球价值提升阶段。图 2.1 给出了 40 年来中国制造业发展阶段轨迹图。由于制造业增加值数据无法获取，鉴于制造业增加值在工业增加值中的占比较大，因此图 2.1 曲线以工业增加值来进行测算。工业增加值数据来源于国家统计局网站。

根据图 2.1 划分的发展阶段，下面具体分析中国制造业四个阶段的发展特征。

2.2.1　乡镇企业开启制造业复苏发展阶段（1978～1991 年）

1978 年十一届三中全会召开，标志着中国进入了改革开放发展时期，对内实行经济体制改革，对外实行开放。改革开放之前，中国模仿苏联的计划经济体制虽然建立了较为完善的制造业体系，但当时的制造业主要生产"生产性"工业产品，生活类用品和消费品严重匮乏，全面处于凭票供应的物资严重短缺状态。1979 年 4 月国务院颁布《关于

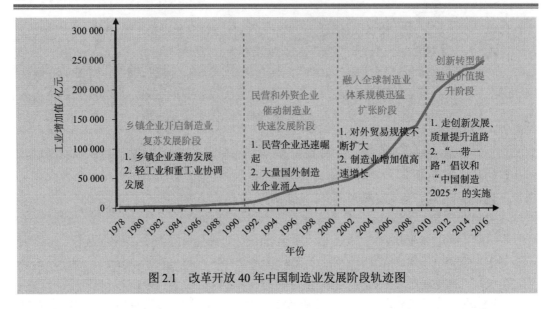

图 2.1　改革开放 40 年中国制造业发展阶段轨迹图

轻工业工作重点转移问题的报告》），制造业发展开始侧重于满足民生需求，转而重点发展轻工业、适当控制重工业发展。这段时期国营企业是中国制造业的主力军，一些军工企业也开始生产民用产品，同时随着国家搞活经济政策的持续实施，我国乡镇企业迅速崛起并得到快速发展。乡镇企业总产值由 1978 年的 493.07 亿元上涨到 1991 年的 11621.69亿元，年均涨幅 27.52%。同时，工业增加值增长迅速，由 1978 年的 1621.5 亿元增长到1991 年的 8138.2 亿元，年均涨幅 13.21%。因此，中国消费品制造业获得了快速发展，各类轻工业产品的品种日益丰富且逐步实现充分供给，"凭票供应"的时代逐步远去而不复返，人们的物质生活水平不断提高。这一阶段，制造业生产能力大幅提高，轻工业和重工业开始协调发展，乡镇企业的蓬勃发展尤其耀眼，"村村点火、户户冒烟"推动了中国制造业的复苏，增强了国民经济发展的活力。

2.2.2　民营和外资企业催动制造业快速发展阶段（1992～2001 年）

1992 年，在邓小平南方谈话和中共十四大政策引导下，中国加快了改革开放的进程和市场经济发展的步伐，中国改革开放进入了新的阶段。在国家政策的鼓励下，中国民营企业特别是广东和江浙地区民营经济迅速崛起，激发了许多人创业的积极性，对制造业的快速发展起到了重要的推动作用。1994 年 2 月，国务院下发《90 年代国家产业政策纲要》，提出加快高新技术产业发展的步伐，支持新兴产业的发展，进一步促进了制造业发展。工业增加值由 1992 年的 10340.5 亿元增长至 2001 年的 43855.6 亿元，年均涨幅17.41%。十四大以后，在巨大的市场规模吸引下，大批国外制造业企业在华投资建厂，中国开始大规模吸引外资和合资企业。实际利用外商直接投资金额大幅增加，由 1992年的 110.08 亿美元增长至 2001 年的 468.78 亿美元，年均涨幅 17.47%。同时，中国制造业开始广泛引进国外的工业和消费产品的设计以及制造技术以满足消费者多样化需求，服装、饮料、家电等行业快速发展。这个十年，随着民营经济的兴起和大量国外制造业企业的涌入，中国制造业进入快速发展时期。

2.2.3 中国制造业融入全球制造业体系、规模迅猛扩张和深度国际化发展阶段（2002～2010 年）

2001 年 12 月中国加入世界贸易组织，中国制造业融入全球制造业体系，在 WTO 规则促进下中国制造业迅速走向全球市场，带来了中国制造业规模迅猛扩张。中国加入世贸组织后，越来越多的中国制造业企业面向全球市场的国际化经营，中国制造业货物出口高速增长，货物出口总额由 2002 年的 3255.96 亿美元增长到 2010 年的 15777.54 亿美元，年均涨幅 21.81%。同时，外贸总额大幅上涨，由 2002 年的 6207.7 亿美元上升到 2010 年的 2.97 万亿美元，年均涨幅 21.61%。随着中国加入 WTO，对外开放程度持续提高，国内市场进一步扩大开放，大量外资涌入中国，2002 年到 2010 年，中国制造业实际使用外资金额累计 3684 亿美元。中国成为全球货物贸易第一大出口国和第二大进口国，"中国制造"走遍世界各地，中国成为名副其实的"世界工厂"。按世界银行统计标准，2007年，中国制造业增加值为 1.15 万亿美元，超过日本成为全球第二制造大国；2010 年，中国制造业增加值为 1.924 万亿美元，超越美国成为全球第一制造大国。

2.2.4 新发展理念创新转型促进制造业高质量发展和全球价值提升阶段（2011～现在）

2011 年以来，中国制造业走创新发展、质量提升的道路，高端制造业发展迅速，铁路、核电等一批中国装备"走出国门"，航空航天、卫星通信等领域快速进步。2013 年，习近平总书记提出"一带一路"倡议，中国对外开放程度迈上新的台阶，中国制造企业加大"一带一路"沿线国家的投资，积极推进各项制造业项目合作，带动了"一带一路"沿线国家的经济发展，同时也在更大范围内优化了中国制造业产业结构，促进了世界整体工业化进程。2015 年 5 月，国务院印发《中国制造 2025》，明确提出加快制造业转型升级，提高制造业核心竞争力，大力推动信息技术、高档数控机床和机器人、航空航天装备等十大重点领域突破发展，大幅提升制造业整体素质，建设制造强国。2016 年，中国制造业总产出占全球制造业总产出已经达到 30.9%，远超美国的 19.3%、日本的 11.6%和德国的 7.0%，2017 年，中国对"一带一路"沿线国家直接投资额 144 亿美元，对"一带一路"沿线国家承包工程业务完成营业额 855 亿美元，持续保持两位数的增长。随着"中国制造 2025"与"一带一路"倡议的实施，中国在推动世界制造业发展进程中将扮演更加重要的角色，中国制造将成为带动全球制造业创新发展的中坚力量。

2.3　中国制造业现实特征分析

2.3.1 制造业总体规模不断扩大

我国制造业体系门类齐全、独立完整，在联合国产业分类中，中国是唯一一个拥有全部工业门类的国家，其中水泥、空调、冰箱、数码相机等产品产量超过世界总产量的一半。中国制造业总产出占世界总产出的比重由 2000 年的 8.5%提高到 2016 年的 30.9%。

据联合国统计司数据显示，2016 年，中国制造业增加值为 30799 亿美元，是美国制造业增加值的 1.41 倍，日本的 3.15 倍。观察表 2.1，可以发现中国制造业总体规模不断扩大。

表 2.1 制造业增加值及其比重

年份	2001	2002	2003	2004	2005	2006
制造业增加值/亿元	34690.0	37803.0	44615.0	51748.5	60118.0	71212.9
制造业增加值涨幅/%	8.86	8.97	18.02	15.99	16.17	18.46
占工业增加值比重/%	79.10	79.13	79.18	78.67	77.11	77.21
占 GDP 比重/%	32.69	31.06	32.47	31.98	32.09	32.45
年份	2007	2008	2009	2010	2011	2012
制造业增加值/亿元	87464.8	102539.5	110118.5	130325.0	150597.2	169806.6
制造业增加值涨幅/%	22.82	17.24	7.39	18.35	15.56	12.76
占工业增加值比重/%	78.31	77.84	79.74	78.92	77.17	81.28
占 GDP 比重/%	32.37	32.09	31.54	31.55	30.78	31.42
年份	2013	2014	2015	2016	2017	
制造业增加值/亿元	181867.8	195620.3	202420.1	214289.0	242707.0	
制造业增加值涨幅/%	7.10	7.56	3.48	5.86	13.26	
占工业增加值比重/%	81.80	83.65	85.59	86.45	86.68	
占 GDP 比重/%	30.55	30.38	29.38	28.80	29.34	

数据来源：根据《中国统计年鉴 2002～2017》及世界银行数据库相关数据计算、整理所得。

为了直观地表示中国制造业总体规模的变化趋势，本书绘制了制造业增加值及其比重图，详见图 2.2。

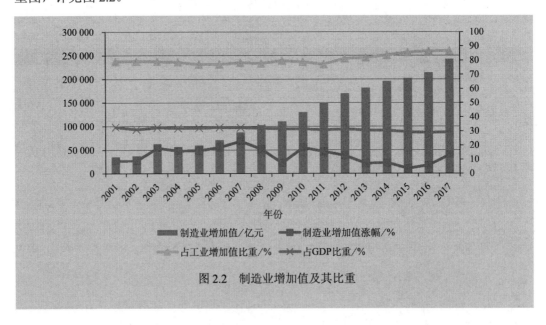

图 2.2 制造业增加值及其比重

2.3.2 制造业科技创新能力不断提高

加入世贸组织以来，中国制造业创新水平与制造业发达国家的差距在不断缩小，一些技术已经达到世界领先水平，制造业总体创新能力不断提高。具体表现为：一是研发经费投入增长明显，R&D 投入强度有了较大提升。2001 年，我国研发经费为 1042.49 亿元，2016 年上涨到 15676.75 亿元，年均涨幅 19.81%。R&D 投入强度由 2001 年的 1.09% 上涨到 2016 年的 2.11%。二是制造业 R&D 人员和经费支出大幅增加。从表 2.2 可以看出，制造业 R&D 人员全时当量由 2001 年的 37.9 万人·年增长至 2016 年的 260 万人·年，年均涨幅 13.70%；制造业 R&D 经费内部支出由 2001 年的 442.3 亿元增长至 2016 年的 10603.5 亿元，年均涨幅 23.59%。三是制造业发明专利数量大幅增加。我国制造业有效发明专利数由 2001 年的 0.19 万件增长至 2016 年的 75.07 万件，年均涨幅 48.98%。不管是从制造业 R&D 的投入角度还是产出角度来看，中国制造业科技创新能力都有了较大幅度的提高。

表 2.2　制造业研究与试验发展投入产出情况

年份	2001	2002	2003	2004
制造业 R&D 人员全时当量/（万人·年）	37.9	42.4	47.8	43.8
制造业 R&D 经费内部支出/亿元	442.3	560.2	720.8	954.4
制造业有效发明专利数/万件	0.19	0.31	0.69	1.22
年份	2005	2006	2007	2008
制造业 R&D 人员全时当量/（万人·年）	60.6	62.2	77.8	92.3
制造业 R&D 经费内部支出/亿元	1250.3	1551.4	2009.6	2546.4
制造业有效发明专利数/万件	1.48	2.82	4.25	5.42
年份	2009	2010	2011	2012
制造业 R&D 人员全时当量/（万人·年）	120.8	127.6	182.4	213.9
制造业 R&D 经费内部支出/亿元	3014.3	3771.9	5695.4	6868.5
制造业有效发明专利数/万件	7.89	10.97	19.66	27.14
年份	2013	2014	2015	2016
制造业 R&D 人员全时当量/（万人·年）	237.6	252.4	253.7	260.0
制造业 R&D 经费内部支出/亿元	7978.6	8906.7	9672.2	10603.5
制造业有效发明专利数/万件	32.87	43.80	56.01	75.07

数据来源：根据《中国科技统计年鉴 2002～2016》和《中国统计年鉴 2017》相关数据计算、整理所得。

为了直观地表示中国制造业科技创新能力的不断提高，本书绘制了制造业研究与试验发展投入产出情况图，详见图 2.3。

2.3.3 制造业产业结构不断优化

近年来，我国加快制造业自主创新和机制改革，有力地推动制造业产业结构调整，制造业产业结构不断优化，低端落后产能逐渐淘汰。技术含量高的高技术制造业和装备制造业获得了较快发展，其行业增加值占工业增加值的比重不断上升。从表 2.3 可以看

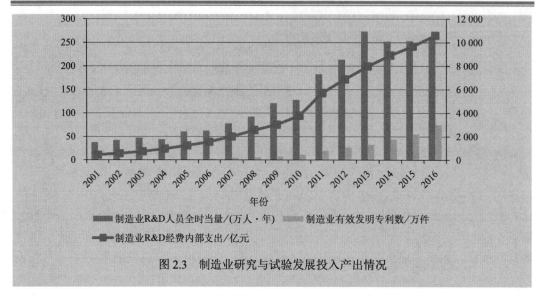

图2.3　制造业研究与试验发展投入产出情况

出，近几年，高技术制造业增加值占规模以上工业比重不断提高，由2014年的10.6%上涨到2017年的12.7%；2017年，装备制造业增加值占规模以上工业比重为32.7%，比2014年提高了2.3个百分点。随着产业结构的调整与转型升级，我国工业发展质量和效益明显提升。一方面，用新技术对传统制造业进行改造，大力培育发展高新技术产业和装备制造业。2014～2017年，高技术制造业增加值和装备制造业增加值年均增长率分别为11.67%和9.51%。另一方面，进一步淘汰落后产能，提高工业发展的质量和效益。2001年，全员劳动生产率为13137元/人，2017年上涨到101231元/人，年均涨幅13.61%。2018年政府工作报告中指出，2013～2017年，我国退出钢铁产能1.7亿吨以上、煤炭产能8亿吨。通过去落后产能有效缓解产能过剩矛盾，而且明显提高了制造业发展质量。

表2.3　高技术制造业、装备制造业增长率及其占规模以上工业增加值比重

年份	2014	2015	2016	2017
高技术制造业增加值增长率/%	12.3	10.2	10.8	13.4
高技术制造业增加值占规模以上工业增加值的比重/%	10.6	11.8	12.4	12.7
装备制造业增加值增长率/%	10.5	6.8	9.5	11.3
装备制造业增加值占规模以上工业增加值的比重/%	30.4	31.8	32.9	32.7

注：由于国家统计局从2014年才开始公布装备制造业占比情况，并且来自国家统计局的数据是目前官方最权威的数据，因此本书选取2014～2017年数据进行说明。数据来源于2014～2017年国民经济和社会发展统计公报。

　　为了直观表示出高技术制造业和装备制造业发展情况，本书绘制了高技术制造业、装备制造业增长率及其占规模以上工业增加值比重图，详见图2.4。

2.3.4　制造业对外贸易规模不断扩大

　　随着对外开放层次的不断提高，我国对外贸易规模也在不断扩大。由表2.4可以看出，2001年，我国货物进出口贸易总额为42183.6亿元，到了2016年，这一数字上涨到

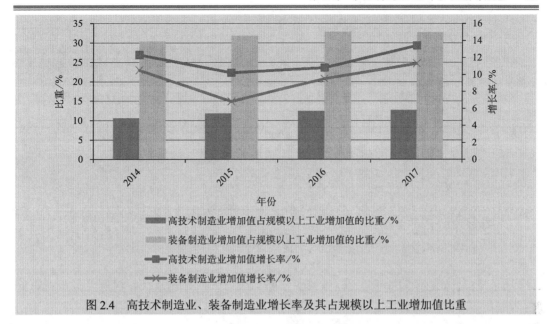

图 2.4 高技术制造业、装备制造业增长率及其占规模以上工业增加值比重

243386.5 亿元，年均增长 12.39%，其中，货物出口年均增长 13.04%，货物进口年均增长 11.63%。在外贸总量不断攀升的同时，我国的外贸结构也发生了巨大变化，工业制成品在出口商品总额中的比重明显提高。1980 年，中国初级产品出口额占出口商品总额的比重为 50.3%，工业制成品占比为 49.7%，2001 年，中国工业制成品出口额占出口商品总额的比重达到了 90.10%，2016 年，这一比重超过 95%；工业制成品出口额由 2001 年的 2397.6 亿美元增长至 2016 年的 19924.4 亿美元，年均涨幅 15.16%；工业制成品进口额由 2001 年的 1978.1 亿美元上涨到 2016 年的 11486.7 亿美元，年均涨幅 12.44%；对外承包工程完成营业额由 2001 年的 88.99 亿美元增长到 2016 年的 1594.20 亿美元，年均涨幅 21.21%。利用外资规模也在不断扩大，实际利用外商直接投资金额由 2001 年的 468.8 亿美元增长到 2016 年的 1260 亿美元，年均涨幅 6.81%。

表 2.4 对外贸易情况

年份	2001	2002	2003	2004
货物进出口总额/亿元	42183.6	51378.2	70483.5	95539.1
出口总额/亿元	22024.4	26947.9	36287.9	49103.3
进口总额/亿元	20159.2	24430.3	34195.6	46435.8
实际利用外商投资额/亿美元	468.8	527.4	535.1	606.3
年份	2005	2006	2007	2008
货物进出口总额/亿元	116921.8	140971.4	166740.2	179921.5
出口总额/亿元	62648.1	77594.6	93455.6	100394.9
进口总额/亿元	54273.7	63376.8	73284.6	79526.6
实际利用外商投资额/亿美元	603.3	630.2	747.9	924.0

续表

年份	2009	2010	2011	2012
货物进出口总额/亿元	150648.1	201722.1	236402.0	244160.2
出口总额/亿元	82029.7	107022.8	123240.6	129359.2
进口总额/亿元	68618.4	94699.3	113161.4	114801.0
实际利用外商投资额/亿美元	900.3	1057.4	1160.1	1117.2
年份	2013	2014	2015	2016
货物进出口总额/亿元	258168.9	264241.8	245502.9	243386.5
出口总额/亿元	137131.4	143883.8	141166.8	138419.3
进口总额/亿元	121037.5	120358.0	104336.1	104967.2
实际利用外商投资额/亿美元	1175.9	1195.6	1262.7	1260.0

数据来源于《中国统计年鉴 2002～2017》。

　　为了直观地表示我国对外贸易规模的不断扩大，本书绘制了对外贸易情况图，详见图 2.5。

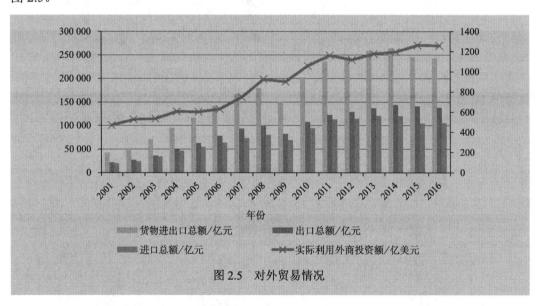

图 2.5　对外贸易情况

2.3.5　制造业国际竞争力不断增强

　　加入世贸组织以来，中国工业制成品出口数量大幅增加，在国际市场上的占有率不断攀升。据《产业蓝皮书：中国产业竞争力报告（2016）No.6》数据显示，到 2015 年，我国工业制成品的国际市场占有率达到 18.6%，较 2000 年提高了约 14%。2015 年中国中高端制成品的国际市场占有率为 15.75%，较 2000 年提高了约 12.5%（张其仔等，2016）。制造业产品出口结构也在不断优化，高技术产品出口额快速增长，由 2001 年的 464.5 亿美元增长至 2016 年的 6042 亿美元，年均涨幅 18.65%。近年来，通过持续的技术创新和改革，我国的超级计算机、高铁装备等已经处于世界领先水平，载人航天、大型飞机、导航卫星等领域也取得重大突破，中国制造业的综合竞争力有了较大提高。由全球制造商集团编制的 2017 年度"全球制造 500 强"排行榜中，中国有 76 家制造业企业上榜，企业上榜数量位居世界第三位。这表明中国制造业整体竞争实力位居世界前列。从"引进来"到"走出去"，一批中国优秀的制造业企业走向世界，比如华为、格力、联想、海尔等，越来越多的中国制造业企业拥有属于自己的品牌，中国制造业的国际竞争力不断增强。

2.4 中国制造业发展面临的困境

改革开放 40 年来，中国制造业由小到大发展极为迅速，但大而不强，制造业综合商务成本上升、自主创新能力不强、资源能源利用效率偏低等困境也越来越突出。

2.4.1 处于全球价值链中低端，"人口红利"逐步消失

改革开放以来，中国制造业依靠廉价的劳动力，通过引进生产线和技术、共同生产等方式参与到全球制造业价值链中。尽管我国制造业在国际分工体系和国家贸易中所占比重越来越大，但行业增加值率和利润率却始终偏低，主要原因是在制造业国际分工体系中，中国制造业企业主要从事加工、制造与组装等中低端环节，依赖"两头在外"的发展模式，导致长期处于"微笑曲线"的中低端，这些环节以劳动投入为主，技术含量低，获得的产品附加值也低；而外商从事研发、设计、营销、售后等高端环节，这些环节利润空间大、附加值高。OECD-WTO 在 2015 年发布的 *Trade in Value Added: China* 报告中指出，中国在全球价值链中的地位呈上升趋势，但中国在许多行业仍然相对较低。许多学者通过测算发现，中国制造业整体处于全球价值链中低端，在国际分工中地位较低（周升起等，2014；刘琳，2015）。还有学者通过对制造业细分行业的测度研究中国制造业在全球价值链中的地位，结果表明，中国 22 个制造业门类中，处于全球价值链低端的行业达 12 个，而处于全球价值链中高端的行业仅有 3 个（张慧明和蔡银寅，2015）。这表明当前中国制造业整体上仍处于全球价值链的中低端，产业关键设备和核心技术对外依存度高是中国制造业长期处于全球价值链中低端的重要原因。

随着劳动力成本不断上升，中国制造业在全球竞争中的比较优势逐渐丧失。中国制造业突飞猛进的发展，很大程度得益于廉价的劳动力成本。随着人口老龄化加剧，劳动力人口数量逐年减少。2017 年中国劳动年龄人口为 90199 万人，占总人口的比重为 64.9%，劳动年龄人口比 2016 年减少了 548 万人，连续六年净减少。2017 年，60 周岁及以上人口达到了 2.41 亿人，占全国总人口的 17.3%，这一趋势将持续强化。从表 2.5 中可以看出，我国制造业单位就业人员数从 2013 年开始降低，由 5257.9 万人下降到 2016 年的 4893.8 万人，"人口红利"逐渐消失，劳动力供给短缺现象日益明显，同时，环境和要素成本的上升导致劳动力成本不断上涨，制造业就业人员年平均工资已经由 2001 年的 9774 元提高到 2016 年的 59470 元，年均涨幅 12.79%。面对越来越高的劳动力成本，"中国制造"的廉价优势已经不在，越来越多的劳动密集型制造业开始往越南、老挝等东南亚国家转移。制造业大规模向国外迁移，在外贸出口、国内就业、利用外资、产业发

展和经济增长等方面带来明显的不利影响。

表 2.5　制造业就业人员平均工资和就业人员数

年份	2001	2002	2003	2004	2005	2006	2007	2008
单位就业人员年平均工资/元	9774	11001	12496	14033	15757	18225	21144	24404
单位就业人员数/万人	3009.8	2906.9	2980.5	3050.8	3210.9	3361.6	3465.4	3434.3
年份	2009	2010	2011	2012	2013	2014	2015	2016
单位就业人员年平均工资/元	26810	30916	36665	41650	46431	51369	55324	59470
单位就业人员数/万人	3491.9	3637.2	4088.3	4262.2	5257.9	5243.1	5068.7	4893.8

数据来源于《中国统计年鉴 2002～2017》。

为了直观地表现我国劳动力成本的不断上升以及制造业就业人数的变化，本书绘制了制造业就业人员年平均工资和就业人员数图，详见图 2.6。

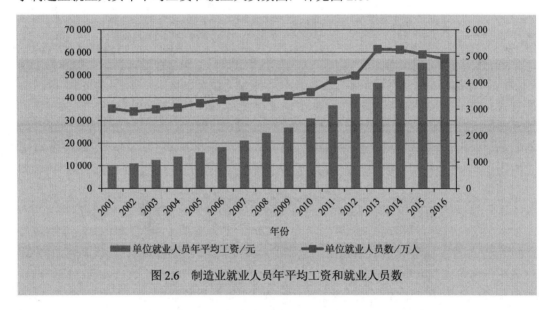

图 2.6　制造业就业人员年平均工资和就业人员数

2.4.2　自主创新能力不强，关键核心技术对外依赖程度高

改革开放以来，大量引进外资迅速壮大了制造业规模，外商掌握着关键核心技术和销售渠道，我国制造业企业多以加工制造和满足庞大的消费市场为主，对技术创新的重视程度不够，导致许多关键技术对外依存度高。主要表现在：一些关键装备、核心零部件和基础软件对外依存度较高；产学研合作创新机制不够完善，科技成果转化率较低以及制造业企业技术创新动力不足等。《2017 年国民经济和社会发展统计公报》数据显示，2017 年我国研发经费投入总量为 17500 亿元，研究经费投入总量已经位居世界第二，研发投入强度为 2.12%，但从表 2.6 中可以看出，虽然近年来中国研发投入强度不断提高，但与制造业强国相比还有较大差距。2017 年，我国基础研究投入为 920 亿元，占 R&D 经费支出的 5.26%，而美国、英国、法国等发达国家的这一占比达到 15%～25%，表明

我国基础研究经费投入依旧较少，这使得我国制造业自主创新关键技术缺乏源头理论支撑和引领，阻碍了我国在一些关键共性技术上的创新突破。

表 2.6　主要制造业国家 R&D 强度　　　　　（单位：%）

国家	2001	2002	2003	2004	2005	2006	2007	2008
中国	0.94	1.06	1.12	1.21	1.31	1.37	1.37	1.44
美国	2.64	2.55	2.55	2.49	2.51	2.55	2.63	2.77
日本	3.07	3.12	3.14	3.13	3.31	3.41	3.46	3.47
德国	2.39	2.42	2.46	2.42	2.42	2.46	2.45	2.60
英国	1.63	1.64	1.6	1.55	1.57	1.59	1.63	1.64
韩国	2.34	2.27	2.35	2.53	2.63	2.83	3.00	3.12
法国	2.13	2.17	2.11	2.09	2.04	2.05	2.02	2.06

国家	2009	2010	2011	2012	2013	2014	2015	
中国	1.66	1.71	1.78	1.91	1.99	2.02	2.06	
美国	2.82	2.74	2.77	2.71	2.74	2.76	2.79	
日本	3.36	3.25	3.38	3.34	3.48	3.59	3.49	
德国	2.73	2.71	2.80	2.87	2.82	2.89	2.87	
英国	1.70	1.68	1.68	1.61	1.66	1.68	1.70	
韩国	3.29	3.47	3.74	4.03	4.15	4.29	4.23	
法国	2.21	2.18	2.19	2.23	2.24	2.24	2.23	

数据来源于《中国科技统计年鉴 2016》。

　　为了更加直观地比较中国与世界主要制造业国家在创新能力方面的差距，本书绘制了各主要制造业国家 R&D 强度图，详见图 2.7。

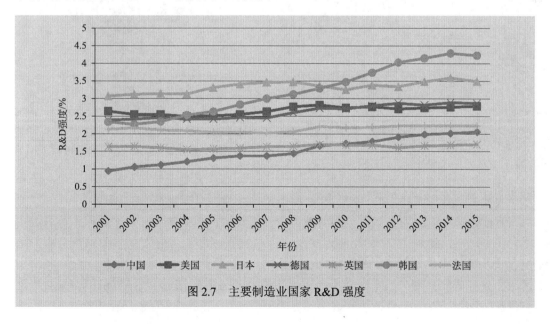

图 2.7　主要制造业国家 R&D 强度

2.4.3 资源能源利用效率较低，环境污染问题依然突出

四十年来，中国制造业发展取得了举世瞩目的成就，然而在制造业高速发展的同时，其高污染、高排放所带来的环境污染问题也日益突出。制造业在生产过程中使用的能源主要是煤炭、原油、焦炭等不可再生能源，并且制造业企业大多采用粗放的生产方式，消耗大量能源的同时，也导致环境质量恶化。随着经济的快速发展，中国制造业能源消耗总量大幅增加，由 2001 年的 83158 万吨标准煤上升到 2016 年的 242515 万吨标准煤，年均涨幅 7.40%。2012~2017 年，我国万元国内生产总值能耗平均下降 4.58%，表明我国能源利用效率在不断提高，但我国能耗强度仍然高于世界平均水平，与发达国家之间存在巨大差距。从表 2.7 中可以看出，虽然近年来我国每 1000 美元 GDP 能源使用量不断降低，由 2001 年的 233.35 千克石油当量/千美元下降到 2014 年的 175.31 千克石油当量/千美元，但与英国、日本等国家相比还有较大差距。

表 2.7 主要制造业国家单位 GDP 能源使用量　（单位：千克石油当量/千美元）

国家	2001	2002	2003	2004	2005	2006	2007	2008
中国	233.35	228.24	237.04	245.54	243.68	236.34	223.76	210.49
美国	170.26	169.16	164.92	162.18	157.68	152.13	152.09	148.62
日本	118.14	117.8	115.14	116.26	113.94	112.1	109.35	106.36
德国	112.79	110.26	110.46	109.96	108.38	107.42	98.48	98.49
英国	111.38	106.31	104.66	101.8	99.20	95.22	89.66	88.70
韩国	187.33	181.35	179.77	176.09	171.03	165.28	162.96	161.95
法国	120.27	119.23	120.38	118.83	117.39	112.82	108.96	109.22

国家	2009	2010	2011	2012	2013	2014	2015	
中国	205.56	205.20	200.93	193.36	185.23	175.31	—	
美国	145.33	145.04	141.15	135.98	135.32	133.96	128.24	
日本	107.19	108.90	100.93	97.27	96.04	92.96	90.5	
德国	97.73	98.87	90.64	90.54	91.8	86.76	86.89	
英国	87.28	88.83	81.19	82.48	79.89	72.59	71.17	
韩国	162.34	166.23	167.05	165.17	160.74	158.24	158.39	
法国	107.69	108.94	102.71	102.74	102.59	97.47	97.69	

数据来源于世界银行数据库。

为了更加直观地比较中国在能源利用方面与世界主要制造业国家的差距，本书绘制了各主要制造业国家每 1000 美元 GDP 的能源使用量图，详见图 2.8。

目前，中国制造业发展对能源的消耗量依然较大，而制造业在生产过程中排放的废弃物仍是环境污染的重要原因。据生态环境部发布的《2017 中国生态环境状况公报》数据显示，2017 年，全国 70.7%城市未达到新的环境空气质量标准，发生重度污染和严重污染的频率依然很高；全国 5100 个地下水水质监测点中，水质为较差级和极差级的监测点占比达到 66.6%。空气质量差、水体污染严重，中国制造业迅猛扩张带来的环境污染

问题依然十分突出。

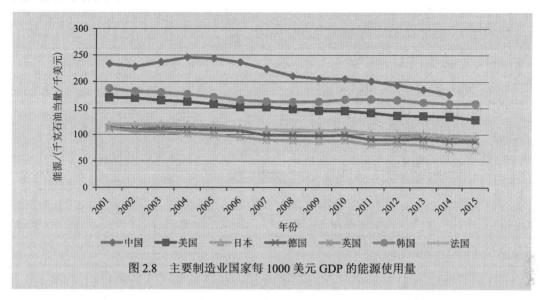

图 2.8　主要制造业国家每 1000 美元 GDP 的能源使用量

2.5　中国制造业未来发展趋势

成就与困境同在，机遇与挑战并存。随着新一轮科技革命和工业革命的到来，中国制造业发展必须抓住历史机遇，实现由大到强的飞跃。中国制造业未来发展趋势，主要表现在以下四个方面。

2.5.1　向智能化转变

发达国家的"再工业化""工业 4.0""工业互联网"等一系列制造业振兴计划，纷纷将现代信息技术与制造业深度融合作为发展重点，力图重塑制造业竞争优势，抢占制造业技术制高点。面对日新月异的科技创新和第四次工业革命大潮，中国制造业必须顺势而为主动发力，借助数字化、网络化和智能化创新，着力发展智能装备和智能产品，提高制造业各个流程的智能化水平，加快制造业智能化转型升级，增强中国制造业的全球竞争能力。随着新一代信息技术的快速发展和广泛应用，智能制造将给所有产业带来冲击与转型，也将引领全球制造业发展模式的前进与革新，向智能化转变是我国制造业转型升级的必经之路。

2.5.2　向高质量转变

尽管我国是世界制造大国，但制造业大而不强、发展质量不够高的问题十分突出。一方面，从制造业增加值率、全员劳动生产率、自主创新能力、关键核心技术、高端产业占比、价值链等方面衡量，我国制造业发展方式较为粗放，自主创新能力依然薄弱，关键核心技术与高端装备对外依存度高，结构调整滞后，整体上仍然处于全球产业链和价值链的中低端。另一方面，从制造业产品质量和品牌衡量，我国优秀制造业企业和品牌数量不够多，特别是缺少世界一流企业和国际高端品牌。这些制造业发展存在的短板充分说明，要推进中国制造向中国创造转变、中国速度向中国质量转变、制造大国向制造强国转变，关键是推动制造业向高质量转变。

2.5.3　向绿色化转变

我国作为制造业大国，尚未摆脱高投入、高消耗、高排放的发展方式，资源能源消耗和污染物排放与国际先进水平仍存在较大差距，这就要求我国应当彻底改变传统的较为粗放的制造业发展方式，以绿色制造为主要方向，推行和构建绿色制造体系，实施绿色制造工程。要把全面实施传统产业清洁化改造和扎实推进污染源头防治，作为推动制造业绿色转型升级的根本途径。同时要通过开发绿色产品、建设绿色工厂、发展绿色园区、打造绿色供应链、壮大绿色企业、开展绿色评价、强化绿色监管等措施，构建现代绿色制造体系，提高绿色制造领域的创新力度，扎实推进制造业向绿色化转变。

2.5.4　向服务化转变

推动生产型制造向服务型制造转变，是我国制造业提质增效、转型升级的内在要求，也已经成为我国制造业创新能力提升、效率提高以及价值链攀升的重要源泉。向服务型制造转型不仅可以摆脱制造业对资源、能源等要素投入的约束，减轻对环境污染的压力，同时能够更好地满足用户个性化和多样化需求、增加产品附加值、提高综合竞争力。尤其是随着新一代信息技术的逐步成熟和产业利用，新产业、新业态和新商业模式层出不穷，极大地推动了制造业的服务化转型。这种制造业的服务化已经成为越来越多制造企业保持竞争优势以及获取利润的重要途径。

2.6　本章小结

改革开放四十年来，在对外开放程度不断提高、对内改革不断深化的条件下，坚持"引进来"和"走出去"并重，中国制造业快速发展，国际地位不断提高，成为全球制造业第一大国，创造了制造业发展史上的增长奇迹，取得了举世瞩目的成就。中国制造业在总体规模不断扩大的同时，科技创新能力也在逐步提高，产业结构不断优化，对外贸易规模不断扩大，国际竞争力逐步攀升。随着新一轮科技革命和工业革命的到来，制造业发展模式正在发生深刻变革，全球产业竞争格局正在发生重大调整，中国制造业发展面临着新的形势和新的使命，必须牢牢抓住发展机遇，推动制造业向智能化、高质量、绿色化和服务化方向发展，尽快实现由大到强的根本转变，建设成为世界制造强国。未来，中国制造业仍需坚持互利共赢、开放合作的基本原则，扩大开放范围，提高开放层次，更广泛深入融合到全球制造业体系之中，发挥积极作用，为全球制造业健康发展做出巨大贡献。

参 考 文 献

洪联英, 韩峰, 唐寅. 2016. 中国制造业为何难以突破技术技能升级陷阱? ——一个国际生产组织安排视角的分析. 数量经济技术经济研究, (3): 23-40.

赖祥麟. 1988. 试论美国制造业的"复兴". 世界经济, (7): 33-38.

李春顶. 2010. 中国出口企业是否存在"生产率悖论"基于中国制造业企业数据的检验. 世界经济, (7): 64-81.

林毅夫. 1988. 外向型战略的最佳选择: 发展劳动密集型制造业. 改革, (3): 69-73.

刘琳. 2015. 中国参与全球价值链的测度与分析——基于附加值贸易的考察. 世界经济研究, (6): 71-83.

路江涌, 陶志刚. 2006. 中国制造业区域聚集及国际比较. 经济研究, (3): 103-114.

罗雨泽, 罗来军, 陈衍泰. 2016. 高新技术产业 TFP 由何而定?——基于微观数据的实证分析. 管理世界, 269(2): 8-18.

齐志强, 张干, 齐建国. 2011. 进入 WTO 前后中国制造业部门结构演变研究——基于制造业部门与工业整体经济增长的灰色关联度分析. 数量经济技术经济研究, (2): 52-63.

邵帅, 张曦, 赵兴荣. 2017. 中国制造业碳排放的经验分解与达峰路径——广义迪氏指数分解和动态情景分析. 中国工业经济, (3): 44-63.

王宏起, 杨仲基, 武建龙, 等. 2018. 战略性新兴产业核心能力形成机理研究. 科研管理, 39(2): 143-151.

王珺. 1991. 论制造业的比较国际竞争力. 经济研究, (6): 67-72.

王卫, 綦良群. 2017. 中国装备制造业全要素生产率增长的波动与异质性. 数量经济技术经济研究, (10): 111-127.

张慧明, 蔡银寅. 2015. 中国制造业如何走出"低端锁定"——基于面板数据的实证研究. 国际经贸探索, 1(1): 52-65.

张杰. 2016. 中国制造业要素配置效率的测算、变化机制与政府干预效应. 统计研究, 33(3): 72-79.

张其仔, 郭朝先, 白玫, 等. 2016. 中国产业竞争力报告(2016)No. 6. 北京: 社会科学文献出版社.

章铮, 谭琴. 2005. 论劳动密集型制造业的就业效应——兼论"民工荒". 中国工业经济, (7): 5-11.

周升起, 兰珍先, 付华. 2014. 中国制造业在全球价值链国际分工地位再考察——基于 Koopman 等的"GVC 地位指数". 国际贸易问题, (2): 3-12.

Adamides E D, Pomonis N. 2009. The co-evolution of product, production and supply chain decisions, and the emergence of manufacturing strategy. International Journal of Production Economics, 121(2): 301-312.

Bernard A B, Eaton J, Jensen J B, et al. 2003. Plants and productivity in international trade. American Economic Review, 93(4): 1268-1290 .

Chenery H. 1956. Interregional and international input-output analysis. New York: John Wiley & Sons: 339-357.

Cheng Z, Li L, Liu J, et al. 2018. Total-factor carbon emission efficiency of China's provincial industrial sector and its dynamic evolution. Renewable & Sustainable Energy Reviews, 94: 330-339.

Crafts N, Mills T C. 2010. TFP Growth in British and German Manufacturing, 1950-1996. Economic Journal, 115(505): 649-670.

Dunne T, Troske K. 2010. Technology adoption and the skill mix of US manufacturing plants. Scottish Journal of Political Economy, 52(3): 387-405.

Farid A M. 2014. Measures of reconfigurability and its key characteristics in intelligent manufacturing systems. Journal of Intelligent Manufacturing, 28(1): 1-17.

Glaeser E, Kallal H, Scheinkman J, et al. 1992. Growth in cities. Journal of Political Economy, 100(6): 1126-1152.

Ito B, Tanaka A. 2016. External R&D, productivity, and export: evidence from Japanese firms. Review of

World Economics, 152(3): 577-596.

James W, Harrington Jr. 1985. Intraindustry structural change and location change: US semiconductor manufacturing, 1958-1980. Regional Studies, 19(4): 343-352.

Krugman P. 1991. Increasing returns and economic geography. Journal of Political Economy, 99(3): 483-499.

Kumar N, Aggarwal A. 2005. Liberalization, outward orientation and in-house R&D activity of multinational and local firms: a quantitative exploration for Indian manufacturing. Research Policy, 34(4): 441-460.

Rayna T, Striukova L. 2016. Involving consumers: The role of digital technologies in promoting 'prosumption' and user innovation. Journal of the Knowledge Economy, 1-20.

Yao X, Guo C, Shao S, et al. 2016. Total-factor CO_2, emission performance of China's provincial industrial sector: A meta-frontier non-radial Malmquist index approach. Applied Energy, 184.

撰稿人：李廉水　鲍怡发　招玉辉
审稿人：程中华

第3章

中国制造业40年：国际比较

3.1　引　　言

制造业是国民经济的主体，是立国之本、兴国之器、强国之基。改革开放 40 年来，中国制造业发生了翻天覆地的变化。从国内角度看，中国制造业经过 40 年的快速发展，成为拉动国民经济增长的主要力量；从全球制造业发展趋势看，中国充分发挥了其劳动力和资源上的比较优势，在世界贸易分工体系中的地位正日益加强，成长为世界第一制造业大国，并向着新的世界制造业中心迈进，成就令世界瞩目。但应当注意到，中国制造业成本的提升、美国的再工业化及世界贸易新的形势和局面，以及制造业相应行业在世界上所面临的新的竞争，中国制造业的发展在现在和未来都充满挑战。因此探究中国制造业的发展特征并与国际主要制造业强国进行比较是很有必要的。那么，中国制造业同世界发达国家制造业之间在哪些方面还存在差距？差距还有多大？基于此目标，本章在经济创造、科技创新和资源环境保护等方面对中国同世界发达国家进行比较研究。

制造业是创造人类财富的支柱产业，是国家兴旺发达的坚实基础。中国制造业从 1978 年改革开放以来进入了高速发展的快车道，制造业的工业产值和技术水平大大提高，制造业的整体实力不断提升。然而，时至今日，中国制造业同世界发达国家的制造业水平是否还存在差距？如果存在，这种差距又有多大？在哪些方面存在差距？从发展历程来看，这种差距是扩大了，还是缩小了？可以说，有相当多的问题都需要通过中外制造业的比较研究来解答。

21 世纪世界经济最大的特点和发展趋势是全球一体化，经济全球化带来的是国际分工的日益广泛化和深入化，国与国之间的竞争已经由产业和产品的竞争向产业链和价值链的竞争转变。中国加入 WTO 十七年时间，中国制造业早已融入整个世界的国际分工体系中。另一方面，世界形势也发生了较大的变化，美国再工业化、中美关系面临不确定性、逆全球化思潮出现等都会对中国及其制造业的发展产生某种程度的影响。在这种情况下，如何维持中国制造业的健康发展，如何继续增强中国制造业的国际竞争力，是中国制造业需要思考的问题。

回顾世界制造业的发展历史可以发现，在特定时期内制造业的发展具有聚集效应，形成世界制造业中心，而且这个制造业中心并不是固定不变的，而是随着科技进步、国际分工和经济全球化而不断发生转移。

英国是世界最早的制造业中心，从 18 世纪 30 年代起，在英国诞生了纺纱机、蒸汽机等一系列重大技术发明，掀起了第一次工业革命高潮。从 1760 年到 1830 年，英国制造业从占世界总量的 1.9%上升为 9.5%，到 1860 年更是达到 19.9%，英国不仅成为世界制造业中心，同时也成为世界科技中心。英国作为世界制造业中心和科技中心的地位一直保持到 19 世纪后期。

随着英国的机器传入欧洲大陆，与当地的诸多革新技术相结合，德国掀起了工业革命高潮。德国的哲学革命为科技革命开辟了道路，到 1830 年，德国的各个产业全面超过英国，德国用 40 年的时间完成了英国 100 年的事业，实现了工业化，取代了英国成为世界制造业中心，完成了世界制造业中心的第一次迁移。

19 世纪 70 年代，美国发生了第二次工业革命——电力技术革命，建立了钢铁、化工和电力三大产业，率先在世界上实现了大规模的工业化。美国以其雄厚的工业基础，多种制成品在 19 世纪 80 年代初升为世界第一位；1913 年，美国的工业总产量相当于英、德、法、日 4 国的总和，占世界 1/3 以上。因此美国取代了英、德成为新的世界制造业中心，完成了世界制造业中心的第二次转移。

第二次世界大战以后，日本提出"技术立国"的口号，大力发挥研究人员的创造性；均衡发展基础研究、应用研究和开发研究；积极推进产学研密切合作，走出一条不断创新发展本国生产技术的道路，尤其是在半导体领域，日本的新兴半导体技术一度超过美国，赢得了占全球半数以上市场份额，并引领世界潮流，在国际市场上展现出极强的竞争力，成为继美国之后的又一世界制造业中心。

根据以上对世界制造业的发展历史和制造业中心的转移轨迹的分析，可以看出英国、德国、美国、日本在制造业发展方面都曾经和正在创造着辉煌的成就。因此，本书将国际比较的对象确定为英国、德国、美国和日本。在研究方法方面，主要采用描述性统计比较方法，即通过对英国、德国、美国、日本和中国在经济创造、科技创新和资源环境保护方面具体指标的定量描述，发掘中国同发达国家在三大维度的具体差距。比较过程中所用到的数据主要来自于联合国、世界银行、OECD 数据、各个国家的统计局及科技和环保等相关部门的网站和公开出版资料，并已在文中具体注明。

研究世界发达国家的制造业发展历程，总结其发展规律，同时将中国制造业同这些国家进行比较，其重要意义在于：① 能够找出中国制造业同发达国家之间在经济创造、科技创新和资源环境保护等方面的具体差距所在，从而更加清楚地了解中国制造业发展的国际现状；② 能够发现世界制造业的未来发展趋势，获得促进中国成为世界制造业中心的宝贵经验；③ 为落实"中国制造 2025"发展目标、提升中国制造业的国际竞争力和打造世界制造业中心提供一定的理论参考。

3.2　经济创造国际比较

本节主要对中国同世界发达国家制造业在经济创造方面进行比较，旨在找出中国制造业与发达国家之间的差距，并挖掘中国制造业在这方面的相对优势与不足。根据搜集的数据资料，本报告将从制造业的生产规模、增长速度、生产效率、对外依附程度、劳动力成本和对国民经济的贡献等多个角度对中国和西方发达国家制造业的经济创造能力进行综合比较。本节数据来于《世界发展指标》和《国际统计年鉴》。

3.2.1　生产规模

制造业增加值，是指制造业企业在报告期内以货币形式表现的生产活动的最终成果，是企业生产过程中新增加的价值，反映了制造业生产活动创造的财富增加量。中国制造业自 1978 年改革开放以来进入快速发展阶段，加入 WTO 使得中国制造业融入全球经济体系中，并逐渐由小到大、由弱变强。本小节通过分析制造业增加值的变化对制造业的生产规模进行比较。

1. 中国制造业规模

图 3.1 表示 1966～2015 年中国制造业增加值（现值）的发展趋势。在 1978 年改革开放政策实施之前，中国采取完全的计划经济体制，随着改革开放的推进与国民经济的复苏，制造业也在迅速地发展和壮大。虽然部分年份增加值有所下降，但总体上呈上升趋势。1966 年制造业增加值为 241.86 亿美元，1970 年超过了 300 亿美元，1972 年超过 400 亿美元，1976 年超过了 600 亿美元，1977 年最高为 678.15 亿美元；1978 年稍有下降，为 599.69 亿美元。这 13 年，制造业增加值年均增长率为 7.86%。但由于改革开放前制造业基础薄弱，占 GDP 比重仍然较低。

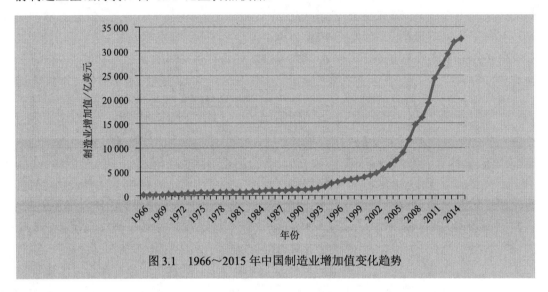

图 3.1　1966～2015 年中国制造业增加值变化趋势

自 1978 年改革开放到 2001 年中国正式加入世贸组织，是中国制造业发展的一个新阶段。1978 年制造业增加值为 599.69 亿美元，此后持续稳步增长，2001 年增加到 4191.12 亿美元，是 1978 年的 6.99 倍，年均增长率为 9.24%。特别是 1992 年邓小平同志南方谈话过后，极大地推动了我国改革开放的进程。自 1993 年开始，制造业增加值增速明显加快。1978～1993 年平均增速为 6.29%，1993～2001 年平均增速为 13.74%，是前期的 2 倍多。

自 2001 年加入世贸后，中国制造业开始走出去参与全球的经济竞争，迎来了一个新的发展机遇。加入世贸的当年即 2001 年，制造业增加值为 4191.12 亿美元，2015 年则高达 32504.23 亿美元，是 2001 年的 7.76 倍，年均增长率为 15.76%，远大于 2001 年以前的增长速度。近年来中国经济发展进入新常态，同时服务业快速发展，对 GDP 的拉动作用越来越强，制造业增加值占 GDP 比重稍有下降，2015 年为 30.38%。

2. 中国制造业增加值占世界制造业增加值比重

随着中国制造业的快速发展，其占世界制造业的比重也在迅速提升，这也是中国综合国力增强的一个重要体现。图 3.2 表示中国制造业增加值占全球制造业增加值比重变化趋势。1994 年，中国制造业增加值占世界制造业增加值比重不足 4%，2001 年加入世贸组织之初也仅为 7.48%；2006 年超过 10%；2011 年超过 20 %；近年来持续快速增加，2015 年占全球制造业比重高达 26.74%。

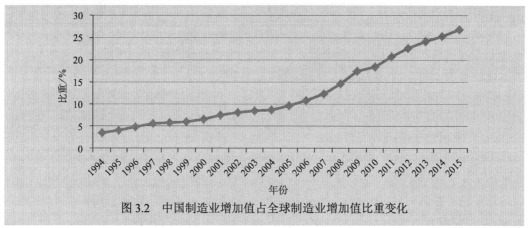

图 3.2　中国制造业增加值占全球制造业增加值比重变化

3. 与主要制造业国家的比较

图 3.3 为中国制造业增加值同英国、德国、美国和日本的比较。依据各国增加值的大小关系，分成几个阶段：

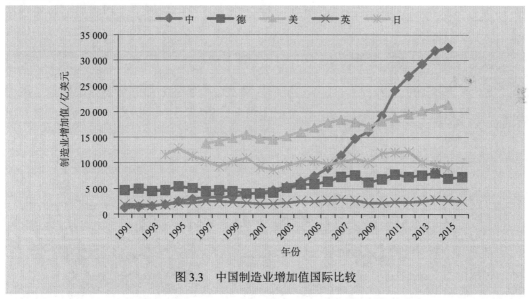

图 3.3　中国制造业增加值国际比较

赶超英国阶段（～1994 年）。1991 年，五个国家中中国制造业增加值总量最低，为 1232.79 亿美元，相当于英国的 66.18%，仅为德国的 26.55%。但中国制造业的增速远大于其他国家，随着规模的快速增加，1994 年中国制造业增加值达到 1880.56 亿美元，超过英国的 1874.89 亿美元。但与其他发达国家相比，仍然有较大的差距：与德国相比，只相当于德国的 40.75%。

赶超德国阶段（1995～2001 年）。在此期间，德国制造业增加值不但没有增加，反而有所下降。而中国制造业增加值年均增长率达到了 9.36%，在 2001 年为 4191.12 亿美元，首次超过德国。但与美国和日本相比，差距仍然较大，2001 年不足日本的 1/2，仅相当于美国的 28.61%。

赶超日本阶段（2001～2007 年）。在此时期的 6 年内，中国已经加入世界贸易组织，制造业走向世界，迎来了制造业全球化的发展机遇，增长也走上快车道。中国制造业增加值翻了一番还多，从 4191.12 亿美元增长为 11497.20 亿美元，年均增长率为 18.32%；日本则从 9146.66 亿美元增加到 9967.92 亿美元，年均增加 1.44%。中国终于在超越英国、德国之后，又超过日本，成为世界第二制造业大国。2007 年制造业增加值相当于美国的 62.56%，与美国的差距进一步缩小。

赶超美国阶段（2007～2010 年）。继 2007 年中国制造业增加值超越日本之后，到 2010 年的四年间，中国制造业的规模继续飞速增长，2010 年增加值达到了 19243.24 亿美元，年均增加 18.73%，是中国制造业增长最快的一个阶段；此时美国为 18058.82 亿美元，表明中国超越美国，正式成为世界第一制造业大国。中国制造业 2010 年的增加值，是德国的 2.82 倍、英国的 8.83 倍、日本的 1.62 倍。在国际上，占国际制造业比重为 18.39%。

世界第一阶段（2010～2016 年）。中国自 2010 年超越美国成为世界第一制造业大国之后，继续增长壮大，但由于经济增长进入新常态，与上一阶段相比，制造业增速有所放缓。到 2015 年，增加值达到 32504.23 亿美元，年均增加 11.01%。与其他国家相比，是德国的 4.64 倍、美国的 1.52 倍、英国的 12.56 倍、日本的 3.64 倍。占世界制造业比重上升到 26.74%。

4. 制造业增加值占 GDP 比重

图 3.4 表示 1991～2016 年制造业增加值占 GDP 比重的发展趋势及国际比较。在中国加入世贸组织之前，中国制造业占 GDP 比重在 30%以上，随时间推移呈现出缓慢下降的趋势，2015 年首次低于 30%；其他发达国家也表现出了同样的下降趋势。横向比较看，

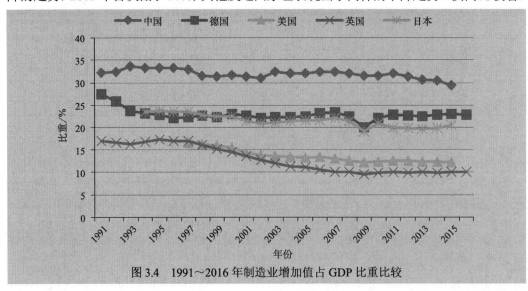

图 3.4　1991～2016 年制造业增加值占 GDP 比重比较

中国在参与比较的国家中高居首位，这也说明了制造业在中国国民经济体系中的地位，中国的经济发展较为依赖制造业的增长。其次是德国和日本，其制造业增加值占 GDP 比重在 22%左右；美国和英国制造业增加值占到其 GDP 的 15%左右，低于全球水平。

3.2.2　就业人数

图 3.5 表示中国制造业就业人数及国际比较。中国制造业规模较大，因此吸纳就业能力强劲。1998～2003 年，中国制造业就业人数稍有下降，1998 年其制造业就业人口为 3323 万人，2003 年为 2980 万人，是考察期内的最低值；2003～2013 年，就业人数开始增加，2013 年达到峰值，为 5258 万人，这一时期，年均增加 5.84%。从 2013 年开始随着经济进入新常态，就业人数开始下降，2016 年已经减少为 4894 万人。其他国家就业人数都在持续缓慢降低，2015 年与 1998 年相比，日本、美国、德国和英国的就业人数分别减少 320 万人、540 万人、70 万人、202 万人。

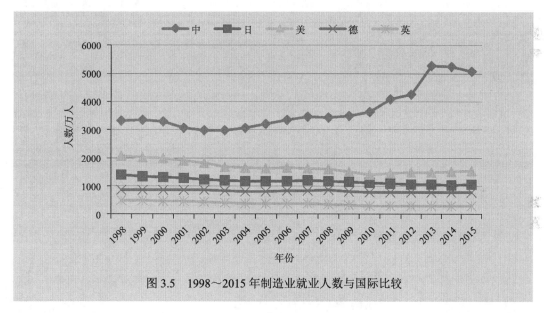

图 3.5　1998～2015 年制造业就业人数与国际比较

横向比较看，中国制造业就业人数远高于其他几个制造业强国。美国居第二，其次是日本、德国、英国。以 2015 年为例，中国分别是日本、美国、德国和英国的 4.77 倍、3.30 倍、6.53 倍、16.94 倍。这表明中国制造业在吸纳就业上的巨大价值。

3.2.3　生产率

制造业就业人数人均增加值可以反映制造业全员劳动生产率。一般来说，制造业的劳动生产率是与资本密集程度直接相关的。资本密集度高，劳动生产率会较高，而资本密集度低，劳动生产率就相应较低。

表 3.1 反映中国 1998～2015 年制造业生产率变化。中国制造业（城镇单位就业人员）人均增加值基本上处于上升的轨道。1998 年为 9769 美元/人，2004 年达到了 20494 美元/人，2008 年为 42969 美元/人，2010 年为 52907 美元/人，2015 年达到了 64127

美元/人。2015 年数值是 1998 年的 6.56 倍，年均增长 11.7%。

表 3.1　1998～2015 年各国制造业人均增加值　　（单位：美元/人）

年份	中	日	美	德	英
1998	9769	66821	68644	54347	47519
1999	10218	76220	73812	51940	46308
2000	11662	83462	77331	47319	45392
2001	13651	71236	77218	46462	42726
2002	15323	70326	80373	48964	45686
2003	18085	77754	89696	60984	53478
2004	20494	87272	97299	70281	64819
2005	22849	88050	103846	72369	67493
2006	26648	84369	109151	77033	68327
2007	33177	83205	112731	86433	74383
2008	42969	91954	113058	89222	74048
2009	46162	87938	113563	75148	64836
2010	52907	107564	128250	88074	76106
2011	59227	112329	130910	100457	81688
2012	63115	115580	133230	93772	80838
2013	55827	94004	134911	99033	84857
2014	60732	91851	137102	102608	89021
2015	64127	84037	139677	90331	86484

注：制造业人均增加值=制造业增加值/城镇单位就业人数。

与美、日、德、英等国家进行比较。从表 3.2 可以看出，中国制造业劳动生产率远远低于西方发达国家，但随着技术的发展和进步，差距在快速地缩小：1998 年美、日、德、英生产率分别是中国的 7.03、6.84、5.56、4.86 倍，到 2015 年，该比值变为 2.18、1.31、1.41、1.35 倍。

表 3.2　各国家生产率与中国的比值

年份	日	美	德	英
1998	6.84	7.03	5.56	4.86
1999	7.46	7.22	5.08	4.53
2000	7.16	6.63	4.06	3.89
2001	5.22	5.66	3.40	3.13
2002	4.59	5.25	3.20	2.98
2003	4.30	4.96	3.37	2.96
2004	4.26	4.75	3.43	3.16
2005	3.85	4.54	3.17	2.95
2006	3.17	4.10	2.89	2.56

续表

年份	日	美	德	英
2007	2.51	3.40	2.61	2.24
2008	2.14	2.63	2.08	1.72
2009	1.90	2.46	1.63	1.40
2010	2.03	2.42	1.66	1.44
2011	1.90	2.21	1.70	1.38
2012	1.83	2.11	1.49	1.28
2013	1.68	2.42	1.77	1.52
2014	1.51	2.26	1.69	1.47
2015	1.31	2.18	1.41	1.35

以上结果表明，中国制造业产业结构正在优化和升级，技术水平在不断提升，以生产率相对较低且附加值低的加工制造为主，劳动密集型产业居多，逐渐转向资本密集和技术密集的制造业领域。但同时必须认识到，中国制造业的生产技术，特别是部分核心基础技术主要依靠国外的状况仍未从根本上改变。

3.2.4 进出口

制造业出口额占总出口额的比重可以反映各国制造业商品在国际上的竞争力。从表3.3 可以看出，该比重德国较为稳定，基本上在 80%～90% 之间。美国占比呈现倒 U 形

表 3.3 制造业出口额占商品总出口额的比重　　　（单位：%）

年份	中	德	美	英	日	年份	中	德	美	英	日
1984	47.65	84.30	67.26	63.98	96.17	2001	88.60	86.63	81.76	76.11	92.85
1985	26.43	85.86	69.91	65.29	96.34	2002	89.84	87.15	81.48	78.20	93.03
1986	28.85	87.50	71.98	72.82	96.56	2003	90.57	84.03	80.44	77.42	93.11
1987	58.25	88.03	70.19	74.53	96.53	2004	91.38	83.59	80.43	76.28	92.77
1988	63.41	88.74	69.30	79.11	96.26	2005	91.88	86.06	79.89	75.47	91.97
1989	69.44	88.66	68.80	79.42	96.09	2006	92.38	84.97	79.15	77.02	91.02
1990	71.58	88.98	74.08	79.08	95.90	2007	93.08	82.59	77.58	72.94	90.09
1991	75.72	88.22	75.90	79.54	96.03	2008	92.99	82.10	74.04	68.16	89.23
1992	78.73	88.35	76.41	77.60	95.98	2009	93.57	81.54	66.79	66.52	88.03
1993	80.61	83.63	77.71	78.14	95.84	2010	93.55	82.22	66.16	68.44	89.00
1994	82.31	85.18	78.27	79.38	95.55	2011	93.30	83.23	63.53	63.37	89.09
1995	84.13	87.04	77.27	81.48	95.19	2012	93.93	83.58	63.43	66.37	89.56
1996	84.36	84.63	78.01	82.07	94.87	2013	94.02	83.49	62.31	68.64	88.19
1997	85.36	85.48	80.79	82.01	94.56	2014	93.99	83.62	61.97	73.82	88.24
1998	87.29	86.91	82.27	83.74	94.24	2015	94.32	84.13	64.19	78.01	88.03
1999	88.28	86.34	83.15	83.49	94.16	2016	93.75	84.00	63.38	79.11	88.54
2000	88.22	83.66	82.74	75.67	93.88						

数据来源：世界银行数据库。

的形状，初期不足 70%，在 1997 年超过了 80%，进入 21 世纪后开始逐年下降，自 2009 年起又回到了 70% 以下。英国自 1995 年高于 80%，2001 年后又低于 80%，在 70% 左右波动。日本占比一直较高，2008 年之前占比超过 90%，是所有国家中最高的；之后稍有下降，但也在 88% 以上。中国 1984 年不足 50%，2003 年超过 90%，2016 年更是高达 93.75%。横向比较看，中国 1998 年超过美、德和英国；2006 年超越日本，成为五个国家中的第一。表明中国制造业产品在国际上的竞争力逐年增强。这也是中国制造业逐年强大的有力体现。

制造业进口额占总进口额的比重可以反映各国制造业的对外依附程度。从表 3.4 可以看出，各国制造业进口额除了日本外，都占总进口额很大比重。中国 1984～1986 年三年，比重低于 70%；1987～2006 年，比重都高于 70%，在 80% 左右波动；2007 年后又低于 70%。横向比较看，日本进口比重一直最低；中国自 2008 年开始低于美国、德国和英国。由于核心技术研发的代价非常巨大，中国大部分企业还欠缺积累，总体技术特别是高端装备制造技术还较为落后。所以中国制造业应在自主创新基础上提升技术水平，改变低端大量出口、高端大量进口的局面。

表 3.4　制造业进口额占总进口额的比重　　　　（单位：%）

年份	中	德	美	英	日	年份	中	德	美	英	日
1984	69.18	55.56	66.39	64.86	24.18	2001	77.56	74.15	76.95	75.18	57.25
1985	52.25	56.91	70.15	66.51	25.37	2002	79.62	74.72	77.93	78.16	58.10
1986	50.84	64.66	75.12	71.24	33.81	2003	78.89	70.54	76.11	77.46	57.58
1987	81.58	67.63	75.16	73.49	37.58	2004	75.26	69.44	74.64	76.77	56.96
1988	79.16	69.59	76.72	76.07	41.67	2005	73.07	71.74	71.83	74.29	54.29
1989	77.45	70.09	74.88	76.35	43.66	2006	71.18	70.05	70.68	71.72	51.97
1990	79.79	71.99	73.05	75.41	44.28	2007	68.47	66.88	70.18	71.98	51.07
1991	81.04	73.94	75.21	74.83	44.97	2008	61.93	64.77	65.76	66.85	45.18
1992	80.43	74.08	76.26	74.26	45.32	2009	64.38	67.30	70.50	57.75	52.23
1993	84.00	69.80	77.56	71.54	47.47	2010	61.45	67.79	70.10	65.93	50.51
1994	83.87	71.18	78.67	79.04	50.48	2011	56.59	67.71	67.96	63.94	47.50
1995	79.01	73.50	79.20	79.70	54.23	2012	55.17	67.73	70.07	60.87	47.56
1996	79.10	70.14	77.96	79.94	55.26	2013	55.00	67.75	71.60	67.15	48.40
1997	77.14	69.04	78.22	80.77	54.87	2014	57.57	69.80	73.24	72.09	50.14
1998	81.26	73.22	80.63	82.07	57.48	2015	61.69	72.64	78.76	76.02	59.91
1999	80.29	73.33	79.90	82.67	58.18	2016	65.55	73.05	79.63	76.98	62.29
2000	75.12	67.54	77.22	76.66	56.68						

数据来源：世界银行发展指标。

3.3　科技创新国际比较

改革开放以来，中国制造业一直保持着较快的发展速度，成为国民经济中发展最快的产业；同时中国制造业科技水平也取得了长足进步。然而，中国制造业在部分领域与工业发达国家仍存在着阶段性差距，一大批国民经济所需重大装备和高技术产业所需装备仍需进口，特别是在劳动生产率、工业增加值率、能源消耗等方面的差距更大，部分中国制造业行业发展还是在靠规模优势。在中国许多制造业产业中，科技实力没有显著提高，日渐成为阻碍中国制造业发展的根本因素。

中国制造业要成为依靠科技创新、降低能源消耗、减少环境污染、增加就业、提高经济效益、提高竞争力、实现可持续发展的制造业，科技创新是决定制造业发展的诸多要素中最重要的因素，中国要想在世界制造价值链中占据高端地位，在世界制造的分工中占据有利地位，摆脱受制于人的局面，就必须重视和依靠科技创新。科技创新能给中国制造业带来的首先是先进的制造技术和制造工艺乃至制造设备等，随之而来的是先进的制造产品和著名的制造企业。本节将通过对中国与发达国家科技创新重要指标的对比分析，寻找中国制造业同发达国家间的差距，为提升制造业竞争力提供理论参考。

本节对各国制造业科技创新能力的国际比较研究，主要从科技创新投入和科技创新产出两个方面来进行比较。科技创新投入，是制造业科技创新能力的要素和基础，是评价科技创新能力的最直接指标。科技创新投入主要包括研发经费投入和科技人员投入两部分，研发经费的投入一般用研发经费的数量和研发经费的投入强度反映，科技人员投入指的是企业中科研机构直接参与技术研发的人员数量。科技创新产出显示了制造业科技创新能力要素组合的效果如何，是评价科技创新能力最现实的指标。创新产出主要包括中间产出和最终产出，中间产出一般通过专利来反映，最终产出表现为收益性产出、技术性产出和竞争性产出三个方面。收益性产出指技术创新为企业创造的销售收入，包括新产品出售和技术出售获得的收入。技术性产出是指企业通过技术创新引起的技术变化程度和技术创新水平的提高。竞争性产出指企业通过科技创新带来的竞争力的变化。由于数据的限制，本书只对专利和高技术产品进行比较。相关数据来源于 OECD 数据库。

3.3.1　科技创新投入

在这一节里，我们将英国、德国、日本和美国与中国的科技创新投入状况进行比较，主要从研发经费投入和科技人员投入两个方面进行。

1. R&D 经费投入

图 3.6 反映了德国、日本、英国、美国、中国在 R&D 支出上的变化趋势。由图可知，纵向分析来看，各国研发经费支出都在增加，中国从 1991 年的 13 443.89 百万美元到 2016 年的 411 992.94 百万美元，是 1991 年的 30.65 倍，年均增加 14.67%，增速遥遥领先于其他国家。同期德国、日本、英国、美国年平均增速分别为 2.19%、1.54%、1.72%、2.73%。

横向比较看，这 26 年研发经费支出除中国外的排序是美国、日本、德国、英国。1998 年中国超越英国，2004 年超越德国，2009 年超越日本，与美国的差距也在快速缩小中，2016 年，中国相当于美国的 88.73%。由此可见中国对研发投入十分重视，将会很快在投入量上超越美国，成为全球第一。

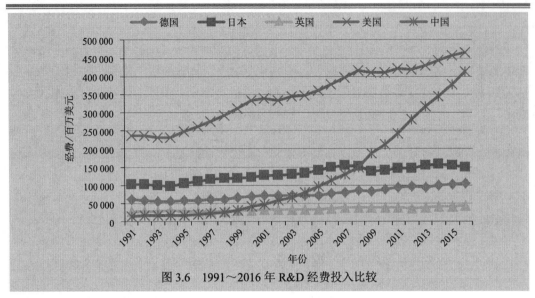

图 3.6 1991～2016 年 R&D 经费投入比较

2. R&D 经费投入强度比较

图 3.7 反映了德国、日本、英国、美国、欧盟和中国 R&D 支出占 GDP 比重的变化趋势。2016 年与 1991 年相比，德国、日本、英国、美国、欧盟、中国分别增加了 0.54、0.46、–0.18、0.13、0.26、1.39 个百分点，即除英国稍有下降外，其他国家和地区都在上升，而中国增加得最多。纵向来看，1991～2009 年，中国研发投入比重居于最末，2009 年为 1.66%，同期除英国外，都在 2% 以上。2010 年中国为 1.71%，超过英国的 1.67%。此后比重保持增加趋势，2014 年首次高于 2%，2016 年为 2.12%，已经比英国高了 0.43 个百分点，只比欧盟低了 0.23 个百分点，但是比德国和美国分别低了 0.82、0.63 个百分

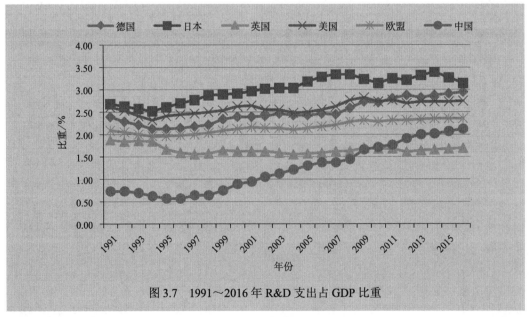

图 3.7 1991～2016 年 R&D 支出占 GDP 比重

点，与日本的差距仍然较大，低了 1.02 个百分点。可见虽然中国极为重视研发投入，投入量已经接近美国，但在投入强度上与西方发达国家还有较大的差距，必须保持目前的增加态势，争取早日追平并超越这些国家，建设创新型强国。

3. 基础研发支出占 GDP 比重

图 3.8 表示日本、英国、美国和中国在基础研发支出占 GDP 比重的变化趋势。纵向来看，基础研发支出占 GDP 的比重都在增加，中国 1991 年为 0.03%，到 2016 年增加到 0.11%，增加了 0.08 个百分点。横向比较看，美国高居第一，曾经高达 0.51%；日本排在第二位，2016 年占比 0.46%；英国在第三位，平均为 0.28%。计算 2015 年日、英、美、中等四国基础研发支出和 R&D 投入的比值为 11.91%、16.66%、16.81%、5.05%，中国仍然最低。要建设创新型国家，实施创新驱动发展战略，科技创新是关键，而基础研究是源头创新，是推动应用的源泉。十九大报告提出"要瞄准世界科技前沿，强化基础研究，实现前瞻性基础研究、引领性原创成果重大突破。"由此可见，虽然近年来中国研发投入增加较快，但在基础研究方面，投入仍然严重不足，这应该引起国家相关部门的重视。

图 3.8　1991～2016 年基础研发支出占 GDP 比重

4. 研究人员数量

图 3.9 反映德国、日本、英国、美国和中国研究人员数量的变化趋势。纵向来看，各国研究人员数量（以全时当量计）都在增加，中国从 1991 年的 471 400 人·年增加到 2016 年的 1 692 176 人·年，是期初的 3.59 倍，年均增加 5.25%。同期德国、日本、英国、美国的年均增速分别为 2.53%、1.22%、3.35%、2.60%。中国增速远超其他国家，排在第一位。横向比较看，除中国外，其余四国的顺序为美国、日本、德国、英国，中国在 2000 年超过日本升至第二位，在 2005 年超越美国、2009 年下降后又于 2010 年超越美国，成为世界第一。2015 年，中国比美国超出 13.72%。由此可见，中国已经成为名副其实的人力资源大国。

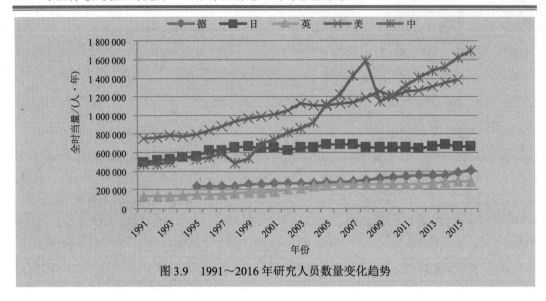

图 3.9   1991~2016 年研究人员数量变化趋势

5. 研究人员投入强度

图 3.10 反映德国、日本、英国、美国和中国研究人员数量占全部就业人数的比重。从图中可以发现，所有国家比重都在增加，德国、日本、英国、美国、中国年均分别增加 0.42、0.10、0.17、0.12、0.06 个百分点，德国增加最快，中国增加最慢。横向比较看，2015 年中国只有 2.09%，其他国家都在 9%以上，中国与发达国家差距巨大。因此中国虽然在绝对数量上已经成为世界第一，但在研究人员投入强度上与发达国家还有非常大的差距。

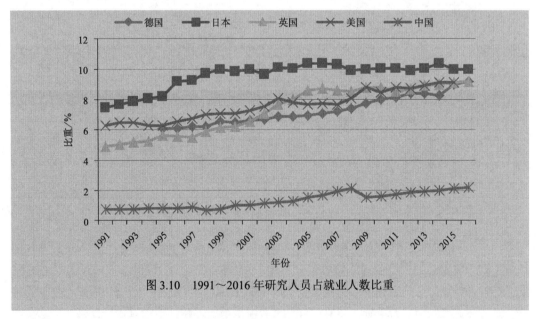

图 3.10   1991~2016 年研究人员占就业人数比重

6. 制造业 R&D 经费投入

图 3.11 反映德国、日本、英国、美国和中国制造业 R&D 经费投入变化趋势。可以

看出，7 年间除中国外，其他国家投入经费变化不大。中国 2008 年为 94 559.083 百万美元，2014 年增加到 235 159.566 百万美元，是 2008 年的 2.49 倍，年均增加 16.4%。横向比较看，2009 年中国超越日本，世界第二；2013 年超越美国，升至全球第一位，此后的排序是中国、美国、日本、德国、英国。由此可见制造业作为中国支柱产业，对自主创新较为重视，正通过增加投入提升创新水平。

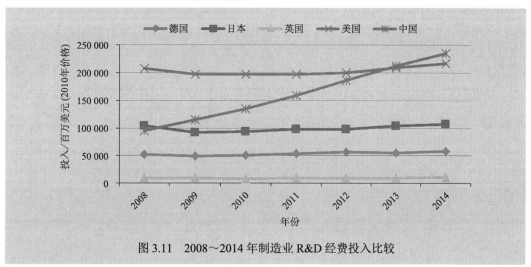

图 3.11　2008～2014 年制造业 R&D 经费投入比较

7. 制造业 R&D 经费投入占产业投入比重

图 3.12 反映制造业 R&D 经费投入占产业投入比重。由图得知，2008～2014 年 7 年间，各国比重变化不大，中国平均占比 86.61%。横向比较看，德国、日本、中国三个国家相近，其中日本平均为 87.50%，德国为 86.33%。美国平均为 69.16%，而英国最低，仅有 38.61%，在五个国家中排名最末。

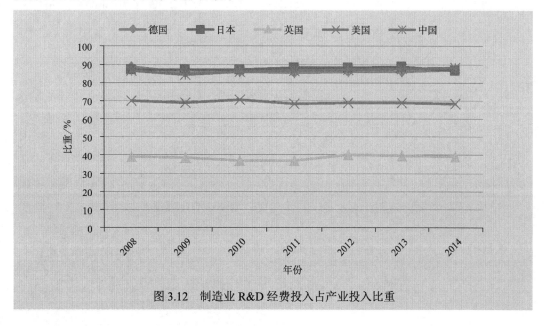

图 3.12　制造业 R&D 经费投入占产业投入比重

8. 制造业 R&D 人员投入

图 3.13 反映 2008～2014 年德国、日本、英国和中国四个国家制造业 R&D 人员投入变化趋势。可以发现 7 年间德国、日本和英国的人员数量几乎没有什么变化，而中国在持续高速增加，2008 年为 1 136 392 人·年，2014 年为 2 517 347 人·年，是 2008 年的 2.22 倍，年均增加 14.17%。

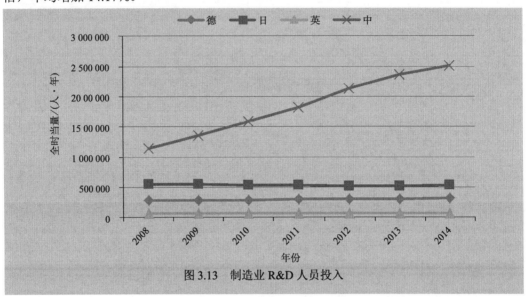

图 3.13　制造业 R&D 人员投入

9. 制造业 R&D 人员投入占产业投入比重

图 3.14 反映 2008～2014 年德国、日本、英国、中国四个国家制造业 R&D 人员投入占产业投入比重。可以发现 7 年间比重变化幅度不大，中国 2008 年为 81.41%，2014 年

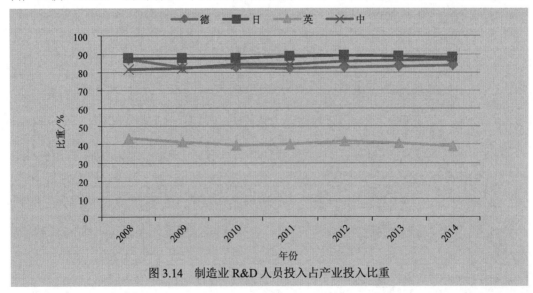

图 3.14　制造业 R&D 人员投入占产业投入比重

为 86.91%，增加了 5.51 个百分点，日本增加了 0.39 个百分点，德国和英国分别下降了 3.37 和 4.25 个百分点。横向比较看，2014 年，日本、中国、德国排前三，差距较小。英国最低，2014 年仅为 39.39%。

3.3.2 科技创新产出

据 OECD 的定义，创新是"实现新的（或明显改进的）产品（商品或服务）或工艺；一种新的销售方法；或一种新的组织方法"等。但如何测度创新，当前数据和指标十分有限。一般来说，发明和新技术商业化的相关活动被认为是创新指标的重要内容，这些活动包括专利、创建和投资新的高技术企业等。

专利是走向创新的中间步骤，专利数据直接或部分提供创新指标。为了培育创新，各国都以专利的形式给发明者赋予财产权。这些权利允许发明者排他制造、使用或销售其发明，在一定期限内限制公开披露细节以及发明许可的使用。当然，也有研究表明一方面并非所有的发明都被授予专利，不同产业和技术领域申请专利的倾向不同；另一方面并非所有专利价值等同并且并非所有专利都培育创新，专利也可能会被用来阻挡竞争、同竞争者谈判或帮助违法诉讼等。

在科技创新产出的国际比较部分，主要对专利申请数和授权数进行比较。常常以美国专利局、日本专利局和欧洲专利局的专利数来进行比较，OECD 组织为了方便国际比较，将之合为一个指标"三方专利"，已成为国际比较的常用指标。所谓"三方专利"，就是指在世界上最大的三个市场（美国、欧盟和日本）寻求保护的专利。

1. 欧洲专利局（EPO）专利申请数

图 3.15 反映 1980～2015 年期间德国、日本、英国、美国、中国在欧洲专利局统计的专利申请数变化趋势。中国专利申请数在 1999 年以前都是低于 100 件，同期较低的英国也有 5 987.0 件，美国有 32 111.6 件，差距巨大。从 2000 年开始，专利申请数快速增

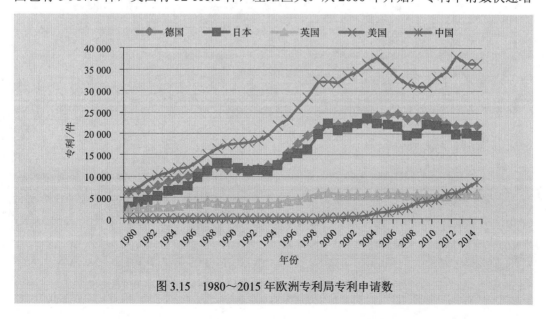

图 3.15 1980～2015 年欧洲专利局专利申请数

加，2005 年首次超过千件，为 1492.6 件，2012 年即超过 5000 件，为 5912.5 件，2015 年达到 8815.3 件，1999～2015 年间，年均增速为 30.78%，其他国家同期增速都不到 1%。可见中国专利申请数量少，但正在快速增长中。

横向比较看，美国高居第一，遥遥领先，德国第二、日本第三。1980～2011 年，中国在五个国家中最低；在 2012 年首次超过英国，上升到第四位，但与美国、德国、日本相比，差距仍然巨大：2015 年，中国仅相当于美国的 24.30%、德国的 40.30%、日本的 45.02%。

图 3.16 反映各国欧洲专利局（EPO）专利申请数占世界比重变化趋势。纵向来看，1980～2015 年间，美国先增加后降低，最高时为 1995 年的 31.00%，最低时为 2010 年的 23.18%。德国呈现一个下降趋势，1980 年为 25.33%，2015 年降为 15.33%。日本先上升后下降，最高是 1990 年的 21.22%，然后开始下降，2015 年为 13.72%。英国呈下降趋势，从 8.54%下降为 4.20%。中国则在 1999 年前基本不变，然后快速增加，2005 年首次超过 1%，2015 年为 6.18%。横向比较看，美国高居第一，德国第二、日本第三。中国在 2013 年超过英国升至第四位，但与美、德、日等国相比，仍然有较大的差距。

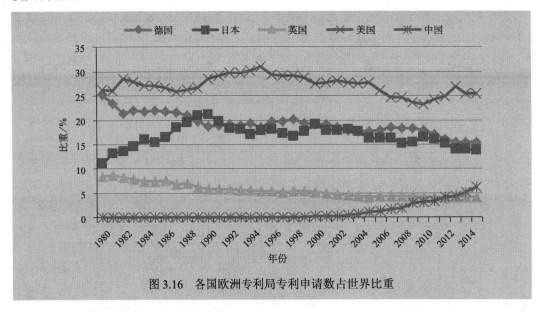

图 3.16　各国欧洲专利局专利申请数占世界比重

2. 美国专利局（USPTO）专利授权数

美国作为全世界最大的市场，历来是商家必争之地，因此在美国获得专利授权数就变成衡量技术知识生产能力的重要指标。图 3.17 反映 1980～2012 年各国在美国专利局专利授权数变化趋势。由图可知，美国先上升后下降，从 1980 年的 39 275.0 件到最高时 2002 年的 113 203.4 件，然后开始下降，2012 年为 91 846.9 件。日本同样经历了先上升后下降的变化趋势。德国和英国变化不大，中国则在 2003 年首次过千，为 1304.5 件，在 2012 年增加到 6511.4 件。五个国家相比，美国遥遥领先，日本和德国为第二、三位，中国则在 2009 年超过英国升至第四位。中国与美、日、德相比有巨大的差距，2012 年仅为美国的 7.09%、日本的 22.71%、德国的 89.10%。

图 3.17 1980～2012 年美国专利局专利授权数变化趋势

图 3.18 反映美国专利局各国专利授权数占世界总数的比重变化趋势。由图可知，美国和日本占比有所波动，德国和英国在缓慢下降，中国近年来比重有所增加。横向比较看，中国比重较低，2005 年才突破 1%，2012 年增加到 3.62%，而美国则占到 50%左右。中国同美国和日本的差距惊人。

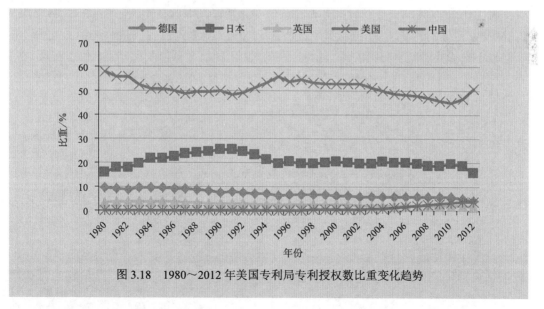

图 3.18 1980～2012 年美国专利局专利授权数比重变化趋势

3. 三方专利（triadic patent families）

图 3.19 反映德国、日本、英国、美国、中国在 1985～2013 年三方专利的变化情况。由图可知，纵向看，中国在 1985～2000 年间都是低于 100 件，2001 年为 152.5 件，首次

超过 100，然后快速增加，2013 年为 2002.2 件，是 2001 年的 13.13 倍，12 年年均增加 23.94%。德国先上升后下降；英国变化幅度不大；日本和美国数量增加较快，但波动也较大：美国高峰是 2005 年的 17 374.9 件，然后下降，2013 年为 13 908.7 件；日本高峰是 2004 年的 18 704.1 件，后面几年波动较大，2013 年突降到 12 977.1 件。横向比较看，日本和美国占据前 2 位，德国排第三；中国在 2012 年超过英国升至第四位，但与发达国家的差距还是较大，2013 年中国仅为美国的 14.40%、日本的 15.43%、德国的 43.67%。

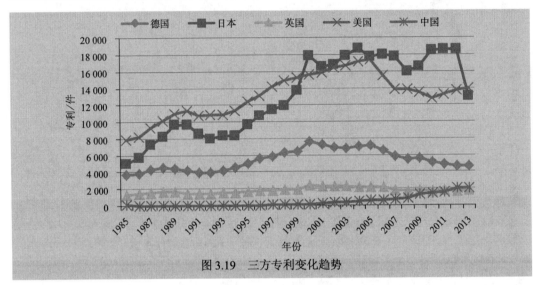

图 3.19　三方专利变化趋势

图 3.20 反映各国三方专利占世界比重的变化情况。中国在 1985～2000 年期间都是低于 0.2%，2007 年才首次超过 1%，继续上升，2013 年为 4.21%。2001～2013 年平均每年增加 0.33 个百分点。英国的比重稍有下降；德国下降了 6.34 个百分点；日本在波动中增加，而美国近年来有下降趋势。横向比较，美国和日本占据前 2 位，德国排在第三位，而中国 2012 年才超过英国排在第四位。中国与发达国家相比差距巨大。

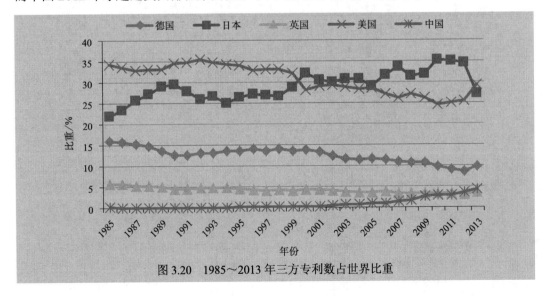

图 3.20　1985～2013 年三方专利数占世界比重

4. 中、高技术制造业增加值占制造业增加值比重

图 3.21 反映 5 个国家中、高技术制造业增加值占制造业增加值比重的变化趋势。中国的变化呈倒 U 形，先上升后下降。1990 年为 37.84%，然后在波动中上升，2002 年为样本期内的最高值，为 43.88%；从 2002 年，该比重缓慢下降，2015 年为 41.38%，相比 2002 年下降了 2.5 个百分点。美国的变化趋势也是先上升后下降，2008 年为 51.33%，2012 年降为 41.18%，后面几年趋势几乎与中国持平。德国、日本和英国的比重上扬，2015 年与 1990 年相比，分别增加 9.67、4.46、2.61 个百分点。五个国家中德国所占比重位居第一，日本排在第二位，英国第三，中国则较低，2015 年中国与最高的德国相比，少了 20 个百分点。

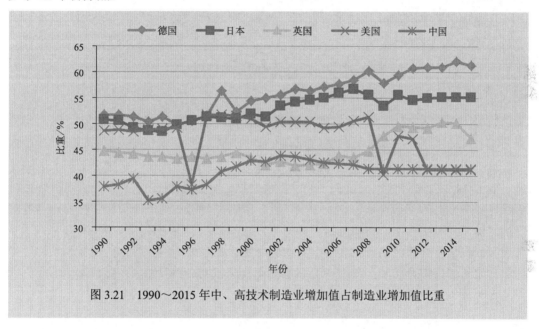

图 3.21 1990～2015 年中、高技术制造业增加值占制造业增加值比重

5. 中、高技术制造业出口占制造业出口比重

图 3.22 反映 1990～2015 年中、高技术制造业出口占制造业出口比重。中国在 1990～2010 年期间，比重持续增加，从 1990 年的 28.44% 上升到 2010 的 60.52%，20 年中增加了 32.08 个百分点。2010～2015 年间，在波动中稍有下降，2015 年为 58.80%。除中国外其他国家则在波动中或升或降，但总体上变化幅度不大。横向比较看，五个国家中日本高居第一，德国第二位，英国第三，美国第四。中国虽然经过了快速增加阶段，但仍然与其他国家有一定的差距。这表明中国制造业中、高技术产品所占比重相对较低，而且在国际上的竞争力也弱于其他发达制造业强国。

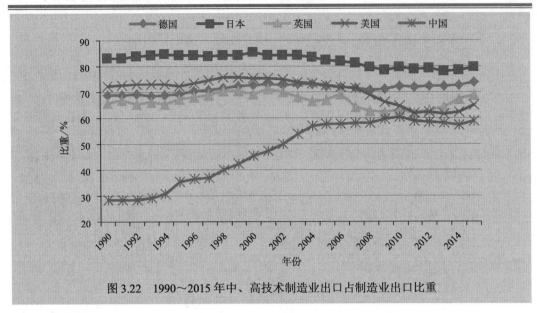

图 3.22   1990～2015 年中、高技术制造业出口占制造业出口比重

3.4   资源环境保护国际比较

制造业是创造财富的支柱产业，同时也是资源消耗和环境污染的主要部门。中国制造业从 1978 年改革开放以来进入了快速发展时期，制造业产值连年攀升，占世界制造业份额已经从原来的不足 1%提高到 26%以上，成为世界第一制造业大国。然而，通过前文的比较已经可以看出，中国制造业同世界发达国家的制造业在增长质量和技术水平等各个方面仍然存在较大的差距。本节，我们将通过对中国制造业带来的资源消耗和环境污染同发达国家进行比较，分析中国制造业在资源环境消耗方面同发达国家的差距。数据来源于各国统计局网站和世界银行数据库。

3.4.1   能源消费品种结构比较

本节首先对英国、德国、美国和日本在制造业消费的能源品种结构分别进行分析，然后再与中国制造业的能源消费结构进行比较，目的在于找出其中的差异，思考未来中国能源消费走向。

1. 英国

图 3.23 为 1990～2015 年英国制造业能源消耗总量与比重。从制造业能源消耗总量看，1990～2015 年，总体上呈现一个早期平稳、此后逐渐下降的趋势。1990 年为 51.0 百万吨油当量，此后一直到 2000 年，都在 50 附近波动。从 2000 年开始，总量逐年下降：2000～2009 年，消费总量为 40 百万吨油当量级；2009～2015 年，为 30 百万吨油当量级。2015 年与 1990 年相比，总量减少了 17.6 百万吨油当量，减少了 34.51%。

从制造业总体能源消耗占所有行业全部能源消耗的比重来看，1990～2015 年，该比重同样呈现逐年下降的趋势。1990 年占到 22.95%，2001 年首次低于 20%，为 19.36%；2004 年降到 19% 以下，2009 年下降到 17% 以下，此后一直到 2015 年能源消耗占比都在 16%～17% 之间波动。不同行业之间比较（表 3.5）看，制造业在所有行业中能源消耗高居第三位，仅次于消费者消费和"电力，燃气，蒸汽和空调供应；供水，污水行业"，1990 年后两者占比分别为 27.90%、23.63%；2015 年占比分别为 30.93%、21.44%。由此可见，制造业一直是英国各产业中能源消耗的主要部门之一。

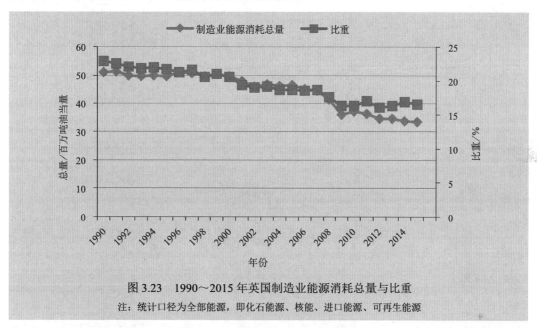

图 3.23　1990～2015 年英国制造业能源消耗总量与比重

注：统计口径为全部能源，即化石能源、核能、进口能源、可再生能源

表 3.5　英国能源消费不同行业对比　（单位：%）

	1990	1995	2000	2005	2010	2015
制造业	22.95	21.76	20.51	18.70	16.37	16.50
电力、热、水	23.63	22.77	21.87	22.60	22.40	21.44
消费者消费	27.90	28.09	28.89	29.27	31.82	30.93

资料来源：英国统计局。

从表 3.6 和图 3.24 可以看出，英国工业能源消费中，消费总量总体上在持续减少，与此同时，能源结构中传统化石能源如煤炭、焦炭、石油等高碳能源比重在持续下降，而天然气和可再生能源比重在增加。1970 年，工业能源消费结构中石油占比高达 45.56%，煤炭和焦炭合计占比为 35.83%；天然气只占 2.87%。到 1996 年，煤炭、焦炭、天然气、电力和石油的比重分别为 5.68%、2.48%、40.85%、26.12%、20.48%，即煤炭和焦炭的比重合计不到 8.17%，天然气占比超过了 40%。2016 年，煤炭、焦炭、天然气、电力和石油的比重分别为 4.52%、0.95%、35.51%、33.27%、17.17%，而可再生能源的比重也达到了 5.63%。因此英国工业能源使用以天然气和电力等清洁能源为主，污染较为严重的固液态化石能源的使用已大大降低。

表 3.6 英国工业能源消费结构　　（单位：千吨油当量）

年份	煤炭	焦炭	其他固体	煤气	天然气	电	生物能和废弃原料	石油	总
1970	12 681	9 655	209	2 942	1 788	6 275	—	28 397	62 333
1975	6 373	6 338	199	1 260	12 555	6 479	—	22 145	55 444
1980	5 083	3 335	133	655	15 258	6 854	—	16 938	48 291
1985	4 708	4 655	151	771	14 865	6 837	—	9 701	41 702
1990	4 172	3 951	42	602	12 889	8 655	107	8 242	38 660
1995	2 840	3 750	184	576	12 680	8 654	526	7 066	36 276
2000	1 228	753	225	312	15 773	9 812	264	6 039	35 506
2005	1 180	535	150	127	13 022	9 976	201	6 282	32 303
2010	1 311	339	—	200	9 395	8 989	472	5 482	27 011
2015	1 360	395	—	62	8 531	7 989	1 121	4 298	24 362
2016	1 072	225	—	91	8 427	7 894	1 337	4 074	23 730

资料来源：英国统计局。

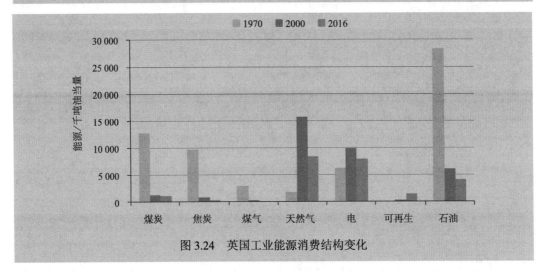

图 3.24　英国工业能源消费结构变化

　　从各主要能源的变动趋势看，天然气消费基本呈倒 U 形变化，1970 年为 1788 千吨油当量，1973 年超过 10 000 千吨油当量；高峰期是 2000 年，为 15 773 千吨油当量；然后在波动中下降，2016 年为 8427 千吨油当量，仅为 2000 年的 53.42%。电力消费的变动趋势与天然气类似，高峰期是 2005 年的 9976 千吨油当量，2016 年下降为 7894 千吨油当量。煤炭、焦炭和石油的消费基本呈现下降趋势，石油消费 1970 年为 28 397 千吨油当量，2016 年为 4074 千吨油当量，仅为 1970 年的 14.35%；煤炭消费 1970 年为 12 681 千吨油当量，2016 年下降为 1072 千吨油当量，仅为 1970 年的 8.45%；焦炭消费 1970 年为 9655 千吨油当量，2016 年下降为 225 千吨油当量，仅为 1970 年的 2.33%。

2. 德国

从制造业总体来看，2003 年德国全部制造业消耗能源总量为 3 404 442 694 GJ，2007 年达到 4 224 785 235GJ，是 2003～2016 年 14 年的峰值；2007 年之后，能源消耗基本在 40 亿 GJ 以上波动，且有缓慢下降的趋势（表 3.7）。

表 3.7　德国制造业能源消耗　（单位：GJ）

年份	能源消耗	年份	能源消费
2003	3 404 442 694	2010	4 158 294 431
2004	3 660 054 393	2011	4 203 439 280
2005	3 601 263 668	2012	4 128 797 239
2006	3 854 441 252	2013	4 041 150 964
2007	4 224 785 235	2014	4 043 495 156
2008	4 085 535 791	2015	4 015 557 385
2009	3 711 986 578	2016	4 071 283 984

资料来源：德国统计局-能源统计；数据包含了采矿业的能源消费。

从表 3.8 中可以看出，近年来天然气是德国工业消费最多的能源品种，占能源总消费量的 27%左右，电力排在第二位，占到能源总消费量的 21%左右，消费量第三大的能源是无烟煤，其他如褐煤、取暖油，所占比例都比较低。可再生资源消费量也较小，占比不足 4%。综合来看，德国工业能源消费结构也是以天然气和电力等清洁能源为主，污染较为严重的煤炭和石油类能源占比较低。

表 3.8　德国工业能源结构　（单位：%）

能源	2012	2013	2014	2015	2016
无烟煤	12.42	12.75	13.03	13.74	14.00
褐煤	3.24	3.26	2.97	2.88	3.11
取暖油	3.90	3.31	2.55	2.34	2.84
天然气	25.76	27.21	27.10	27.32	28.26
可再生能源	3.28	3.17	3.27	3.20	3.32
电力	20.92	21.24	21.54	21.36	21.19

3. 美国

图 3.25 反映美国工业消费总量及其比重变化趋势。从能源消费总量来看，1980、1985、1990、1995 年这四年能源消费总量分别为 32 039、28 816、31 810、33 970 万亿 Btu（非法定单位，1 Btu=1.055 06×10^3J）。2000 年达到了 34 662 万亿 Btu，是 2000 年以来的最高峰值。以后总量有下降的趋势，到 2009 年由于受到金融危机的影响，降到了近期的最低值，为 28 466 万亿 Btu，比 2000 年下降了 17.88%。此后又有所回升，近年来在 31 500

万亿 Btu 左右。从工业能源消费占全国能源消费总量的比重看，和能源消费总量的变化趋势较为一致，初期较高，1980 年超过了 40%，此后有所下降，2009 年为 30.25%，是最低值；然后开始回升，稳定在 32%左右。由此可见，制造业是美国的能源消费主要行业，同时消费量也较为稳定。

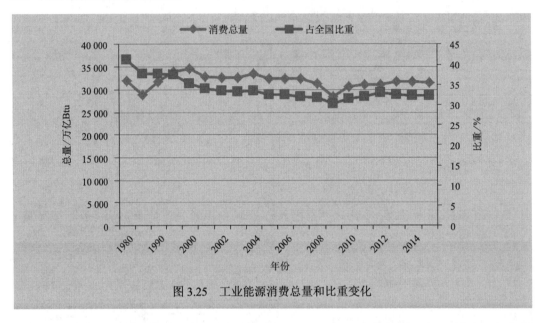

图 3.25　工业能源消费总量和比重变化

　　表 3.9 和图 3.26 反映美国工业能源结构。从 1950～2015 年间美国工业煤炭、电力和天然气等主要能源消费量占能源消费总量的比重变化可以看出，化石能源所占比重在下降：1950 年在 80%以上，到 1985 年下降到 60.70%。可再生能源比重从 3.71%增加到 6.77%；电力消费从 11.40%增加到 22.62%。这与美国 20 世纪 70 年代面临严重的能源危机有很大关系。1985～2015 年，三种能源的比例基本上变化不大，在 60∶7∶23 附近波动。在化石能源内部，煤炭消费占比在持续下降，1950 年为 35.60%，1980 年下降到 10%以下，自 2006 年始低于 5%。石油占比呈现一个曲折变化，一般在 30%左右，1985 年左右下降到不足 25%；然后开始上升，2005～2007 年又下降到 25%以下；此后有所上升，2015年为 29.95%，近 30%。天然气比重和石油的类似，平均在 27%左右。

表 3.9　美国工业能源结构　　　　　　　　　　　　　（单位：万亿 Btu）

年份	煤炭	石油	天然气	化石能源总	可再生能源总	总一次能源	电	总
1950	5 781	3 546	3 960	13 288	602	13 890	500	16 241
1960	4 543	5 973	5 766	16 277	719	16 996	1 107	20 842
1970	4 656	9 536	7 776	21 911	1 053	22 964	1 948	29 628
1975	3 667	8 532	8 127	20 339	1 096	21 434	2 346	29 413
1985	2 760	7 032	7 714	17 492	1 951	19 443	2 855	28 816
1990	2 756	8 451	8 251	19 463	1 717	21 180	3 226	31 810
2000	2 256	9 500	9 073	20 895	1 928	22 823	3 631	34 662

续表

年份	煤炭	石油	天然气	化石能源总	可再生能源总	总一次能源	电	总
2001	2 192	8 676	9 177	20 074	1 719	21 793	3 400	32 719
2002	2 019	8 832	9 167	20 078	1 720	21 798	3 379	32 661
2003	2 041	8 488	9 229	19 809	1 725	21 534	3 454	32 553
2004	2 047	8 550	9 825	20 560	1 852	22 411	3 473	33 516
2005	1 954	7 907	9 634	19 540	1 871	21 410	3 477	32 442
2006	1 914	7 861	9 767	19 603	1 926	21 529	3 451	32 391
2007	1 865	8 074	9 442	19 405	1 958	21 363	3 507	32 385
2008	1 793	8 083	8 576	18 493	2 035	20 528	3 444	31 334
2009	1 392	7 609	7 806	16 784	1 972	18 756	3 130	28 466
2010	1 631	8 278	8 175	18 078	2 343	20 421	3 314	30 669
2011	1 561	8 481	8 138	18 191	2 401	20 591	3 382	30 979
2012	1 513	8 819	8 166	18 502	2 382	20 884	3 363	31 057
2013	1 546	9 140	8 360	19 029	2 449	21 478	3 362	31 625
2014	1 530	9 441	8 126	19 076	2 484	21 560	3 404	31 796
2015	1 380	9 426	8 246	19 034	2 491	21 525	3 366	31 469

资料来源：美国统计局。

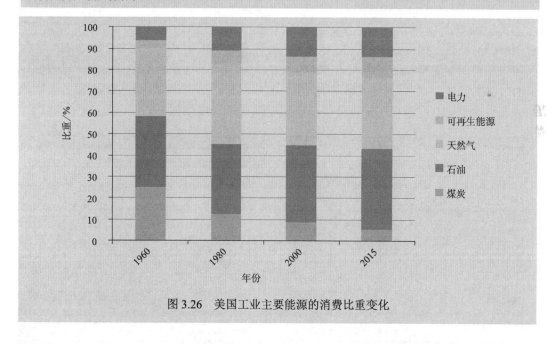

图 3.26 美国工业主要能源的消费比重变化

4. 日本

图 3.27 反映日本制造业能源消费总量及其比重变化。从图中可以看出，2008～2015 年，日本制造业能源消费总量虽有波动，但总体上较为稳定。高峰期出现在 2010 年，为 6 145PJ；最低年为 2012 年，消费总量为 5 666PJ。其他年份，消耗量在 5 800PJ 左右波

动，这表明近年来，日本制造业能源消费总量较为稳定。从占最终能源消费的比重看，基本上在 40%左右；从 2012 年起，该比重有增加的趋势。

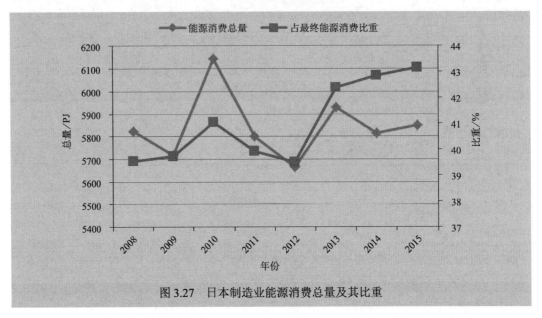

图 3.27　日本制造业能源消费总量及其比重

　　表 3.10 和图 3.28 反映日本制造业能源结构。2008～2015 年，日本制造业能源消费总量中石油制品占比最高，一般在 40%左右。其次是煤炭制品，占比在 20%左右。电力所占比重稍低于煤炭制品。热力所占比重也高于 10%。其他品种的能源占比都比较低，天然气占比刚过 1%，可再生能源不足 1%。由此可见，日本制造业的能源消费较为依赖石油和煤炭等化石能源，在新能源使用方面还需要进一步加强。

表 3.10　日本制造业能源结构　　　　　　　　（单位：PJ）

年份	总	煤炭	煤炭制品	石油制品	天然气	城市煤气	可再生能源	电力	热
2008	5 822	360	1 262	2 223	61	185	4.3	1 100	626
2009	5 718	307	1 185	2 346	57	179	3.4	1 038	603
2010	6 145	367	1 337	2 379	61	192	7.4	1 180	622
2011	5 799	387	1 246	2 263	61	220	20	996	607
2012	5 666	407	1 260	2 218	63	212	20	896	590
2013	5 929	462	1 100	2 135	64	326	29	1 084	729
2014	5 813	431	1 158	2 018	59	333	29	1 110	674
2015	5 850	447	1 098	2 136	57	336	26	1 047	703

资料来源：日本统计局。

5. 中外比较

　　图 3.29 为 1996～2015 年中国制造业能源消费总量及其占全国比重变化趋势。从图

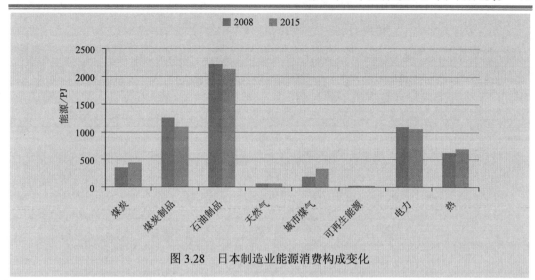

图 3.28　日本制造业能源消费构成变化

可知，中国制造业能源消费总量在 1996～2014 年期间处于一个快速增长时期，1996 年为 60 655.93 万吨标准煤，2014 年为 193 531.80 万吨标准煤，是 1996 年的 3.19 倍，年均增加 6.66%。从趋势变化可以看出，2013 年以后由于经济进入新常态，对制造业的落后、过剩产能进行削减，制造业能源消费量增加变缓，2015 年出现了下降。从占全国能源消费总量比重看，2012 年以前该比重呈现一个逐渐下降趋势，2013 年和 2014 年比重增加，2014 年为 48.35%，是近年来的最高值，2015 年又下降。同期发达国家的能源消耗已经开始下降或基本保持不变，占全国比重也开始下降，这点与中国是不同的。

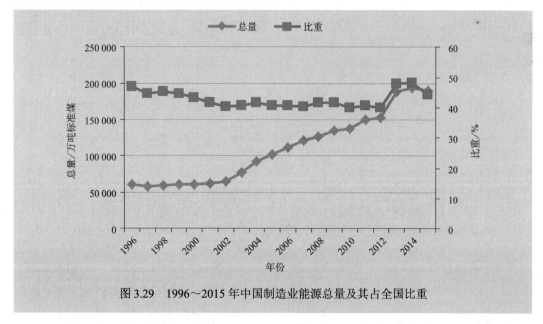

图 3.29　1996～2015 年中国制造业能源总量及其占全国比重

图 3.30 为中国制造业能源结构变化趋势。从图可知，煤炭类能源是中国制造业最为主要的消费品种，占到总量的 60% 左右，电力消费占比有增加的趋势，近年来在 20% 左

右波动。石油类能源在 10%，而天然气和热力占比较低。

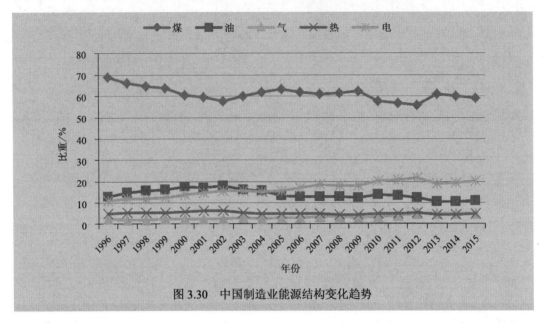

图 3.30　中国制造业能源结构变化趋势

经过对比可以看出：① 煤炭是中国制造业最为主要的消费能源品种，这与英国、德国、美国等发达国家以天然气为主要的消费能源品种有很大的差别；② 从消费量的变化来看，2001 年以来中国制造业对煤炭、原油、焦炭、电力的消耗同样呈现出上升趋势。这与英国制造业减少对石油、煤炭等高污染燃料，增加对天然气等环保能源消费呈现相反的变化趋势。上述比较说明中国制造业的能源消费结构同发达国家还存在差距，需要转型。

3.4.2　环境污染状况比较

本节首先对英国、德国、美国和日本制造业环境污染排放状况分别进行分析，然后根据可比性原则，将中国同日本的制造业固体排放量进行比较分析，找出了其中的具体差距。

1. 英国

图 3.31 为 1990～2015 英国 CO_2 排放及其比重变化趋势。温室气体主要包含了 CO_2、CH_4、N_2O 等气体，在英国排放的温室气体构成中，CO_2 占比逐渐提升。1990 年 CO_2 排放 139 611.3 千吨，占温室气体比重为 77.08%；一直到 1998 年，该比重都低于 80%。1999 年，CO_2 排放量为 131 158.1 千吨，占比超过了 90%；此后占比仍在提升，2015 年达到了 96.43%。由此可见，温室气体中 CO_2 和其他气体的排放总量总体上都在下降，但其他气体下降得更快些。

图 3.32 为 1990～2015 年英国制造业温室气体排放量及其比重变化趋势。从 1990 年到 2015 年，英国制造业温室气体排放量不断降低，其中 1990～1999 年下降趋势不是很

大，1990 年 181 129.5 千吨，1999 年下降到 145 115.1 千吨，九年间年均下降 2.43%；而从 1999 年以来，温室气体排放量下降速度加快，2009 年下降到 93 114.8 千吨，10 年间年均下降 4.34%。2009～2015 年，温室气体排放总量仍然维持一个下降的趋势，只是速度变缓，2015 年为 88 528.9 千吨，年均降低 0.84%。以上结果表明英国制造业在控制温室气体排放方面取得了明显的成效。

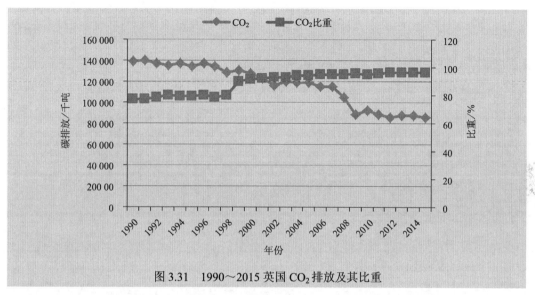

图 3.31　1990～2015 英国 CO_2 排放及其比重

图 3.32　1990～2015 年英国制造业温室气体排放量及其比重

从制造业温室气体排放占英国全部温室气体的比重看，总体上也呈现一个下降的趋势。1990～1998 年，该比重在 20% 以上；1999～2008 年，比重开始低于 20%，并逐渐下降到接近 15%；2009～2015 年，占比有所回升，2012 年时最低值 13.61%，2015 年再次回到 15% 左右。表明对制造业温室气体排放的控制卓有成效。

2. 德国

图 3.33 为德国制造业碳排放及占比变化趋势。德国制造业的 CO_2 排放量在大类行业中居第二位，仅次于电力、燃气、蒸汽和空调业。从总量看，2000 年为 192 230 千吨，2005 年下降为 177 110 千吨，减少了 7.87%；2010 年有所回升，为 178 538 千吨。2012~2015 年，制造业 CO_2 排放总量基本上变动极小。从占全国比重看，2000 年高于 20%，此后下降，2005~2015 年，该比重在 18% 左右波动。以上结果表明，德国制造业的碳排放总量进入平稳阶段。

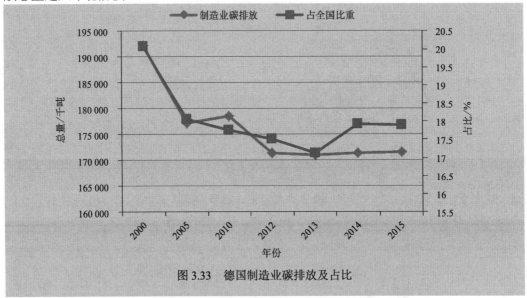

图 3.33   德国制造业碳排放及占比

分行业来看，从表 3.11 可知，基本金属制造业是德国制造业中排放 CO_2 最大的行业，2000 年该行业排放 CO_2 占制造业比重达到了 28.62%，2015 年为 24.68%。其他非金属矿

表 3.11 制造业分行业碳排放						（单位：千吨）	
	2000	2005	2010	2012	2013	2014	2015
制造业	192230	177110	178538	171344	171014	171424	171503
食品、烟草制造业	10575	9508	9671	9150	8937	9183	8835
造纸及纸制品	8950	15297	11103	9432	9805	9673	9987
焦炭和精炼石油产品	25180	25147	22929	22914	22540	21654	22315
化学工业	25669	21474	27661	28798	27989	26005	24925
其他非金属矿物制品	43533	37594	38609	39025	38647	39524	39122
基本金属制造业	55018	44784	44068	39486	39715	41701	42328
装配金属制品	3599	3528	3692	3461	3579	3341	3636
机械设备	3106	3149	3026	2908	2878	2611	2579
交通运输工具制造业	3827	3947	3696	3667	3723	3352	3577
其他制成品	12774	12682	14083	12502	13200	14381	14198

资料来源：德国统计局。

物制品业排在第二位，占制造业比重在 22%左右。化学工业排第三，占到 15%左右。焦炭和精炼石油产品业排放量也较大，2015 年占到 13.01%。其他行业排放量占比较低。

3. 美国

图 3.34 为 1975～2011 年美国工业 CO_2 排放量及其比重变化趋势。从 1975～2011 年美国工业排放的 CO_2 数量变化可以看出，经历了从上升到下降、再上升又下降的趋势变化，1975 年排放总量为 3001 百万吨，1979 年增加到最高峰 3374 百万吨，这也是美国工业 36 年来的峰值；然后开始下降，1983 年为 2593 百万吨，比高峰期下降了 23.15%；此后在波动中缓慢上升，1997 年为 3103 百万吨，比 1983 年增加了 19.67%；1998～2011 年，排放总量开始下降，2009 年为 2382 百万吨，2011 年为 2536 百万吨。

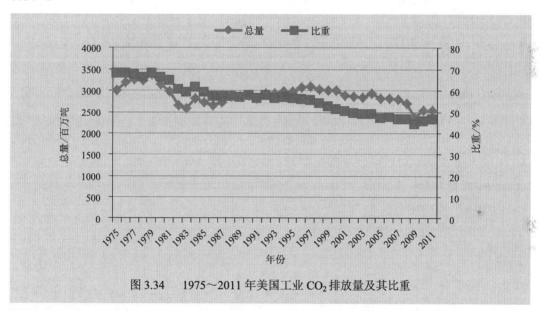

图 3.34　1975～2011 年美国工业 CO_2 排放量及其比重

从美国工业排放 CO_2 占美国化石能源排放总量比重看，1975～2011 年间，总体上呈现下降趋势，约从 67.87%下降到 2009 年的 44.15%；2011 年为 46.50%，有所回升。总体而言，美国工业 CO_2 排放比重是逐年递减的，说明美国工业在 CO_2 的排放控制和治理方面取得了明显的效果。

图 3.35 为 1975～2011 年美国工业 CO_2 排放比重变化趋势。美国工业 CO_2 排放主要是由煤炭、天然气、石油、电力和可再生能源的排放组成。其中，电力间接碳排放占比较高，且还在缓慢增加，1975 年为 56.51%，2008 年为 59.42%，2011 年为 58.44%。天然气和石油碳排放占比交叉变动，在 14%左右。煤炭排放占比持续下降，由 1975 年的 11.20%，到 2011 年的 5.91%。可再生能源碳排放占比在增加，但比重不高，仅在 5%左右。

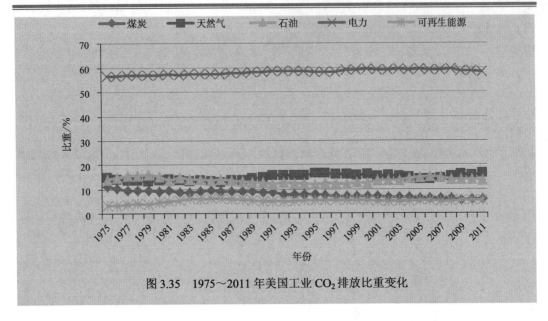

图 3.35　1975～2011 年美国工业 CO_2 排放比重变化

4. 日本

图 3.36 反映 1990～2015 年以来，日本产业 CO_2 排放量及其在全国碳排放中的比重变化。从总量来看，基本上呈现逐渐下降的趋势。1990 年为 503.1 百万吨，2008 年和 2009 年由于受到金融危机的影响，总量分别为 417 百万吨、382.1 百万吨。2009 年与 1990 年相比下降了 24.05%。此后有所回升，从 2012 年开始又进入下降轨道。

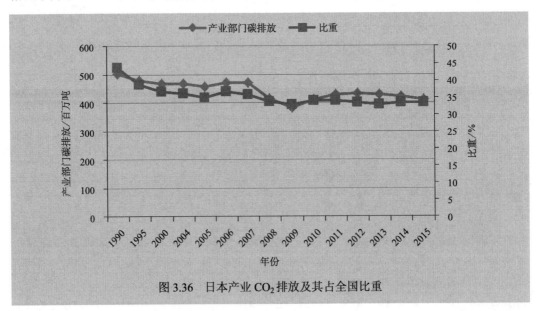

图 3.36　日本产业 CO_2 排放及其占全国比重

从占全国 CO_2 排放总量的比重看，也是在波动中降低。1990 年为 43.58%，2009 年为 32.91%，比 1990 年减少了 10.67 个百分点。2010～2015 年，该比重在 34% 左右波动。

5. 中外对比

图 3.37 为 1991～2014 年各国制造业碳排放占能源消耗碳排放比重变化趋势。1991～
2014 年制造业碳排放占能源消耗碳排放比重，中国的变化趋势基本上呈 U 形，1991～
2003 年是下降阶段，从 35.61%下降到 27.72%；从 2003 年开始，占比有所上升，2009
年为 34.34%，2014 年为 31.72%。其他国家的占比则为缓慢下降。横向比较看，中国在
5 个国家中，高居第一；日本排在第二位。以 2015 年为例，中国占比分别是德、美、日、
英四国的 2.55、3.66、1.65、3.30 倍。

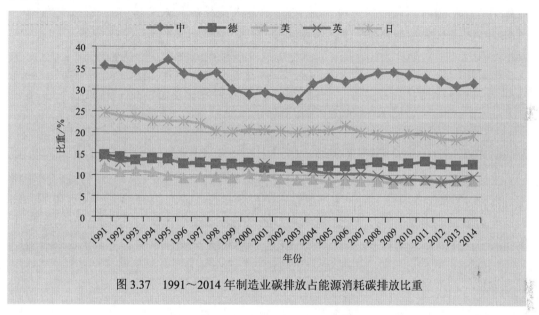

图 3.37　1991～2014 年制造业碳排放占能源消耗碳排放比重

3.5　国际比较的重要结论

经过前文关于中国与英国、德国、日本、美国等发达国家制造业发展状况的对比分
析，并对分析结果进行归纳总结，可以看出中国制造业在发展过程中的差距和差距的大
小。本节对此进行概括总结。

3.5.1　中国制造业规模持续扩张，已成为全球第一

1. 中国制造业增加值跃居世界第一

中国制造业增加值在 1994 年超越英国、2001 年超越德国、2007 年超越日本，2010
年增加值达到了 19243.24 亿美元，超越美国的 18058.82 亿美元，成为全球第一制造业大
国。到 2015 年，增加值达到 32504.23 亿美元，是德国的 4.64 倍、美国的 1.52 倍、英国
的 12.56 倍、日本的 3.64 倍。占世界制造业比重上升到 26.74%。

在中国加入世贸组织之前，中国制造业占 GDP 比重在 30%以上，随时间推移呈现

出缓慢下降的趋势；其他发达国家和全球制造业增加值占全球比重都表现出了同样的下降趋势。横向比较看，中国在五个国家中比重仍高居首位，这也说明了制造业在国民经济体系中的地位，中国的经济发展较为依赖制造业的增长。其次是德国和日本，其制造业增加值占 GDP 比重在 22%左右；美国和英国制造业增加值占到其 GDP 的 15%左右，低于全球水平。

2. 中国制造业吸纳就业能力强劲

中国制造业规模较大，吸纳就业的能力很强。制造业就业人数 2013 年达到峰值，为 5258 万人，从 2013 年随着经济进入新常态，就业人数开始下降，2016 年已经减少为 4894 万人。其他国家就业人数都在持续缓慢降低，2015 年与 1998 年相比，日本、美国、德国和英国的就业人数分别减少 320 万人、540 万人、70 万人、202 万人。

横向比较看，中国制造业就业人数远高于其他几个制造业强国。美国居第二，其次是日本、德国、英国。以 2015 年为例，中国分别是日本、美国、德国和英国的 4.77 倍、3.30 倍、6.53 倍、16.94 倍。这表明中国制造业在吸纳就业上的巨大价值。

3.5.2 生产率与发达国家差距较大

虽然中国制造业从规模上看已成为全球第一，但在生产率方面，与西方发达国家相比还有较大的差距。中国制造业生产率基本上处于上升的轨道，2015 年是 1998 年的 6.56 倍，年均增长 11.7%。与美、日、德、英等国家进行比较：1998 年美、日、德、英四个国家的生产率分别是中国的 7.03、6.84、5.56、4.86 倍，到 2015 年，该比值变为 2.18、1.31、1.41、1.35 倍。表明中国制造业劳动生产率远远低于西方发达国家；随着技术的发展和进步，差距也在快速的缩小。

3.5.3 在科技创新方面，投入接近或已成为全球第一

1. 中国 R&D 经费投入接近美国、人员投入全球第一

1991～2016 年，中国 R&D 经费投入增加 30.65 倍，年均增加 14.67%，增速遥遥领先于其他国家。同期德国、日本、英国、美国年平均增速分别为 2.19%、1.54%、1.72%、2.73%。1998 年中国超越英国，2004 年超越德国，2009 年超越日本，与美国的差距也在快速缩小中，2016 年，中国相当于美国的 88.73%。由此可见中国对研发投入十分重视，将会很快在投入量上超越美国，成为全球第一。

中国研究人员数量，1991～2016 年增加 3.59 倍，年均增速为 5.25%。同期德国、日本、英国、美国的年均增速分别为 2.53%、1.22%、3.35%、2.60%，中国增速远超其他国家。2000 年超过日本升至第二位，在 2005 年超越美国、2009 年下降后又于 2010 年超越美国，成为世界第一。2015 年，中国比美国超出 13.72%。由此可见，中国已经成为名副其实的人力资源大国。

2008～2014 年，中国制造业 R&D 投入经费年均增加 46.8%。2009 年中国超越日本，世界第二；2013 年超越美国，升至全球第一位。2008～2014 年制造业 R&D 人员投入，

7 年间德国、日本和英国的人员数量几乎没有什么变化，而中国在持续高速增加，2014 年是 2008 年的 2.22 倍，年均增加 14.17%。由此可见制造业作为中国支柱产业，对自主创新较为重视，投入幅度正快速增加，越来越多的研发资源汇聚到制造业行业。

2. 投入强度与发达国家差别较大

R&D 支出占 GDP 比重，2016 年与 1991 年相比，中国增加 1.39 个百分点，增加最多。2016 年为 2.12%，比英国高 0.43 个百分点，只比欧盟低了 0.23 个百分点。比德国和美国分别低 0.82、0.63 个百分点，与日本的差距仍然较大，低 1.02 个百分点。可见虽然中国极为重视研发投入，投入比重在持续增加，但与西方发达国家还有较大的差距，必须保持目前的增长态势，争取早日追平并超越这些国家，建设创新型强国。

研究人员数量占全部就业人数的比重，中国年均只增加 0.06 个百分点，横向比较最慢。2015 年美国、德国、日本、英国都在 9% 以上，而中国只有 2.09%，与发达国家差距巨大。因此中国虽然在绝对数量上已经成为世界第一，但在投入强度上与发达国家还有非常大的差距。

3.5.4　基础研究投入比重低、产出较为落后

1. 基础研究投入严重不足

中国在基础研究支出占 GDP 比重方面，1991 年为 0.03%，2016 年为 0.11%。美国高居第一，曾经高达 0.51%；日本排在第二位，2016 年占比 0.46%；英国在第三位，平均为 0.28%。2015 年，日、英、美、中四国基础研发支出和 R&D 投入的比值为 11.91%、16.66%、16.81%、5.05%，中国仍然最低。由此可见，虽然近年来中国研发投入增加较快，但在基础研究方面，投入仍然严重不足，这应该引起国家相关部门的重视。

2. 创新产出较低

以三方专利为例，中国在 1985~2000 年间都是低于 100 件，2001~2013 年增加 13.13 倍，年均增加 23.94%。中国在 2012 年超过英国升至第四位，但与发达国家的差距还是较大，2013 年中国仅为美国的 14.40%、日本的 15.43%、德国的 43.67%。在三方专利数量占全球比重上，中国在 1985~2000 年期间都是低于 0.2%，2000 年才首次超过 1%，2013 年为 4.21%；美国和日本占据前二位，德国排在第三位，而中国 2012 年超过英国排在第四位。中国与发达国家相比差距巨大。

中、高技术制造业增加值占制造业增加值比重的变化趋势，中国的变化呈 U 形，先上升后下降。1990 年为 37.84%，然后在波动中上升，2002 年为样本期内的最高值，为 43.88%；从 2002 年，该比重缓慢下降，2015 年为 41.38%，比 2002 年下降了 2.5 个百分点。五个国家中德国所占比重位居第一，日本排在第二位，英国第三，中国则较低，2015 年中国与最高的德国相比，少了 20 个百分点。

中、高技术制造业出口占制造业出口比重，2015 年为 58.80%。五个国家中日本高居第一，德国第二位，英国第三，美国第四。中国虽然经过了快速增加阶段，但仍然与

其他国家有一定的差距。这表明中国制造业中、高技术产品所占比重较低，而且在国际上的竞争力也弱于其他发达制造业强国。

3.5.5 能源消耗总量在增加，环境污染较为严重

1. 能源消耗持续增加，煤炭占比较高

中国制造业能源消费总量在 1996～2014 年期间处于一个快速增长时期，1996 年为 60 655.93 万吨标准煤，2014 年为 189 674.82 万吨标准煤，是 1996 年的 3.13 倍，年均增加 6.18%。从趋势变化可以看出，2013 年以后由于经济进入新常态，对制造业的落后、过剩产能进行削减，制造业能源消费量增加变缓，2015 年出现了下降。同期发达国家的能源消耗已经开始下降或基本保持不变，占全国比重也开始下降。煤炭是中国制造业最为主要的消费能源品种，这与英国、德国、美国等发达国家以天然气为主要的消费能源品种有很大的差别。

2. 制造业碳排放占比较高

1991～2014 年制造业碳排放占能源消耗碳排放比重，中国的变化趋势基本上呈 U 形，1991～2003 年是下降阶段，从 35.61%下降到 27.72%；从 2003 年开始，占比有所上升，2009 年为 34.34%，2014 年为 31.72%。其他国家的占比则为缓慢下降。横向比较看，中国在 5 个国家中，高居第一；日本排在第二位。以 2015 年为例，中国占比分别是德、美、日、英四国的 2.55、3.66、1.65、3.30 倍。

3.6 本章小结

改革开放四十年来，中国制造业发生了翻天覆地的变化，已经成长为世界第一制造业大国，成就令世界瞩目。那么，中国同世界发达国家制造业之间在哪些方面还存在差距？差距还有多大？基于此目标，本章主要采用描述性统计比较方法，在经济创造、科技创新和资源环境保护等方面，同英国、德国、日本、美国等制造业发达国家进行比较研究。

1. 在经济创造方面

中国制造业增加值在 1994 年超越英国、2001 年超越德国、2007 年超越日本、2010 年超越美国，成为全球第一制造业大国。到 2015 年，增加值达到 32 504.23 亿美元，为美国的 1.52 倍、日本的 3.64 倍、德国的 4.64 倍、英国的 12.56 倍；占世界制造业增加值比重上升到 26.74%。

在制造业生产率方面，1998～2015 年年均增长 11.7%，处于上升轨道，但与西方发达国家相比还有较大的差距。1998 年美、日、德、英四个国家生产率分别是中国的 7.03、6.84、5.56、4.86 倍，到 2015 年，该比值变为 2.18、1.31、1.41、1.35 倍。表明中国制造业劳动生产率虽然低于西方发达国家，但随着技术的发展和进步，差距也在快速地缩小。

中国制造业规模较大，吸纳就业的能力很强。制造业就业人数 2013 年达到峰值，为 5258 万人，从 2013 年开始随经济进入新常态，中国经济从重数量转入重质量的阶段，就业人数开始下降，2016 年已经减少为 4894 万人。中国制造业就业人数远高于其他几个制造业强国，美国居第二，其次是日本、德国、英国。

2. 在科技创新方面

2008～2014 年，中国制造业 R&D 投入经费年均增加 46.8%，2009 年中国超越日本，2013 年又超越美国，升至全球第一位。2008～2014 年制造业 R&D 人员投入，7 年间德国、日本和英国的人员数量几乎没有什么变化，而中国在持续高速增加，2014 年是 2008 年的 2.22 倍，年均增加 14.17%。由此可见制造业作为中国支柱产业，对自主创新较为重视，投入幅度正快速增加，越来越多的研发资源汇聚到制造业行业。

基础研究投入比重低，产出较为落后。在基础研究支出占 GDP 比重方面，2015 年日、英、美、中四国基础研发支出和 R&D 投入的比值为 11.91%、16.66%、16.81%、5.05%，中国最低。由此可见，虽然近年来中国研发投入增加较快，但在基础研究方面，投入仍然严重不足，这应该引起国家相关部门的重视。

创新产出较低。以三方专利为例，与发达国家的差距还是较大，2013 年中国仅为美国的 14.40%、日本的 15.43%、德国的 43.67%。在三方专利数量占全球比重上，中国 2013 年为 4.21%；美国和日本占据前二位，德国排在第三位，而中国 2012 年超过英国排在第四位，与发达国家相比有较大差距。

3. 在能源环境方面

能源消耗持续增加，煤炭占比较高。中国制造业能源消费总量处于快速增长期，1996～2014 年年均增加 6.18%。从趋势变化可以看出，2013 年以后由于经济进入新常态，对制造业的落后、过剩产能进行削减，制造业能源消费量增加变缓，2015 年出现了下降。煤炭是中国制造业最为主要的消费能源品种，这与英国、德国、美国等发达国家以天然气为主要的消费能源品种有很大的差别。

制造业碳排放占比较高。制造业碳排放占能源消耗碳排放比重，从 2003 年开始有所上升，2009 年为 34.34%，2014 年为 31.72%。而其他国家的占比则为缓慢下降，中国在 5 个国家中高居第一；日本排在第二位。以 2015 年为例，中国占比分别是德、美、日、英四国的 2.55、3.66、1.65、3.30 倍。

参 考 文 献

陈超, 姚利民. 2007. 制造业单位劳动成本的国际比较及其对出口与福利的影响. 世界经济研究, (06): 24-29+86-87.

戴翔, 李洲. 2017. 全球价值链下中国制造业国际竞争力再评估——基于 Koopman 分工地位指数的研究. 上海经济研究, (08): 89-100.

郭克莎. 2000. 制造业生产效率的国际比较. 中国工业经济, (09): 40-47.

贺聪, 尤瑞章, 莫万贵. 2009. 制造业劳动力成本国际比较研究. 金融研究, (07): 170-184.

黄群慧, 霍景东. 2013. 中国制造业服务化的现状与问题——国际比较视角. 学习与探索, (08): 90-96.

李随成, 杨功庆. 2006. 中国制造业的效率分析及国际比较. 生产力研究, (02): 166-168.

李应振, 李玉举. 2006. 制造业发展的劳动力成本：国际比较与前景分析. 生产力研究, (09): 170-172.

路江涌, 陶志刚. 2006. 中国制造业区域聚集及国际比较. 经济研究, (03): 103-114.

吕红, 王芳. 2010. 中国制造业科技创新能力的国际比较. 统计与决策, (18): 107-109.

钱震杰, 朱晓冬. 2013. 中国的劳动份额是否真的很低：基于制造业的国际比较研究. 世界经济, 36(10): 27-53.

邱灵. 2014. 服务业与制造业互动发展的国际比较与启示. 经济纵横, (02): 97-103.

王卉. 2012. 中国制造业发展的国际比较分析. 经济问题探索, (07): 75-79.

魏浩, 郭也. 2013. 中国制造业单位劳动力成本及其国际比较研究. 统计研究, 30(08): 102-110.

文东伟. 2012. 中国制造业出口贸易的技术结构分布及其国际比较. 世界经济研究, (10): 29-34+88.

杨立强. 2011. 中国制造业的代工发展模式：国际比较与发展路径. 经济问题探索, (10): 1-5.

尹彦罡, 李晓华. 2015. 中国制造业全球价值链地位研究. 财经问题研究, (11): 18-26.

甄峰, 赵彦云. 2008. 中国制造业产业国际竞争力：2007 年国际比较研究. 中国软科学, (07): 47-54+140.

撰稿人：王常凯　李健旋

审稿人：刘军

第4章

政府及研究机构报告解析

4.1　引　言

"中国制造 2025"提出后，中国制造业进入了一个"创新驱动、质量为先、绿色发展、结构优化、人才为本"的发展新时期。在这个新时期中，国际经济发展形势如何？各主要制造业国家的发展策略有何变动？本章根据世界银行、经济合作与发展组织（Organization for Economic Co-operation and Development，OECD）以及主要制造业国家 2016、2017 和 2018 年上半年的相关报告，分析制造业发展形势及政策趋势。

4.2　全球经济展望

2018 年 6 月，世界银行发布了《全球经济展望——浪潮的转折》报告（The World Bank，2018）。该报告认为全球经济增长有所放缓，但仍保持强劲，预计 2018 年将达到 3.1％（表4.1）。由于全球经济持续很长一段时间发展缓慢，贸易和投资温和，融资条件收紧，预计未来两年增速将出现下滑。受到美国的财政政策减弱和货币政策正常化的影响，发达经济体的增长预计将会减速。在新兴市场和发展中经济体（emerging market and developing economies，EMDEs）中，大宗商品进口经济体的增长将保持强劲，而大宗商品出口经济体的反弹预计将在未来两年内完成。自 2010 年以来，全球增长的长期（未来10 年）预测已经取得共识，且比较稳定。尽管现在的发展可能表明全球金融危机的影响正在消退，但过去的经验告诫我们，长期预测往往过于乐观。现在的经济发展预测远低于十年前估计。此外，未来风险预测呈现增加趋势。它们包括无序的金融市场波动，贸易保护主义升级以及地缘政治紧张局势加剧。EMDEs 决策者应该重建货币和财政政策缓冲区，并为可能发生的全球利率上升和金融市场动荡的情况做好准备。从长远来看，不利的结构性力量继续影响长期增长，这意味着 EMDEs 需要通过提升竞争力、适应技术变革和贸易开放来促进潜在增长。这些措施将有助于缓解未来十年预期的增长放缓。

表 4.1　世界银行 2018 年 6 月对全球经济的预测（GDP 增长率，%）

	2015	2016	2017e	2018f	2019f	2020f
世界	2.8	2.4	3.1	3.1	3	2.9
发达经济体	2.3	1.7	2.3	2.2	2	1.7
美国	2.9	1.5	2.3	2.7	2.5	2
欧元区	2.1	1.8	2.4	2.1	1.7	1.5
日本	1.4	1	1.7	1	0.8	0.5
新兴市场和发展中经济体（EMDEs）	3.7	3.7	4.3	4.5	4.7	4.7
出口大宗商品 EMDEs	0.5	0.8	1.8	2.5	3.0	3.0
其他 EMDEs	6.1	5.9	6.2	5.8	5.8	5.7
不包括中国的其他 EMDEs	5.2	4.9	5.3	5.1	5.1	5.1
东亚太平洋地区	6.5	6.3	6.6	6.3	6.1	6

续表

	2015	2016	2017e	2018f	2019f	2020f
中国	6.9	6.7	6.9	6.5	6.3	6.2
印度尼西亚	4.9	5	5.1	5.2	5.3	5.4
泰国	3	3.3	3.9	4.1	3.8	3.8
欧洲中亚地区	1.1	1.7	4	3.2	3.1	3
俄罗斯	-2.5	-0.2	1.5	1.5	1.8	1.8
土耳其	6.1	3.2	7.4	4.5	4.0	4.0
波兰	3.8	2.9	4.6	4.2	3.7	3.5
拉美加勒比地区	-0.4	-1.5	0.8	1.7	2.3	2.5
巴西	-3.5	-3.5	1.0	2.4	2.5	2.4
墨西哥	3.3	2.9	2.0	2.3	2.5	2.7
阿根廷	2.7	-1.8	2.9	1.7	1.8	2.8
中东北非地区	2.8	5.0	1.6	3.0	3.3	3.2
沙特阿拉伯	4.1	1.7	-0.7	1.8	2.1	2.3
伊朗	-1.3	13.4	4.3	4.1	4.1	4.2
埃及	4.4	4.3	4.2	5.0	5.5	5.8
南亚地区	7.1	7.5	6.6	6.9	7.1	7.2
印度	8.2	7.1	6.7	7.3	7.5	7.5
巴基斯坦	4.1	4.6	5.4	5.8	5.0	5.4
孟加拉国	6.6	7.1	7.3	6.5	6.7	7.0
撒哈拉以南非洲地区	3.1	1.5	2.6	3.1	3.5	3.7
南非	2.7	-1.6	0.8	2.1	2.2	2.4
尼日利亚	1.3	0.6	1.3	1.4	1.8	1.9
安哥拉	3.0	0.0	1.2	1.7	2.2	2.4
其他项目：						
实际GDP						
高收入国家	2.3	1.7	2.2	2.2	2.0	1.8
发展中国家	3.7	3.8	4.6	4.7	4.8	4.8
低收入国家	4.9	4.8	5.5	5.7	5.9	6.3
金砖五国	4.0	4.4	5.3	5.4	5.4	5.4
世界（2010 PPP 比重）	3.4	3.2	3.7	3.8	3.8	3.7
世界贸易量	2.7	2.8	4.8	4.3	4.2	4.0
大宗商品价格						
油价	-47.3	-15.6	23.3	32.6	-1.4	0.1
非能源类商品价格指数	-15.8	-2.6	5.5	5.1	0.2	0.5

　　注：资料来源：世界银行。* e=估计；f =预测。世界银行的预测会基于新信息和不断变化的（全球）情况频繁更新。了解更多详细信息，请参阅英文网站（http://www.worldbank.org/gep）。

　　2018 年全球增长预计将加速至 3.1%，2019、2020 年为 3% 和 2.9%，比 2018 年之前的预测高。 然而，世界经济继续面临一些下行风险，具体包括保护主义、政策不确定性、金融市场动荡等。这些风险突显了新兴市场和发展中经济体决策者重构宏观经济政策的紧迫性，以及实施支持投资和贸易政策的迫切性。

相对于 2016 年，EMDEs 的增长正在加强。一些大型经济体正在领导出口市场进入恢复阶段，前段时间下降的商品价格正在调整上升。尽管全球经济持续扩张，但预计 2018 年只有 45％的国家经济进一步加速增长，比 2017 年的 56％有所下降。此外，尽管经历了全球金融危机十年的复苏，全球经济活动仍然滞后于 2008 年以前的扩张。

4.3　世界经济可持续发展

世界银行《2016 年度报告》的主题是可持续发展，以可持续的方式实现到 2030 年结束极端贫困和促进共同繁荣的目标，这是世界银行集团的主导任务。国际社会正面临着经济发展、人道主义危机、环境等多方面的挑战。尽管这些挑战性质不同，但却有些共同点：首先，它们威胁着几十年来得之不易的发展成果；其次，它们不受国家边界的限制。数以百万计的人口因冲突被迫流离失所，生活在日益脆弱的地区；大规模流行病不仅危害个人的身体健康，同时也严重破坏各国经济；气候变化的威胁也正变得越来越明显。世界银行主要采取以下措施，促进世界经济可持续发展（世界银行，2016）。

1. 推动包容和公平的经济增长

采取的策略包括：世界银行将有力地分析和咨询工作、金融服务、贷款和号召力相结合，帮助客户解决公平和包容性方面的挑战；帮助客户强化进行明智决策所需的证据基础，使干预措施更加公平、有效并更好地瞄准穷人；世界银行帮助客户均衡考虑财政管理、债务政策和经济增长；世界银行协助客户提高公共部门效率，如恰当地确定重点支出项目、改善预算管理和控制、消除对有效利用国内资源的制约等；帮助客户国建立公平有效的税收制度，增加政府的国库收入；世界银行与国际金融公司（IFC）合作，推动各国形成开放的竞争性市场，培育促进私人投资的有利环境。

2. 通过公私伙伴关系改善基础设施质量

世界银行努力帮助政府在改善基础设施服务的可及性和质量方面做出明智决策，包括对公共与私营部门合作（PPP）模式的恰当使用。这要求加强数据收集和能力建设，开发和测试有关工具，推动信息披露，并鼓励所有利益相关者的参与。2016 年，世界银行开发了若干新工具来支持决策者对基础设施项目做出良好决策，其中很多是与其他多边开发银行或发展伙伴合作开发的。以上包括对 80 个国家的 PPP 采购调查，国别诊断工具，与国际货币基金组织（IMF）共同开发、用来评估 PPP 潜在财政影响的工具，确定项目优先顺序的工具，PPP 信息披露框架，一项如何将性别平等融入 PPP 合同的分析，以及法语版的 PPP 在线课程（MOOC）。

3. 确保主要发展动力的可持续性

2015 年 9 月通过的可持续发展目标与 2016 年 4 月签署的巴黎气候协议一起，标志着国际社会已明确认识到经济增长、减贫与环境可持续性这几方面有着千丝万缕的联系，对实现可持续发展均不可或缺。提高农业生产率和韧性、加强农民与市场的联系、提供可负担的粮食是消除贫困和促进共同繁荣的有效途径。在能源领域，世界银行的工作与"人人享有可持续能源"倡议密切配合。该倡议提出到 2030 年要实现三个目标：人们普遍享有能源服务、将能效改善速度提高一倍、使全球能源结构中可再生能源的份额提高一倍。世界银行还帮助各国将自然资源的价值及其创造就业的能力纳入开发规划——从海洋到森林和流域等各种资源都包括在内，同时还考虑资源开发将造成的环境退化、污染和资源稀缺等成本。交通运输和信息通信技术将人与就业、市场和社会服务连接起来，它们也是关于可持续发展目标、气候变化和道路安全等全球性讨论的核心。当前 90% 的城市建设发生在发展中国家，这为建设气候智慧型城市提供很好的机会。

4. 帮助各国适应气候变化

巴黎气候协议签署后，世界银行集团制定了气候变化行动计划，将气候变化作为工作重点融入该行的各种战略和业务，标志着世界银行在气候行动领域的重大转折。该计划提出了今后五年围绕气候变化问题要采取的快速行动，提出了雄心勃勃的目标。其中一个目标是帮助发展中国家增加 30 吉瓦可再生能源（足够 1.5 亿家庭使用），并为 1 亿人建立早期预警系统。该计划的一个核心重点是在帮助各国适应气候变化方面做更多工作。例如，在 2020 年前帮助至少 40 个国家制定气候智慧型农业投资计划、推广气候和灾害风险筛选工具的使用等。

4.4 工业革命对政府和企业的影响

2017 年 5 月 OECD 发表《下一个生产革命：对政府和企业的影响》报告。3D 打印、自动驾驶技术和人工智能技术突破对生产力、就业、技能、收入分配、贸易、福利和环境将产生深远的影响，新的生产技术正在重塑工作性质和方式。该报告评估了近期（至 2030 年左右）可能对生产至关重要的技术的经济和政策效应，指出政府部门需要设计政策，以便应对技术带来的调整。报告主要阐述了以下观点：

1. 对知识、技术和技能传播的影响

技术的扩散不仅包括硬件，还包括辅助无形投资、专有技术、技能以及新的商业组织形式。在这方面，人力和财政资源的有效部署和重新分配至关重要，需要政府调整促进产品市场竞争的框架政策，减少劳动力市场的僵化，消除企业退出的阻碍，促进成功企业的增长等。

在中小企业中，一个重大的挑战将是数字化转型。技术推广服务机构（特别为中小企业提供信息和外联服务）往往在整体创新政策中处于低度优先地位。但如果适当激励和资源配置设计得当，这些机构可以是有效的。

技术革新将挑战技能和培训体系的完备性。一些新的生产技术提高了跨学科教育和研究的重要性，通常需要加强行业与教育培训机构的互动，这种需求可能随着生产知识

内容的上升而增长。终身学习和工作场所培训的有效系统至关重要，在需要时可以提高技能升级与技术变革的速度；数字技能和补充机器的技能同样至关重要。一些通用技能，如识字、算术和解决问题能力，是学习快速变化的具体技能的基础。

数据将是 21 世纪生产的核心。政策应鼓励对各行业内部和各行业均有正面溢出效果的数据进行投资。应该分析复用和共享数据（包括公共数据）的障碍，并且需要数据治理框架来解决隐私和数字安全问题。数字基础设施的质量（包括获得高功率计算）对于许多行业的企业而言至关重要。

良好的科技和研发政策极为重要。许多新兴生产技术的复杂性超过了个体公司的研究能力，这需要一系列公私合作伙伴关系。研究计划的评估指标需要适当激励跨学科分析。

公众了解和接受新生产技术也很重要。决策者和机构应表达对技术的现实期望，并适当地承认不确定性。如果技术经展望在未来是适用的，可以在技术和社会经济变革时期制定支持的政策。通过参与的方式，调动利益相关者就共同行动进行谈判和商定。展望过程本身可以带来好处，例如加强利益相关者网络，改善政策领域的协调。

2. 对结构性政策的影响

超级计算资源、技术特定技能需求的演变、政府用来为未来做准备的过程、政策如何塑造公众对技术的态度，这本身就会影响到技术采用的过程。

许多技术变化将影响未来 10～15 年的生产。生产技术变化的可能性不断扩大，技术互补，并以组合方式相互扩大彼此的潜力。例如，现今软件和数据科学的进步有助于开发新材料。反过来，新材料可能会替代硅半导体，从而允许更强大的软件应用。这种技术的组合特征意味着很难预测未来。技术时间表的预测经常不准确，而变化的范围往往令人惊讶。就在几年前，很少有人会预见到智能手机会破坏性地令很多行业失去生存空间。现在，许多潜在的破坏性生产技术正在研发、应用中。

国家先进制造业的举措近年来不断扩大。德国工业 4.0 计划（Plattform Industrie 4.0M）、美国国家制造创新网络、日本机器人战略、中国制造 2025 仅仅是一些例子，制造业已成为近期国家研究创新战略的主题。

政府对生产发展的兴趣有许多动机。技术变革对就业和收入不平等的影响正在引起学术界、政策制定者和公众的更多关注，较之于以上，技术可能造成失业这一事件，在全球范围内更令人担忧。应对老龄化需要提高劳动生产率，经合组织国家强调技术和创新是生产率和生活水平增长的主要决定因素。许多决策者也关注在快速但难以预见的技术变革背景下可能出现的不确定后果。正如德国总理安格拉·默克尔在达沃斯所说的，2015 年，希望我们强大的德国经济能够应对实体经济和数字经济的合并，否则我们将失去竞争力。机器有驱动劳动力流离失所的风险，并可能削弱许多新兴经济体所依赖的劳动力成本优势。

3. 对生产力的影响

由于各种原因，新技术可能会使经济发展策略发生变化。提高经济增长率是大多数经合组织政府的首要任务，许多经合组织国家面临宏观经济状况疲软，劳动力市场疲软和公共债务增加等问题，更加迫切地寻求增长。从长远来看，劳动适龄人口的下降加上环境的限制，意味着经合组织国家的未来增长将越来越依赖于生产率提高和创新。

近年来，经合组织研究了经济生产率的驱动因素，着力于分析框架政策、创新和企业人口的影响。新兴的生产技术可以通过许多途径影响生产率，例如新的传感器、控制设备、数据分析、云计算和物联网的组合使得越来越多的智能和自主的机器和系统被创造出来。

智能系统几乎可以完全消除一些生产过程中的错误。传感器允许对每个项目进行监控，而不必对批次抽取样品中的错误进行测试。因为智能系统可以预测维护需求，机器停机时间和维修成本可大大降低。如果工业产品在制造前可以模拟，并且在实施之前可以模拟工业过程，则可以节省成本。数据驱动的供应链大大加快了交付订单的时间，数字技术可以使生产能够满足实际而不是预期的需求，从而减少新产品的库存和故障率。

机器人通过比工人更快、更强、更精确和更一致的方式大大提高了汽车行业装配线的生产力。随着工业机器人的发展，它们将不断扩大在行业和流程中的应用。工业生物技术与先进化学物质的结合可以提高生物过程的效率（大多数生物过程具有低产量特点）。通过打印已组装的机构，3D 打印可以在某些生产阶段消除组装的需要。

材料科学和计算的进展将允许采用模拟驱动的方法开发新材料。这将减少时间和成本，因为在寻找具有所需品质的材料时，公司将能够避免对候选材料的重复分析，并从一开始就将材料的期望质量建立起来。纳米技术可以使塑料导电。在汽车工业中，这可以消除对塑料的单独喷涂工艺的需要，从而每辆车降低 100 美元的成本。

技术之间的协同效应也将有助于提高生产力。例如，所谓的"生成"软件可以模仿进化过程并创建工业设计，初始设计可以演变出多种设计方案，以人类设计师不甚明了的方式优化产品质量。

4.5　美国制造业发展策略

美国是制造业强国，2008 年金融危机之后，美国采取了一系列政策措施复兴美国制造业。2016 年 10 月美国白宫新闻秘书办公室总结了美国过去几年制造业的发展状况（The White House，2016）。本报告结合美国制造业的年度报告、统计数据和总统的国情咨文（2017），了解美国近期制造业动态。

4.5.1　美国制造业近年取得的成果

美国总统奥巴马在严峻的世界经济金融形势下，于 2009 年分步骤恢复美国经济的平衡。美国政府认识到，经济稳定植根于强大的制造业，所以优先发展制造业是经济政策议程的基石。2009 年秋季，美国政府发布了"重振美国制造业框架"，这是振兴制造业的政策蓝图。2011 年开始，每年 10 月第一个星期五为美国制造业日。每年数十万人参观制造业工厂，其中包括大量学生和政府工作人员；同时还推行职业讲习班活动。美国认为必须激励下一代工人和创新者从事制造业工作，并扩大制造业工作机会，确保未来美国制造业的位置。至 2016 年，已经增加 80 万个新工作岗位。在过去的四年中，全球首席执行官们将美国称为最好的制造和投资地，新资本正在广泛投入到制造业技术创新中。美国制造业近年取得的成就主要包括：

（1）美国国家标准与技术研究所加强制造供应链的资助；国家航空航天局提出下一代技术的挑战；退伍军人事务部支持更多美国退伍军人致力于先进制造技术的培训。

（2）110 多个机构的承诺：面向制造业的大规模开放在线课程，例如，麻省理工学院第一个在全国各地的高等院校执行了 18 个"大挑战学者计划"；纽约中部的制造业协会支持了 30 个新制造学徒制项目。

（3）美国国家经济委员会的一份新报告强调了加强美国制造业竞争力的行政管理重点。

（4）2006 年 1 月 31 日，美国总统布什在其国情咨文中公布一项重要计划——《美国竞争力计划》（American Competitiveness Initiative，ACI），提出知识经济时代教育目标之一是培养具有 STEM（science、technology、engineering、mathematics）素养的人才，并称其为全球竞争力的关键。由此，美国在 STEM 教育方面不断加大投入，鼓励学生主修科学、技术、工程和数学，培养其科技理工素养。

（5）美国在过去八年持续支持四个核心领域：通过下一代技术推动创新；使美国的生产成本更具竞争力；加强技能，团体和供应链建设来吸引投资；通过平衡竞争环境，开放市场，促进美国投资，获取美国的公平份额。

（6）制造业创新网络。2012 年，政府响应总统科技顾问委员会的建议，创建了国家制造创新网络，将人、思想和技术连接起来，解决与行业有关的先进制造难题。该计划已发展到连接 9 家机构，近 1300 家成员公司、大学和非营利组织。

（7）制造业就业人员的收入比美国收入中位数高出 20%，即使在所有其他因素相同的情况下，制造业的工人也非常明显地获得了高薪。

（8）尽管制造业仅占 GDP 的 12%，制造部门拥有大量创新活动，75% 的私营部门从事研究与开发，60% 的员工从事研发，绝大部分专利是制造业专利。

（9）制造活动产生积极的溢出效益，因为在制作中获得的专门知识和能力是设计、产品开发和创新持续的关键因素。

（10）自经济衰退以来，制造业的增长速度是经济总体速度的两倍，这是五十年来制造业增长超过美国经济增长的最长时期。

（11）高级制造国家计划办公室正在通过推出 ManufacturingUSA.com，建立起全球制造创新网络。这个新网站将是了解美国制造业规划、发展策略、技术创新和行业新闻的中心门户网站。

4.5.2　美国开展的促进制造业发展的活动

美国开展的促进制造业发展的相关活动可归纳为：

1. 3D 打印技术方面

美国国家航空与航天局（NASA）与布拉德利大学（Bradley University）合作，并与其他赞助商共同宣布其 3D 打印生存环境挑战赛的新阶段，第二阶段的资助资金为 250 万美元，以提高使用回收材料和/或当地土著材料制造外星生存环境的比例。第三阶段于 2017 年夏天开放，旨在使用 3D 印刷技术自主制造栖息地。

2. 新能源与新材料方面

美国能源部 2016 年公布了一项有意投资 3000 万美元的氢燃料电池项目的通知，这些项目将依托能源部能源材料网（EMN）发起的国家实验室联盟。EMN 联盟在国家实验室拥有独一无二的能力，可更容易促进行业和学术界的合作，加快开发先进材料，支持总统的先进制造和材料基因组计划。另外，先进复合材料制造创新研究所（IACMI）于 2017 年举办一系列实习培训讲习班，旨在加快在复合材料生态系统中采用尖端的节能技术。2017 年 5 月的第一个研讨会上展示了最先进的制造技术与最先进的设备，同时由专家来实时回答问题。

3. 创新生态系统方面

国家标准与技术研究院（NIST）霍林斯制造业扩展伙伴计划（MEP）在 2016 年 9 月宣布的五个试点奖励基础上，计划使用 400 万美元的联邦资助设立奖项，培育小型美国制造商、机构和 MEP 中心的持续合作，以在制造供应链中开发强大的创新生态系统。

4. 生物技术方面

美国国家科学基金会（NSF）宣布一项新的研究计划，呼吁解决先进制造业的关键基础研究需求。NSF 还呼吁实行新的先进生物制造研究计划，以便制造具有可预测生物学功效的可重现性、成本合理的高效能细胞。NSF 预计在高级生物制造治疗细胞方面可颁发 10 项奖项，总计 500 万美元。

5. 数字制造方面

数字制造与设计创新研究所（DMDII）宣布与全国高级技术中心联盟（NCATC）和美国印第安人高等教育联盟建立新的战略联盟，以迅速将研究所技术、人力资源与培训机构联系起来，加强社区学院制造业数字化转型课程的建设。

6. 教育培训与技术推广方面

每家研究所都是"教学工厂"，为各级学生和工人提供独特的机会。研究所还提供资产帮助小型制造商和其他成员公司获得设计、测试和试点新产品以及制造流程所需的尖端能力和设备。今天，美国许多制造机构正在宣布新的教育和劳动力培训计划。

4.5.3 美国最近和未来可能采取的政策

美国总统特朗普发表 2017、2018 年总统国情咨文，从中可以了解美国已经及拟将采取的政策。

（1）美国退出《跨太平洋伙伴关系协定》（TPP）。TPP 是目前重要的国际多边经济谈判组织，前身是《跨太平洋战略经济伙伴关系协定》（Trans-Pacific Strategic Economic Partnership Agreement，P4），由亚太经济合作组织成员国中的新西兰、新加坡、智利和文莱四国发起，从 2002 年开始酝酿的一组多边关系的自由贸易协定。2009 年奥巴马宣布美国将参与 TPP 谈判，强调这将促进美国的就业和经济繁荣，为设定 21 世纪贸易协定标准做出重要贡献。2017 年特朗普宣布退出 TPP 多边经济谈判。

（2）美国将加大基础建设投资，并将其作为拉动经济增长的重要力量。特朗普一再强调美国的基础设施过于陈旧，并准备投资建设美国的基础设施，2018 年将投资 1.5 万亿美元建设基础设施。

（3）美国退出《巴黎协定》，特朗普同时表示，《巴黎协定》以牺牲美国就业为代价，不能支持会惩罚美国的协议。

（4）美国采取减税等措施，激励美国企业回流。提出"买美国货，雇美国人"口号，并取得了一定效果。2017 年创造了 240 万个新工作岗位，其中仅制造业就有 20 万个新岗位。员工工资开始上涨，大规模减税给中产阶级和小企业带来巨大好处。

4.6 德国制造业发展策略

德勤有限公司（德勤全球）全球消费与工业产品行业小组与美国竞争力委员会联合发布了《2016 全球制造业竞争力指数》。该项研究是在对逾 500 名全球制造行业首席执行官和高管进行调研的基础上做出的深入分析与预测。德国的制造业竞争指数排名第三，第四位是日本。中国排名第一，美国排名第二。德国 2016～2017 年上半年最主要的一项制造业策略是发布《数字化治理白皮书》、制定《数字化战略 2025》，其主要内容如下。

1. 数字化基础建设

德国数字化基础建设包括硬件设施和软件两个方面。德国拟于 2025 年之前建成千兆级的光纤网络；同时，建立促进投资和创新的监管框架。数字化是企业的任务，需要为企业投资、产品创新和以数据为基础的服务型产业提供足够的发展机会，因此需要建立一个可靠客观的监管框架，这其中包括诚信管理、知识产权法律保护等，以确保所有的数字化贸易都能参与公平竞争。为了加强监管，德国建立了技术层面的欧洲数字单一市场，将媒体和线上平台也纳入监管框架内，以便于在同等竞争环境中比较各服务业的差异。为了保证欧洲在下一代移动通信网（5G）的发展中保持技术领先地位，必须对频率规范进行适当调整，这就要求各成员国擅于利用自身国家特色和先发优势，发展以通行准则为基础的欧洲数据标准政策，这样才能消除在数字化环境中存在的疑虑。与此同时，德国必须以数字化转型重新审视国家的法律框架。建议出台一部《数字化法》，并以公开竞争和公平竞争原则、信息安全性和信息主权原则以及欧洲适配性原则为基准。监管框架应当适用于一切媒介，应包括《电信法》、《电信媒体法》和《无线电设备与电信终端设备法》等在内的互联网相关规章制度。除此之外，还应有技术调整作为补充。

加强数据安全并发展信息化主权。公民和企业希望他们的数据能够受保护，不被滥用。用户和消费者也必须对数据的使用有决定权。数据安全和信息的自主性是民主的重要基石，同时也是接受和实现数据驱动经济的前提条件。为了加强数据安全并发展信息化主权，德国需要采取以下措施：探索是否有必要针对安全性做些额外的规定，如硬件和软件制造商的信息技术安全漏洞和安全要求方面的产品责任规定；确保各类企业都能提高其数据安全级别；确定德国存在哪些数字技能和关键竞争力，与国际标准进行比较并基于这些信息创建数字地图集。欧盟《通用数据保护条例》在消费者和经济利益之间创建了一种平衡机制，并为信息多元化和大数据建立了一种前瞻性的监管框架。基于欧盟委员会与美国签署的跨大西洋数据传输欧美隐私保护协定《欧美隐私盾牌》，努力确保欧盟委员会的充分决定权，使个人隐私、商业秘密和国家安全得到同样的保护；在"可信云"技术范围内为云计算而设计的数据保护认证将为创建欧洲标签打下基础。此外，实施国际电子认证、电子签名、企业与政府的电子印章以及其他电子信托服务。

2. 支持中小企业发展

初创企业是数字化转型的驱动器。德国将继续推行现有的资金支持项目，在 2016 年除了设立欧洲投资基金外，还将额外投入 5 亿欧元，用于支持初创企业；力求在 2017 年启动第三期高科技初创基金项目，其资金总量约为 3 亿欧元；通过降低创新企业税率，以减少赋税带来的负担；使证券交易再次成为发展中的新兴创新企业的融资渠道；通过全新的"数字创新创业者竞赛"，给潜在的创业者提供资金支持；支持初创企业国际化，如通过提供信息、咨询意见以及资金支持，或通过国际化孵化器给予支持；促进初创企业与成熟公司之间的合作，充分利用初创企业的创新能力以及在经济领域的数字化能力；提倡女性创业，并加强与新型数字化经济咨询委员会的合作；促进政府机关数字化，从而简化企业创办流程，减少办理业务的费用。除此之外，还将现有的信息及咨询项目打包上传至企业创始人"孵化器 4.0"，为企业家提供便利。

建设适于中小企业发展的新型商业模式。德国希望中小企业积极参与到数字化进程中，在未来继续保持其市场地位并占领新的市场。现有的相关举措包括：为进一步加强现有的活动，德国计划通过"中小型企业数字化改造计划"激励中小型企业在数字化改造过程中的投资。该计划将包括下列内容：为了更好宣传可利用的扶持项目，并惠及更广泛的人群，德国将建立一个用户友好的数字化门户网站。该扶持计划包括分析与咨询、人力和组织发展规划、针对目标人群的技术发展以及中小企业的投资补助，以推进中小型企业的投资以及中小型企业的 IT 项目，包括实施过程中的项目追踪。通过建设欧洲/国际数字化传输网络，促进德国中小型企业在欧洲数字化传输网络中的发展；通过数字化试点扩大、深化服务范围使中小企业更好地了解和运用信息通信技术；德国希望在柏林建立一所辐射全德国和欧洲的针对中小型企业的"数字化之家"；通过新老企业及研究机构的竞争及成功案例分享来支持企业的数字化进程；德国计划成立中小型企业的数字化特别工作组和一所一站式的服务机构。

利用"工业 4.0"推进德国的现代化。德国采取以下措施：利用"中小型企业扶持计划"，提供咨询服务及投资方面的资金支持；创建一个微电子扶持项目；实施"工业 4.0"平台项目并给出执行建议；制定"标准化工业 4.0"活动规划；强化国际合作。与重要合作伙伴国家的双边合作将为"工业 4.0"的转型过程提供支持，例如，与中国在"工业 4.0"方面的双边合作中，强化德国企业在中国市场上的地位。

3. 推动智能网络化建设

智能网络化包括智能电网、智能电表、智能家居、智能交通、智慧城市、电子医疗、电子政务等。为了实现智能网络化，德国已经开展了相关计划：2015 年秋季，联邦政府通过了智能网络战略构想，作为《数字化议程（2014～2017）》的实施措施。2015 年 11 月，联邦政府决定实施《能源转型期数字化法律草案》；2016 年年初，《电子卫生法》开始生效。接下来，德国还将采取以下措施推进智能网络化：促进投资和提高法律保护，如优化智能网络化投资环境，不断推动形成跨部门的法律框架等；提升欧洲智能网络化的基础，如为创造一个统一的泛欧洲市场环境建立相关标准等；促进公民以及用户间的信息交流、搭建开放创新平台是智能网络化计划的关键，这样便于专家、网络用户以及普通公众等不同的群体加入进来，既贡献创新想法，又能够分享经验；设立智能网络化试点地区的扶持计划；建立数字计划的全国联盟；建立智能网络化项目的孵化器，孵化器可为初创企业提供工作场地、战略性和技术支持等。

4. 加强数字化教育

2014 年，欧洲的信息人才达到了 50.9 万人。分析专家认为，2020 年欧洲的信息人才需求将达到 350 万人。这表明，德国必须加强这方面的培训，另外，随着数字化转型的推进，越来越多的就业机会也随之诞生。发展数字化技术必须越过专业限制，继续扩展针对高校创业的扶持项目，以促进顶尖技术与经济界的融合，并使其在德国和欧洲得到应用，提供在线教学课程，如大型开放式网络课程等。

由于技术的飞速发展，职业培训已经成为终身学习的主要方式。因此，通过与工会和雇主协会建立联系，为数字化培训创造优越的条件。要特别关注中小型企业，使其能够长期、可持续地为员工提供职业培训；同时也要扩展培训的功能，使所有人都能根据个人的条件在线接受培训，并对数字化信息和在线课程的质量进行评估。

2018 年 6 月 9 日七国集团峰会结束，德国、加拿大、日本、法国、英国和意大利在峰会结束时就最终公报达成一致。该报告侧重于促进经济增长，性别平等和妇女权利，清洁能源和海洋保护。美国并不认同这份公报，并认为此次峰会不会影响美国的贸易立场。

4.7　日本制造业发展策略

日本制造业发展政策解读主要来自于日本首相的《汉诺威宣言》、2017/2018 年的施政方针等。日本制造业发展策略主要包括以下几个方面：

1. 重视机器人领域的发展

日本沿袭自身的产业特点，着重发展机器人领域。日本首相认为装载人工智能的设备或机器人，可以解决健康、能源供给、制造业变革等问题，并且希望机器人可以进一步解决日本的其他方面的问题。

2. 大力发展联合创新

日本首相认为，太多事情是无法仅靠一种机器、一家公司的技术，或是一个国家能够解决的。综合机器与机器、系统与系统，继而再与其他系统进行关联，还有几代人与这一切之间的关系，会更好地解决问题。当然，还有国家、企业、各类组织、群体等。日本首相希望今后，各国政府、商界、学界将会在相关设计领域展开智慧竞争。联合创新将促进制造业发展，提高创新效率。

3. 增加信息化技术教育

日本首相认为：用系统化思维来解决复杂问题的时代，物与物、人与人都密切相关的时代，需要新的记述方式、新的模式书写方式以及统一的规格。日本将与其他国家（如德国）共同开发教育方式，并统一教育模式，以便于联合创新。

4. 推进中小企业的信息化

由于劳动力短缺，2018 年日本决定推动支持中小企业使用信息化技术。通过"制造业补助金、持续化补助金"进行扶持。

4.8　本章小结

本章主要综述了世界银行、经贸组织、美国、德国、日本的相关报告，其主要结论为：

（1）全球经济正在回暖，各大机构对全球经济的发展预期几乎是相同的，但是，也存在经济复苏缓慢的可能性。

（2）制造业技术的发展，使得产业分工、生产方式发生变革。中小企业在全球价值链中的分工，可能会随智能化、3D 打印技术、机器人等技术的发展而发生变化。各级政府应该警惕失业风险，同时加强技术引进、教育等措施的实施。

（3）美国的先进制造技术持续发展，德国数字技术正在推进，日本继续发展机器人技术。发达国家正在全面推进先进制造、数字制造、智能制造等技术的发展。

参 考 文 献

降临翻译组. [2017-5-4]. 特朗普首次国情咨文全翻译. http://www.artsbj.com/show-17-539408-1.html.

日本国首相官邸. [2017-6-4]. 第 193 届国会安倍内阁总理大臣施政方针演说. http://www.kantei.go.jp/cn/97_abe/statement/201701/1221216_11514.html.

日本国首相官邸. [2017-3-19]. 安倍总理在德国汉诺威消费电子、信息及通信博览会(CeBIT)欢迎晚会上的致辞. http://www.kantei.go.jp/cn/97_abe/statement/201703/1221777_11518.html.

世界银行. [2017-6-4]. 2016 年度报告. http://worldbank.org/annualreport.

中国科协创新战略研究院编译. [2017-6-4]. 德国数字化战略 2025. http://www.cast.org.cn/n17040442/n17179927/n17179942/17464748. html

OECD. [2017-6-5]. The Next Production Revolution Implications for Governments and Business. http://www.oecd-ilibrary.org/science-and-technology/the-next-production-revolution_9789264271036- en.

The White House. [2017-6-3]. FACT SHEET: New Progress in a Resurgent American Manufacturing Sector[C].https://obamawhitehouse.archives.gov/the-press-office/2016/10/06/fact-sheet-new-progress-resurgent-american-manufacturing-sector

The World Bank. [2018-6-14]. Global Economic Prospects the turning of the tide. http://www.worldbank.org/en/publication/global-economic-prospects

撰稿人：张丽杰 李健旋

审稿人：刘军

第5章

外文学术研究动态解析

5.1 引　　言

本章首先遴选出 2017 年发表的与制造业密切相关、引用量大且被 SCI 或 SSCI 检索的外文期刊论文，共 123 篇。2017 年国外制造业学术研究涉及的范围较广，大体上包括宏观、区域、产业及企业等几个方面。考虑到当今智能制造这一热点议题，加入制造业智能化研究，拟从上述五个维度对外文制造业文献展开评述。

5.2 制造业发展宏观视角研究

制造业发展宏观视角研究主要着力于制造业如何影响经济增长、全球经济一体化与制造业发展的相关性这两个方面，本节从这两个角度对相关制造业文献展开评述。

5.2.1 制造业如何影响经济增长

在新一轮经济全球化的背景下，不少学者探讨了制造业与国家宏观经济增长的关系，如何看待制造业对宏观经济发展的影响仍是学术界讨论的热点议题。一个观点认为，全球化时代下制造业的重组给南方国家的发展带来了新的机遇；但反向观点指出，随着竞争压力的增加和进入壁垒的下降，制造业就业对欠发达国家经济增长的重要性在这一时期下降（Pandian，2017）。就细分国家而言，相当一部分学者关注于非洲国家制造业与宏观经济的关系。Tsoku 等（2017）利用 2001～2014 年间的季度数据，考察了南非制造业增长对经济增长的影响，结果表明制造业增长与经济增长之间存在单向因果关系，证实了卡尔多的第一定律在南非经济中是适用的。以 1982～2013 年期间尼日利亚制造业的面板数据为基础，Chukwuedo 等（2017）的分析结论认为，制造业产出是经济增长的主要决定因素，制造业部门越来越成为经济增长的引擎和驱动力。Abdoul（2017）通过选取 1995～2014 年间 53 个非洲国家制造的面板数据，使用系统 GMM 技术，分析了非洲制造业发展的驱动因素，结果揭示了制造业的生产份额与人均 GDP 之间存在 U 型关系且汇率贬值刺激非洲制造业的发展。因此，对于非洲等发展中国家来说，制定政策推进制造业份额增长并重视汇率政策显得尤为重要。Pham（2017）则将研究对象转移至美国，通过调查 2000～2008 年间美国 IP 密集型制造业的工资、出口及产品附加值等发现，IP 密集型制造业与美国经济的增长高度相关。

部分文献研究并未具体针对某一区域或国家，而是将研究对象分为发达国家与发展中国家两类，对比制造业与经济增长之间的动态关系。例如 Pandian（2017）采用 1970～2010 年间发达国家和欠发达国家的制造业数据，使用差分模型研究制造业就业规模对经济增长的影响。依据其分析结论，制造业就业对所有国家的经济增长都有很强的正向影响，然而对于发展中国家来说，制造业就业份额对经济增长的重要性在研究时间段内有所下降。少数文献考虑了模型的内生性，应用 GMM 模型、对数平均指数等考量了经济发展不同阶段的国家制造业与经济增长的关系（Cantore et al.,2017）。

制造业对经济增长的影响在某些情况下可能并不像以上文献所强调的较为显著。例如，近年来一些学者质疑，非洲和拉丁美洲的制造业重要性正逐渐减弱，制造业能否继续成为增长引擎值得商榷（Blad et al., 2017; Addo, 2017）。Haraguchi 等（2017）从发展中国家的行业发展质量（制造业作为增长动力的角色）和数量（制造业增加值和就业份额占 GDP 的比重和总就业的相对份额）来分析制造业的重要性是否发生改变，结果显示自 1970 年以来，制造业的增加值和就业份额对 GDP 贡献都没有显著变化。此外，个别观点认为如果制造业的增长不能够促进结构性转变，那么它将不会对经济增长产生影响（Cantore et al., 2017）。

5.2.2　全球经济一体化与制造业发展的相关性

2017 年全球经济一体化对于制造业影响方面的研究文献主要列举了融入全球价值链对各国制造业国际分工地位的影响、贸易自由化是否促进各个国家制造业出口以及国际竞争力等研究主题。例如 Beverelli 等（2017）分析在全球化背景下服务贸易限制对处于不同经济发展阶段的国家的制造业生产率的影响，研究显示减少服务贸易限制对将服务作为生产中间投入的制造业部门产生了积极影响。类似地，Ocampo 等（2017）利用相关分析和结构方程模型来分析全球化背景下，先进制造工具对拉丁美洲中部 Maquiladoras 地区服装制造业竞争力的影响。研究表明全球化促进了劳动密集型、出口导向型装配业的发展。在全球制造业竞争激烈的背景之下，测度各国制造业全球价值链分工的参与程度和分工地位，进而剖析融入全球价值链对不同制造业国际分工地位的影响显得很有必要。Garbie（2017）探讨了制造企业在可持续性及可持续发展领域面临的竞争问题，认为全球化和国际竞争战略已经成为影响制造业最主要和关键的驱动因素。

5.3　制造业发展区域视角研究

本节从制造业集聚影响因素与集聚特征、国际贸易如何影响区域制造业、区域/国家的制造业复兴计划和如何融入全球价值链或突破低端锁定这四个角度对相关制造业文献展开评述。

5.3.1　制造业集聚影响因素与集聚特征

制造业集聚一直是关注的主题之一。依据 2012 年土耳其 81 个 NUTS III 级地区（省）的制造业数据，Gezici 等（2017）构建了计量检验模型遴选影响制造业集聚的关键因素。实证结果揭示：全国技术水平不同，导致了土耳其东、西部各省区的制造业集聚差异。不同于 Gezici 等的研究，Casanova 等（2017）将研究对象转移至地理位置上属于欧洲的西班牙，基于距离函数的方法，挖掘西班牙制造业的区位选择模式特征。Casanova 等认为，部门范围对各部门活动的同质性程度非常敏感；一个特定部门的活动越均匀，其行业之间的空间位置模式越相似。产业集聚意味着区位选择或转换。一些学者发现，在过去二十年中，制造业从发达国家向相对落后的新兴经济体发展，这些活动在各国的集中度一直受到研究者的关注（Liu et al., 2017a；Liu et al., 2017b）。另一方面，不仅地理上的转移，而且结构性的转变也越来越成为 21 世纪的一个重要现象（Li and Lin, 2017）。

5.3.2　国际贸易如何影响区域制造业

国际贸易与制造业关系一直是近年来制造业文献研究的热点之一，2017 年国外学者主要关注贸易自由化与制造业生产率之间的关系问题（Khayyat，2017），对此本节从南亚、欧洲及非洲三个地区分区域剖析贸易自由化的影响。

以印度为代表的南亚地区，在 2004～2009 年期间处于进出口政策执行的最新阶段，该阶段不同类型的制造业在贸易自由化之后反应也有所差异。基于印度经济监测中心（CSME）数据库的企业平衡面板数据，Mukherjee 和 Chanda（2017）考量了进出口政策对制造业生产率的影响，发现前者对非食品和非农业企业的生产率和盈利能力的作用是正向的，其原因在于这些公司可能经历了显著的贸易自由化；食品制造业仍然受到相对保护，表现出停滞不前和疲弱。国际贸易主要受益者为大企业，中小企业需要通过优化企业生产结构来从国际贸易中受益。作为世界主要经济体之一的欧盟，其制造业发展很大程度上依赖于国际贸易。在后全球危机时期，面对日益增长的新兴市场和相对较弱的欧洲产品需求市场挑战，欧盟共同的商业政策发生了根本性的变化，从本质上的技术官僚化和缺乏透明度转变为向世界更开放（Gustyn，2017）。贸易开放是技术扩散和技术变革的重要因素，并可能改变资源的重新配置，使得资源从低效率部门流向更有效部门，进而有助于提高制造业全要素生产率。以非洲突尼斯为例，在经历经济开放、与欧洲建立自由贸易区之后，突尼斯制造业全要素生产率已呈现积极逆转趋势（Naanaa and Zucchella, 2017）。

此外，个别学者如 Verico（2017）虽然同样剖析国际贸易与制造业关系，但并未涉及生产率问题，而是采用 1988～2008 年间东盟自由贸易区制造业面板数据，研究 AFTA 对区域内贸易（贸易创造）和 FDI 流入（投资创造）的影响。

5.3.3　区域/国家的制造业复兴计划

依据 Ling（2017）的观点，经过多年的发展，中国已经建立起门类齐全、独立完整的制造业体系，制造业规模也已跃居世界第一。然而，随着信息技术、新材料、新能源等领域的革命性突破与交叉融合，在新一轮全球产业转移和变革的同时，传统的世界制造业发展格局也逐渐被打破。特别在 2008 年国际金融危机之后，发达国家开始重新认识到制造业对一国国民经济的重要性，相继提出"工业 4.0 战略"、"制造业复兴计划"、"未来工厂计划"等加快高端制造业发展的国家战略，促使全球中高端产业（或制造环节）向国内回流（Xia，2017）。美国更是相继公布了《重振美国制造业框架》、《制造业促进法案》、《先进制造业国家战略计划》等方案来重振本国制造业，以期通过实现国内经济结构转变来解决当前美国面临的经济困境，同时保持在世界经济和技术上的超强领导能力。李克强总理在 2015 年的《政府工作报告》中提出"中国制造 2025"概念和建设"制造强国"的宏伟目标，即通过加快推动新一代信息技术与制造技术融合发展，利用"互联网+制造业"推动中国由制造大国向制造强国转变。

5.3.4 如何融入全球价值链或突破低端锁定

全球价值链分工也逐渐取代传统分工模式成为世界主流分工模式（Strange and Zucchella，2017）。生产的地域分散化带动了中间品贸易的兴起（尤其在制造业领域），促使生产方式从"一国制造"向"世界制造"转变，而贸易方式则从"货物贸易"转为"任务贸易"（Group and Ide-Jetro，2017）。在全球制造业竞争激烈的背景之下，测度各国制造业全球价值链分工的参与程度和分工地位，进而剖析融入全球价值链对各国不同制造业国际分工地位的影响显得很有必要（Hirano，2017；Mathur et al.，2017）。

在全球价值链分工体系下，产品或服务的生产更加依赖于参与国之间的分工协作，一国只承担价值链上的某些环节生产相关产品或服务，并以中间品的形式出口到其他国家，如此循环直至最终消费品的形成。显然，全球价值链的分工可能对制造业国际竞争力产生影响（Yang et al.，2017；He et al.，2017）。以美国等发达国家为例，美国的 GVC 分工地位比发展中国家高，而且综合比较中美制造业在全球价值链中的分工地位不难发现，两国制造业之间仍存在着不小的差距（Thomas and Kandaswamy，2017）。与此同时，东南亚、南亚乃至部分非洲发展中国家凭借更加廉价的要素成本优势，积极承接劳动密集型产业和低附加值环节的转移，抢占制造业中低端市场（Ford et al.，2017；Oh，2017；Mukhopadhyay and Chakraborty, 2017）。陷入全球价值链"低端锁定"风险的中国制造，正面临来自发达国家高端技术和发展中国家低成本竞争的双面夹击，在此背景下，中国提出"中国制造 2025"计划尤为重要。

除了以上四个方面，一些区域制造业研究文献还揭示了俄罗斯产能利用率特征（Salnikov et al.，2017）。

5.4 制造业发展产业视角研究

本节将制造业简单分为传统制造产业与新兴制造产业两类，其中传统制造产业包括食品制造业、纺织品和服装行业、木材加工行业、造纸业以及化学原料制造业，新兴制造产业则以通信设备制造业为代表，从产业视角对制造业文献进行评述。

国际贸易与直接投资是推进区域经济发展的两种重要方式。针对日本食品制造业的研究显示，直接投资具有横向直接投资（单向贸易）的特点，通过东亚产业内贸易来促进国际分工的效果微不足道；较之于日本，中国的食品制造业正在快速增长，其与东亚国家的产业内贸易得到较快发展（Furuzawa and Kiminami，2017）。Abu 等（2017）通过对马来西亚 171 个食品和饮料制造企业调查分析，发现这一行业中的中小企业更专注于渐进式的产品创新，而不是激进的产品创新；进一步地，食品制造行业正朝着国际专业化方向发展，越来越多的国家注重产品创新。服装制造业是部分发展中国家的重要传统产业之一，但是随着贸易自由化的深入发展，传统的贸易壁垒随之弱化，发展中国家服装制造出口受到了发达国家绿色贸易壁垒的制约。大多数发展中国家主要在服装制造链中未经加工的产品生产以及原材料初级制造的生产链中进行竞争，而在制成品消费方面并没有竞争优势（Hamid and Aslam，2017）。同样地针对服装制造业，Chan 等（2017）

从微观视角探讨服装制造产业的战略和制造灵活性对供应链敏捷性影响问题，发现供应链敏捷性和灵活性可以增强公司绩效。作为木材的供应大国，美国、加拿大的木材、纸浆制造业受到学者的关注。Henderson（2017）采用 IMPLAN 软件和 2012 年数据评估美国南部各州的木材产业的木材纤维供应情况和发展潜力。Hussain 和 Bernard（2017）考察了 1971~2005 年间美国和加拿大 8 个地区纸浆造纸工业生产率收敛的情况。计算结果揭示，加拿大与美国纸浆和纸制品交易水平较高，导致加拿大与美国 8 大地区纸浆和造纸工业的生产率趋同的期望值高。在纸浆和造纸工业绩效增长方面，加拿大相对于美国同行的优势明显。在化学产品制造方面，Dmitrieva 等（2017）利用安索夫环境湍流矩阵分析了化肥产业的行业环境特征，评价了化学制品行业的管理对策。研究结果表明矿产资产研究和事件分析是确定矿产化肥行业应对动荡环境的战略对策的关键要素。Morrone（2017）通过构建 2013 年的投入产出（I-O）矩阵，分析经受打击后仍有能力在经济衰退中拉动经济走出衰退的行业，发现石油精炼和焦炭、树脂制造和各种化学产品制造业等对拉动经济复苏具有重要作用。显然，Dmitrieva 等与 Morrone 均强调了化学制品行业在应对或改变外部生存环境中的重要作用。

较之于传统行业，对通信制造业的研究主要集中于该行业的工业效率、通信技术对技术效率的影响（Honjo et al.，2017；Kozo，2017；Federico and Martin，2017）。如 Karen（2017）用数据包络分析（DEA）模型分析智利几个地区工业效率问题，计算证明了通信设备、轻金属和服装的工业部门的工业效率水平最高；食品和饮料、纺织品和非金属矿物的工业部门效率比较低。Papaioannou 和 Dimelis（2017）采用 1995~2007 年期间欧盟和美国行业的面板数据集，进行产业层面的随机前沿分析，结果发现通信技术在降低技术制造业的技术效率方面有着显著的作用。

5.5 制造业发展企业视角研究

如何提高制造企业的生产率一直是近些年制造业研究的重要议题。以往很多文献从产业层面视角分析全要素生产率（TFP），而近期从微观层面研究全要素生产率的文献呈现增长态势，如 Kawai 和 Bawa（2017）、Goldar et al.（2017）等。通过对制造业生产率水平的测度及影响因素分析，可以深入了解企业技术进步、技术效率情况以及影响生产率变动的因素（Otsuka，2017；Woods，2017）。生产率是决定企业短期经营与长期发展最为重要的因素，在短期中，高生产率可降低企业生产成本，提高企业利润；在长期中，高生产率可以带动企业竞争能力的提升，因此生产率对企业的进一步发展来说极重要（Álvarez and González，2017）。Edquist 和 Henrekson（2017）对瑞典制造业企业全要素生产率增长进行测算并分析 R&D 与 ICT 对全要素生产率的影响。Otsuka（2017）对日本制造业生产效率进行研究，发现社会资本的增加对提高制造业生产效率有重要影响，针对东欧国家制造企业的实证分析验证了这一点（Skorupinska and Torrent-Sellens，2017）。

在经济全球化迅速发展的时代，国际贸易可能对制造业产生较大的影响，出口决策受到了制造企业的高度重视。Hayakawa 和 Matsuura（2017）使用 1993~2005 年的印度尼西亚制造业数据，评估了贸易自由化对工厂生产率、产出和退出概率的影响，并认为通过降低关税可以促进企业生产率的提高。Marks（2017）研究发现 1974~2000 年期间贸易自由化在改善澳大利亚制造业的出口导向方面发挥了关键作用。纺织、服装和鞋类以及机械和设备行业（机动车辆行业部门）等受特定援助措施影响的行业出口导向绩效较优；信息技术产业在贸易自由化的影响下可以缓解巨大的贸易逆差。Furuta 等（2017）探讨了 2000~2007 期间印度制造业在贸易自由化对性别工资差距的影响，发现贸易自由化对扩大劳动密集型而不是资本密集型产业的性别工资差距有显著作用。Liang 和 Fan（2017）采用索恩模型测算了中国制造业的全要素生产率，其结论具有一定的创新性，即出口到发达国家阻碍了企业全要素生产率的提高；出口贸易对发展中国家制造业企业生产率的影响并不显著。

　　制造企业的技术创新是提升其竞争力的关键，文献研究主要集中于两个方面：制造业技术创新与生产效率的关系，以及贸易对企业技术创新的影响，其中后者为较多学者所重视（Lopez-Rodriguez and Martinez-Lopez，2017）。Grazzi 等（2017）通过对印度制造业与出口关系的研究，发现创新（特别是 R&D）促进了企业出口的可能性和出口量。通过分析 1970~2012 年间突尼斯五个制造业的技术溢出及传导渠道，Naanaa 和 Sellaouti（2017）发现企业创新与技术变革在提高企业生产效率中发挥重要作用，能够促进出口增加。技术创新是否显著作用于制造业出口可能还取决于技术创新类型，这一观点得到 Rialp-Criado 和 Komochkova（2017）与 Guarascio 等（2017）研究的支持。企业的出口行为拉近了国外先进知识的获得途径，反过来也会推动企业创新和生产率的提高。Yang（2017）主要探讨了出口异质性带来的潜在企业创新效应。通过构建出口类型、出口目的地、出口品种以及出口企业的质量四个方面的异质性指标，并基于 2005~2007 年间中国制造企业的产品数据，Yang 发现出口对 R&D 和新产品销售有正面影响。采用 1990~2001 年间 1248 个葡萄牙制造企业面板数据，Oliveira 和 Fortunato（2017）考量了 R&D 活动以及 R&D 投资对企业成长的影响。结果表明研发强度与研发投资对公司增长率没有影响，但是实物投资对企业成长有正向作用；较之于大公司，小公司实物资本投资的作用更显著。此外，在决定公司成长时，随机因素比系统性因素更重要。

　　大量的文献围绕制造业环境污染与环境规制问题展开，这是因为：制造企业进行生产时会产生负的外部性，由生产所带来的环境污染问题亟待解决（Brunel，2017）。由此 Lübbert 等（2017）分析了印度南部的大宗药物制造业对水资源污染的影响；Chatzistamoulou 等（2017）利用希腊制造业数据剖析 1993~2006 年期间制造业污染治理成本问题；Fu 等（2017）探究了 1998~2007 年期间全国范围内的空气污染对中国制造企业短期劳动生产率的影响，研究揭示了空气污染对劳动生产率的影响仅限于特定职业或企业的小部分工人。环境污染问题会制约制造业的发展。然而实行环境规制对制造业会产生哪些影响呢？有些学者认为严格的环境监管具有显著的绿色技术效应：基于微观层面，政策的严格性对于企业是否参与环境研发的决策具有显著影响（Tang et al.，2017；Wallace et al.，2017）。Cao 等（2017）基于 2005~2015 年 28 个制造业行业面板数据，利用面板门槛技术计算了三种环境规制对制造业技术进步变化的影响率，得出结论：废气、废水和固体废物环境调控强度变化率对生产技术进步变化率的影响存在两个

阈值；只有适当的环境规制变化率才能导致生产技术进步的理想变化率。Yu 等（2017a）
采用 121 家英国制造业公司的财务数据研究了环境规制、环境创新战略与制造业企业绩
效的关系，发现环境创新可以充分调节环境规制与环境绩效关系；调节部分利益相关者
的压力与环境绩效关系，为管理者制定环境创新战略提供了有价值的理论指导。环境法
规的制定是环境规制的表征之一。有研究显示，环境法规可能会在短期内对贸易、就业、
工厂选址和生产率产生统计上显著的不利影响，特别是在污染和能源密集型企业；但却
可能诱导清洁技术的创新（Dechezleprêtre，2017）。

　　环境规制不仅影响技术创新，也可能会推动产业结构的升级。Yuan 等（2017）利用
2003～2013 年期间中国制造业 28 个子行业的面板数据来分析环境规制是否能促进中国
制造业经济与环境的协调发展，研究认为，在环境约束水平合理的情况下，环境规制可以
提高制造业技术创新，促进产业升级。Albrizio 等（2017）指出环境规制会激发企业的创新
技术，对制造业的产业结构产生影响。Costantini 等（2017）的研究显示，环境规制可以通
过作用于绿色全要素生产率而影响制造业企业发展方式的转变,有助于推动制造业经济生态
化发展。Li（2017a）认为当二氧化碳排放被忽略时，制造业的结构变化对能量调节的 TFP
产生负面影响。Li 和 Wu（2017）指出就环境规制而言，它对促进绿色全要素生产率具有积
极的直接和间接作用。然而进一步研究发现，环境规制抑制了企业原有的技术创新。

　　制造业发展企业视角研究的相关内容汇总如表 5.1 所示。

表 5.1　制造业发展企业视角研究

研究方向	研究学者	研究方法	研究国别	研究侧重点	主要观点
企业全要素生产率测算	Goldar 等（2017）	生产率增长模型	印度	TFP 测量及影响因素	资本深化是印度制造企业经济增长的主导因素
	Otsuka（2017）	随机前沿分析	日本	TFP 测量及影响因素	资本有助于全要素生产率的增长
	Woods（2017）	Cobb-Douglas 模型	美国	技术进步对 TFP 影响	技术变化对生产影响较大
	Álvarez 和 González（2017）	布恩指数	智利	计算 TFP 及竞争对 TFP 影响	竞争不能显著地缩小生产率差距
	Edquist 和 Henrekson（2017）	Cobb-Douglas 模型	瑞典	测算 TFP 以及 R&D 与 ICT 对 TFP 影响	R&D 与同期 TFP 显著相关；ICT 与 TFP 呈正相关关系
制造业企业与出口关系	Hayakawa 和 Matsuura（2017）	动态模拟方法	印度尼西亚	贸易自由化对生产率影响	降低关税促进企业生产率的提高
	Marks（2017）	回归分析	澳大利亚	贸易自由化对企业影响	贸易自由化改善制造业的出口导向
	Furuta 等（2017）	比较研究	印度	出口对性别工资差距的影响	贸易自由化扩大劳动密集型的性别工资差距
	Liang 和 Fan（2017）	索恩模型	中国	出口对 TFP 的影响	出口到发达国家阻碍 TFP 的提高

续表

研究方向	研究学者	研究方法	研究国别	研究侧重点	主要观点
制造业企业创新	Lopez-Rodriguez 和 Martinez-Lopez（2017）	Cobb-Douglas 模型	欧盟 26 国	R&D 和非 R&D 对 TFP 影响的差异	R&D 对 TFP 增长的影响是非研发的两倍
	Grazzi 等（2017）	面板数据回归	印度	创新对制造业影响	创新对促进企业出口的可能性和出口量
	Naanaa 和 Sellaouti（2017）	Cobb-Douglas 模型	突尼斯	技术溢出及其传导渠道	创新及研究技术变革提高了生产效率
	Rialp-Criado 和 Komochkova（2017）	回归模型	中国	技术创新对中国中小企业出口影响	技术创新投入对中小企业出口有积极影响
	Yang（2017）	面板数据回归	中国	出口异质性对企业创新影响	出口对 R&D 和新产品销售有正面影响
制造业企业与环境污染	Brunel（2017）	参考 Levinson 构建模型	欧盟	生产和进口的污染强度	污染离岸效应不存在
	Chatzistamoulou 等（2017）	Malmquist 生产率指数	希腊	制造业污染减排成本	环境规制提高生产率
	Fu 等（2017）	OLS 回归模型	中国	空气污染对短期劳动生产率影响	污染制约制造业的发展
	Tang 等（2017）	SBM-DEA 模型	中国	环境规制对全要素生产率影响	环境规制效率无效的省份减少
	Yuan 等（2017）	面板回归模型	中国	环境规制对技术创新影响	环境规制可以提高技术创新
	Albrizio 等（2017）	面板回归模型	OECD 国家	环境规制对技术创新影响	环境规制激发企业的创新技术，对制造业的产业结构产生影响
	Costantini 等（2017）	回归分析	欧盟 27 国	环境规制对绿色要素生产率影响	环境规制可以提高绿色要素生产率
	Li（2017a）	超效率 DEA 模型	中国	CO_2 排放对企业结构转型影响	企业结构升级可以降低 CO_2 排放

5.6　制造业发展智能化视角研究

制造业在生产过程中采用先进的通信技术、云计算技术、电子设备等有助于提升产业的竞争力，制造业的智能化不但是产业新型化的重要表征，也是德国"工业 4.0"与"中国制造 2025"核心议题之一（Liu et al.，2017c），相关研究主要涉及的内容包括：智能化的范畴、制造业智能化的关键技术、制造业智能化在典型国家或地区的实践等。

智能制造是一个含义广泛的概念，其目的是通过充分利用先进的信息和制造技术来优化生产和产品交易（Ling，2017；Pacaux-Lemoine，2017；Zhang and Wei，2017）。Lu（2017）指出智能制造是一种新型制造模式，可以极大地提升典型产品整个生命周期的设计、生产、管理和整合能力，并能使生产效率、产品质量和服务水平得到提高（Jardim et al.，2017）。

从目前的学者观点来看，制造业智能化至少涵盖了如下几个方面。

1. 智能制造研究

智能制造系统通过互联网使用面向服务的体系结构（service oriented architecture，SOA），为最终用户提供协作可定制、灵活和可重新配置的服务，从而实现高度集成的智能制造系统（intelligent manufacturing system，IMS）（Farid，2017；Kerezovic and Sziebig，2017）。人工智能（artificial intelligence，AI）在智能制造系统（IMS）中起着至关重要的作用。通过使用 AI 技术，可以最大限度地减少人工参与 IMS（Koren et al.，2017）。Koren 等（2017）研究发现某些制造业可以通过智能制造完成一个周期的生产活动，并且生产过程和生产操作可以实时监控和控制。Cardin 等（2017）认为随着各国制造业智能化的发展，自主传感、智能互联、智能学习分析和智能决策将最终实现。

2. 支持物联网制造研究

支持物联网（Internet of things，IoT）制造是指一种先进的原则，在这种原则中，典型的生产资源被转换为智能制造对象（smart manufacturing objects，SMO），能够彼此感知、互连和相互作用，以自动和自适应地执行制造逻辑（Lin et al.，2017）。与 Lin 等的观点类似，Bai（2017）指出在支持物联网的制造环境中，人与人、人与机器以及机器与机器之间的连接实现了智能感知。因此，通过在制造中应用物联网技术，可以实现按需使用和资源共享。IoT 被认为是"工业 4.0"下的现代制造概念，并采用了数据采集和共享的尖端信息通信技术（information and communication technology，ICT），极大地影响了制造系统的性能（Randhawa and Sethi，2017）。ICT 技术的作用被 Hwang 和 Shin（2017）的研究结论所支持，其采用增长核算方法检验 ICT 对韩国过去经济增长的贡献，并通过政策模拟验证了 ICT 在经济增长中的重要作用。

3. 云制造研究

云制造是指在云计算、物联网、虚拟化和面向服务技术支持下的先进制造模式，它将制造资源转化为可以全面共享和流通的服务（Ren et al.，2017）。Adamson 等（2017）认为，云制造涵盖了产品的设计、模拟、制造、测试和维护的整个生命周期，因此通常被视为网络化和智能化的制造系统。Lu（2017）指出云制造正在成为一种新的制造模式和集成技术，有望在当今制造业向面向服务、高度协作和创新的制造业转变过程中发挥重要作用。

制造业智能化涉及的关键技术得到学术界的广泛关注。Zhong 等（2017a）认为智能制造关键技术包括物联网（IoT）、网络物理系统（cyber physical systems，CPS）和信息通信技术（ICT）等。其中，物联网（IoT）是指一个网络内的世界，其中各种对象嵌入电子传感器、执行器或其他数字设备，以便它们可以联网和连接，以便收集和交换数据（Badarinath and Prabhu，2017）。一般来说，物联网能够提供物理对象、系统和服务的高级连接，从而实现对象与对象的通信和数据共享（Wollschlaege et al.，2017；Trappey et al.，2017）。Lade 等（2017）认为在各个行业中，IoT 可以实现照明、加热、机械加工和远程监控的控制和自动化。IoT 现在被设想为更广泛的前沿技术，无处不在的无线标准、数据分析和机器学习（Ting et al.，2017），这意味着大量的传统领域将受到物联网技术的影响，因为它被嵌入到我们日常生活的各个方面。

网络物理系统（CPS）是物理对象和软件紧密交织在一起的一种机制，它能够使不同的组件以多种方式相互交换信息（Carolis et al.，2017；Yao et al.，2017）。CPS 应用程序的异构性和复杂性会给开发和设计高可信度、安全、可认证的系统和控制方法带来若干挑战（Wu et al.，2017a），因此 Xia（2017）认为对未来 CPS 实行 PHM 方法管理（故障预测与健康管理）必不可少，而未来的工作需要将这种层次化的 PHM 框架扩展到其他新兴的制造模式，如可持续制造、绿色生产和云制造。

信息通信技术（ICT）是信息技术的扩展，突出了通信和电信一体化，以及能够存储、传输和操纵数据或信息的技术（Li et al.，2017）。鉴于 ICT 可以快速响应动态市场，因此对于中小企业来说，信息通信技术已被证明对竞争力至关重要（Benzi et al.，2017）。Szász 等（2017）研究表明 ICT 在制造业跨国公司内部实现了网络内的知识转移。Kılıçaslan 等（2017）通过分析 2003～2012 年期间土耳其的制造业数据，采用数据包络分析的研究方法，探讨了信息和通信技术（ICT）对制造业劳动生产率增长的影响。实证分析结果显示，投资 ICT 可通过提高劳动生产率增加企业生产率。Rasel 等（2017）由 2009 年德国制造业和服务企业数据，分析了 ICT 与企业全球投入来源概率的相关性。结果显示，电子商务密集型企业更有可能从国外获取投入，调查结果支持互联网对全球贸易重要性的论点。

现阶段制造业智能化在很多国家得到实现。德国于 2013 年推出"工业 4.0 计划"，其含义为第四次工业革命，而智能机器和产品所占据的制造业创造了能够自主互相通信的智能系统和网络（Ling，2017）。同样针对德国制造业的智能化，Wu 等（2017b）选择西门子公司作为实例研究对象，指出该公司的数字云服务平台可以提供安全通信，并进行生成数据的集成和分析，进而通过反馈来提高各种设施（例如燃气轮机和医疗系统）的监控和优化能力。欧洲的强国中，英国为应对"工业 4.0"，正以研发和技能为核心推出先进制造业供应链计划；法国将"未来幻想"和"机器人学"纳入 34 个再工业化计划；芬兰加大 R&D 投入并支持 ICT 和可持续制造（Kochan，2017）。D'Antonio 等（2017）通过对意大利制造企业的研究，发现使用产品生命周期管理（PLM）和制造执行系统（MES）管理的制造企业生产效率更高。Lalic 等（2017）指出智能工厂概念和计算机辅助技术的培训程度已经在很大程度上影响了塞尔维亚制造业在转型经济中的表现，并且发现超过 33% 的塞尔维亚制造企业使用智能制造的关键技术。

亚洲制造业智能化实践的典型国家是中、日、韩三国。继德国制定的"工业 4.0"之后，中国也提出"中国制造 2025"战略发展规划。在 Li（2017b）、 Yu 等（2017b）看来，这一战略的实施可以实现我国产业平稳减速转移和产业化。Gao 和 Song（2017）研究了智能制造关键技术的作用，验证了 ICT 技术可以积极促进制造业的全面发展，促使相关行业的生产要素、组织方式和业务模式发生转变，降低生产成本，提高生产效率。针对韩国的制造业智能化，Lee 等（2017）提出一个大数据分析平台的体系结构和系统模块，以推进智能工厂的实施，并将平台用于评价韩国的压铸公司。通过实证研究，明确了将大数据分析应用于中小型制造企业的困难和挑战。2015 年，日本开始实施与德国"工业 4.0"相对应的"工业价值链计划"（IVI），以便通过互联网连接企业，该计划涉及三菱电机、富士通、日产汽车和松下在内的 30 家日本制造企业。

　　智能制造在美国应用的重点主要集中在顶层 IT 方面，例如云计算，大数据和虚拟现实等（Zhong et al.，2017b）。Predix 是由 GE 开发的 IIoT 平台（即基于云的平台即服务平台），通过提供连接机器、数据和人员的标准方法，可以实现资产绩效管理和运营优化的工业规模分析（Mumtaz et al.，2017）。

　　制造业发展智能化视角研究结构如图 5.1 所示。

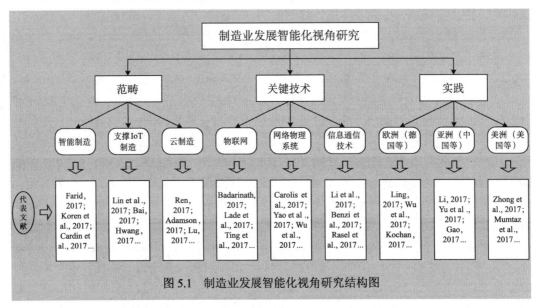

图 5.1　制造业发展智能化视角研究结构图

　　综合以上可知，2017 年尽管大量的外文文献针对制造业问题进行了有益的探索，但尚存在几点缺憾：首先，从文献的数量来看，制造业区域、企业、信息化研究较多，而制造业宏观、产业层面的研究相对匮乏。其次，从研究内容来看，2017 年文献研究未能给予现实中的热点问题如制造业能源效率、就业等足够重视。制造业智能化虽然是学术关切的问题之一，但相关文献侧重于从技术层面展开分析，对于智能化与就业、财务绩效、资源配置等关联性、智能化的传导机制等亟待进一步的探究。再者，从研究的国别来看，2017 年针对非洲国家的制造业研究明显增多，而对世界主要经济大国中的俄罗斯、巴西、韩国等制造业研究鲜有所见。最后，从研究方法来看，重计量检验、轻理论建模及案例研究是文献研究的典型特征。

5.7　本章小结

　　本章由制造业宏观、区域、产业、企业、智能化五个层面对 2017 年的外文文献展开评述，得到如下结论：

　　（1）发展制造业对经济增长的影响不确定，可能依赖于细分行业类别及一些前提条件；融入全球价值链对不同制造业国际分工地位的影响极为关键。

（2）技术水平是驱动区域（或国别）制造业集聚差异的因素之一；而产业空间集聚不仅表现为发达国家向发展中国家转移特征，也有结构性变化特征。

（3）贸易自由化对制造业产生了积极影响，具体表现在促进技术变革、改变资源配置、提高全要素生产率；企业层面上，贸易自由化还可能产生性别工资的差异。

（4）制造业复兴计划的制定目前仅局限于美、英等少数国家，提前布局对于中国制造业的振兴极为关键。

（5）制造产业的研究侧重于传统行业中的造纸、纺织、食品业，而新兴制造业研究则重点关注通信设备制造业。

（6）制造企业的技术创新产生的正向效应包括生产效率、出口等；环境规制可能诱导了制造企业的技术创新，不过两者的关系可能是非线性的。

（7）制造业智能化的研究多从技术层面展开，而对智能化与就业、财务绩效、资源配置等关联性、信息化的传导机制等亟待进一步的探究。

参 考 文 献

Abdoul G M. 2017. Drivers of Structural Transformation: The Case of the Manufacturing Sector in Africa. World Development, (99): 141-159.

Abu N H, Mansor M F, Ibrahim A, et al. 2017. Incremental or Radical Product Innovation: Overview of Food and Beverage Sector Small and Medium-Size Enterprises in Malaysia. Advanced Science Letters, 23(4): 2808-2811.

Adamson G, Wang L, Holm M, et al. 2017. Cloud manufacturing a critical review of recent development and future trends. International Journal of Computer Integrated Manufacturing, 30(4-5): 347-380.

Addo E O. 2017. The impact of manufacturing industries on Ghana's economy. International Journal, 6(2): 73-94.

Albrizio S, Kozluk T, Zipperer V. 2017. Environmental policies and productivity growth: Evidence across industries and firms. Journal of Environmental Economics and Management, 81: 209-226.

Álvarez R, González A. 2017. Competition, Selection, and Productivity Growth in the Chilean Manufacturing Industry. Working Papers.

Badarinath R, Prabhu V V. 2017. Advances in Internet of Things (IoT) in Manufacturing// IFIP International Conference on Advances in Production Management Systems. Cham: Springer, 111-118.

Bai Y. 2017. Industrial Internet of things over tactile Internet in the context of intelligent manufacturing. Cluster Computing, (4): 1-9.

Benzi A. 2017. ICT and International Manufacturing Strategy// International Manufacturing Strategy in a Time of Great Flux. Cham: Springer, 105-121.

Beverelli C, Fiorini M, Hoekman B. 2017. Services trade policy and manufacturing productivity: The role of institutions. Journal of International Economics, 104: 166-182.

Blad C, Oloruntoba S, Shefner J. 2017. Course corrections and failed rationales: how comparative advantage and debt are used to legitimise austerity in Africa and Latin America. Third World Quarterly, 38(4): 822-843.

Brunel C. 2017. Pollution offshoring and emission reductions in EU and US manufacturing. Environmental and Resource Economics, 68(3): 621-641.

Cantore N, Clara M, Lavopa A, et al. 2017. Manufacturing as an engine of growth: Which is the best fuel?. Structural Change & Economic Dynamics, 42: 56-66.

Cao Y H, You J X, Liu H C. 2017. Optimal Environmental Regulation Intensity of Manufacturing Technology Innovation in View of Pollution Heterogeneity. Sustainability, 9(7): 1240.

Cardin O, Ounnar F, Thomas A, et al. 2017. Future industrial systems: best practices of the intelligent manufacturing and services systems (IMS2) French Research Group. IEEE Transactions on Industrial Informatics, 13(2): 704-713.

Carolis A D, Tavola G, Taisch M. 2017. Gap Analysis on Research and Innovation for Cyber-Physical Systems in Manufacturing, 61-70.

Casanova M R, Orts V, Albert J M. 2017. Sectoral scope and colocalisation of Spanish manufacturing industries. Journal of Geographical Systems, 19(1): 65-92.

Chan A T L, Ngai E W T, Moon K K L. 2017. The effects of strategic and manufacturing flexibilities and supply chain agility on firm performance in the fashion industry. European Journal of Operational Research, 259(2).

Chatzistamoulou N, Diagourtas G, Kounetas K. 2017. Do pollution abatement expenditures lead to higher productivity growth? Evidence from Greek manufacturing industries. Environmental Economics and Policy Studies, 19(1): 15-34.

Chukwuedo S O, Ifere E O. 2017. Manufacturing Subsector and Economic Growth in Nigeria. British Journal of Economics, Management & Trade, 17(3): 1-9.

Costantini V, Crespi F, Marin G, et al. 2017. Eco-innovation, sustainable supply chains and environmental performance in European industries1. Journal of cleaner production, 155: 141-154.

D'Antonio G, Macheda L, Bedolla J S, et al. 2017. PLM-MES Integration to Support Industry 4.0// IFIP International Conference on Product Lifecycle Management. Cham: Springer, 129-137.

Dechezleprêtre A, Sato M. 2017. The impacts of environmental regulations on competitiveness. Review of Environmental Economics and Policy, 11(2): 183-206.

Dmitrieva D, Ilinova A, Kraslawski A. 2017. Strategic management of the potash industry in Russia. Resources Policy, 52: 81-89.

Edquist H, Henrekson M. 2017. Do R&D and ICT affect total factor productivity growth differently?. Telecommunications Policy, 41(2): 106-119.

Farid A M. 2017. Measures of reconfigurability and its key characteristics in intelligent manufacturing systems. Journal of Intelligent Manufacturing, 28(1): 1-17.

Federico Biagi, Martin Falk. 2017. The impact of ICT and e-commerce on employment in Europe. Journal of Policy Modeling, (39): 1-18.

Ford M, Gillan M, Ford M, et al. 2017. In search of a living wage in Southeast Asia. Employee Relations, 39(6): 903-914.

Fu S, Viard V B, Zhang P. 2017. Air Pollution and Manufacturing Firm Productivity: Nationwide Estimates for China. Social Science Electronic Publishing.

Furuta M, Bhattacharya P, Sato T. 2017. Effects of Trade Liberalization on the Gender Wage Gap: Evidences from Panel Data of the Indian Manufacturing Sector. Discussion Paper.

Furuzawa S, Kiminami L. 2017. Changes in the international specialization of food manufacturing industry in East Asia. Asia-Pacific Journal of Regional Science, (3): 1-20.

Gao Y, Song Y. 2017. Research on the interactive relationship between information communication technology and manufacturing industry. Cluster Computing, 1-11.

Garbie I H. 2017. Identifying challenges facing manufacturing enterprises toward implementing sustainability in newly industrialized countries. Journal of Manufacturing Technology Management, 28(7): 928-960.

Gezici F, Walsh B Y, Kacar S M. 2017. Regional and structural analysis of the manufacturing industry in Turkey. Annals of Regional Science, 59(1): 1-22.

Goldar B, Krishna K L, Aggarwal S C, et al. 2017. Productivity growth in India since the 1980s: the KLEMS approach. Indian Economic Review, (1): 1-35.

Grazzi M, Mathew N, Moschella D. 2017. Efficiency, innovation, and imported inputs: determinants of export performance among Indian manufacturing firms. LEM Working Paper Series.

Group W B, IDE-JETRO, OECD, et al. 2017. Global Value Chain Development Report 2017. World Bank Publications.

Guarascio D, Pianta M, Bogliacino F. 2017. Export, R&D and New Products: A Model and a Test on European Industries// Foundations of Economic Change. Cham: Springer, 393-432.

Gustyn J. 2017. The Common Commercial Policy and the Competitiveness of EU Industry// The New Industrial Policy of the European Union. Cham: Springer, 145-170.

Hamid M F S, Aslam M. 2017. Intra-regional Trade Effects of ASEAN Free Trade Area in the Textile and Clothing Industry. Journal of Economic Integration, 32(3): 660-688.

Haraguchi N, Cheng C F C, Smeets E. 2017. The Importance of Manufacturing in Economic Development: Has This Changed?. World Development, 93: 293-315.

Hayakawa K, Matsuura T. 2017. Trade Liberalization, Market Share Reallocation, and Aggregate Productivity: The Case of the Indonesian Manufacturing Industry. Developing Economies, 55(3): 230-249.

He C, Guo Q, Rigby D. 2017. What sustains larger firms? Evidence from Chinese manufacturing industries. The Annals of Regional Science, 58(2): 275-300.

Henderson J E. 2017. A regional assessment of wood resource sustainability and potential economic impact of the wood pellet market in the US South. Biomass and Bioenergy, (105): 421-427.

Hirano Y. 2017. Application of Normal Prices to Trade Analysis: National Self-Sufficiency and Factors of Competition// A New Construction of Ricardian Theory of International Values. Singapore: Springer, 175-188.

Honjo Y, Doi N, Kudo Y. 2017. The Turnover of Market Leaders in Growing and Declining Industries: Evidence from Japan. Journal of Industry Competition & Trade, 1-18.

Hussain J, Bernard J T. 2017. Regional productivity convergence: An analysis of the pulp and paper industries in US, Canada, Finland, and Sweden. Journal of Forest Economics, 28: 49-62.

Hwang W S, Shin J. 2017. ICT-specific technological change and economic growth in Korea. Telecommunications Policy, 41(4): 282-294.

Jardim-Goncalves R, Romero D, Grilo A. 2017. Factories of the future: challenges and leading innovations in intelligent manufacturing. International Journal of Computer Integrated Manufacturing, 30(1): 4-14.

Karen P. 2017. Energy and GHG emission efficiency in the Chilean manufacturing industry: Sectoral and regional analysis by DEA and Malmquist indexes. Energy Economics, (66): 290-302.

Kawai M. 2017. Decomposing Total Factor Productivity Growth in Manufacturing and Services. Social Science Electronic Publishing, 34(1): 88-115.

Kerezovic T, Sziebig G. 2017. A literature review on technologies in future small-scale intelligent manufacturing systems// IEEE/SICE International Symposium on System Integration. IEEE, 1053-1058.

Khayyat N T. 2017. Productivity Analysis of South Korean Industrial Sector// ICT Investment for Energy Use in the Industrial Sectors. Singapore: Springer, 115-146.

Kılıçaslan Y, Sickles R C, Kayış A A, et al. 2017. Impact of ICT on the productivity of the firm: evidence from Turkish manufacturing. Journal of Productivity Analysis, 47(3): 277-289.

Kochan D, Miksche R. 2017. Advanced manufacturing and Industrie 4.0 for SME// International Conference on Advanced Manufacturing Engineering and Technologies. Cham: Springer, 357-364.

Koren Y, Wang W, Gu X. 2017. Value creation through design for scalability of reconfigurable manufacturing systems. International Journal of Production Research, 55(5): 1227-1242.

Kozo K. 2017. ICT, offshoring, and the demand for part-time workers: The case of Japanese manufacturing. Journal of Asian Economics, (48): 75-86.

Lade P, Ghosh R, Srinivasan S. 2017. Manufacturing analytics and industrial internet of things. IEEE Intelligent Systems, 32(3): 74-79.

Lalic B, Majstorovic V, Marjanovic U, et al. 2017. The effect of industry 4.0 concepts and e-learning on manufacturing firm performance: evidence from transitional economy// IFIP International Conference on Advances in Production Management Systems. Cham: Springer, 298-305.

Lee J Y, Yoon J S, Kim B H. 2017. A big data analytics platform for smart factories in small and medium-sized manufacturing enterprises: An empirical case study of a die casting factory. International Journal of Precision Engineering and Manufacturing, 18(10): 1353-1361.

Li B, Wu S. 2017. Effects of local and civil environmental regulation on green total factor productivity in China: A spatial Durbin econometric analysis. Journal of Cleaner Production, 153: 342-353.

Li B H, Hou B C, Yu W T, et al. 2017. Applications of artificial intelligence in intelligent manufacturing: a review. Frontiers of Information Technology & Electronic Engineering, 18(1): 86-96.

Li J. 2017b. Analyzing "Made in China 2025" Under the Background of "Industry 4.0// Proceedings of the 23rd International Conference on Industrial Engineering and Engineering Management 2016. Paris: Atlantis Press, 169-171.

Li K, Lin B. 2017. Economic growth model, structural transformation, and green productivity in China. Applied Energy, 187: 489-500.

Li X. 2017a. Exploring the spatial heterogeneity of entrepreneurship in Chinese manufacturing industries. The Journal of Technology Transfer, 42(5): 1077-1099.

Liang Y Y, Fan Y Y. 2017. Analysis on the influence of export trade by geographical direction on TFP of producer services enterprises based on GMM model. Journal of Interdisciplinary Mathematics, 20(6-7): 1509-1514.

Lin B, Wang G, Chen Z. 2017. Intelligent manufacturing executing system of heat treatment based on internet of things. JinshuRechuli/heat Treatment of Metals, 42(3): 195-197.

Ling Li. 2017. China's manufacturing locus in 2025: With a comparison of "Made-in-China 2025" and "Industry 4.0". Technological Forecasting and Social Change.

Liu F, Tan C W, Lim E T K, et al. 2017c. Traversing knowledge networks: an algorithmic historiography of extant literature on the Internet of Things (IoT). Journal of Management Analytics, 4(1): 3-34.

Liu H, Li P, Yang D. 2017b. Export fluctuation and overcapacity in China's manufacturing industry—the inspection of the causes of excess capacity from the perspective of external demand. China Finance & Economic Review, 5(1): 11.

Liu J, Cheng Z, Zhong N. 2017a. Development of China's Manufacturing Sector: Industry Research// A Research Report on the Development of China's Manufacturing Sector (2016). Singapore: Springer.

Lopez-Rodriguez J, Martinez-Lopez D. 2017. Looking beyond the R&D effects on innovation: The contribution of non-R&D activities to total factor productivity growth in the EU. Structural Change and Economic Dynamics, 40: 37-45.

Lu Y, Xu X. 2017. A semantic web-based framework for service composition in a cloud manufacturing environment. Journal of Manufacturing Systems, 42: 69-81.

Lu Y. 2017. Industry 4.0: A Survey on Technologies, Applications and Open Research Issues. Journal of Industrial Information Integration, (6): 1-10.

Lübbert C, Baars C, Dayakar A, et al. 2017. Environmental pollution with antimicrobial agents from bulk drug manufacturing industries in Hyderabad, South India, is associated with dissemination of extended-spectrum beta-lactamase and carbapenemase-producing pathogens. Infection, 1-13.

Marks A. 2017. Trade liberalization and international performance of Australian manufacturing industries and ITs. Global Information Technology & Competitive Financial Alliances, 183-193.

Mathur S K, Arora R, Tripathi M. 2017. Goods Trade Liberalization Under Canada-India FTA and Its Impact: Partial and General Equilibrium Analysis// Theorizing International Trade. Singapore: Palgrave MacMillan, 269-303.

Morrone H. 2017. Which sectors to stimulate first in Brazil? Estimating the sectoral power to pull the economy out of the recession. Investigación Económica, 76(302): 55-75.

Mukherjee S, Chanda R. 2017. Differential effects of trade openness on Indian manufacturing firms. Economic Modelling, 61: 273-292.

Mukhopadhyay J, Chakraborty I. 2017. Competition and Industry Performance: A Panel VAR Analysis in Indian Manufacturing Sector. Journal of Quantitative Economics, 15(2): 1-24.

Mumtaz S, Alsohaily A, Pang Z, et al. 2017. Massive Internet of Things for industrial applications: Addressing wireless IIoT connectivity challenges and ecosystem fragmentation. IEEE Industrial Electronics Magazine, 11(1): 28-33.

Naanaa I D, Sellaouti F. 2017. Technological Diffusion and Growth: Case of the Tunisian Manufacturing Sector. Journal of the Knowledge Economy, 8(1): 369-383.

Ocampo J R, Hernndez-Matas J C, Vizn A. 2017. A method for estimating the influence of advanced manufacturing tools on the manufacturing competitiveness of Maquiladoras in the apparel industry in Central America. Computers in Industry, 87: 31-51.

Oh Y. 2017. China's Economic Ties with Southeast Asia. Social Science Electronic Publishing.

Oliveira B, Fortunato A. 2017. Firm growth and R&D: Evidence from the Portuguese manufacturing industry. Journal of Evolutionary Economics, 27(3): 1-15.

Otsuka A. 2017. Regional determinants of total factor productivity in Japan: stochastic frontier analysis. The Annals of Regional Science, 58(3): 579-596.

Pacaux-Lemoine M P, Trentesaux D, Rey G Z, et al. 2017. Designing intelligent manufacturing systems through Human-Machine Cooperation principles: A human-centered approach. Computers & Industrial Engineering, 111: 581-595.

Pandian R K. 2017. Does Manufacturing Matter for Economic Growth in the Era of Globalization?. Economía, 17(3): 319-335.

Papaioannou S K, Dimelis S P. 2017. Does upstream regulation matter when measuring the efficiency impact of information technology? Evidence across EU and US industries. Information Economics & Policy, 41: 67-80.

Pham N D. 2017. IP-Intensive Manufacturing Industries: Driving US Economic Growth. Social Science Electronic Publishing.

Randhawa J S, Sethi A S. 2017. An Empirical Study to Examine the Role Smart Manufacturing in Improving Productivity and Accelerating Innovation. International Journal of Engineering and Management Research, 7(3): 607-615.

Rasel F. 2017. ICT and global sourcing–evidence for German manufacturing and service firms. Economics of

Innovation and New Technology, 26(7): 634-660.

Ren L, Zhang L, Wang L, et al. 2017. Cloud manufacturing: key characteristics and applications. International Journal of Computer Integrated Manufacturing, 30(6): 501-515.

Rialp-Criado A, Komochkova K. 2017. Innovation strategy and export intensity of Chinese SMEs: The moderating role of the home-country business environment. Asian Business & Management, 16(3): 158-186.

Salnikov V, Galimov D, Mikheeva O, et al. 2017. Russian manufacturing production capacity: Primary trends and structural characteristics. Voprosy Economiki, 5(3): 240-262.

Skorupinska A, Torrent-Sellens J. 2017. ICT, Innovation and Productivity: Evidence Based on Eastern European Manufacturing Companies. Journal of the Knowledge Economy, 8(2): 768-788.

Strange R, Zucchella A. 2017. Industry 4.0, global value chains and international business. Multinational Business Review, 25(3): 174-184.

Szász L, Scherrer M, Deflorin P, et al. 2017. The Role of ICT-Based Information Systems in Knowledge Transfer Within Multinational Companies//IFIP International Conference on Advances in Production Management Systems. Cham: Springer, 185-193.

Tang D, Tang J, Xiao Z, et al. 2017. Environmental regulation efficiency and total factor productivity—Effect analysis based on Chinese data from 2003 to 2013. Ecological Indicators, 73: 312-318.

Thomas D, Kandaswamy A. 2017. Identifying high resource consumption areas of assembly-centric manufacturing in the United States. The Journal of Technology Transfer, 1-48.

Ting N Y, Tan Y S, Choong L J S. 2017. Internet of Things for Real-time Waste Monitoring and Benchmarking: Waste Reduction in Manufacturing Shop Floor. Procedia Cirp, 61: 382-386.

Trappey A J C, Trappey C V, Govindarajan U H, et al. 2017. A review of essential standards and patent landscapes for the Internet of Things: A key enabler for Industry 4.0. Advanced Engineering Informatics, 33: 208-229.

Tsoku J T, Mosikari T J, Xaba D, et al. 2017. An Analysis of the Relationship between Manufacturing Growth and Economic Growth in South Africa: A CointegrationApproach. World Academy of Science, Engineering and Technology, International Journal of Social, Behavioral, Educational, Economic, Business and Industrial Engineering, 11(2): 428-433.

Verico K. 2017. The Impact of ASEAN FTA: Regional Level Analysis// The Future of the ASEAN Economic Integration. London: Palgrave MacMillan, 25-111.

Wallace D. 2017. Environmental policy and industrial innovation: Strategies in Europe, the USA and Japan. Routledge.

Wollschlaeger M, Sauter T, Jasperneite J. 2017. The future of industrial communication: Automation networks in the era of the internet of things and industry 4.0. IEEE Industrial Electronics Magazine, 11(1): 17-27.

Woods J G. 2017. The Effect of Technological Change on the Task Structure of Jobs and the Capital-Labor Trade-Off in US Production. Journal of the Knowledge Economy, 8(2): 739-757.

Wu D, Terpenny J, Schaefer D. 2017b. Digital design and manufacturing on the cloud: A review of software and services. AI EDAM, 31(1): 104-118 b.

Wu M, Song Z, Moon Y B. 2017a. Detecting cyber-physical attacks in Cyber Manufacturing systems with machine learning methods. Journal of Intelligent Manufacturing, 1-13.

Xia J. 2017. A Review to the Development of Foreign Capital Manufacturing Industry in China: Looking forward to Made in China, 2025. American Journal of Industrial & Business Management, 07(5): 604-613.

Xia T, Xi L. 2017. Manufacturing paradigm-oriented PHM methodologies for cyber-physical systems. Journal of Intelligent Manufacturing, 1-14.

Yang C H. 2017. Exports and innovation: the role of heterogeneity in exports. Empirical Economics, 1-23.

Yang L, Hsu K, Baughman B, et al. 2017. The Additive Manufacturing Supply Chain// Additive Manufacturing of Metals: The Technology, Materials, Design and Production. Cham: Springer, 161-168.

Yao X, Zhou J, Lin Y, et al. 2017. Smart manufacturing based on cyber-physical systems and beyond. Journal of Intelligent Manufacturing, 1-13.

Yu C, Zhang M, Zhou F. 2017b. China's Manufacturing Sector: Development Characteristics and Typical Patterns Over 35 Years// A Research Report on the Development of China's Manufacturing Sector (2016). Singapore: Springer, 1-26.

Yu W, Ramanathan R, Nath P. 2017a. Environmental pressures and performance: An analysis of the roles of environmental innovation strategy and marketing capability. Technological Forecasting and Social Change, 117: 160-169.

Yuan B, Ren S, Chen X. 2017. Can environmental regulation promote the coordinated development of economy and environment in China's manufacturing industry?–A panel data analysis of 28 sub-sectors. Journal of cleaner production, 149: 11-24.

Zhang D, Wei B. 2017. Mechatronics and Robotics Engineering for Advanced and Intelligent Manufacturing. Lecture Notes in Mechanical Engineering.

Zhong R Y, Xu C, Chen C, et al. 2017b. Big Data Analytics for Physical Internet-based intelligent manufacturing shop floors. International Journal of Production Research, 55(9): 2610-2621.

Zhong R Y, Xu X, Klotz E, et al. 2017a. Intelligent manufacturing in the context of industry 4.0: a review. Engineering, 3(5): 616-630.

撰稿人：李廉水　张慧明

审稿人：刘军

第6章

中文学术研究动态解析

6.1　引　　言

本章以 CNKI 作为国内学术研究的数据来源，以"制造业"为检索词在 SCI、EI 和 CSSCI 中进行主题检索，得到 2017 年发表的期刊论文 1258 篇。限于篇幅，本着择优原则，排除发文期刊综合影响影子 1.0 以下的文献，以及主要研究内容不是制造业的文献，共得到有效论文 262 篇，以此探究 2017 年中国制造业研究现状。2017 年国内制造业学术研究涉及的范围较广，大体上包括宏观、区域、产业及企业等 4 个方面。下面将从这 4 个方面对国内制造业研究进行评析。

6.2　制造业总体研究动态

主要围绕制造业产业升级与优化、贸易问题、资源与环境、就业与收入、创新研究、集聚与转移以及比较研究等主题展开，具体内容如下。

6.2.1　升级与优化研究

经历改革开放以来近四十年的经济发展，粗放型发展将导致更严重的产能过剩，粗放型经济发展方式难以为继，亟须提高生产率、进行产业结构调整。制造业作为中国经济发展的重要支柱，学者就制造业的产业结构优化、价值链升级、生产率提升等问题展开了详尽的探讨。

1. 产业结构研究

问题之一，判别中国制造业是否存在明显的结构失衡。如果存在，引起结构失衡的原因是什么？楚明钦（2017）从实际产出与最优配置条件下产出比较的角度出发构建失衡指数，并进一步将制造业结构失衡分解成行业内失衡和行业间失衡，发现我国制造业的确存在比较明显的结构失衡，户籍制度和国企制度安排是造成我国制造业结构失衡的主要原因。

问题之二，中国制造业转型升级的现状如何？石敏俊（2017）认为中国制造业结构升级存在区域差异，东南沿海核心区率先推进产业结构优化，以下依次是北部沿海核心区、中部地区、西部地区。借助模糊 C 均值聚类法对制造业进行劳动-资本-技术三类要素密集型产业划分的基础上，张其仔和李蕾（2017）发现中国制造业转型升级整体上呈现出东部转型升级层次最高、趋势最明显，中部其次，西部转型升级层次最低、趋势最弱的特征。制造业转型升级过程的资本密集型产业和技术密集型产业具有显著的经济增长效应，但发展水平不同的各省市之间存在很大差异，较为发达的东部地区大多数省市制造业转型升级对经济增长具有显著的促进作用，而较为落后的中西部地区大多数省市制造业转型升级对经济增长具有显著的抑制作用或不具有显著影响。魏龙和王磊（2017）基于 WIOD 数据和 KPWW 方法，通过多元面板回归分析寻找 GVCs 嵌入位置与分工地位之间的关系，将 14 个制造业产业按 GVCs 主导环节归类，发现 14 个制造业产业可以分为上游环节主导、下游环节主导和混合主导三类；以三类产业的主导环节作为产业升级方向能够提升产业升级幅度；高级生产要素对制造业升级的促进作用强于传统生产要素。

问题之三，哪些因素会促进中国制造业结构合理化、高级化？利用 1996～2012 年泛珠三角地区 9 省区制造业的面板数据，陈喜强等（2017）采用动态面板 GMM 估计方法实证检验政府主导区域经济一体化战略对区域制造业结构优化影响的差异性。结果表明：在不考虑身份治理影响条件下，政府干预和区域一体化对制造业的区域分工、结构升级和结构合理化均没有显著影响；在考虑身份治理影响条件下，二者的交互作用即政府主导区域经济一体化战略促进了区域内制造业产业分工，提高了制造业合理化水平，但降低了制造业高级化水平。着重考虑劳动力供给数量和质量对制造业结构合理化和高度化的影响，阳立高等（2017）发现劳动力供给数量增加有利于促进制造业结构合理化，但对制造业结构高级化影响不显著；劳动力供给质量提高显著提升了制造业结构合理化水平，却不利于制造业高级化发展；反映劳动力供给结构的老年、少儿抚养比上升显著抑制了制造业结构合理化与高级化发展，且老年抚养比的抑制作用明显大于少儿抚养比。刘明和赵彦云（2017）从空间角度对中国制造业产业结构问题进行了研究，揭示了中国制造业产业结构空间依赖关系明显。对外开放程度是影响制造业产业结构调整的重要因素，对外开放程度越高，产业结构越趋于优化；同时 R&D 投入也是促使制造业产业结构优化的一个重要因素；人力资源结构在金融危机发生时期对制造业产业结构变动产生的影响并不明显，但在后危机时期对制造业产业结构优化产生了显著的正向影响。

问题之四，产业结构转型升级的影响因素有哪些？制造业服务化、生产性服务业是重要的影响因素。胡昭玲等（2017）就制造业服务化对产业结构转型升级的影响进行计量检验，指出：①制造业服务化有助于产业结构转型升级，分组估计结果具有稳健性；②制造业服务化可通过技术创新推动产业结构转型升级；③基于服务投入异质性的分析表明，高端服务化对产业结构转型升级的促进作用远大于低端服务化。孟萍莉和董相町（2017）认为我国生产性服务业 FDI、OFDI 行业结构对制造业产业升级起到了积极的推进作用。

信息技术在制造业转型升级中起重要作用（李捷等，2017），是制造业转型升级的又一重要影响因素。余东华和水冰（2017）首先从理论上分析了新一代信息技术与价值链嵌入程度对制造业转型升级的作用机制，然后实证检验新一代信息技术与价值链嵌入程度对制造业转型升级的影响。实证结果显示，在新一代信息技术的推动下，全球价值链正在发生解构和重构，从而为中国制造业嵌入全球价值链高端环节提供了战略机遇；欧美等发达国家"再工业化战略"短期内可能对中国制造业形成价值链低端锁定，但在中长期内则能够通过技术创新和价值链高端嵌入打破低端锁定，并实现在价值链上跃迁；中国制造业的全球价值链嵌入程度与制造业转型升级程度之间呈现正 U 型关系，并且通过动态嵌入方式推动制造业转型升级。

此外，初期的人民币升值对制造业升级存在一定的正效应，之后具有负效应（李新功，2017）；产业结构升级依赖于要素结构升级，劳动力升级是重中之重（苏杭等，2017），陈欢等（2017）亦认为人力资本是中国制造业转型升级中最缺乏的核心要素。

2. 价值链研究

首先，中国制造业在全球价值链中的地位如何？袁红林和许越（2017）发现：对于资源密集型及劳动密集型制造业，增加值贸易分析能反映出总量分析无法得出的劳动力、原材料及技术对产业竞争力的影响；对于资本密集型及技术密集制造业，增加值贸易能反映出总量分析无法得到的中间品贸易对该产业竞争力的影响；从趋势分析及对比结果中可以发现，我国在传统资源密集型及劳动密集型制造业中仍处于产业价值链的低端环节，而在资本密集型及技术密集型产业中，个别行业已具有一定国际影响力和竞争优势。李超和张诚（2017）认为 2008 年以后，中国对外直接投资促进了中国制造业全球价值链升级。此外，中国对外直接投资显著提升了高技术制造业全球价值链的分工地位，但对低技术制造业和中低技术制造业的全球价值链升级没有产生显著性影响。最后，中国对高收入国家及中等收入国家的直接投资均对国内制造业全球价值链升级产生了显著性影响，但对中等收入国家的直接投资对于国内制造业全球价值链升级的拉动作用更加明显。

其次，中国制造业参与价值链分工的程度和演变趋势如何？葛阳琴和谢建国（2017）认为：中国制造业参与价值链分工的程度整体趋于上升，但在 2005~2009 年间发生了暂时性的逆转；区域化趋势减弱，全球化趋势增强，具体表现为，中国所属的东亚地区的国外附加值占比不断下降，欧盟和北美地区变化幅度不大，世界其他地区占比大幅增加。

3. 生产率研究

焦点之一，哪些因素影响了中国制造业生产率（含劳动生产率、全要素生产率）？例如工业机器人进口贸易、制造业服务化水平等。工业机器人进口贸易通过技术溢出效应促进了中国制造业生产率提升，且工业机器人进口与制造业吸收能力存在交互作用；不同工业机器人及制造业分类的影响效果具有显著差异性（李丫丫和潘安，2017）。制造业服务化水平有利于提高企业的全要素生产率，尤其是在全球价值链中嵌入程度较高的企业；电信业的服务投入对高价值链嵌入企业全要素生产率的影响最大，金融业次之；服务外包的再配置效应在研究中也被证实，不同类型企业"制造业服务化"的生产率效应存在较大的异质性（吕越等，2017a）。外向 FDI、行业集中度以及人力资本对中国制造业生产率具有显著的促进作用，而内向 FDI、国内研发、资本劳动比、出口依存度未表现出显著的正向溢出效应（汪思齐和王恕立，2017）。

结构调整偏向、FDI 行业间和行业内的技术溢出、技术变化等对全要素生产率变动有影响。结构调整偏向和比较优势存在影响制造业全要素生产率的交互效应，综合效应更多反映纯结构调整偏向效应，而且不同地区呈现分化趋势（李强，2017）。行业内直接溢出能有效促进内资制造业全要素生产率和技术效率的提高；行业内间接溢出则会挤占内资企业的生存空间，阻碍全要素生产率、技术效率和技术水平的增长；行业间后向关联程度能显著且明显地促进内资制造业全要素生产率和技术效率的提升；行业间前向关联程度能显著但微弱地抑制内资制造业全要素生产率和技术效率的提升（蒋樟生，2017）。从整体上来看，中国制造业全要素生产率平均以 1.16%的速度增长，技术变化是全要素生产率增长的主要推动力。从细分行业来看，技术变化仍然是全要素生产率增长的主要动力，不少行业在各要素效率方面都存在远离有效前沿面的情况，行业要素效率分化严重（尹向飞和刘长石，2017）。

杨校美和谭人友（2017）利用 2000～2014 年中国制造业 28 个分行业的面板数据，实证检验了资本深化对中国制造业劳动生产率提升的影响。揭示了工资上涨引致的资本深化能显著地促进中国制造业劳动生产率的提升，而政府投资引致的资本深化却对中国制造业劳动生产率的提升产生了不利的影响；政府投资引致的资本深化与中国制造业劳动生产率之间呈现出显著的"倒 U 型"关系，其临界值为政府投资引致的资本深化达到0.057 左右，目前越过该临界值的制造业行业有 20 个，且主要集中在重化工业制造业，而未越过该临界值的制造业行业有 8 个，主要分布于轻工业制造业。

焦点之二，制造业增长受哪些因素影响？逆向金融服务外包可以显著提高我国制造业的增长质量，它对技术密集型行业增长质量的促进力最强，对资本密集型行业增长质量的提升作用次之，对劳动密集型行业增长质量的影响不显著（陈启斐和李伟军，2017）。中国城市制造业企业空间集聚对新企业进入和制造业增长均呈现"倒 U 型"影响，其影响企业进入的拐点值略小于制造业增长的拐点值（邵宜航和李泽扬，2017）。

陈丽娴（2017）动态考察制造业企业在不同生命周期阶段，其服务化战略的选择及其对企业绩效的差异影响。研究结果表明不同生命周期阶段的制造业企业服务化战略选择意愿不一致，衰退期企业意愿最强烈，成长期和成熟期企业不明显；制造业企业在不同生命周期阶段的服务化"绩效效应"程度也有差异，成熟期企业最明显，与企业绩效呈"U 型"关系；成长期企业次之，与企业绩效呈"反 L 型"关系；衰退期企业最小，与企业绩效关系不明显。技术梯度和市场梯度对产业追赶绩效均有显著促进作用；相较于技术努力强度较大或较小的情况，在技术努力强度适中的产业里，技术梯度和市场梯度对追赶绩效的影响更强（陈晓玲等，2017）。

焦点之三，制造业竞争力的影响因素有哪些？环境规制对制造业国际竞争力的影响表现出多维性，既有直接"环境-经济"效应，也有通过技能溢价所体现出的显著中介效应，但其作用方向与理论预期不完全一致。技能溢价对制造业国际竞争力的影响存在双门槛效应：在技能溢价处于较低水平时，对制造业国际竞争力有显著积极影响；当技能溢价较高时，由于技能-需求错配等原因而不利于制造业国际竞争力的进一步提升；但是，技能溢价有助于更好发挥环境规制对制造业国际竞争力的提升作用。制定分类规制政策、强化技能型人才培养、优化要素禀赋结构、推进资本与技术的融合，能够提升制造业国际竞争力（余东华和孙婷，2017）。中间品市场分割会显著降低制造业行业的比较优势，在控制影响比较优势的其他因素和考虑变量的内生性问题及测算误差后，实证结论依然稳健；中间品市场分割对产出波动性较大行业和位于价值链分工下游行业的出口比较优势具有更明显的负向影响；行业上游垄断时会进一步加剧中间品市场分割对出口比较优势的负向效应（吕越等，2017b）。

6.2.2　贸易研究

1. 制造业出口研究

中国制造业出口贸易的快速增长，带动了全球制造业贸易的繁荣。中国在全球制造业贸易网络中实现了由边缘向核心的过渡，且参与全球价值链的环节日益增多，价值链条不断延伸，在一定程度上稀释了发达国家对全球制造业贸易的影响力和控制力（王彦芳和陈淑梅，2017）。这一研究主要探讨了如下问题：一是影响中国制造业出口数量的因素有哪些？中国与两组区域贸易协定成员国之间的贸易协议降低了中国面临的贸易政策不确定性，促进了中国制造业的出口；区域全面经济伙伴关系协定成员国之间的贸易协议给中国带来的相对贸易政策不确定性促进了中国制造业的出口（钱学锋和龚联梅，2017）。模仿创新与自主创新对我国制造业出口都有显著正向作用，随着技术位置前移带来技术复杂性及模仿成本的提升，自主创新对制造业出口的促进作用要大于模仿创新；模仿创新对重工业出口有促进作用，对轻工业出口影响并不显著，而自主创新对两者出口均有显著促进作用（胡小娟和陈欣，2017）。

二是哪些因素会影响中国制造业出口技术？交通运输、仓储、邮政业、批发和零售业 FDI 不存在知识产权保护门槛效应，其余 4 种生产性服务业 FDI 存在双重门槛效应（邢彦和张慧颖，2017）。研发创新是进口贸易自由化提升制造业出口技术复杂度的重要渠道，最终品与中间品贸易自由化分别通过"竞争效应"与"种类效应"提高企业出口技术复杂度；行业层面的研究显示，进口贸易自由化对制造业总体出口技术复杂度有显著促进作用，且主要通过资源再配置实现（盛斌和毛其淋，2017）。

三是中国制造业出口质量如何？中国制造业出口中的国内增加值占比呈先降后升趋势；以最终品出口的国内增加值占主导地位，而以中间品出口的国内增加值上升趋势明显；以最终品出口的国外增加值显著高于以中间品出口的国外增加值（尹伟华，2017）。上游垄断程度的提高会显著降低制造业行业出口的比较优势；上游垄断会通过中间品价格和生产率渠道影响行业出口的比较优势；政府补贴会加剧上游垄断的负向影响，而下游行业竞争程度的提高会抑制上游垄断对制造业行业出口比较优势的负向影响（吕云龙和吕越，2017）。政府补贴显著提升了企业出口产品质量：对民营企业、一般贸易企业以及融资约束程度高的企业出口而言，政府补贴对其产品质量的提升作用尤为明显（张洋，2017）。

2. 制造业加成率研究

主要探索哪些因素会影响加成率。中国对外发起反倾销，反倾销保护显著提高了企业成本加成（宋华盛和朱小明，2017）。反倾销保护对企业成本加成的促进作用随着出口强度的上升而减弱；反倾销措施的实施没有通过成本渠道影响成本加成，反竞争效应是成本加成上升的主要原因。耿晔强和狄媛（2017）利用 2000~2007 年中国制造业企业数据和高度细化的关税数据，考察了中间品贸易自由化、制度环境对企业加成率的影响，研究显示：整体而言，中间品贸易自由化与制度环境的改善均显著提高了企业加成率；在区分企业的所有制类型和出口状态之后，中间品关税降低对外资企业和非出口企业加成率的影响更大，而制度环境的改善对国有企业和出口企业加成率的促进作用更强。中间品贸易自由化显著提高了企业的成本加成率，中间品贸易自由化对高效率企业、内资企业以及产品替代弹性较小企业成本加成率的提升作用更明显（彭冬冬和刘景卿，2017）。

3. 制造业 FDI 与 OFDI 研究

符文颖和吴艳芳（2017）探索德国在华知识密集制造业投资进入方式的时空特征及区位影响因素，结果发现，德国知识密集型制造企业在中国的投资呈现由沿海地区向内陆地区扩张、沿海中心城市向周边城市扩散的时空趋势，并且在 1995 年后，其进入方式从合资为主向独资为主转变。德国知识密集型制造企业的进入方式受到多项区位因子的影响，其中地方人力资源水平和产业专业化水平是知识密集型制造企业选择以合资方式的进入中国市场的重要区位因素，表明区域知识吸收能力是形成全球-地方战略协同的关键变量；另一方面，实际使用外资存量和地方专利授权量这两个区位影响因素则会显著促成知识密集型制造企业采用独资的进入决策，反映了区域制度环境对吸引以知识产权保护为战略核心的知识密集型制造业的作用。

6.2.3　资源与环境研究

1. 中国制造业碳排放强度如何，受哪些因素影响？

黄凌云等（2017）测算了 2000～2011 年中国 14 个制造业行业出口隐含碳排放强度；还发现中间品进口、自主研发、模仿创新显著降低了中国制造业出口隐含碳排放强度，而国外技术引进和外商直接投资（FDI）对中国制造业出口隐含碳排放强度的影响不显著；提升中国制造业在 GVC 中的国际分工地位能够显著降低其出口隐含碳排放强度。产业聚集可以通过知识溢出、设施共享、人力资本水平提升和竞争加剧促进碳排放效率的提高（曲晨瑶等，2017）。投资规模是导致制造业碳排放增加的首要因素，而投资碳强度和产出碳强度则是引致碳排放减少的关键因素；重工业和轻工业因其不同发展特征而呈现出碳排放驱动因素的差异化影响（邵帅等，2017）。

2. 哪些因素会影响资源配置效率？

刘竹青和盛丹（2017）认为人民币实际有效汇率升值显著降低了我国制造业加成率分布的离散程度，出口汇率升值和进口汇率升值均提高了资源配置效率。焦翠红等（2017）研究发现：中国 R&D 资源配置整体呈现恶化趋势但恶化速度逐步趋缓，行业间 R&D 资源错配是导致配置效率恶化的主要来源；分行业来看，加工制造业 R&D 资源配置效率正朝优化方向演进，但装备制造业 R&D 配置效率加速恶化；政府 R&D 补贴对 R&D 资源配置效率的作用呈倒 U 型效应，且大部分行业处于倒 U 型左侧。出口退税率差异化是导致中国制造业资源误置的重要原因（许家云等，2017）。

3. 能源利用效率的影响因素研究

韩国高（2017）认为环境规制对产能利用率具有显著促进作用，并且通过遵循成本效应和创新补偿效应两个渠道发挥作用，环境规制更多是通过淘汰不满足环境标准的产能来提高产能利用率，而通过加强技术创新创造新的市场需求来提升产能利用率的作用有限。白雪洁和孟辉（2017）核算了 2004～2012 年中国 27 个制造行业与 14 个服务行业的能源效率并对其进行分解，发现：服务业并未比制造业更为绿色环保；技术进步、资本投入能源效应以及能源结构效应是促进服务业能源效率提升的主要因素；产出结构效应与技术效率是导致服务业与制造业能源效率差距的主要因素。

6.2.4　就业与收入研究

1. 哪些因素会影响劳动收入？

产业互动和市场规模的扩大对劳动收入占比有着积极的促进作用；推进市场化和提高开放程度均不利于劳动收入占比的提高，且减弱产业互动与劳动收入占比之间的正相关关系，市场规模的扩大则加强这种正向作用（唐志芳和顾乃华，2017）。周琢等（2017）发现中国制造业出口对出口企业劳动收入占比具有显著的提升作用，出口企业劳动收入占比的提升是分工深化效应下生产结构转变的结果。佟家栋和洪倩霖（2017）认为国有企业改制可以降低企业人均工资、增加员工数量。吴群锋（2017）发现进口竞争显著缓解了制造业性别工资歧视。

2. 影响制造业就业的可能因素

中国制造业对外直接投资显著扩大了国内制造业就业规模，并且这一贡献作用主要来自于垂直型 OFDI（刘海云和廖庆梅，2017）。《劳动合同法》的实施会显著地抑制贸易开放对劳动者权益产生的不利影响（张志明等，2017）。金强和陈勇明（2017）采用面板数据模型和半参数估计模型实证检验，发现产业技术进步具有吸纳与替代的双重就业效应：短期内技术进步将对制造业就业总量产生替代效应，并且这种替代效应随着技术水平的不断提高而逐渐增强；而长期则会产生就业吸纳效应。制造业外包水平的提高显著增大了劳动力自身需求弹性和交叉需求弹性，接包的提升作用更明显；制造发包和服务发包对两类弹性影响并不相同；劳动力自身调节可减缓全球化带来的冲击，劳动密集型企业、加工贸易企业所受冲击更为明显（史青和张莉，2017）。利率对就业的负向影响最显著，其次是人民币汇率，经营活动的性质是造成制造业行业间就业水平差异的决定性因素，平均受教育水平、专业技术水平、经济性垄断程度和所有制垄断程度能对行业间工资回报差异产生显著影响（徐伟呈和范爱军，2017）。

6.2.5　创新研究

创新涵盖组织创新、技术创新、产品创新等。目前制造业领域的创新研究主要集中在技术创新方面，如评价中国制造业技术创新能力，测度中国制造业技术复杂度，技术进步/升级的影响因素等。

我国创新要素空间分布不均衡，并存在锁定效应，多年高投资使累积性结构矛盾突出，空间技术溢出难以实现，致使我国制造业自主创新动力不足、转型升级进展缓慢、部分行业产能过剩（肖国东，2017）。行业知识产权保护促进了中国制造业部门的技术创新，但其影响在不同层次创新成果间存在差异（保永文，2017）。

刘琳和盛斌（2017）利用投入产出表将出口品中包含的进口中间品的直接贡献和间

接贡献剔除，构建了出口的国内技术复杂度指数，有效地将一国国内创造的技术含量从整个产品的技术含量中分离出来。接着，利用 1998～2011 年中国 16 个工业行业的面板数据实证检验了参与全球价值链对制造业出口的国内技术复杂度的影响。研究结果表明：中国制造业参与全球价值链并没有提高国内技术复杂度，但是研发投入和良好的商业及制度环境会在全球价值链对国内技术复杂度的偏效应中产生正向作用。

苏敬勤和单国栋（2017）通过案例研究，全景展现一个中国民营工程机械制造企业在创新发展过程中的战略认知与行为轨迹，利用图表技术和扎根理论等，归纳出其主导逻辑的形态与内涵。揭示纷繁复杂的战略表象下，有一个一贯且一致的主导逻辑——"博弈式差异化"逻辑主导和支配企业的战略发展；还揭示了主导逻辑与战略之间的内在关系，战略是主导逻辑的情境化，主导逻辑超越了业务与行业属性范畴，具有先验性特征。

6.2.6 集聚与转移研究

1. 制造业集聚研究

研究围绕集聚演变、集聚现状、集聚影响因素展开。我国大多数制造业行业的集聚呈现倒 "U" 型演变过程，即 1997～2008 年集聚水平上升，产业集聚拐点在 2003～2008 年期间出现，2009 年之后制造业集聚水平出现下降态势；制造业地域分布不均，形成以山东、江苏、河南等地区为中心的高值集聚块，以广东省为中心的集聚点，并以此为中心向周边省市递减，同时产业发展水平相似（高高或低低）的区域呈现集聚、片状分布格局，空间结构化严重；制造业以分散-离散和集中-离散两种空间集聚类型为主，产业的空间集聚类型演化集聚与离散相交替，空间集聚类型趋向稳定（唐晓华等，2017）。

高铁开通对站点城市制造业集聚效应将逐渐经历集聚加速阶段、集聚弱化阶段以及扩散阶段等三个阶段；高铁开通普遍提高了站点城市制造业的集聚水平，对中心城市制造业集聚的影响处于集聚弱化阶段，对非中心城市制造业集聚的影响处于集聚加速阶段（李雪松和孙博文，2017）。聂飞和刘海云（2017）则认为，OFDI 的规模经济效应和逆向技术溢出效应对中国制造业产值区位熵和 Krugman 专业化系数有着显著正向影响。分区位看，东部地区 OFDI 能带来资本存量和研发投入增加，制造业集聚效应更为明显；分行业看，OFDI 通过增强资本禀赋以及自主创新禀赋对我国技术密集型制造业集聚程度的促进作用较为明显。

2. 产业转移研究

劳动力成本提升已成为推动中国制造业空间转移的重要影响因素（李伟和贺灿飞，2017）。空间接近并不一定能促进空间均衡，中心地区对于外围地区的溢出效应随着可达性的变化存在倒 U 型变化规律（毛琦梁和王菲，2017）。

6.2.7 比较研究

1. 制造业在价值链中的地位比较

赖伟娟和钟姿华（2017）认为：中国以单环节参与为主，处于 GVC 链下游，但在技术密集型领域向上游移动趋势明显；日本以单环节参与为主，处于 GVC 链上游，在技术密集型领域占优；相比之下美国以多环节参与为主，主要处于 GVC 链上游，尤以高技术领域领先；欧盟以两头参与中间产品和最终产品的生产出口。余珮（2017）也发现虽然中国在大部分制造业嵌入 GVC 的位置和参与程度均落后于美国，但在过去 15 年，制造业的整体出口竞争力还是有所提高，在部分资本和技术密集型行业能与美国竞争。

2. 中国与世界制造业强国外在环境比较

研究发现：中国高等教育落后于德、美、日三国；高级别技术工人培养与三国仍存在较大的差距；营商环境、法制环境和诚信环境建设落后于德、美、日等制造业强国；政府和行业协会的公共服务体系不健全等（陈万灵和卢万青，2017）。杨丹辉等（2017）对中美制造业劳动力成本、能源价格及成本进行比较，认为以劳动力、能源为代表的中美制造业主要生产要素成本的相对差距明显缩小，美国制造业劳动力成本产出比高出中国，其主要能源品种的价格优势明显，对投资者形成了一定的吸引力。

3. 中国制造业落后的原因探析

朱高峰和王迪（2017）认为中国制造业整体上"大而不强"的状态并未改观，与发达国家仍有相当差距的依然是质量效益和产业结构等方面。杨飞（2017）发现中美制造业技术差距在 1995～1998 年期间出现短暂缩小，但 1999～2009 年期间技术差距呈现不断扩大的趋势。从分行业看，中国的资源、能源等垄断性制造业和高端制造业同美国的技术差距较大，而消费品制造业同美国的技术差距较小。

6.3　区域制造业研究动态

6.3.1　广东制造业集聚与空间格局演化研究

曹宗平和朱勤丰（2017）运用 E-G 指数测度 2006～2015 年广东省 21 个地级市制造业占比与排名变化，借此观察广东省制造业集聚与转移态势。研究显示，珠三角地区的劳动、资本和资源密集型制造业均向外围地区转移，技术密集型制造业则一直集聚在珠三角地区；经济内部因素对广东省制造业转移的影响最为显著，外部环境因素和政府干预的作用均较微弱。周锐波和李晓雯（2017）认为广东省制造业以 2005 年为拐点，总体呈现先集聚后分散的特征，但行业差异明显。技术密集型产业在珠三角地区保持高集聚的趋势，资本密集型及劳动密集型产业则以不同的扩散速度趋于分散。劳动力成本上升及运输成本下降并非广东制造业空间格局演化的主要原因，市场潜力及产业内联系所带来的正外部性抵消了土地等成本提升所带来的负效应。而且，各种影响因素在不同行业的作用不同：市场潜力显著影响劳动密集型产业，资本密集型产业的空间集聚受政府行为影响较大，产业联系则促进技术密集型产业的集聚。

6.3.2　山东制造业的时空分异特征与集聚研究

刘清春等（2017）利用 2003～2014 年山东省 17 个地级市制造业 27 个部门的面板数据，研究了山东省制造业的时空分异特征，并基于空间杜宾模型（SDM）探讨了主要的影响因素，结果表明：山东省制造业份额呈现出自东向西递减、先东部集聚后向中西部扩散的规律。以 2007 年为转折点，制造业呈现东部沿海转出、内陆转入的特点，鲁北地区成为份额增长最快的区域。由于空间溢出效应的存在，市场规模、交通基础设施、产业规模和人力资本水平均有助于提升本地区制造业份额。崔凌云和李永平（2017）研究 2011 年前后山东半岛蓝色经济区两位数代码制造业的空间分布变化，发现蓝色经济区制造业已有序向省会城市群和西部隆起带转移，蓝色经济区内 6 个地市间，东营和潍坊为制造业主要承接地，青岛、烟台和威海在技术密集型产业上存在竞争。

6.3.3　浙江制造业绩效的影响因素研究

李晓钟等（2017）基于产业融合的相关理论，利用投入产出法估算浙江及全国信息产业与制造业各个行业的融合度，构建基于 SCP 分析框架估算产业融合对产业绩效影响的模型，从横向和纵向两个层面比较分析浙江省信息产业与制造业各行业的融合度及产业融合对制造业各行业绩效的影响效应。结果表明，浙江省信息产业与制造业各行业的融合度总体趋于上升；产业融合度、国有企业占比和市场开放度与产业绩效呈正相关关系，但市场集中度与产业绩效呈负相关关系。从分阶段来看，2010～2012 年阶段相比于 2005～2007 年阶段，产业融合度对产业绩效的正向作用更为明显。

6.3.4　上海制造业就业的空间格局演化、升级路径研究

陈小晔和孙斌栋（2017）采用上海 1996 年、2004 年、2008 年制造业企业分街道就业数据，分析上海都市区制造业的空间格局演化，采用计量模型探究了制造业就业分布的主要影响因素。研究表明，上海都市区制造业就业空间格局已经基本实现了郊区化，并涌现出了稳定的制造业次中心；区位、交通、地价和政策因素对制造业就业格局的形成有着显著作用，而且这些因素的作用存在着显著的行业间差异性。雷新军和邓立丽（2017）认为上海制造业发展速度放缓，结构不断优化，迈入工业化后期阶段。在生产成本上升、发展空间（土地制约）和创新动力不足等重大瓶颈的制约下，上海制造业发展需要突破传统的产业发展思维，结合中国市场经济的特性和上海城市发展的目标，在供给侧结构性改革的框架下，通过"降成本、补短板"，寻找转型升级的新路径。

6.3.5　西部地区制造业集聚及价值链研究

唐红祥（2017）使用 2000～2014 年西部地区面板数据，实证分析了交通基础设施对西部地区制造业集聚的影响。研究发现：西部地区交通基础设施与制造业集聚的区位熵存在空间分布的一致性，公路密度对西部地区制造业集聚具有显著为正的影响，知识溢出效应和劳动力成本的降低能显著促进西部地区制造业集聚，规模经济、资源禀赋对西部地区制造业集聚的影响并不显著。

吴静（2017）认为技术和资金转移是影响西部制造业产业价值链不同环节效率提升的主要原因，人力资本转移次之，东部地区企业规模溢出的效率水平最低，说明当前东部产业转移的规模效应并未实现；制造业产业价值链中资本密集环节对转移要素的吸收效率大于劳动密集环节，技术密集环节最弱。刘波等（2017）揭示了技术风险源、生产风险源和环境风险源是中试风险的关键来源；三类风险源中技术成熟度、配套技术、资金实力、人员素质、政策支持、市场环境均对中试风险具有负向显著性影响；其中，配套技术和资金实力具有中介作用；资金实力、政策支持和人员素质等非技术性因素成为影响西北地区制造业中试风险的最关键要素。

6.3.6　京津冀生产性服务业与制造业的协同发展研究

席强敏和罗心然（2017）从产业和空间两个角度来分析生产性服务业与制造业的协同发展机理，研究发现京津冀地区生产性服务业与制造业的产业关联度较高，但空间协同集聚度较低；资本密集型制造业与生产性服务业的产业关联最强，空间邻近关系也最为紧密，而劳动密集型制造业与生产性服务业的产业关联相比较最弱，空间协同集聚程度也最低。京津冀地区要构建生产性服务业与制造业协同发展的产业空间分工体系，即北京、天津、石家庄等中心城市主要集聚各类生产性服务业，并发展部分高新技术制造业来保障城市的就业水平，夯实城市产业发展的基础；大城市周边的中小城市主要集聚各类制造业，并根据当地制造业的中间投入需求，适当发展交通运输服务、商务服务等生产性服务业部门。

6.4　制造业产业研究动态

6.4.1　装备制造业研发效率、创新等研究

"十三五"时期，我国高端装备制造业进入快速发展阶段，同时随着国家相关扶持政策不断推出，高端装备制造业发展也迎来了新机遇。但受国内外经济形势影响，高端装备制造业生存发展压力不断加大、国际竞争更加激烈、产业发展能力仍需提高、技术创新能力相对薄弱（陈昊洁和韩丽娜，2017）。学者围绕装备制造业的研发效率、TFP增长率、创新等问题展开研究。

1. 哪些因素影响中国装备制造业研发效率？

綦良群等（2017）认为中国装备制造业的研发直接产出效率大于研发成果经济转化效率；GVC 价值位势对产业研发两阶段效率具有显著正向影响；GVC 嵌入强度对产业研发直接产出效率具有负向影响，而对研发成果经济转化效率具有正向影响；研发人力资源质量和资金投入量等投入因素对产业研发两阶段效率均具有正向影响。浦徐进和诸葛瑞杰（2017）研究过度自信和公平关切对装备制造业供应链联合研发绩效的影响，发现供应商较高的过度自信和公平关切有利于激励双边研发努力投入的同步提高，并且最终实现较高的产品质量水平。

2. 装备业创新平台构建与创新网络演化

装备制造业高端化的新型产业创新平台的基本构成包括决策体系、信息感知和传输体系、智能生产与服务组织体系、创新支撑体系（夏后学等，2017）。林兰等（2017）研究表明：从网络结构看，DUI 是装备制造业创新结网的主要方式，产业伙伴比知识伙伴更重要；从空间尺度看，STI 和 DUI 的区域合作均重于本地合作；国家层面是中国装备制造业创新合作的最佳空间尺度；从环境需求看，优化本地创新资源并不能有效增强网络创新能力。叶琴等（2017）以东营石油装备业为例，探讨其创新网络演化情况，发现：多维邻近对东营创新网络发展产生了重要影响，且不同网络发展阶段（培育、起步、成长）主导的邻近因子不同；高校、大型国有企业是东营创新网络的知识源泉和组织者。

3. 中国装备制造业生产率研究

装备制造业和国内本国企业的垂直分工比国际分工和国内外国企业的分工更为普遍；相较于国内分工而言，国际分工深化有利于装备制造业生产率提升，而国内分工的生产率效应则为负；与其他性质企业相比，国有企业垂直专业分工对生产率的提升效应更为显著（赵霞，2017）。中国装备制造业 TFP 增长率不但在区域和省份之间存在差异，而且存在明显的内部行业异质性；技术进步和配置效率变化分别是提高和阻碍装备制造业 TFP 增长率的主要原因和障碍；除技术进步均为正值外，技术效率变化、规模效率变化和配置效率变化在装备制造业各行业中异质性相当明显；装备制造业及其细分行业仍未从真正意义上实现由粗放型向集约型增长方式的转变（王卫和綦良群，2017）。

4. 中国装备制造业竞争力研究

OFDI 通过提升生产效率、增强国内外需求匹配度、扩大产业开放程度以及增强相关产业协同性四条路径促进装备制造业国际竞争优势升级（刘震和张宏，2017）。朱建民和丁莹莹（2017）认为我国装备制造业大而不强，有必要通过加强知识管理提升竞争力。国外技术引进与模仿和外商直接投资与模仿是中国装备制造业的主要技术进步来源；国内技术引进与模仿和自主研发对技术进步有显著负向影响；行业特征和要素禀赋结构对技术选择模式的影响存在区域差异性（刘冬冬等，2017）。

5. 中国装备制造业贸易结构研究

李焱和原毅军（2017）认为中国装备制造业的外贸出口、对外投资发展迅速，国际产能合作方兴未艾，部分产品（如发电设备、造船、汽车）产量已位居世界前列。但是，由于中国装备制造企业创新路径主要依赖技术引进，自主创新能力较弱，装备制造业大而不强的问题日益突出，主要差距表现在：自主创新能力不强、具有资源密集型倾向的企业多，对生产性服务依赖的企业少，使得中国装备制造业被锁定在价值链低端。进口国 GDP、中国轨道交通装备制造业工业销售产值、进口国人口和政府最终消费支出以及优惠贸易制度安排对中国轨道交通装备出口贸易流量有积极的促进作用，而双边距离、铁路线网密度对出口贸易流量有消极的阻碍作用（施锦芳和郑晨，2017）。

6.4.2　高技术制造业排放和产出研究

周国富等（2017）基于投入产出表的结构分解技术对天津市各产业部门在消耗能源过程中排放的二氧化硫、氮氧化物和 $PM_{2.5}$ 一次源等主要污染物进行了结构分解分析，发现了各种污染物排放强度、技术水平和最终需求变动各自的影响，并据此测算了高技术制造业对这些污染物减排的贡献度。研究发现，通用、专用设备制造业，电气机械和器材制造业，通信设备、计算机和其他电子设备制造业对这几种主要污染物的减排做出了重要贡献，仪器仪表制造业对减排的贡献相对较小，而交通运输设备制造业对这几种主要污染物的排放量都在显著增加，化学产品加工业对氮氧化物的排放量也有所增加。

任皓等（2017）认为在知识经济内部知识密集型服务业与高技术产业具有明显的协同增长效应：对于低制造业结构、低收入水平的国家，知识密集型服务业对于高技术制造业产出弹性更高；对于中等收入国家，发展知识密集型服务业有利于本国高技术产业的发展，进而有助于跨越中等收入陷阱。

6.4.3　汽车制造业全要素生产率、社会责任报告披露研究

谭诗羽等（2017）利用2002～2007年中国汽车零部件和整车制造业的微观数据，实证分析2005年中国汽车工业国产化政策对企业全要素生产率的影响。研究发现：①整车厂商对零部件厂商的纵向技术溢出效应是国产化政策提升零部件企业全要素生产率的主要机制，但市场规模的扩张和短期内市场垄断程度的上升也使零部件企业产生了技术改进的惰性；②国产化政策对企业生产率的影响在不同所有制企业之间存在差异，内资企业、非国有企业更多地从整车厂商的技术溢出中获益，外资企业则更多地从市场规模的扩大中获益，国有企业生产率受该政策影响不显著；③国产化政策与同一时期税收减免政策之间的关系存在两面性，国产化政策下，受税收减免的FDI向本土零部件企业发生了更多的技术转移，受税收减免的企业本身却缺乏效率改进的动力。

桂根生和罗汀（2017）选取汽车制造业35家企业2007～2016年公开披露的社会责任报告进行研究，重点围绕社会责任报告披露情况和引用的编制依据进行分析。结果表明：汽车制造业社会责任报告数量整体偏少，篇幅差异大，采用多语种以及通过第三方审验的报告较少。报告引用的编制依据类别多、结构不统一，导致报告可比性较差。

6.4.4　航空制造业转型升级与产出研究

高启明（2017）认为创新驱动我国通用航空制造业转型升级有三条实现路径：一是基于技术路线；二是基于市场路线；三是基于全产业链创新。值得注意的是，三条路径存在较大差异，需综合考量再进行选择。黄鲁成等（2017）结合典型相关分析和格兰杰因果关系检验两种方法，采用1995年至2013年我国航空航天制造业相关数据进行实证研究航空航天制造业创新投入与产出关系。研究结论显示，我国航空航天制造业的创新投入与产出之间虽然具有高度相关性，但并不存在明显的格兰杰因果关系。

6.4.5　医药制造业企业分布与就业空间演变

陈长瑶等（2017）采用核密度分析（KDE）及相关方法，以吉林通化市专业化程度较高、带动能力较强的医药制造业为例，选取该市 1993、2003 和 2013 年三个时段的医药制造业企业数据，通过可视化刻画了医药制造业企业和就业的空间演变。研究表明：城市化水平、政府支持、经济集聚、人才集中、民营经济发展和空间成本是影响到通化市医药制造业企业分布的主要因素。

6.4.6　传统制造业转型升级策略分析

纪峰（2017）基于政府、制造业两个主体维度，从供给侧结构性改革视角提出传统制造业转型升级五大对策：降低制度性成本，理顺市场价格传导关系；规范地方政府行为，发挥市场配置资源作用；理清政府与企业关系，降低企业负担；加大创新投入，转变传统制造业发展方式；改善供给结构，提高制造业发展水平。

6.5　制造业企业研究动态

6.5.1　企业创新研究

1. 研发水平预测与研发补贴政策效果分析

并购可能性越大，企业预期市场竞争压力越大，研发水平越高；但对不同规模的企业，并购可能性对研发努力的正向作用并未表现出显著的差异；而且，若行业的平均议价能力水平较高，企业研发也较强。从所有制来看，由于所面对的竞争压力较大，在非国有企业中，行业内可能发生的并购对研发的正向作用要大于国有企业（任曙明等，2017）。整体而言，国有控股上市公司获得的政府研发补贴规模明显高于非国有控股上市公司；政府研发补贴规模对国有控股上市公司有显著的挤出效应，而对非国有控股上市公司呈现出非显著的激励效应；研发补贴政策的连续性对上市公司的研发投入有显著的激励效应，并对研发补贴规模产生的挤出效应起到一定的缓解作用（温明月，2017）。

2. 创新绩效的影响因素研究

上市前第 1 年进入企业的风险投资对企业创新绩效的促进作用不显著，上市前第 2 年进入企业的风险投资能够显著持续地促进企业创新绩效；上市前第 2 年进入企业的风险投资对渐进式创新绩效的促进作用大于对突破式创新绩效的促进作用；在上市前第 2 年进入企业的风险投资中，相对于单独风险投资和低资历风险投资，联合风险投资和高资历风险投资对企业创新绩效的促进作用更大（邹双和成力为，2017）。民营化可以持续地提高企业的创新水平，并且提高幅度随着时间的推移逐渐增大（孙文娜和苏跃辉，2017）。王红建等（2017）发现整体上，实体企业金融化挤出了企业创新，对于融资约束程度不同的两类公司，两者之间并无显著差异；套利动机越强的企业，金融化挤出企业创新效果越显著，而盈利能力越强的企业套利机会越少，且套利机会成本越高，因而金融化挤出企业创新显著性越弱。

3. 技术创新模式与自主创新研究

产业集聚显著降低了企业选择高端创新模式的概率（胡彬和万道侠，2017）。产业政策的实施对于制造业企业自主创新具有显著的促进作用，且对于非国有企业的促进作用更强；在作用机制方面，信贷优惠机制能够显著促进非国有制造业企业自主创新，税收减免以及政府补贴对制造业企业自主创新激励作用不显著，市场竞争促进政策对国有及非国有制造业企业自主创新都具有显著的激励作用，且对于非国有制造业企业创新激励作用更强（谭周令，2017）。

6.5.2　企业绩效与全要素生产率研究

王春豪等（2017）发现中国制造业上市公司库存管理对企业绩效提升具有显著的促进作用，深入实施精益库存管理的企业绩效与一般企业之间存在显著差异，且深入实施精益库存管理的企业绩效更高。过度的网络嵌入致使企业间信息冗余，并且模仿与追随效应使过度投资行为更为严重；维系企业间网络嵌入关系必然使企业面临协调网络中诸方利益等问题，使企业付出超额成本费用；网络资源丰裕的企业会更趋于强调市场运营能力，进而导致企业在创新投入方面资源分散并产生挤出效应，最终长期来看不利于企业生产效率的提升（李德辉等，2017）。在控制了其他特征因素后，契约环境的改善可以有效缓解企业债务融资约束，并且这种作用随着企业所处行业契约密集度的提高变得更加明显（杨畅和庞瑞芝，2017）。

较高的契约执行效率会通过融资成本渠道提高企业 TFP 增长率，且该效应随企业资本依赖度和融资依赖度的上升而更为明显。分地区看，由于边际效应递减，契约执行效率对中部地区企业的影响比东西部地区更明显；分行业看，契约执行效率对资本密集型企业 TFP 增长率的促进作用高于劳动密集型和技术密集型企业；分所有制看，私营企业从契约执行效率的改善中受益最大，而外资企业受益较小（张云等，2017）。政府补贴对企业生产率的提升产生了显著的负面效应（闫志俊和于津平，2017）。中国制造业 TFP 的增加对制造业生产分割长度有显著的正向影响（王高凤和郑玉，2017）。

6.5.3　企业出口国内附加值率与企业出口决策研究

上游垄断显著降低了下游企业出口 DVAR，其中对一般贸易企业和本土企业出口 DVAR 的抑制作用明显高于加工贸易企业和外资企业（李胜旗和毛其淋，2017）。影响机制检验显示，成本加成下降和研发创新弱化是上游垄断降低下游企业出口 DVAR 的可能渠道。此外，作者基于中国加入 WTO 所引发的大范围关税减免这一事实，进一步检验了中间品贸易自由化在上游垄断与下游企业出口 DVAR 关系中的调节效应，发现中间品贸易自由化有利于缓解上游垄断对下游企业出口 DVAR 的抑制作用。

叶建亮和方萃（2017）基于 2000～2006 年中国海关进出口数据库和工业企业数据库，实证研究企业出口决策中的邻近效应。结果表明：邻近在位出口企业的出口信号对潜在出口企业具有正向影响，邻近在位出口企业的数量增加则会抑制潜在出口企业的出口意愿；在位企业的出口信号和数量都显著降低了新出口企业在出口市场上的表现即更低的初次出口额和更高的退出概率；邻近企业的出口信号存在明显的空间衰减，行业衰减不明显；邻近出口企业的竞争效应在空间衰减上不显著，但是在省级空间尺度上，其行业衰减显著。

6.5.4　企业国际化率研究

宋铁波等（2017）以期望差距为切入点，构建了一个期望差距作用于企业国际化速度的理论框架。该框架认为，期望差距所引致的决策者快速国际化扩张意愿与企业快速国际化扩张资源的动态变化最终导致了不同企业的国际化速度差异。基于以上逻辑，通过对 2012~2015 年中国制造业上市公司经验数据的分析揭示：期望差距与企业国际化速度并非简单的线性关系，期望落差与企业国际化速度呈倒 U 型关系，而期望顺差与企业国际化速度呈 U 型关系；在高管国际经验丰富的企业或具有政治关联的企业中，期望落差与期望顺差对企业国际化速度的影响都将减弱。进一步区分企业所有权性质后发现：高管国际经验、政治关联对期望差距与企业国际化速度之间关系的削弱作用主要存在于非国有企业中，在国有企业中仅发现高管国际经验对期望落差与企业国际化速度之间关系的削弱作用。

6.5.5　企业的垄断行为研究

中国制造业垄断企业总体表现为创新型垄断，但不同类型的垄断企业存在一定差异（王贵东，2017）。含国家资本金的垄断企业较未含国家资本金的垄断企业更倾向于创新，含出口交货值的垄断企业较未含出口交货值的垄断企业更倾向于寻租，主营业务收入低的垄断企业较主营业务收入高的垄断企业更倾向于寻租。同时，在主营业务收入高的垄断企业中，既含国家资本金又含出口交货值的垄断企业更倾向于创新；在主营业务收入低的垄断企业中，含国家资本金但未含出口交货值的垄断企业更倾向于寻租。

6.5.6　企业社会责任研究

宋岩等（2017）以沪深两市 A 股制造业上市公司为研究对象，基于 2012~2014 年的面板数据，运用 STATA 12 探讨企业社会责任对应计和真实盈余管理的不同影响。衡量测度后显示制造业上市公司会同时进行应计和真实盈余管理两种方式，且企业社会责任与应计盈余管理、真实盈余管理均呈显著的负相关关系，这表明企业履行社会责任是一种道德行为，履行社会责任好的企业，其信息披露更加透明，从而抑制盈余管理行为。

6.6　本章小结

综上可知，2017 年制造业研究情况如下：

（1）从文献量上来看，总体研究的文献量最多，产业研究和企业研究的文献量基本持平，区域研究的文献量最少。有将近三分之二的文献从总体视角出发，探讨制造业相关问题；而区域层面的文献则只有广东、山东、河南、浙江、上海、西部和京津冀；产业层面则主要是装备制造业，其次是高技术制造业，其他制造业行业的文献甚少；企业层面的研究围绕企业创新、企业绩效等问题展开。

（2）从研究主题上来看，转型升级、贸易、资源与环境问题仍是研究重点，本书今年的主题——智能制造研究，按照本章文献筛选的标准尚未发现与之密切相关的文献。制造业转型升级与优化研究方面，制造业产出结构具备较大的优化调整空间（史丹和张成，2017），产业结构升级依赖于要素结构升级（苏杭等，2017），劳动力供给数量、质量与结构对制造业结构优化有影响（阳立高等，2017），不同阶段人民币升值对制造业升级的影响不同（李新功，2017），此外孟萍莉和董相町等众多学者还就制造业转型升级与优化的其他驱动因素展开分析。其次，制造业出口等贸易问题方面，学者对制造业出口数量、制造业出口技术含量、制造业出口质量的驱动因素进行了探讨，制造业企业成本加成率、制造业投资进入方式等问题亦受重视。资源与环境研究方面，学者就碳排放强度、资源配置效率、能源利用的影响因素进行了探讨。

（3）从研究方法上来看，以实证研究为主。在理论分析的基础上构建研究模型，基于已有的经济数据或企业调查数据等，进行验证性研究，而思辨分析、案例研究甚少。

基于上述分析，本章笔者认为在后续研究中应强化微观研究，强化智能制造研究，使中国顺利从制造大国向制造强国转变。

参 考 文 献

白雪洁, 孟辉. 2017. 服务业真的比制造业更绿色环保?——基于能源效率的测度与分解. 产业经济研究, (03): 1-14.

保永文. 2017. 知识产权保护、技术引进与中国制造业技术创新——基于面板数据的实证检验. 国际贸易问题, (06): 38-49.

曹宗平, 朱勤丰. 2017. 广东省制造业集聚与转移及其影响因素. 经济地理, (09): 111-117.

陈昊洁, 韩丽娜. 2017. 我国高端装备制造业产业安全问题研究. 经济纵横, (02): 79-82.

陈欢, 王燕, 周密. 2017. 中国制造业资本体现式技术进步及行业差异性研究. 科学学研究, 35(02): 217-229.

陈丽娴. 2017. 制造业企业服务化战略选择与绩效分析. 统计研究, (09): 16-27.

陈启斐, 李伟军. 2017. 逆向金融服务外包战略能否提高制造业增长质量: 基于投入产出表的分析. 南开经济研究, (02): 96-111.

陈万灵, 卢万青. 2017. 我国如何实现从制造业大国向制造业强国的转变——基于政府转型的研究视角. 财经科学, (11): 53-64.

陈喜强, 傅元海, 罗云. 2017. 政府主导区域经济一体化战略影响制造业结构优化研究——以泛珠三角区域为例的考察. 中国软科学, (09): 69-81.

陈小晔, 孙斌栋. 2017. 上海都市区制造业就业格局的演化及影响因素. 人文地理, 32(04): 95-101.

陈晓玲, 郭斌, 郭京京, 等. 2017. 技术梯度、市场梯度与制造业产业追赶绩效. 科学学研究, (07): 982-994.

陈长瑶, 杨青山, 赵瀚, 等. 2017. 资源型城市制造业企业空间分布研究——基于吉林通化医药制造业企业的分析. 经济地理, (07): 131-138.

楚明钦. 2017. 制造业结构失衡与全要素生产率损失——基于我国工业企业数据的经验分析. 软科学, 31(08): 13-18+24.

崔凌云, 李永平. 2017. 山东半岛蓝色经济区制造业空间转移研究. 地域研究与开发, 36(02): 40-44.

符文颖, 吴艳芳. 2017. 德国在华知识密集制造业投资进入方式的时空特征及区位影响因素. 地理学报, (08): 1361-1372.

高启明. 2017. 创新驱动我国通用航空制造业转型升级的实现路径. 经济纵横, (02): 73-78.

葛阳琴, 谢建国. 2017. 全球化还是区域化——中国制造业全球价值链分工及演变. 国际经贸探索, 33(01): 17-31.

耿晔强, 狄媛. 2017. 中间品贸易自由化、制度环境与企业加成率——基于中国制造业企业的实证研究. 国际经贸探索, 33(05): 51-68.

桂根生, 罗汀. 2017. 汽车制造业社会责任报告披露现状研究. 中国人口·资源与环境, (S2): 244-247.

韩国高. 2017. 环境规制能提升产能利用率吗?——基于中国制造业行业面板数据的经验研究. 财经研究, (06): 66-79.

胡彬, 万道侠. 2017. 产业集聚如何影响制造业企业的技术创新模式——兼论企业"创新惰性"的形成原因. 财经研究, 43(11): 30-43.

胡小娟, 陈欣. 2017. 技术创新模式对中国制造业出口贸易影响的实证研究. 国际经贸探索, (01): 47-59.

胡昭玲, 夏秋, 孙广宇. 2017. 制造业服务化、技术创新与产业结构转型升级——基于 WIOD 跨国面板数据的实证研究. 国际经贸探索, 33(12): 4-21.

黄凌云, 谢会强, 刘冬冬. 2017. 技术进步路径选择与中国制造业出口隐含碳排放强度. 中国人口·资源与环境, (10): 94-102.

黄鲁成, 黄斌, 吴菲菲, 等. 2017. 航空航天器制造业创新投入与产出关系研究. 科研管理, (02): 59-67.

纪峰. 2017. 供给侧结构性改革视角下传统制造业现状与转型对策研究. 经济体制改革, (03): 196-200.

蒋樟生. 2017. 制造业 FDI 行业内和行业间溢出对全要素生产率变动的影响. 经济理论与经济管理, (02): 78-87.

焦翠红, 孙海波, 董直庆. 2017. R&D 资源配置效率演化及研发补贴效应——来自制造业的经验证据. 山西财经大学学报, 39(02): 58-71.

金强, 陈勇明. 2017. 制造业升级的就业效应与财税政策探析*—基于制造业面板数据的实证检验. 税务研究, (10): 24-30.

赖伟娟, 钟姿华. 2017. 中国与欧、美、日制造业全球价值链分工地位的比较研究. 世界经济研究, (01): 125-134+137.

雷新军, 邓立丽. 2017. 供给侧改革视角下上海制造业转型升级路径探索. 上海经济研究, (07): 81-92.

李超, 张诚. 2017. 中国对外直接投资与制造业全球价值链升级. 经济问题探索, (11): 114-126.

李德辉, 范黎波, 杨震宁. 2017. 企业网络嵌入可以高枕无忧吗——基于中国上市制造业企业的考察. 南开管理评论, 20(01): 67-82.

李捷, 余东华, 张明志. 2017. 信息技术、全要素生产率与制造业转型升级的动力机制——基于"两部门"论的研究. 中央财经大学学报, (09): 67-78.

李强. 2017. 环境分权与企业全要素生产率——基于我国制造业微观数据的分析. 财经研究, (03): 133-145.

李胜旗, 毛其淋. 2017. 制造业上游垄断与企业出口国内附加值——来自中国的经验证据. 中国工业经济, (03): 101-119.

李伟, 贺灿飞. 2017. 劳动力成本上升与中国制造业空间转移. 地理科学, 37(09): 1289-1299.

李晓钟, 陈涵乐, 张小蒂. 2017. 信息产业与制造业融合的绩效研究——基于浙江省的数据. 中国软科学, (01): 22-30.

李新功. 2017. 人民币升值与我国制造业升级实证研究. 中国软科学, (05): 38-46.

李雪松, 孙博文. 2017. 高铁开通促进了地区制造业集聚吗?——基于京广高铁的准自然试验研究. 中国软科学, (7): 81-90.

李丫丫, 潘安. 2017. 工业机器人进口对中国制造业生产率提升的机理及实证研究. 世界经济研究, (03): 87-96+136.

李焱, 原毅军. 2017. 中国装备制造业全球价值链构成特征及发展对策. 国际经济合作, (07): 53-56.

林兰, 曾刚, 吕国庆. 2017. 基于创新"二分法"的中国装备制造业创新网络研究. 地理科学, (10): 1469-1477.

刘波, 杨芮, 李科. 2017. 科技成果转化中试风险源研究——基于西北地区制造业的实证分析. 科学学与科学技术管理, 38(01): 75-87.

刘冬冬, 董景荣, 王亚飞. 2017. 行业特征、要素禀赋结构与技术进步路径选择——基于中国装备制造业的实证检验. 科研管理, (09): 132-141.

刘海云, 廖庆梅. 2017. 中国对外直接投资对国内制造业就业的贡献[J]. 世界经济研究, (03): 56-67+135.

刘琳, 盛斌. 2017. 全球价值链和出口的国内技术复杂度——基于中国制造业行业数据的实证检验. 国际贸易问题, (03): 3-13.

刘明, 赵彦云. 2017. 中国制造业产业结构空间关系与实证. 经济理论与经济管理, (03): 26-36.

刘清春, 张莹莹, 李传美. 2017. 基于空间杜宾模型的山东省制造业时空分异研究. 地理科学, (05): 691-700.

刘震, 张宏. 2017. OFDI 提升我国装备制造业国际竞争优势的博弈分析. 软科学, 31(11): 25-29+48.

刘竹青, 盛丹. 2017. 人民币汇率、成本加成率分布与我国制造业的资源配置. 金融研究, (07): 1-15.

吕越, 李小萌, 吕云龙. 2017a. 全球价值链中的制造业服务化与企业全要素生产率. 南开经济研究, (03): 88-110.

吕越, 吕云龙, 高媛. 2017b. 中间品市场分割与制造业出口的比较优势——基于全球价值链的视角. 产业经济研究, (05): 51-61.

吕云龙, 吕越. 2017. 上游垄断与制造业出口的比较优势——基于全球价值链视角的经验证据. 财贸经济, 38(08): 98-111.

毛琦梁, 王菲. 2017. 空间接近能促进空间均衡吗?——基于交通发展对制造业增长的非线性影响研究. 产业经济研究, (06): 38-51.

孟萍莉, 董相町. 2017. 生产性服务业 FDI、OFDI 对制造业结构升级的影响——基于灰色关联理论的实证分析. 经济与管理, 31(03): 74-79.

聂飞, 刘海云. 2017. 对外直接投资的母国制造业集聚效应研究. 软科学, 31(03): 34-37.

彭冬冬, 刘景卿. 2017. 中间品贸易自由化与中国制造业企业的成本加成. 产业经济研究, (01): 25-36.

浦徐进, 诸葛瑞杰. 2017. 过度自信和公平关切对装备制造业供应链联合研发绩效的影响. 管理工程学报, (1): 10-15.

綦良群, 蔡渊渊, 王成东. 2017. 全球价值链的价值位势、嵌入强度与中国装备制造业研发效率——基于 SFA 和研发两阶段视角的实证研究. 研究与发展管理, (06): 26-37.

钱学锋, 龚联梅. 2017. 贸易政策不确定性、区域贸易协定与中国制造业出口. 中国工业经济, (10): 81-98.

曲晨瑶, 李廉水, 程中华. 2017. 产业聚集对中国制造业碳排放效率的影响及其区域差异. 软科学, 31(01): 34-38.

任皓, 周绍杰, 胡鞍钢. 2017. 知识密集型服务业与高技术制造业协同增长效应研究. 中国软科学, (08): 34-45.

任曙明, 许梦洁, 王倩, 等. 2017. 并购与企业研发: 对中国制造业上市公司的研究. 中国工业经济, (07): 137-155.

邵帅, 张曦, 赵兴荣. 2017. 中国制造业碳排放的经验分解与达峰路径——广义迪氏指数分解和动态情景分析. 中国工业经济, (03): 44-63.

邵宜航, 李泽扬. 2017. 空间集聚、企业动态与经济增长: 基于中国制造业的分析. 中国工业经济, (02):

5-23.

盛斌, 毛其淋. 2017. 进口贸易自由化是否影响了中国制造业出口技术复杂度. 世界经济, (12): 52-75.

施锦芳, 郑晨. 2017. 中国轨道交通装备制造业贸易结构与出口潜力的实证研究. 宏观经济研究, (03): 101-117.

石敏俊, 逄瑞, 郑丹, 等. 2017. 中国制造业产业结构演进的区域分异与环境效应. 经济地理, 37(10): 108-115.

史丹, 张成. 2017. 中国制造业产业结构的系统性优化——从产出结构优化和要素结构配套视角的分析. 经济研究, 52(10): 158-172.

史青, 张莉. 2017. 中国制造业外包对劳动力需求弹性及就业的影响. 数量经济技术经济研究, (09): 128-144.

宋华盛, 朱小明. 2017. 中国对外反倾销与制造业企业成本加成. 国际贸易问题, (12): 94-107.

宋铁波, 钟熙, 陈伟宏. 2017. 期望差距与企业国际化速度: 来自中国制造业的证据. 中国工业经济, (06): 175-192.

宋岩, 滕萍萍, 秦昌才. 2017. 企业社会责任与盈余管理: 基于中国沪深股市 A 股制造业上市公司的实证研究. 中国管理科学, (05): 187-196.

苏杭, 郑磊, 牟逸飞. 2017. 要素禀赋与中国制造业产业升级——基于 WIOD 和中国工业企业数据库的分析. 管理世界, (04): 70-79.

苏敬勤, 单国栋. 2017. 本土企业的主导逻辑初探: 博弈式差异化——基于装备制造业的探索性案例研究. 管理评论, (02): 255-272.

孙文娜, 苏跃辉. 2017. 民营化与制造业企业创新. 产业经济研究, (03): 58-68+80.

谭诗羽, 吴万宗, 夏大慰. 2017. 国产化政策与全要素生产率——来自汽车零部件制造业的证据. 财经研究, 43(04): 82-95.

谭周令. 2017. 产业政策激励与中国制造业企业自主创新——来自于中国 A 股上市公司的证据. 当代经济科学, 39(03): 59-65+126.

唐红祥. 2017. 交通基础设施视角下西部地区制造业集聚的区位熵分析. 管理世界, (06): 178-179.

唐晓华, 陈阳, 张欣钰. 2017. 中国制造业集聚程度演变趋势及时空特征研究. 经济问题探索, (05): 172-181.

唐志芳, 顾乃华. 2017. 产业互动、区域异质性与制造业劳动收入占比——基于三水平多层模型的实证研究. 国际经贸探索, 33(06): 4-17.

佟家栋, 洪倩霖. 2017. 国有企业改制对制造业企业工资与雇佣的动态影响. 产业经济研究, (02): 102-113.

汪思齐, 王恕立. 2017. 制造业双向 FDI 生产率效应的行业差异及人力资本门槛估计. 经济评论, (02): 100-112.

王春豪, 张杰, 马俊. 2017. 精益库存管理对企业绩效的影响研究——来自中国制造业上市公司的实证检验. 管理评论, (05): 165-174.

王高凤, 郑玉. 2017. 中国制造业生产分割与全要素生产率——基于生产阶段数的分析. 产业经济研究, (04): 80-92.

王贵东. 2017. 中国制造业企业的垄断行为: 寻租型还是创新型. 中国工业经济, (03): 83-100.

王红建, 曹瑜强, 杨庆, 等. 2017. 实体企业金融化促进还是抑制了企业创新——基于中国制造业上市公司的经验研究. 南开管理评论, 20(01): 155-166.

王卫, 綦良群. 2017. 中国装备制造业全要素生产率增长的波动与异质性. 数量经济技术经济研究, 34(10): 111-127.

王彦芳, 陈淑梅. 2017. 全球价值链视角下中国制造业出口贸易网络格局分析. 当代财经, (07): 92-102.

魏龙, 王磊. 2017. 全球价值链体系下中国制造业转型升级分析. 数量经济技术经济研究, (06): 71-86.

温明月. 2017. 政府研发补贴的连续性与企业研发投入——基于 185 家制造业上市公司的实证分析. 公共行政评论, 10(01): 116-140+208.

吴静. 2017. 区际产业转移对西部制造业转型升级的影响——基于产业价值链视角. 软科学, (05): 21-25.

吴群锋. 2017. 进口竞争缓解了制造业性别工资歧视吗. 国际贸易问题, (04): 49-61.

席强敏, 罗心然. 2017. 京津冀生产性服务业与制造业协同发展特征与对策研究. 河北学刊, (01): 122-129.

夏后学, 谭清美, 王斌. 2017. 装备制造业高端化的新型产业创新平台研究—智能生产与服务网络视角. 科研管理, (12): 1-10.

肖国东. 2017. 我国制造业技术创新要素空间分布结构性矛盾及对策. 经济纵横, (03): 90-95.

邢彦, 张慧颖. 2017. 生产性服务业 FDI 与制造业出口技术进步——基于知识产权保护的门槛效应. 科学学与科学技术管理, 38(08): 29-45.

徐伟呈, 范爱军. 2017. 人民币汇率对中美制造业就业和工资影响的比较研究——来自细分行业的经验数据. 世界经济研究, (06): 77-90.

许家云, 毛其淋, 杨慧. 2017. 出口退税率差异化的资源误置效应: 基于中国制造业生产率动态分解的视角. 统计研究, (06): 27-37.

闫志俊, 于津平. 2017. 政府补贴与企业全要素生产率——基于新兴产业和传统制造业的对比分析. 产业经济研究, (01): 1-13.

阳立高, 龚世豪, 韩峰. 2017. 劳动力供给变化对制造业结构优化的影响研究. 财经研究, 43(02): 122-134.

杨畅, 庞瑞芝. 2017. 契约环境、融资约束与"信号弱化"效应——基于中国制造业企业的实证研究. 管理世界, (04): 60-69.

杨丹辉, 渠慎宁, 李鹏飞. 2017. 中国利用外资区位条件的变化: 基于中美制造业成本的比较分析. 国际贸易, (09): 44-50.

杨飞. 2017. 中美制造业技术差距及其影响因素研究. 世界经济研究, (08): 122-134.

杨校美, 谭人友. 2017. 资本深化对中国制造业劳动生产率的影响: 市场选择与政府行为. 南方经济, (07): 51-69.

叶建亮, 方萃. 2017. 邻近效应与企业出口行为: 基于中国制造业出口企业的实证研究. 国际贸易问题, (03): 98-107.

叶琴, 曾刚, 杨舒婷, 等. 2017. 东营石油装备制造业创新网络演化研究. 地理科学, (07): 1023-1031.

尹伟华. 2017. 全球价值链视角下中国制造业出口贸易分解分析——基于最新的基于最新的 WIDD 数据. 经济学家, (08): 33-39.

尹向飞, 刘长石. 2017. 环境与矿产资源双重约束下的中国制造业全要素生产率研究. 软科学, (02): 9-13.

余东华, 水冰. 2017. 信息技术驱动下的价值链嵌入与制造业转型升级研究. 财贸研究, 28(08): 53-62.

余东华, 孙婷. 2017. 环境规制、技能溢价与制造业国际竞争力. 中国工业经济, (05): 35-53.

余珮. 2017. 美国再工业化背景下中美制造业嵌入全球价值链的比较研究. 经济学家, (11): 88-96.

袁红林, 许越. 2017. 增加值贸易视角下中国制造业出口竞争力的再测算. 当代财经, (12): 98-107.

原毅军, 孙大明. 2017. 合作研发影响制造业技术升级的机理及实证研究. 经济学家, (08): 49-55.

张其仔, 李蕾. 2017. 制造业转型升级与地区经济增长. 经济与管理研究, 38(02): 97-111.

张洋. 2017. 政府补贴提高了中国制造业企业出口产品质量吗. 国际贸易问题, (04): 27-37.

张云, 刘帅光, 李双建. 2017. 契约执行效率、融资成本与 TFP 增长率——来自中国制造业企业的证据. 南开经济研究, (05): 118-135.

张志明, 崔日明, 代鹏. 2017. 贸易开放、《劳动合同法》实施与中国制造业用工行为——基于增加值贸易视角. 国际贸易问题, (04): 153-165.

赵霞. 2017. 生产性服务投入、垂直专业化与装备制造业生产率. 产业经济研究, (02): 14-26.

周国富, 李妍, 刘晓丹. 2017. 高技术制造业对大气污染物减排的贡献度——以天津为例. 软科学, 31(11): 6-10.

周锐波, 李晓雯. 2017. 广东省制造业空间格局演化及其影响因素研究. 人文地理, (02): 95-102.

周琢, 权衡, 陈陶然. 2017. 制造业出口、分工深化效应与企业的劳动收入占比. 国际贸易问题, (02): 16-26.

朱高峰, 王迪. 2017. 当前中国制造业发展情况分析与展望: 基于制造强国评价指标体系. 管理工程学报, (04): 1-7.

朱建民, 丁莹莹. 2017. 以知识管理新范式提升我国装备制造业竞争力研究. 经济纵横, (06): 22-27.

邹双, 成力为. 2017. 风险投资进入对企业创新绩效的影响——基于创业板制造业企业的 PSM 检验. 科学学与科学技术管理, (02): 68-76.

撰稿人：余莱花　李健旋

审稿人：程中华

第7章

学术文献推荐

7.1 引　　言

基于前面两章的分析，本章推荐外文文献和中文文献各 10 篇。文章的遴选主要基于以下原则：①研究内容覆盖制造业智能化、环境污染、国际贸易等多元化主题；②文献发表的期刊为经济管理类或者行业类权威期刊；③研究的结论凸显对中国的借鉴意义。

7.2 外文学术文献推荐

1. Does Manufacturing Matter for Economic Growth in the Era of Globalization?

中文题目：制造业对全球化时代的经济增长是否重要？

作者：Pandian R K

出处：Economía（《经济》），2017，17（3）：319-335.

推荐理由：①通过对发达国家与发展中国家制造业对经济增长的影响进行比较，探讨了不同发展阶段下制造业对经济增长的影响程度的不同。比较研究对于全球化时代背景下发展中国家经济增长策略的制定有一定的启示意义。②文章采用 1970～2010 年期间的制造业面板数据，时间跨度长、数据量大，得出的结论更具有可靠性。

内容简介：以 1970～2010 年期间发展中国家和发达国家制造业数据为基础，使用差异模型来研究制造业就业份额对经济增长的影响，以及这些影响如何随着时间的推移而改变。研究发现：制造业就业对所有国家的新古典经济增长都有很强的正向影响；对于欠发达国家，制造业就业份额对经济增长的重要性在研究的时间段内有所下降，特别是在 1990 年之后。

2. Drivers of Structural Transformation: The Case of the Manufacturing Sector in Africa

中文题目：结构转型的驱动因素：非洲制造部门的案例

作者：Abdoul G M

出处：World Development（《世界发展》），2017，（99）：141-159.

推荐理由：①分析非洲制造业结构转型的驱动因素，研究对象较为新颖。一方面，虽然针对非洲制造业的研究文献并不鲜见，但是较少有学者关注其结构转型驱动因素；另一方面，样本的选择涉及非洲 53 个国家，因而本文的分析有助于把握这一地区制造业的整体结构转型特征。②研究结论的创新性。文献考虑了汇率、政府治理、国内市场规模、城市化等影响结构转型的变量，其实证结论显示，FDI 与城市化对制造业发展无显著影响，与部分学者观点不同。一般而言，东道国投资的 FDI 存在技术溢出效应；而城市化可能意味着城市基础设施的改善，以上都可能显著作用于制造业。由此深入挖掘这两个变量在实证分析中影响并不显著的机理，可能对于 FDI、城市化政策的制定起到重要作用。

内容简介：采用 1995～2014 年期间 53 个非洲国家的制造业面板数据，使用系统 GMM

技术研究非洲制造业结构转型的驱动因素。结果发现：①GDP 的制造业份额与人均 GDP 之间存在 U 形关系；②汇率贬值刺激非洲制造业；③善政，尤其是腐败程度低和政府效能高，有助于非洲的制造业发展；④国内市场规模对 GDP 的制造业份额有积极影响，此外，FDI 和城市化对非洲制造业发展没有显著影响。

3. Regional Productivity Convergence: An Analysis of the Pulp and Paper Industries in U.S., Canada, Finland, and Sweden

中文题目：区域生产率收敛：针对美国、加拿大、芬兰和瑞典纸浆和造纸行业的分析

作者：Hussain J, Bernard J T

出处：Journal of Forest Economics（《森林经济期刊》），2017，（28）：49-62.

推荐理由：①考虑区域的多样性。加拿大选取林地面积最大的省，美国选取与加拿大四个地区工业条件相似的区域作为研究对象。区域的多样性条件凸显了对比分析结论的可靠性。②数据量庞大。使用芬兰和瑞典两个北欧国家的行业数据补充北美区域数据，且时间跨度 35 年，在此情境下融合指数与计量检验模型揭示纸浆和造纸行业的生产率收敛情况，庞大的数据与综合性的定量分析同样表明结论的科学性。

内容简介：采用 1971～2005 年间美国和加拿大八个地区纸浆和造纸工业数据，利用指数法和计量检验模型来研究区域生产率收敛问题。加拿大各省和南部邻国的制浆造纸业生产率趋同性较高，究其原因在于它们是贸易伙伴，在纸浆和纸制品方面的交流水平相当高；针对美国和加拿大的研究结论支持了追赶假说；两个曾在 1971 年生产率水平最低的北欧国家，生产率已经消除了大部分差距，在某些情况下甚至超过北美地区。

4. Energy and GHG Emission Efficiency in the Chilean Manufacturing Industry: Sectoral and Regional Analysis by DEA and Malmquist Indexes

中文题目：智利制造业的能源和温室气体排放效率：基于 DEA 和 Malmquist 指数的部门和区域分析

作者：Pérez K, González-Araya M C, Iriarte A

出处：Energy Economics（《能源经济学》），2017，（66）：290-302.

推荐理由：①基于 DEA 模型对智利工业和区域层面的制造业能源效率和温室气体排放进行分析，在一定程度上弥补了现有文献缺乏南美地区制造业研究的缺憾；②比较了 DEA 处理非期望输出的三种方法，并纳入权重限制，以强调减少温室气体排放量。这种对比分析的优点在于可以选择更适合于产出特点的模型，为制造业细分行业的能源效率、温室气体排放的减少提供分类指导建议。

内容简介：根据智利 1995～2010 年期间制造业面板数据，构建数据包络分析方法（DEA）模型对智利制造业的能源效率和温室气体排放进行研究，并使用 Malmquist 指数对非期望产出的时间演化进行剖析。研究发现位于 Coquimbo, La Araucania 与 Aysen 的行业效率最高，而 Tarapaca, Antofagasta 和 Biobio 地区的行业效率较低。效率最高的制造业部门为通信设备制造业、金属制造业和服装加工；食品和饮料制造、纺织品和非金属矿物

冶炼工业的效率最低。

5. Nonparametric Measures of Capacity Utilization of the Tunisian Manufacturing Industry: Short-and Long-Run Dual Approach

中文题目：突尼斯制造业产能利用率的非参数测度：基于短期和长期双重方法的分析

作者：Kalai M

出处：Journal of the Knowledge Economy（《知识经济杂志》），2017-02-23[2018-11-08]. https://link.springer.com/article/10.1007/s13132-017-0463-3.

推荐理由：①确定了产能利用率测度的双重方法。文献试图建立一种非参数方法，求出企业的长期平均总成本曲线的最小值，通过测量行业的产能利用率来确定其生产能力；在长期规模报酬不变的情况下，确定短期平均总成本曲线的最小值来衡量短期的产能利用率。在实证分析中，采用迭代搜索对具有可变规模回报的短期平均总成本曲线的准固定资本因子进行数据包络分析，论文为产能利用率的测度提供了一种新的思路。②选择非洲的突尼斯作为研究对象，有助于了解该国的制造业发展特征，对非洲其他国家的研究也起到一定的示范作用。

内容简介：利用突尼斯 1961～2014 年期间制造业及其六个部门的面板数据，采用数据包络分析方法测算企业的产能利用率。在长期规模报酬不变的情况下，确定短期平均总成本曲线的最小值来衡量短期的产能利用率。研究发现，大部分行业的平均产能利用率都在 60%左右。

6. Does Upstream Regulation Matter When Measuring the Efficiency Impact of Information Technology? Evidence Across EU and US Industries

中文题目：在衡量信息技术对效率的影响时，上游监管是否重要？——来自欧盟和美国产业的证据

作者：Papaioannou S K, Dimelis S P

出处：Information Economics & Policy（《信息经济学与政策》），2017，（41）：67-80.

推荐理由：①厘清 ICT 对效率产生的影响。依据实证分析结论，ICT 技术能否改变行业的低效率状况取决于行业的差异性及上游管制情况。不同于低技术制造业与服务业，ICT 对高科技产业效率影响不显著；上游管制程度越强，则 ICT 影响程度会越低。该研究结论意味着两点，一是如果要扭转服务业技术低效状况，应放松管制；二是通信技术在低技术制造业与服务业两类行业中的使用极为必要。②实证模型具有一定的创新性。文章采用了随机前沿分析方法，所估计的技术低效模型考虑了 ICT 与上游监管的交互作用，与现实吻合，研究模型新颖。③选择的样本主要包括欧盟与美国的 192 个工业数据，并未涉及发展中国家样本，由于部分发展中国家信息通信技术使用状况、行业管制等与发达国家存在差异性，因而该论文的另一个启示是，其结论未必适用于中国、印度等国，也表明在后期的工作中有必要以发展中国家为例进一步展开分析。

内容简介：使用 1995～2007 年期间欧盟和美国产业的面板数据集进行随机前沿分析，探究了信息通信技术在降低行业技术低效率方面的作用以及控制上游监管的影响。

结论显示，ICT 可以改变低技术制造业的技术无效状况；而在服务行业中，这种影响力只有在监管水平较低时才会显著；ICT 对高科技产业的效率作用是有限的。研究结论还验证了反竞争监管对效率低下的制造业影响越来越大。

7. Trade Liberalization, Market Share Reallocation, and Aggregate Productivity: The Case of the Indonesian Manufacturing Industry

中文题目：贸易自由化、市场份额再分配与总生产率——以印尼制造业为例

作者：Hayakawa K, Matsuura T

出处：Developing Economies（《发展经济学》），2017，55（3）：230-249.

推荐理由：①东南亚包括菲律宾、马来西亚、印度尼西亚等国，部分国家的经济结构具有一定的类似性，因而以后者作为研究对象分析贸易自由化对其制造业生产率的影响，分析结论为该地区其他国家的制造业研究提供了有益的借鉴。②文献分别剖析了削减关税与制造业生产率、市场份额的关系，指出贸易自由化可以提高制造业生产率，研究结论具有一定的创新性，其潜在政策含义在于：贸易保护政策对制造业生产率可能产生负向作用，应审慎实施。

内容简介：使用 1993～2005 年印度尼西亚制造业企业层面数据，以生产率、产出和退出可能性为重点，估计了贸易自由化对制造业生产效率的影响。然后，使用简单的动态模拟方法，计算关税在初始阶段保持不变时可能产生的影响。研究结论显示，虽然通过关税的削减来提高企业层面的生产率对总生产率增长作用显著，但对市场份额重新分配的贡献却相对较弱。研究发现影响贸易自由化的重点是生产力，产量和退出的可能性。使用简单的动态模拟方法，研究如果关税保持恒定的初始阶段时，通过关税削减对制造业造成的影响大小。

8. Industry 4.0: A Survey on Technologies, Applications and Open Research Issues

中文题目：工业 4.0：技术、应用和开放研究问题综述

作者：Lu Y

出处：Journal of Industrial Information Integration（《工业信息集成期刊》），2017，（6）：1-10.

推荐理由：①数据收集严谨，评述较为系统。正如文中所述，"工业 4.0"涉及物联网、网络物理系统、信息和通信技术、企业架构等诸多方面，但当前的文献未能对其展开系统地评书。基于此，本文进行了有益的尝试，检索 2011～2016 年间《科学》和《谷歌学者》收录的论文，最终选取 88 篇论文作为研究对象。文献来源可靠，工作量大，评论过程中文献的分类较为全面。②文献构建了"工业 4.0"协同性的概念框架。协同性代表了两个系统交换数据、共享信息与知识的能力，也是"工业 4.0"关键原则之一。对于协同性概念框架的建立，有助于把握"工业 4.0"的重要特征。③评述内容对于 "中国制造 2025"的理论研究具有较强的启示意义。

内容简介：以"工业 4.0"为关键词，通过检索 2011～2016 年间在《科学》和《谷歌学者》发表的论文，选取 88 篇文献分为五个类别，对"工业 4.0"进行了全面的回顾

并进行综述，概述了"工业 4.0"的内容、范围和研究结论。此外，论文还概述了"工业 4.0"协同性的关键问题，提出"工业 4.0"协同性的概念框架，并讨论了未来"工业 4.0"研究的挑战和趋势。

9. Big Data Analytics for Physical Internet-based Intelligent Manufacturing Shop Floors

中文题目：基于物理互联网的智能制造车间大数据分析

作者：Zhong R Y, Xu C, Chen C, et al.

出处：International Journal of Production Research（《国际生产研究杂志》），2017，55（9）：2610-2621.

推荐理由：①将物理网络概念应用于制造车间，实现了物流资源向智能制造对象的转换，拓展了制造业信息化研究的范围。②提出大数据分析框架来处理 RFID 车间的物流数据集。通过数据结构的引入、解释和行为，以适应 PI 物流车间 RFID 物流数据的特点。③在基于 PI 的车间物流管理下，定义了一些关键绩效指标（KPI），以评估 RFID 大数据中的不同制造对象。研究结果转化为管理指导，可用于支持实践中的物流决策。

内容简介：研究将 PI 概念扩展到制造车间，通过物联网（IoT）和无线技术，将典型的物流资源转换为智能制造对象（SMO），从而创建具有 RFID 功能的智能车间环境。在这种基于 PI 的环境中，可以捕获和收集大量的 RFID 数据。研究发现，基于 PI 的环境下，物流决策中主要考虑了任务权重。此外，停留最长的时间为 12.17（单位时间），占总交货时间的 40.57%，这意味着此缓冲区具有库存水平高的特点。研究的主要结论和观察结果影响了管理活动，对于各种用户在 PI 启用的智能车间下做出物流决策是有用的。

10. Firm Growth and R&D: Evidence from the Portuguese Manufacturing Industry

中文题目：企业增长与 R&D：以葡萄牙制造业为例

作者：Oliveira B, Fortunato A

出处：Journal of Evolutionary Economics（《演化经济学期刊》），2017，27（3）：1-15.

推荐理由：①对企业成长动力的实证文献做出了重要贡献。论文考虑了系统化与随机性两类影响企业成长的因素，并将企业规模进行细分，对比大公司与小公司成长的机理，分析较为全面。②对比分析了研发投资与实物投资对公司成长的影响，政策建议更具有针对性。论文的实证分析结论创新点在于，与实物投资不同，研发投资对公司增长率影响不显著；且对不同规模的企业而言，实物投资的效果存在差异，这一点为不同类型企业的投资决策提供了理论指导。③提出了具有序列相关性的动态企业增长模型，研究方法具有一定的创新性。

内容简介：采用 1990～2001 年间 1248 个葡萄牙制造企业面板数据，研究 R&D 活动以及 R&D 投资对企业成长的影响。结果表明研发强度与研发投资对公司增长率没有影响，但是实物投资对企业成长有正向作用；较之于大公司，小公司实物资本投资的作用更显著。此外，在决定公司成长时，随机因素比系统性因素更重要。

7.3 中文学术文献推荐

1. 题目：全球价值链体系下中国制造业转型升级分析

作者：魏龙，王磊

出处：数量经济技术经济研究，2017，（6）：71-86.

推荐理由：中国制造业处于全球价值链（GVCs）的低端，提升中国制造业在 GVCs 中的地位是其转型升级的必然需求，这决定了文献研究在理论上的重要性。另一方面，文献根据 14 个产业的主导环节，提出了不同于"二元驱动"的 GVCs 混合主导型，对被作为广泛应用的价值分配模型"微笑曲线"和"二元驱动"模型在产业层面进行了论证。此外，基于产业异质性，找到促进中国制造业升级的相关因素，探索产业转型升级中应遵循的规律，对促进中国制造业的价值链攀升有一定价值。

内容简介：为了归纳全球价值链体系下中国制造业转型升级方向和规律，本文基于 WIOD 数据和 KPWW 方法，通过多元面板回归分析寻找 GVCs 嵌入位置与分工地位之间的关系，将 14 个制造业产业按 GVCs 主导环节归类。以 40 个经济体嵌入位置的时序变化，讨论升级方向对各国产业升级幅度的影响，分析有利于制造业升级的相关因素。研究发现：14 个制造业产业可以分为上游环节主导、下游环节主导和混合主导三类；以三类产业的主导环节作为产业升级方向能够提升产业升级幅度；高级生产要素对制造业升级的促进作用强于传统生产要素。

2. 题目：信息产业与制造业融合的绩效研究——基于浙江省的数据

作者：李晓钟，陈涵乐，张小蒂

出处：中国软科学，2017，（1）：22-30.

推荐理由：首先，文献具有很强的现实意义。2015 年以来，我国政府提出了"互联网+"行动计划，大力推进云计算、物联网、大数据、移动互联网等与制造业结合，信息产业正以前所未有的速度渗透到制造产业的各个部分。其次，用投入产出表估算信息产业与制造业的融合度，研究方法相比于其他常用的方法（如赫芬达尔指数法、专利系数法等）更全面和准确。再者，对浙江省的分析，不仅将其与全国平均水平进行比较，而且将其分阶段进行对比，全面揭示了浙江省信息产业与制造业融合水平变化趋势及对产业绩效的影响。

内容简介：本文基于产业融合的相关理论，利用投入产出法估算浙江及全国信息产业与制造业各个行业的融合度，构建基于 SCP 分析框架估算产业融合对产业绩效影响的模型，从横向和纵向两个层面比较分析浙江省信息产业与制造业各行业的融合度及产业融合对制造业各行业绩效的影响效应。研究结果表明，浙江省信息产业与制造业各行业的融合度总体趋于上升；产业融合度、国有企业占比和市场开放度与产业绩效呈正相关关系，但市场集中度与产业绩效呈负相关关系。从分阶段来看，2010～2012 年阶段相比于 2005～2007 年阶段，产业融合度对产业绩效的正向作用更为明显。为此，本文提出加强信息化基础设施建设、提高信息产业竞争力、推进"互联网+制造"计划、发挥产业集聚的优势、增强企业创新能力等建议，以期进一步提升产业融合对制造业产业绩效的促进作用。

3. 题目：贸易政策不确定性、区域贸易协定与中国制造业出口

作者：钱学锋，龚联梅

出处：中国工业经济，2017，（10）：81-98.

推荐理由：首先，本研究从微观层面对比 RCEP 和 TPP 协议对中国制造业的影响，揭示 TPU 作用中国制造业出口的机制，突破了现有文献主要是从宏观层面研究 TPP 协议对中国的影响。其次，论文在模型构建时，纳入相对贸易不确定性，研究其对中国制造业出口的影响，并模拟中国加入或不加入 TPP 和 RCEP 对中国制造业出口影响的差异。

内容简介：基于区域全面经济伙伴关系协定和跨太平洋伙伴关系协定对中国带来的贸易政策不确定性及其对制造业出口影响的研究，不仅为中国的区域经济一体化战略提供一定的参考，还对制造业企业的出口目的地和行业选择提供了依据。利用 2005 年和 2010 年的关税和贸易数据，比较分析了中国与上述两组区域贸易协定成员国之间的贸易政策不确定性对中国制造业出口的影响及其作用机制，并从微观产品层面模拟分析了加入这两组区域贸易协定给中国制造业出口带来的影响。发现，中国与两组区域贸易协定成员国之间的贸易协议降低了中国面临的贸易政策不确定性，促进了中国制造业的出口；区域全面经济伙伴关系协定成员国之间的贸易协议给中国带来的相对贸易政策不确定性促进了中国制造业的出口。贸易政策不确定性对中国制造业出口的影响主要是通过集约边际来实现。进一步的反事实模拟表明，如果中国加入这两组区域贸易协定，中国制造业出口增长率将增加 3.86% 和 16.28%。尤其是在美国退出跨太平洋伙伴关系协定后，中国制造业出口增长率将增加 16.47%，即中国与其他成员国之间的贸易协议对中国制造业出口的促进作用更强。这说明当前中国应抓住美国退出跨太平洋伙伴关系协定的契机，开启加入该区域协定的谈判路程。进一步地，分国家的反事实模拟表明，如果中国与日本和墨西哥签订贸易协定，中国制造业出口增长率将分别上升 15.15% 和 43.10%，所以中国应积极地与这两个国家签订贸易协定。

4. 题目：契约环境、融资约束与"信号弱化"效应——基于中国制造业企业的实证研究

作者：杨畅，庞瑞芝

出处：管理世界，2017，（4）：60-69.

推荐理由：从企业微观层面出发，探索制造业转型与结构升级的有效途径，与大多数聚焦于产业层面的研究不同。文献以制造业企业债务融资为研究对象，深入剖析地区契约环境对企业债务融资的多重影响机制，提出企业融资约束缓解的"信号弱化"效应，为解决中小企业和民营企业融资难问题提供新的思路，也为优化实体经济结构、鼓励创新创业发展的科技金融政策提出新的路径。

内容简介：以不完全契约理论为基础，从微观层面深入剖析契约环境对企业债务融资影响的多重机制，并提出契约环境改善下企业融资约束缓解的"信号弱化"效应，探索实现我国制造业转型与结构升级的有效途径。在此基础上，利用我国制造业企业大样本数据进行多角度实证分析。研究表明：在控制了其他特征因素后，契约环境的改善可以有效缓解企业债务融资约束，并且这种作用随着企业所处行业契约密集度的提高变得更加明显。研究还证实了"信号弱化"效应的存在，进一步的机制分析和稳健性检验表明该结论是可靠的。因此，完善地区契约制度，弘扬契约精神对缓解融资难问题、优化实体经济结构具有重要的政策含义。

5. 题目：本土企业的主导逻辑初探：博弈式差异化——基于装备制造业的探索性案例研究

作者：苏敬勤，单国栋

出处：管理评论，2017，（2）：255-272.

推荐理由：采取案例研究方法分析装备制造业，是对以往文献多关注计量或理论建模研究的有益补充。"主导逻辑"是一个剖析和探察企业思维轨迹的理论视角，是理解企业战略决策、行为合理性的根本；而本土情境可能影响企业主导逻辑，进而对企业战略行为产生影响，故论文探讨的问题具有重要的理论和现实意义。

内容简介：主导逻辑是组织战略行为表象下的"根本性"问题，是战略理论研究的核心与关键所在。那么，本土企业的主导逻辑是什么？具有怎样的典型特征？在本土企业创新发展中扮演何种作用？通过全景展现一个中国民营工程机械制造企业在创新发展过程中的战略认知与行为轨迹，利用图表技术和扎根理论等，归纳出其主导逻辑的形态与内涵。研究发现，纷繁复杂的战略表象下，有一个一贯且一致的主导逻辑——"博弈式差异化"逻辑主导和支配企业的战略发展。进一步的，还揭示了主导逻辑与战略之间的内在关系，发现战略是主导逻辑的情境化。研究还表明，主导逻辑超越了业务与行业属性范畴，具有先验性特征。

6. 题目：中国制造业企业的垄断行为：寻租型还是创新型

作者：王贵东

出处：中国工业经济，2017，（3）：83-100.

推荐理由：现有文献一般对中国垄断企业生产效率的研究颇多，并且侧重于创新型垄断或寻租型垄断其中某一方面的影响，本文则主要通过垄断企业的行为结果来反推"综合"行为。所谓"综合"是为了强调本文的创新型垄断并不意味着完全创新而不寻租，寻租型垄断也不意味着完全寻租而不创新，严格意义上是指一种孰轻孰重的相对概念。另外，文献对中国垄断企业的垄断类型（创新型垄断、寻租型垄断）给出基本判断，并分析不同类型（国有股权、非国有股权、出口、内销等）垄断企业间的差异（偏向创新、偏向寻租）。

内容简介：利用 1996～2013 年中国工业企业数据库，通过对企业全要素生产率及企业垄断势力的测算，主要研究了中国制造业企业的垄断行为。研究发现，中国制造业垄断企业总体表现为创新型垄断。但不同类型的垄断企业存在一定差异，含国家资本金的垄断企业较未含国家资本金的垄断企业更倾向于创新，含出口交货值的垄断企业较未含出口交货值的垄断企业更倾向于寻租，主营业务收入低的垄断企业较主营业务收入高的垄断企业更倾向于寻租。同时，在主营业务收入高的垄断企业中，既含国家资本金又含出口交货值的垄断企业更倾向于创新；在主营业务收入低的垄断企业中，含国家资本金但未含出口交货值的垄断企业更倾向于寻租。还发现，含国家资本金的企业，其 TFP 总体低于未含国家资本金的企业，随着国家资本金占比的增加，企业 TFP 呈现先跳跃性增长、再缓慢减少的趋势。中国制造业总体上并不存在较为显著的"生产率悖论"，随着出口密度的增加，企业 TFP 同样呈现先跳跃性增长、再缓慢减少的趋势。因此，政府应针对不同类型的垄断企业实施差异化政策，做到"有的放矢"，充分体现对寻租的遏制和对创新的鼓励。

7. 题目：中国制造业外包对劳动力需求弹性及就业的影响

作者：史青，张莉

出处：数量经济技术经济研究，2017，（9）：128-144.

推荐理由：首先，从微观角度探讨制造业外包对两类弹性的影响，并对制造外包和服务外包进行比较。其次，用发展中国家的数据验证了 Rodrik 假说，对于有效解决中国全球化过程中的就业问题有重要启示。

内容简介：为了探讨不同形式制造业外包对劳动力需求弹性的影响，本文利用投入产出表和联合国贸易数据测算制造业发包水平 FH 和接包水平 VS，结合工业企业数据，研究制造业外包对两类劳动力需求弹性的影响。研究发现：制造业外包水平的提高显著增大了劳动力自身需求弹性和交叉需求弹性，接包的提升作用更明显；制造发包和服务发包对两类弹性影响并不相同；劳动力自身调节可减缓全球化带来的冲击，劳动密集型企业、加工贸易企业所受冲击更为明显。

8. 题目：要素禀赋与中国制造业产业升级——基于 WIOD 和中国工业企业数据库的分析

作者：苏杭，郑磊，牟逸飞

出处：管理世界，2017，（4）：70-79.

推荐理由：产业升级是制造业的发展目标。很多学者探索中国制造业在参与全球价值链的过程中是否实现了产业升级的目标，在全球价值链分工之外，是否还有其他因素制约着我国制造业的产业升级。此文献从要素投入的视角，基于产业数据和企业数据验证了要素禀赋结构对制造业产业结构的决定作用，论证了要素禀赋升级对制造业产业升级的促进作用。

内容简介：从投入-产出的分析视角出发，结合 WIOD 数据库和中国工业企业数据库，分别从产业层面和企业层面考察了要素投入在制造业产业升级中的作用。研究发现，产业结构升级依赖于要素结构升级。相对于资本投入和研发投入，劳动力投入是考察期内我国制造业产业内升级的主要影响因素。因此，我国制造业要实现产业升级目标，需要提升要素禀赋，增加资本尤其是人力资本的积累。鉴于我国制造业企业参与全球价值链分工的程度不断加深，论文还考察了参与国际分工与制造业产业升级间的关系，发现融入全球价值链分工有利于"干中学"效应的发挥，进而推动了我国制造业的产业升级。

9. 题目：人民币汇率、成本加成率分布与我国制造业的资源配置

作者：刘竹青，盛丹

出处：金融研究，2017，（7）：1-15.

推荐理由：从研究视角来看，文献从企业成本加成率分布的角度探究了人民币汇率变动对资源配置效率的影响，并检验了具体的作用机制，开拓了该问题研究的视角。从研究方法来看，借鉴 Edmond 等、Lu 和 Yu，构建了检验人民币汇率与加成率分布之间关系的计量模型，并采用倍差法进行实证分析，控制了人民币实际有效汇率的内生性问题，保证了本文结论的准确性和稳健性。从研究结论来看，作者发现人民币实际有效汇率的升值显著降低了我国制造业企业加成率分布的离散程度，缩小了制造业企业之间的加成率差异，并且出口汇率升值和进口汇率升值的作用均非常显著。

内容简介：基于 2000～2007 年工业企业数据库和海关贸易数据库，检验了人民币汇率与我国制造业企业加成率分布之间的关系，考察了人民币汇率变动对资源配置效率的影响。研究显示：人民币实际有效汇率升值显著降低了我国制造业加成率分布的离散程度，出口汇率升值和进口汇率升值均提高了资源配置效率。异质性分析发现：①人民币实际有效汇率升值分别降低了新进入/退出企业（即扩展边际）和持续存在企业（即集约边际）的加成率分布的离散程度，且对前者的作用更突出；②人民币实际有效汇率升值对企业加成率分布的影响还依赖于企业的所有制特点和劳动密集度。最后，机制检验部分证实了人民币实际有效汇率升值通过改变企业的价格分布和边际成本分布两个渠道影响了加成率分布，即存在明显的价格分布效应和边际成本分布效应。

10. 题目：出口退税率差异化的资源误置效应：基于中国制造业生产率动态分解的视角

作者：许家云，毛其淋，杨慧

出处：统计研究，2017，（6）：27-37.

推荐理由：提高能源效率是应对能源安全的一个重要措施，而我国能源安全形势严峻、能源效率较低，这决定了文献研究在理论上的重要性。另一方面，从研究的方法和内容来看，与以往简单地使用生产率离散度来衡量资源误置的做法不同，此文献借助生产率的动态分解来量化资源配置，重点考察企业间的出口退税差异及其对资源配置的影响，揭示了出口退税率差异化是如何影响我国制造业出口行业资源误置的。研究结论对于缓解我国出口部门内部的资源误置、实现出口结构优化升级具有重要的现实意义。

内容简介：利用 2000～2007 年中国工业企业数据和海关贸易数据，在量化制造业

行业内企业间出口退税率差异化和对生产率进行动态分解的基础上，深入考察了出口退税率差异化对制造业行业资源误置的影响。研究结果表明：出口退税率差异化是导致中国制造业资源误置的重要原因，并且在考虑了不同资源误置衡量方法等因素后，结论依然稳健。异质性检验表明，出口退税率差异化对中国制造业资源误置的影响，因行业要素密集度、行业出口退税强度、所在地区以及行业加工贸易比例的不同而具有显著的异质性。进一步的渠道检验显示，相比于进入效应和退出效应，企业间效应是出口退税率差异化影响行业资源再配置效应的主要途径。

7.4 本章小结

本章从经济管理类或者行业类权威期刊中选取了 2017 年度外文文献和中文文献各 10 篇作为推荐文献，在对每篇文献的内容做出简介的基础上，并陈述了推荐理由，以供读者参考学习。

撰稿人：李廉水 张慧明 余菜花

审稿人：刘军

第3部分

发展评价篇

第8章

中国制造业智能化评价

8.1　引　　言

中国制造业取得了举世瞩目的成就，在整体规模和技术含量上均实现了巨大跨越。但是这并不意味着中国制造业在全球竞争中具有明显的领先地位，占据全球制造业价值链顶端的欧美发达国家企图通过专利授权等形式来不断挤压中国制造业的利润空间，如何突破发展困境是当前中国制造业面临的艰巨课题（Zhou，2013）。尽管如此，中国制造业仍试图通过自动化和智能化来提升其竞争力。以工业机器人为例，根据国际机器人联合会（The International Federation of Robotics，IFR）的统计数据，2017 年中国工业机器人出货量近 14 万套，而 2006 年仅出货 5800 套（图 8.1），年供货数量翻了 20 余倍，并且占世界工业机器人出货总量的比例逐渐提高。党的十九大报告指出，要加快发展先进制造业，把提高供给体系质量作为主攻方向，以深化供给侧结构性改革智能制造作为提高供给体系质量的重要方式，对于提高生产效率和提升制造业的核心竞争力具有重要意义。《智能制造发展规划（2016—2020 年）》就指出要将发展智能制造作为长期坚持的战略任务，发展智能制造对于推动我国制造业供给侧结构性改革，实现制造强国具有重要战略意义。典型化事实和官方一系列重要文件均说明，制造业智能化是未来中国制造业发展的重要方向。

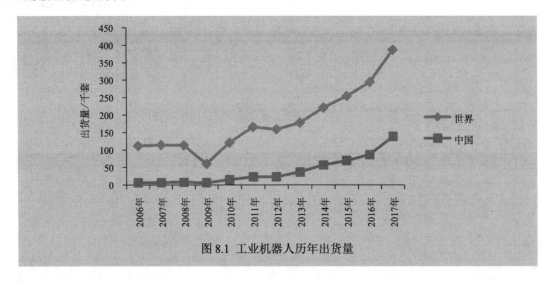

图 8.1　工业机器人历年出货量

但是，中国地域幅员辽阔，不同地区的制造业智能化水平不一。那么，如何准确衡量各地区制造业智能化水平，各地区差异又如何？分析以上问题对于中国各地区制造业智能化水平的定位以及产业的科学布局，实现区域间制造业的高质量发展和协调发展具有较高的理论价值和实践意义。

本章提出了制造业智能化的定义，分析了制造业智能化的内涵，构建了中国制造业智能化的评价指标体系，结合中国制造业数据，通过熵权法对各指标进行赋权，继而对中国制造业智能化水平进行了比较和分析。

8.2　制造业智能化的内涵

已有文献较少讨论制造业智能化,更多的是从不同视角对智能制造进行研究。Kusiak(1990)指出智能制造是在制造过程中通过计算机来模拟人类脑力活动进行分析与决策,旨在替代或延伸人力的脑力与体力功能。周佳军和姚锡凡(2015)则从技术的角度对智能制造进行了解读,提出智能制造技术是在新一代信息技术和人工智能等技术的基础上通过感知、人机交互等类人行为操作来实现产品设计、制造、管理与维护等一系列流程,是两化融合的集中体现。王喜文(2015)从企业的边界与关联的角度将智能制造解读为工厂内实现"信息物理系统",工厂间实现"互联制造",工厂外实现"数据制造"。吕铁和韩娜(2015)则认为智能制造的基础是新一代信息技术,以流程节能减排与产品高性能为目标,具有智能感知与执行等功能的先进制造过程、系统与模式的总称。韩江波(2017)认为智能制造是智能技术对于制造业价值链的各环节的渗透,并"模糊化"不同阶段的界限,是制造业价值链创新的必要条件,其特征表现为体力劳动逐渐被资本智能化所取代。美国国立标准与技术学会将智能制造定义为实时响应以满足工厂/供应网络/客户要求中不断变化的需求与条件的全集成且能协同生产的系统。《智能制造发展规划(2016—2020 年)》指出智能制造是基于新一代信息通信技术与先进制造技术深度融合,贯穿于设计、生产、管理、服务等制造活动的各个环节,具有自感知、自学习、自决策、自执行、自适应等功能的新型生产方式。

本书更加认同《智能制造发展规划(2016—2020 年)》对于智能制造的定义,智能制造从本身来讲,是一种更加偏向于工程领域的术语,强调对于制造这一过程和方式的理解。本书研究的制造业智能化是对智能制造概念的延伸与拓展,是从经济学的角度去认识智能制造。"制造业智能化",说明制造业正处于向"智能"不断转变,是制造业内生的转变并逐渐反映于社会的动态演变的过程。本书认为,制造业智能化是指制造业通过不断建设智能的基础设施设备并利用各种智能的方法来提升其生产效率以满足社会需求和产生经济效益的过程,其生产方式由传统的劳动力替代走向新兴的脑力替代,是社会生产力进化的一种客观反映。

制造业智能化具有丰富的内涵。从制造业智能化的概念出发,我们可以得到三点基本认识:一是制造业智能化落实于生产资料,智能化的生产运作设施设备是其基本的要素投入,离开智能基础要素,制造业智能化就无从谈起(周济,2015);二是制造业智能化水平的进一步提升在于软件应用技术,以人工智能为代表的软件应用技术是生产制造各个环节效率提升的主要手段(Gil et al.,2014),以新一代信息通信技术和先进制造技术与生产的融合归根结底需要落实到软件的开发与使用;三是制造业智能化带来的社会效益与经济效益是社会进化的重要体现,制造业智能化有利于大幅提升劳动生产率,通过赋智于生产设备来释放生产潜力,从而创造巨大市场经济利益,市场实践层面也是制造业智能化内涵的重要方面。

综上所述,已有研究从多个视角对智能制造进行了阐述,为本书的进一步分析奠定了基础。但已有的文献主要从技术、战略或行业的视角对智能制造进行了解析,而较少从制造业智能化的角度进行解读。随着中国迈入社会主义新时代，对于建设创新型国家的愿望越来越迫切，以制造业智能化引领技术创新和产业发展是推进创新型国家的重要渠道，因而，中国制造业智能化的评价与影响因素分析关系到区域智能制造的定位与政策制定，对于加快建设创新型国家具有重要作用。本书的边际创新体现在：①构建了制造业智能化评价指标体系，并评价了中国制造业智能化水平；②研究了中国制造业智能化的影响因素。

8.3 制造业智能化评价指标体系

根据以上分析，本书将制造业智能化划分为三个层面：智能基础层、软件应用层和市场实践层。智能基础层是智能制造的基础，只有具备良好的基础条件才能为软件的应用和市场经济效益的实现提供基本保障，是智能制造不断向前推进和发展的动力源泉。因此，智能基础层是衡量制造业智能化程度的重要一维。软件应用层是智能制造能力提升的关键环节，"智能"的核心是软件的应用与开发，通过特定的智能算法来模仿人类的思考和行为，从而改进生产效率，保障制造活动以更加高效的方式进行（Lee et al.，2015）。因而，软件应用层是制造业智能化的技术与效率保障。制造业智能化是制造业进化和发展的重要方向，必然在客观现实中得到一定的体现。市场实践层是制造业智能化在市场上的反映，制造业智能化是否能够发挥其应有的作用和加速制造业发展进程，主要在于产品的市场盈利能力以及市场效率情况，因此，市场实践层也是制造业智能化的重要方面。

根据构建评价指标体系的科学性、系统性、可比性和可操作性原则，本书构建了制造业智能化评价指标体系（表 8.1）。其中，一级指标是依据制造业智能化三个层面进行确定，分别为智能基础指标、软件应用指标和市场实践指标；而二级指标是根据其他相关研究在一级指标的内涵基础上进行拓展得到的。

制造业智能化评价需要以制造业相关指标作为衡量标准，实际上，制造业相关的智能化指标在数据库中难以寻得。以制造业智能人才投入为例，在统计数据库中并不存在制造业软件开发人员数这一指标，因而本书以软件开发人员总数来替代。考虑到数据可得性和可操作性，本书以其相近指标来替代，进而能对制造业智能化以近似的方式来进行量化。具体各层指标及其相关情况介绍如下。

（1）智能基础指标反映制造业智能化的物理基础，用于保障智能制造的基本运行，主要从网络设施投入和智能人才投入两方面进行衡量。制造业智能化需要通过网络设施连接不同生产系统，通过网络来实现制造业主体的协调从而体现"智能"特征，电信固定资产投资反映了基础信息通信设施的投入情况，用于表示网络设施投入。制造业智能化的动力源泉在于人才，智能设备与技术的开发和应用需要相关人员进行操作，软件开发人员数可以用于衡量智能人才投入。

（2）软件应用指标反映制造业智能化进程中的软件开发与应用情况，用于赋智于制造设施设备，是挖掘制造业智能化潜力的关键指标，主要从系统开发和软件服务等方面进行衡量。制造业智能化需要通过软件开发来拓展其功能应用，而软件开发活动一般以组织、公司和企业等团体的形式进行，所以以软件企业总数来衡量软件开发情况。如何通过软件应用来有效地协调和支撑制造业智能化体现在软件服务能力上，软件业务收入可以作为软件服务情况的代理变量。

（3）市场实践指标反映智能制造的市场盈利能力和市场效率情况，是制造业智能化这一社会进程在市场中的具体体现，主要从智能设备市场利润和智能设备市场效率等方面进行衡量。制造业智能化的经济效益体现在智能设备市场技术门槛及其带来的利润回报和增值能力，本书以电子及通信设备制造业利润作为智能设备市场利润的代理变量。制造业智能化带来的市场变化也体现在生产效率的改善方面，本书以电子及通信设备制造业产值与就业人数的比值作为智能设备市场效率的代理变量。

表 8.1　制造业智能化评价指标体系

一级指标	二级指标	具体指标	指标单位	指标属性
智能基础指标	网络设施投入	电信固定资产投资	万元	正向
	智能人才投入	软件开发人员总数	人	正向
软件应用指标	软件开发	软件企业总数	个	正向
	软件服务	软件业务收入	万元	正向
市场实践指标	智能设备市场利润	电子及通信设备制造业利润	亿元	正向
	智能设备市场效率	电子及通信设备制造业当年总产值/行业就业人数	亿元/人	正向

8.4　制造业智能化评价方法

制造业智能化的评价指标体系包括多个层次和多个指标，对该多属性问题进行评价和分析的关键在于各个指标权重的确定。为了最大限度地对评价对象的水平或程度以科学的方法进行呈现，需要利用客观赋权法来捕捉客观属性，以避免主观赋权的随意性，熵权法是其中常用的客观赋权法。熵值一般用来度量事物的不确定性和随机程度，也可用来判断事物的离散程度，离散程度越大则对综合评价的影响越大。因而，可以通过熵权法来确定指标权重，进而对评价对象进行客观评判和分析。

8.4.1　归一化处理

假设评价对象存在 n 个样本，每个样本存在 m 个指标，则 x_{ij} 表示第 i 个样本的第 j 个指标的值。考虑到各指标的计量单位的非一致性，在计算权重前需要对各指标进行标准化处理，将指标的绝对数值转化为相对数值，使得各指标具有可比性。另外，正向指标和负向指标具有不同的属性（正向指标数值越大越好，负向指标数值越小越好），因而需要设置不同算法使得正向指标和负向指标具有可比性。

$$正向指标：x'_{ij} = \frac{x_{ij} - \min\{x_{1j},\cdots,x_{nj}\}}{\max\{x_{1j},\cdots,x_{nj}\} - \min\{x_{1j},\cdots,x_{nj}\}} \tag{8.1}$$

$$负向指标：x'_{ij} = \frac{\max\{x_{1j},\cdots,x_{nj}\}}{\max\{x_{1j},\cdots,x_{nj}\} - \min\{x_{1j},\cdots,x_{nj}\}} \tag{8.2}$$

8.4.2　熵值的计算

计算第 j 个指标下第 i 个样本值占该指标的比重：

$$p_{ij} = \frac{x'_{ij}}{\sum\limits_{i=1}^{n} x'_{ij}}, \quad i = 1,\cdots,n; j = 1,\cdots,m \tag{8.3}$$

计算得到第 j 个指标的熵值：

$$e_j = -k \sum_{i=1}^{n} p_{ij} \ln(p_{ij}), \quad j = 1,\cdots,m; k = 1/\ln(n) > 0, e_j \geqslant 0 \tag{8.4}$$

8.4.3　权重的确定

计算信息熵冗余度：

$$d_j = 1 - e_j, \quad j = 1,\cdots,m \tag{8.5}$$

计算得到各指标的权重：

$$w_j = \frac{d_j}{\sum\limits_{j=1}^{m} d_j}, \quad j = 1,\cdots,m \tag{8.6}$$

利用各指标的权重分别进行加权，最终得到相应上级指标的量化数值。

8.5　中国制造业智能化评价结果

8.5.1　中国制造业智能化水平的整体评价

采用熵权法计算得到各指标权重后，分别对各指标数值进行赋权得到 2003～2015 年中国制造业智能基础水平、软件应用水平、市场实践水平以及智能化水平的综合评价值（无单位）。中国制造业智能化水平发展趋势如图 8.2 所示。

1. 中国制造业智能基础水平稳中有升

从横向对比来看，智能基础水平增速较快，且与制造业智能化水平发展步调较为一致，说明制造业智能基础指标的重要性。从纵向比较来看，中国制造业智能基础水平尽管在个别年份出现波动，但总体增长明显。对于智能基础发展可以划分为两个阶段：第一阶段为 2003～2010 年，是智能基础缓慢增长期，该阶段出现多次波动，但总体呈现增长态势，其中 2004 年、2005 年和 2010 年分别出现回落，这可能是因为在前面两年中国刚加入 WTO，中国制造业智能基础投入受到了国际市场冲击，而在后一年则是因为 2008 年国际金融危机影响还未消散，出现暂时性回落；第二阶段为 2011～2015 年，是智能基础快速增长期，中国持续增加互联网基础设施建设，近五年投入超过 2 万亿元，智能人才投入由 2010 年的 260.3 万人增长到 2016 年的 855.7 万人，增长幅度明显，为中国制造业智能化的快速发展奠定了良好基础。

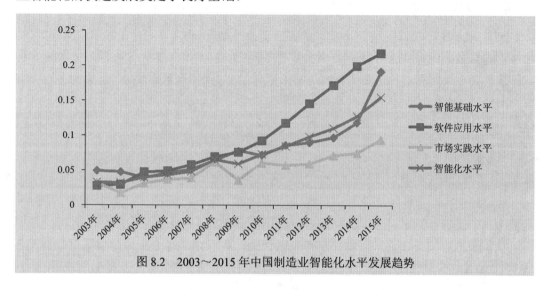

图 8.2　2003～2015 年中国制造业智能化水平发展趋势

2. 中国制造业软件应用水平不断提高

从横向对比来看，制造业软件应用水平的发展态势领先于智能基础水平和市场实践水平，是制造业智能化提升的关键所在。从纵向对比来看，软件应用水平逐年攀升，尤其在 2009 年之后进入增长"快车道"，软件应用水平提升明显。中国制造业软件应用水平也可以划分为两个阶段：第一阶段为 2003～2008 年，是软件应用水平稳定增长期，软件应用服务于制造业的发展，使得该阶段软件应用水平稳中有升，保持良好的增长态势。第二阶段为 2009～2015 年，是软件应用水平的高速发展期，每年保持 20% 的增长速度，这可能是因为中国愈加重视软件行业和电子信息产业发展，并且积极推进两化融合的实施。尤其是 2009 年发布了《电子信息产业调整和振兴规划》，此类行业政策的推出，激发了制造业对于软件应用的需求，极大地推动了软件行业的发展，促进了制造业的智能化软件的开发与应用。

3. 中国制造业市场实践水平波动上升

横向对比来看，制造业市场实践水平增长最慢，在一定程度上约束了中国制造业智能化的提升，是制造业智能化提升的潜力所在。从纵向对比来看，市场实践水平易受到市场形势影响，呈现波动上升态势。制造业市场实践水平的发展可以划分为两个阶段：

第一阶段为 2003～2011 年，是市场实践水平不稳定发展期，其中 2004 年和 2009 年出现明显的下降，说明中国加入 WTO 后，中国制造业已成为世界制造业的重要一环，国际市场的波动容易对中国制造业市场产生影响。第二阶段为 2012～2015 年，是市场实践水平稳定上升期，说明 2009 年金融危机之后，中国制造业更加注重提高自身的核心竞争力，寻求智能化转型升级以突破国外技术封锁，这在一定程度上刺激了智能制造市场的发展，提高了智能设备市场效率和市场利润。

4. 中国制造业智能化水平平稳提升

2003～2015 年制造业智能化水平呈现出平稳的增长态势，但在 2009 年出现暂时性回落，这与金融危机造成的市场实践水平下降有关。从历年发展情况来看，中国制造业愈加注重通过提升生产技术水平来获取核心竞争力，智能化发展就是其中的最好的体现。智能基础水平和软件应用水平提升较为明显，其中软件应用水平的作用更为显著。相较而言，市场实践水平的表现却不尽人意，并没有表现出稳定的发展态势，而是波动性较为明显，对于中国制造业智能化发展产生了一定的约束作用。

8.5.2   中国制造业智能化各指标水平的区域对比

为了对中国制造业智能化发展做进一步的分析，本书通过对三大区域内的省份各指标的平均值进行计算得到各区域制造业智能化水平及其子指标水平。

从制造业智能基础水平来看，东部地区最强，中部地区略强于西部地区（如图 8.3 所示）。东部地区最强，并且显著领先于中西部地区。主要是因为，一方面东部经济发达，制造业发展水平高，企业能够将更多的资本用于研发、智能设施设备投入，另一方面，东部地区集聚了大量的科研院所，为制造业培养了大量的智能化所需的各类人才，促进了地区的技术创新水平的提高，从而有效地支撑了东部地区制造业智能化的发展。中部地区由于其地理因素等原因，能够承接东部地区制造业产业转移，制造业取得了较好的

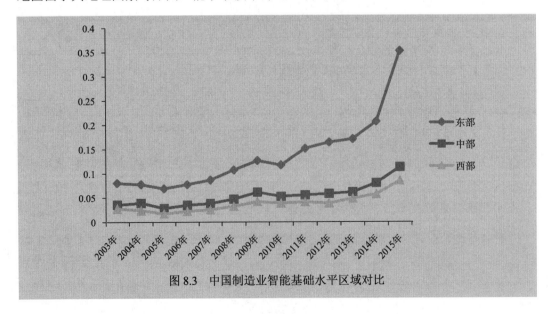

图 8.3   中国制造业智能基础水平区域对比

发展，在满足企业自身发展的同时也能在智能化方面进行一定的基础投入，形成了一定的智能基础的积累。而西部制造业基础水平差，同时由于其地处内陆，难以大规模发展对外贸易，主要满足国内市场需求，对于智能化基础设施设备的投入相对较少。

从制造业软件应用水平来看，东部地区最强，中部次之，西部地区最弱，如图 8.4 所示。东部地区最强，并且中西部地区与其差距逐年扩大。可能的原因在于，东部地区的良好的地理优势有利于高校与科研院所以及大型软件开发企业的集聚，不仅能够服务于本土制造业企业，同时也承接国外软件开发外包业务，软件产业的集聚吸引了更多的软件企业的集中，产生了软件行业发展的"马太效应"，极大地提升了中国制造业的软件开发水平和软件服务水平。对于中部地区和西部地区来说，单薄的软件行业发展基础加上东部地区集聚效应的加强，使得两个地区在长期发展中处于劣势地位，难以获得进一步提升，而中部地区由于邻接东部地区，地理优势使其软件应用水平稍强于西部地区。

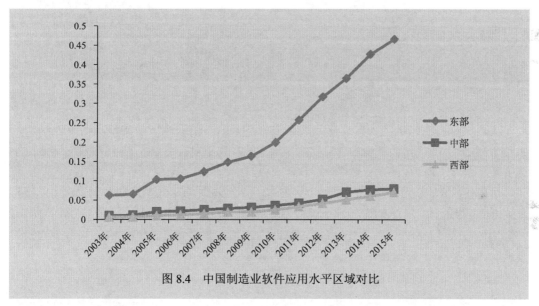

图 8.4　中国制造业软件应用水平区域对比

从制造业市场实践水平来看，东部地区最强，中部次之，西部最弱，如图 8.5 所示。东部地区市场实践水平最高，主要是因为东部地区集聚了大量的制造业企业，当前市场竞争不断加剧，劳动力成本不断提升，环境规制力度不断加大，智能化发展是制造业企业寻求转型升级的重要路径。正是由于企业存在智能化需求，推进生产流程的自动化、流程管理的数字化和企业信息的网络化，这一系列的转变极大地提升了东部地区制造业的劳动效率和利润，使得智能化市场不断改善和发展。中部地区制造业的市场实践水平平稳上升，而西部地区则增长缓慢。从区域对比来看，2009 年以后东部地区、中部地区和西部地区之间的市场实践水平差距呈扩大趋势，这可能是因为自金融危机爆发以来，东中部地区制造业以此为发展契机进行转型升级，刺激了智能制造市场的发展，而西部地区囿于地理限制，难以取得进一步的突破。其中，西部地区的市场实践水平在 2008 年暂时性超越东中部地区，这可能的原因是，在西部地区中陕西省制造业发展最为突出，陕西规模以上工业总产值同比上年增加 31.9%，装备制造业增长 24.7%，汽车制造业同比上年增长 59.1%，而装备制造业和汽车制造业是智能化需求量较大的行业，因而促进了西部地区智能化市场实践水平短时间的提升。

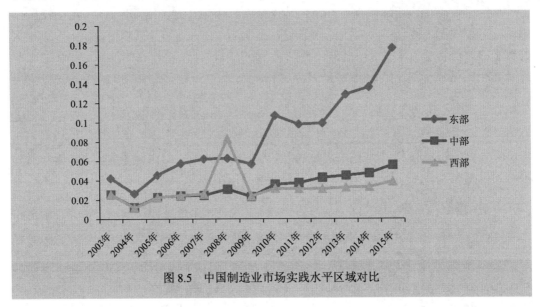

图 8.5　中国制造业市场实践水平区域对比

　　从制造业智能化水平来看，东部地区最强，其次是中部地区，西部地区发展最慢，如图 8.6 所示。东部地区制造业智能化水平最高，并且与中西部地区之间的差距不断加大，这主要是因为，东部地区在智能基础、软件应用和市场实践层面均显著领先于其他地区，东部地区具有良好的制造业基础，同时积极发展制造业国际贸易，其制造业智能化水平能够与发达国家市场接轨，良好的内外部环境使得东部地区制造业智能化水平取得了明显的提升。中部地区由于其地缘优势，因而承接了东部地区制造业部分产业的转移，取得了较快的发展。西部地区在制造业智能化的各方面均落后于东中部地区，发展最为缓慢。

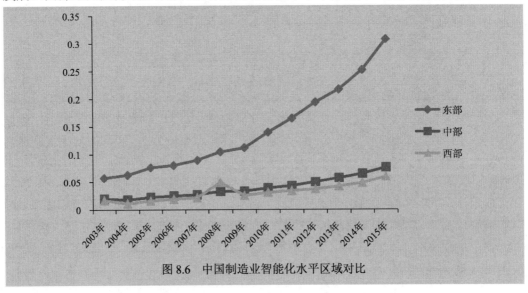

图 8.6　中国制造业智能化水平区域对比

8.6 政策建议

根据研究结果，得出以下政策建议：

引导制造业企业智能化改造，提升智能制造市场活跃程度。从中国制造业智能化评价结果来看，市场实践水平极大地约束了制造业智能化水平的提高，说明制造业智能化在市场层面的进化较为缓慢，大多数制造业企业在智能化改造投入较少，进而反映了智能制造市场利润和市场效率较低的客观事实。做好智能化改造的舆论导向，使制造业企业认识到智能化改造对竞争力带来的改变。鼓励制造业企业使用智能化技术，推广信息技术在生产环境和工业产品上的嵌入应用。支持制造业核心企业通过增资扩产和自主创新等方式来推进智能制造整套装备项目的落实，进而引导上下游企业进行智能化改造。

鼓励技术创新，进一步扩大互联网基础设施建设的投入。制造业智能化是一个高技术、高投入的系统性工程，其中智能核心装备和关键技术的需求最为关键，因而要进一步突破发展困境和引领智能化发展，就必须着力于技术创新，尤其是原始性创新和关键共性技术创新，如智能制造关键技术装备，重大成套设备的开发与应用，以及先进感知与策略、高精度运动控制、高可靠智能控制和工业互联网安全等一系列关键技术。扩大互联网基础设施建设的投入，建设高速、安全和泛在的网络体系，以互联网为纽带，实现人机物的互联互通，形成"物联网"和"务联网"为基础的智能传输网络。

区域协调发展，共同推进制造业智能化进程。根据中国制造业智能化评价结果可以发现，东部地区制造业智能化水平远高于其他地区，说明中国制造业智能化发展极不均衡，需要区域协调发展来共同推进制造业智能化进程。打造中国智能制造增长极，分别为以智能软件和工业互联网为特色的环渤海地区，以智能装备产业集群为特色的长三角地区，以机器人和个性化智能产品生产为特色的珠三角地区，以光电产业和高精尖制造业为特色的鄂渝川地区，形成区域发展特色，并建立起以四大增长极为中心、向周边城市扩散的智能制造产业链，并积极引导东部区制造业向中西部梯度转移，逐步提升中西部制造业智能化水平，使得区域协调发展，形成制造业智能化的发展合力。

8.7 本章小结

本章提出了中国制造业智能化的内涵，并基于此，构建了制造业智能化评价指标体系，以熵权法作为主要研究方法，对中国制造业智能化水平进行了量化。从中国制造业智能化的评价结果来看，中国制造业智能化取得了明显的提升，这种提升主要源于软件应用水平的不断提高。从分区域的比较结果来看，东部地区在智能基础水平、软件应用水平以及市场实践水平均明显强于中部地区和西部地区，东部地区引领中国制造业智能化的发展。

参 考 文 献

韩江波. 2017. 智能工业化：工业化发展范式研究的新视角. 经济学家, (10): 21-30.

吕铁, 韩娜. 2015. 智能制造：全球趋势与中国战略. 人民论坛·学术前沿, (11): 6-17.

王喜文. 2015. 智能制造：新一轮工业革命的主攻方向. 人民论坛·学术前沿, (19): 68-79+95.

周济. 2015. 智能制造——"中国制造 2025" 的主攻方向. 中国机械工程, 26(17): 2273-2284.

周佳军, 姚锡凡. 2015. 先进制造技术与新工业革命. 计算机集成制造系统, 21(08): 1963-1978.

Gil Y, Greaves M, Hendler J, et al. 2014. Artificial Intelligence: Amplify scientific discovery with artificial intelligence. Science, 346(6206): 171-172.

Kusiak A. 1990. Intelligent manufacturing systems. Journal of Engineering for Industry, 113(2): 581-586.

Lee J, Bagheri B, Kao H A. 2015. A Cyber-Physical Systems architecture for Industry 4.0-based manufacturing systems. Manufacturing Letters, 3: 18-23.

Zhou. 2013. Digitalization and intelligentization of manufacturing industry. Advances in Manufacturing, 1(1): 1-7.

撰稿人：石喜爱　程中华　刘军

审稿人：李廉水

第9章

中国制造业智能化发展:区域研究

9.1　引　　言

中国正处于"制造大国"向"制造强国"转变的战略机遇期，智能化是实现中国制造业跨越式发展的突破口，也是经济新常态下"提质增效"的内在要求。中国制造业智能化发展，有助于生产的自动化、规模化，从而降低制造成本；有助于柔性制造的实现，快速响应市场需求，从根本上解决部分产业的产能过剩问题；智能化应用于制造产品的设计更是推动了产品的升级换代，提升产品市场竞争力。我国各区域经济发展不平衡，新一轮信息技术从方方面面渗透到经济领域，揭开了区域制造业智能化发展的序幕。

9.2　四大区域比较

中国 31 个省份（未包括香港、澳门、台湾），分属东部（北京、上海、天津、山东、江苏、河北、福建、浙江、广东、海南）、东北部（辽宁、吉林、黑龙江）、中部（湖北、湖南、安徽、江西、河南、山西）和西部（四川、重庆、新疆、广西、陕西、云南、青海、宁夏、内蒙古、甘肃、贵州、西藏）四大经济区域，四大区域制造业呈现梯次发展，本节从基础层、应用层和市场层三个方面对四大区域制造业智能化发展进行对比分析（由于相关指标数据缺失，下文比较未将西藏纳入）。

9.2.1　四大区域制造业智能化基础层比较

计算机、通信和其他电子设备（ICT）产品与网络设施是实现区域制造业智能化发展的基础，制造业智能化首先依赖于数据信息的感知和互联互通，ICT 产品、网络光缆和宽带接入端口成为感知、传导的支撑介质。本节以计算机、通信和其他电子设备制造业主营业务收入、光缆线路长度和互联网宽带接入端口作为制造业智能化基础层的主要观察指标，观察东部、东北部、中部和西部四大区域智能化基础层差异。

1. 计算机、通信和其他电子设备主营业务收入

智能制造从物流到生产，到最终产品的管理和服务，ICT 产品贯穿于全过程。ICT 产品的制造属于计算机、通信和其他电子设备制造业，根据本地市场原则，厂商选址倾向于建立在市场需求大的区域。制造业是智能化硬件设备的主要需求方，因此，在无法获得区域制造业智能化设备投入直接数据的情况下，各区域智能化硬件设备产业（计算机、通信和其他电子设备制造业）的主营业务收入间接反映了区域制造业智能化设备投入情况。

表 9.1 数据显示，2016 年中国计算机、通信和其他电子设备产业主营业务收入的分布存在显著的不均衡性，东部区域市场份额最大，约 75%，东北区域最低，不到 1%，中部与西部区域份额相当，东部各省（直辖市）计算机、通信和其他电子设备制造业平均主营业务收入达 7497 亿元，约两倍于河南、四川（中部、西部主营业务收入最高的省份）。由于囊括了华为、中兴两大巨头，广东省计算机、通信和其他电子设备主营业务收入遥遥领先。发达区域庞大的 ICT 产业规模和日渐成熟的技术为区域制造业智能化提供了良好的硬件基础。

表 9.1　2016 年四大区域计算机、通信和其他电子设备主营业务收入

区域	省（直辖市、自治区）	计算机、通信和其他电子设备制造业主营业务收入/亿元	区域各省平均/亿元	区域占比
东	广　东	33 121	7497	75.24%
	江　苏	18 881		
	山　东	5770		
	上　海	5421		
	福　建	3373		
	浙　江	3227		
	北　京	2715		
	天　津	1933		
	河　北	518		
	海　南	7		
东北	辽　宁	538	218	0.66%
	吉　林	93		
	黑龙江	24		
中	河　南	3873	2167	13.05%
	湖　北	2311		
	安　徽	2243		
	湖　南	2001		
	江　西	1797		
	山　西	776		
西	四　川	4069	1001	11.05%
	重　庆	3971		
	广　西	1502		
	陕　西	802		
	贵　州	435		
	云　南	107		
	甘　肃	75		
	内蒙古	44		
	新　疆	2		
	青　海	1		
	宁　夏	0		

数据来源：中国工业统计年鉴。

2. 光缆线路长度

光缆是数据的传输介质，智能化基础数据以及大数据系统的信息传输依靠光缆等网络基础设施。根据表 9.2 数据，东部区域光缆线路长度占全国 41.36%，东北仅为 6.81%。相比计算机、通信和其他电子设备产业的分布的高度集中，光缆线路分布不均衡性较小，中部各省平均光缆线路长度近 120 万千米，与东部省份平均水平相当，东北区域平均光缆线路长度最低，约为东部的一半。

表 9.2　2016 年四大区域光缆线路长度

区域	省（直辖市、自治区）	光缆线路长度/千米	区域各省平均/千米	区域占比
东	江　苏	2 939 498	1 252 465	41.36%
	浙　江	2 287 947		
	广　东	2 101 665		
	山　东	1 766 638		
	河　北	1 179 976		
	福　建	1 025 648		
	上　海	532 551		
	北　京	306 658		
	海　南	200 215		
	天　津	183 854		
东北	辽　宁	1 035 314	687 416	6.81%
	黑 龙 江	615 654		
	吉　林	411 279		
中	河　南	1 738 627	1 199 332	23.76%
	安　徽	1 360 127		
	湖　南	1 285 323		
	湖　北	1 223 700		
	山　西	904 758		
	江　西	683 454		
西	四　川	1 897 078	772 955	28.07%
	云　南	914 164		
	陕　西	895 886		
	广　西	889 400		
	重　庆	817 013		
	贵　州	792 205		
	新　疆	771 264		
	甘　肃	598 208		
	内 蒙 古	586 203		
	青　海	179 708		
	宁　夏	161 376		

数据来源：国研网数据库。

3. 互联网宽带接入端口

互联网宽带接入端口是信息采集与共享的传输通道，也是智能化系统与外界通信交流的主要出入口。2016 年东部区域各省平均宽带接入端口数 3254 万个，各区域最高，中部其次，东北第三，西部最低（表 9.3）。与光缆线路长度一样，四大区域互联网接入端口的分布不均衡性相对较小。互联网是制造过程实现互联互通的网络载体之一，更是实现生产端与消费端连接的主要方式，对于一些地处西部的制造企业来说，依靠现有的互联网基础设施实现接入，具备更高的经济可行性。

表 9.3　2016 年四大区域互联网宽带接入端口数量

区域	省（直辖市、自治区）	互联网宽带接入端口/万个	区域各省平均/万个	区域占比
东	广　东	6516	3254	45.72%
	江　苏	5677		
	浙　江	4721		
	山　东	4680		
	河　北	3841		
	福　建	2482		
	北　京	1784		
	上　海	1596		
	天　津	724		
	海　南	523		
东北	辽　宁	3240	2255	9.51%
	黑龙江	1965		
	吉　林	1561		
中	河　南	4346	2584	21.78%
	湖　北	2595		
	安　徽	2527		
	湖　南	2395		
	江　西	2056		
	山　西	1583		
西	四　川	3710	1487	22.99%
	广　西	2095		
	陕　西	2083		
	云　南	1674		
	重　庆	1644		
	新　疆	1324		
	内蒙古	1201		
	贵　州	1114		
	甘　肃	946		
	宁　夏	307		
	青　海	262		

数据来源：国研网数据库。

9.2.2　四大区域制造业智能化应用层比较

ICT 产品和网络设施为制造业智能化的实现提供了硬件和网络环境，在此基础上，结合软件、系统集成和相关增值服务提供的平台式数据分析、处理服务，为制造业智能化的应用创造条件。本书通过软件业务收入、软件业务出口收入和软件研发人员三个方面来展现四大区域制造业智能化的应用层区别。

1. 软件业务收入

工业物联网、云计算、大数据等新兴产业的发展带动了软件业务收入的不断扩大，庞大的软件业务市场呈现高度集聚。2016 年东部区域软件业务占全国市场份额近八成（表 9.4），中部区域份额最小不到 5%，东部省份软件业务收入平均值为 3811 亿元，近十倍于中部，制造业强省广东、江苏软件业务收入达 8000 亿元以上，成为软件业务收入最大的两个省份，北京列第三。

表 9.4　2016 年四大区域软件业务收入

区域	省（直辖市、自治区）	软件业务收入/万元	区域各省平均/万元	区域占比
东	广　东	82 233 915	38 112 612	79.02%
	江　苏	81 656 015		
	北　京	64 160 228		
	山　东	42 610 828		
	上　海	38 158 600		
	浙　江	36 000 230		
	福　建	21 578 985		
	天　津	11 858 459		
	河　北	2 101 822		
	海　南	767 042		
东北	辽　宁	18 903 341	8 564 656	5.33%
	吉　林	5 110 867		
	黑 龙 江	1 679 761		
中	湖　北	13 305 111	3 989 718	4.96%
	湖　南	3 960 107		
	河　南	2 963 543		
	安　徽	2 600 306		
	江　西	870 067		
	山　西	239 172		
西	四　川	24 230 870	4 687 622	10.69%
	陕　西	13 001 964		
	重　庆	10 249 597		
	贵　州	1 278 329		
	新　疆	733 527		
	广　西	729 215		
	云　南	502 951		
	甘　肃	414 210		
	内 蒙 古	279 598		
	宁　夏	132 037		
	青　海	11 541		

数据来源：《中国电子信息产业统计年鉴 2016》。

2. 软件业务出口收入

软件业务出口收入反映了区域软件产品和软件服务的国际市场竞争力，在各项指标中，软件业务出口收入区域集中度最高，东部区域集中了近九成出口市场份额，中部区域份额最低，不到 1%（表 9.5）。软件业务出口收入在各区域内也表现出高度不均衡性，东部区域软件业务出口收入主要集中在广东省，东北区域主要集中在辽宁省，中部区域集中在湖北和安徽，西部区域主要集中于重庆和陕西。相当数量的中、西部省份软件业务国际竞争力缺乏，智能制造软件的国内市场满足率较低。

表 9.5　2016 年四大区域软件业务出口收入

区域	省（直辖市、自治区）	软件业务出口收入/万美元	区域各省平均/万美元	区域占比
东	广　东	2 507 067	439 055	87.91%
	江　苏	669 714		
	上　海	361 877		
	浙　江	351 179		
	北　京	256 703		
	山　东	189 790		
	福　建	40 939		
	天　津	8347		
	河　北	3805		
	海　南	1126		
东北	辽　宁	292 434	101 632	6.10%
	吉　林	8261		
	黑 龙 江	4200		
中	湖　北	19 555	9145	0.92%
	安　徽	15 314		
	江　西	9625		
	河　南	860		
	湖　南	369		
	山　西	0		
西	重　庆	147 393	23 040	5.07%
	陕　西	91 054		
	云　南	14 709		
	贵　州	198		
	青　海	82		
	四　川	5		
	广　西	1		
	内 蒙 古	0		
	甘　肃	0		
	宁　夏	0		
	新　疆	0		

数据来源：《中国电子信息产业统计年鉴 2016》。

3. 软件研发人员

软件人才是智能制造应用层的核心，不但关系着软件产业的规模，而且决定了区域软件产业的竞争实力。广东省庞大的软件产业规模和突出的竞争实力离不开大量高素质软件研发人员的支撑，2016 年广东省软件研发人员约 53 万，近 2 倍于江苏省，广东省软件市场出口份额亦远高于江苏。四大区域中，东部区域集中了约七成软件研发人才，其余三区域软件人才数量相当（表 9.6）。人才带来的智力投入是生产函数中唯一具规模报酬递增特征的要素，是智能制造生产力的核心因素。

表 9.6　2016 年四大区域软件研发人员

区域	省（直辖市、自治区）	软件研发人员/人	区域各省平均/人	区域占比
东	广　东	529 983	149 145	71.45%
	江　苏	290 623		
	北　京	288 080		
	山　东	124 135		
	福　建	110 108		
	浙　江	96 024		
	天　津	29 345		
	上　海	12 715		
	河　北	8213		
	海　南	2226		
东北	辽　宁	188 178	225 332	10.79%
	黑 龙 江	21 782		
	吉　林	15 372		
中	湖　北	93 325	146 656	7.03%
	湖　南	18 676		
	安　徽	18 141		
	河　南	9553		
	江　西	3992		
	山　西	2969		
西	陕　西	99 951	20 364	10.73%
	重　庆	58 788		
	云　南	42 200		
	四　川	7926		
	贵　州	5120		
	甘　肃	2761		
	广　西	2757		
	新　疆	1871		
	宁　夏	1385		
	内 蒙 古	1204		
	青　海	44		

数据来源：《中国电子信息产业统计年鉴 2016》。

9.2.3 四大区域制造业智能化市场层比较

智能制造是具有自感知、自决策、自适应能力的新型生产方式，可以有效减少企业资源计划成本，提高市场响应速度和需求匹配程度，节约能源，智能化产品的制造与推广有助于市场扩张和效益提升。本节通过制造业规模（产值）、效益水平（人均利润）、效率（全要素生产率以及分解后的资本效率、劳动力效率、能源效率）几个方面来反映制造业智能化市场层。

1. 四大区域制造业产值

采用智能化技术改造传统制造产业、实现集成创新是经济新常态下制造业转型升级的内在要求。智能技术应用于制造业有助于商业模式创新和市场推广，创新型产品和服务模式可以创造需求，提高产品价格，带动产出扩张。表 9.7 数据显示，制造业产值规模在中国呈现梯次分布，东部占近六成，区域内各省平均产值 62 301.69 亿元，分别约是中部的 2 倍、东北部的 4 倍、西部的 5 倍。大力推进制造业优势发展的东部区域率先向智能化转型成为下一个阶段发展的重要内容。

表 9.7 2016 年四大区域制造业产值

区域	省（直辖市、自治区）	产值/亿元	区域平均/亿元	区域占比
东	江　苏	150 132.65	62 301.69	59.81%
	山　东	139 903.15		
	广　东	120 975.12		
	浙　江	61 463.79		
	河　北	41 546.25		
	福　建	40 234.33		
	上　海	29 537.84		
	天　津	24 707.19		
	北　京	13 040.70		
	海　南	1475.90		
东北	吉　林	21 345.32	16 160.03	4.65%
	辽　宁	18 558.25		
	黑龙江	8576.53		
中	河　南	72 751.28	31 632.29	22.17%
	湖　北	44 392.28		
	安　徽	39 189.61		
	湖　南	36 567.94		
	江　西	31 361.46		
	山　西	6650.15		

续表

区域	省（直辖市、自治区）	产值/亿元	区域平均/亿元	区域占比
西	四 川	36 659.24	12664.49	13.37%
	重 庆	21 972.88		
	广 西	21 366.55		
	陕 西	16 062.64		
	内 蒙 古	11 689.83		
	贵 州	8229.47		
	云 南	7860.58		
	新 疆	5790.95		
	甘 肃	4950.07		
	宁 夏	2734.25		
	青 海	1992.90		

数据来源：《中国工业统计年鉴 2017》。

2. 四大区域制造业人均利润

人均利润又称劳动效益，反映制造业市场效益。世界第二大机床制造商沈阳机床集团，搭建了智能化平台，分析来自客户、设计师和公司机器的数据，并促进从需求识别到设计和生产领域的合作，通过这种方式，公司从一个单纯的制造商转变为工业生产力提供商，盈利空间扩大。制造企业在 "互联网＋"与信息技术相融合的新模式引领下，市场效益不断提高。2016 年东部区域制造业人均利润平均值达 9.40 万元（表 9.8），东北其次，中部区域最低。需要关注的是，广东、浙江均为制造业强省，但人均利润在东部省份中最低，且低于大多数中、西部省份。制造业的快速发展带动区域经济水平的不断提高，劳动力成本也随之上涨，传统劳动密集型制造业在两省产业结构中占据相当比重，影响了制造业整体效益，另一方面也反映了相关产业向数字化、智能化转型的紧迫性。

表 9.8 　2016 年四大区域制造业人均利润

区域	省（直辖市、自治区）	人均利润/万元	区域平均/万元
东	天 津	13.52	9.40
	上 海	13.23	
	北 京	11.76	
	山 东	10.34	
	海 南	10.31	
	江 苏	9.28	
	河 北	7.58	
	福 建	6.64	
	浙 江	6.02	
	广 东	5.36	

续表

区域	省（直辖市、自治区）	人均利润/万元	区域平均/万元
东北	吉　林	11.26	7.03
	黑 龙 江	5.81	
	辽　宁	4.02	
中	江　西	9.32	6.56
	河　南	7.97	
	湖　北	7.68	
	安　徽	7.09	
	湖　南	6.22	
	山　西	1.09	
西	贵　州	11.11	6.61
	新　疆	9.75	
	重　庆	8.81	
	广　西	8.06	
	陕　西	7.89	
	内 蒙 古	7.33	
	四　川	6.77	
	云　南	4.19	
	宁　夏	4.14	
	青　海	2.65	
	甘　肃	2.02	

数据来源：中国工业统计年鉴整理。

3. 四大区域制造业全要素生产率

全要素生产率是制造业综合产出与各项投入的综合比值，可以全面反映区域制造业效率水平。智能化技术在制造业的应用，有助于更为及时、有效地利用市场机制引导资源配置，减少冗余，提高效率，表 9.9 数据显示，2016 年东部区域制造业全要素生产率平均水平最高，东部区域大多数省份制造业位于生产前沿面，实现了最佳资源配置，东北区域和西部区域平均全要素生产率较低。黑龙江、山西、新疆三省份全要素生产率未达 50%。信息技术的日渐成熟为加快这些区域制造业的自动化、数字化改造提供了条件。对制造业全要素生产率进行分解可以得到资本、劳动力和能源三大要素的效率，具体参见表 9.10、表 9.11、表 9.12。

表 9.9 2016 年四大区域制造业全要素生产率

区域	省（直辖市、自治区）	全要素生产率	区域平均
东	天　津	1.00	0.92
	海　南	1.00	
	北　京	1.00	
	福　建	1.00	
	广　东	1.00	
	江　苏	1.00	
	山　东	1.00	
	上　海	0.78	
	浙　江	0.74	
	河　北	0.63	
东北	吉　林	0.75	0.58
	辽　宁	0.50	
	黑龙江	0.48	
中	湖　南	1.00	0.81
	江　西	0.97	
	安　徽	0.86	
	河　南	0.85	
	湖　北	0.80	
	山　西	0.35	
西	广　西	1.00	0.62
	重　庆	0.72	
	四　川	0.69	
	贵　州	0.63	
	青　海	0.60	
	陕　西	0.58	
	内蒙古	0.57	
	宁　夏	0.56	
	甘　肃	0.53	
	云　南	0.52	
	新　疆	0.43	

数据来源：《中国工业统计年鉴》、《中国能源统计年鉴》数据计算整理。

4. 四大区域制造业资本效率

对全要素生产率进行分解可以得到资本效率值，根据表 9.10，可以发现，中部区域资本效率平均值接近 1，各区域最高，经济发达的东部区域其次，东北区域最低。新疆、青海、吉林成为 2016 年资本效率最低的三个省份。总体而言，各区域资本效率水平较高，绝大多数省（直辖市）资本效率值在 95%以上，且区域资本效率水平差异较小，未出现明显的区域投资效益低下的状况。智能化浪潮下，引导制造企业在智能技术领域投资，合理布局，将成为一些地方政府的重要任务。

表 9.10　2016 年四大区域区域制造业资本效率

区域	省（直辖市、自治区）	资本效率	区域平均
东	海　南	1.00	0.99
	天　津	1.00	
	福　建	1.00	
	北　京	1.00	
	广　东	1.00	
	江　苏	1.00	
	山　东	1.00	
	浙　江	1.00	
	上　海	0.97	
	河　北	0.97	
东北	辽　宁	0.97	0.96
	黑 龙 江	0.97	
	吉　林	0.93	
中	江　西	1.00	1.00
	湖　南	1.00	
	河　南	1.00	
	安　徽	1.00	
	山　西	1.00	
	湖　北	0.99	
西	广　西	1.00	0.97
	重　庆	1.00	
	贵　州	1.00	
	云　南	1.00	
	甘　肃	0.98	
	宁　夏	0.97	
	四　川	0.97	
	内 蒙 古	0.94	
	陕　西	0.94	
	青　海	0.93	
	新　疆	0.92	

数据来源：《中国工业统计年鉴》、《中国能源统计年鉴》数据计算整理。

5. 四大区域制造业劳动力效率

对全要素生产率进行分解，得到劳动力效率值。采用智能技术改造生产线，可以有效提高劳动力效率。无锡最大的纺织厂之一——无锡第一棉纺厂采用 90 000 个传感器、28 个系统进行生产、质量的智能化监控，从而每万个纺锤的工人数量从一百以上减少到 25 个。智能技术对制造业劳动力效率的促进作用不言而喻。观察表 9.11 可知，东部和

表 9.11　2016 年四大区域区域劳动力效率

区域	省（直辖市、自治区）	劳动力效率	区域平均
东	天　津	1.00	1.00
	福　建	1.00	
	北　京	1.00	
	海　南	1.00	
	广　东	1.00	
	江　苏	1.00	
	山　东	1.00	
	浙　江	1.00	
	上　海	1.00	
	河　北	0.98	
东北	吉　林	1.00	0.97
	黑 龙 江	0.98	
	辽　宁	0.94	
中	湖　南	1.00	1.00
	河　南	1.00	
	江　西	1.00	
	安　徽	1.00	
	山　西	1.00	
	湖　北	1.00	
西	广　西	1.00	0.99
	甘　肃	1.00	
	新　疆	1.00	
	宁　夏	1.00	
	四　川	1.00	
	青　海	1.00	
	云　南	1.00	
	内 蒙 古	0.99	
	重　庆	0.99	
	陕　西	0.98	
	贵　州	0.94	

数据来源：《中国工业统计年鉴》、《中国能源统计年鉴》数据计算整理。

中部劳动力效率水平最高，大多数省（直辖市）劳动力效率处于完全效率水平，东北区域最低。与资本效率类似，各区域制造业劳动力效率水平较高，最低的省份劳动力效率也高达 0.94，且区域间劳动力效率水平差异较小，劳动力的流动性使得区域间劳动力效率差异得到平衡，促进了劳动力资源的合理配置。

　　6. 区域制造业能源效率

　　对全要素生产率进行分解，得到 2016 年四大区域能源效率值（表 9.12）。对比表 9.10、表 9.11 发现，能源效率在三种要素效率中最低，或源于我国能源市场价格机制的失真，市场机制无法真正有效引导能源资源的合理配置，制约了能源效率的提高。2016 年东部各省区域能源效率平均值达 0.97，各区域最高。一方面，东部各省（直辖市）拥有更为先进的技术水平，发达区域能源效率较高；另一方面，发达区域倾向采用更为严格的环境规制措施敦促企业节能减排，带动了能源效率的提高。西部和东北区域能源效率平均水平较低。智能制造环境下，生产过程能源消耗数据可以通过传感器实时感知，有效监控，并进行合理优化，减少资源浪费。

表 9.12　2016 年四大区域制造业能源效率

区域	省（直辖市、自治区）	能源效率	区域平均
东	天　津	1.00	0.97
	海　南	1.00	
	北　京	1.00	
	福　建	1.00	
	广　东	1.00	
	江　苏	1.00	
	山　东	1.00	
	上　海	0.92	
	浙　江	0.91	
	河　北	0.87	
东北	吉　林	0.90	0.88
	黑龙江	0.87	
	辽　宁	0.85	
中	湖　南	1.00	0.95
	江　西	0.99	
	安　徽	0.95	
	河　南	0.95	
	湖　北	0.92	
	山　西	0.88	

续表

区域	省（直辖市、自治区）	能源效率	区域平均
西	广　西	1.00	0.89
	青　海	0.91	
	重　庆	0.89	
	四　川	0.89	
	贵　州	0.88	
	甘　肃	0.88	
	宁　夏	0.88	
	陕　西	0.87	
	云　南	0.87	
	新　疆	0.86	
	内　蒙　古	0.86	

数据来源：《中国工业统计年鉴》、《中国能源统计年鉴》数据计算整理。

9.3　三大城市群比较

工业互联网、大数据、人工智能等信息技术的发展，引发了新一轮制造革命，推动制造业逐步进入智能化时代。本节展现了京津冀、长三角、珠三角三大城市群在工业互联网、大数据和人工智能三方面的发展。

9.3.1　三大城市群工业互联网发展

2017 年 11 月 27 日国务院发布了《关于深化"互联网＋先进制造业"发展工业互联网的指导意见》，工业互联网是新一代信息技术与制造业深度融合的产物，智能制造依托于工业互联网实现海量数据的全面感知、获取、分析与处理。现阶段我国工业互联网的发展还处于起步阶段，仅在少数领域实现案例试点，例如，航天科工打造的 INDICS 平台、三一重工的根云平台、海尔的 COSMOPlat 平台等，相关应用成果有待进一步观察。两化融合是工业互联网的前期基础，本节通过两化融合状况反映三大城市群工业互联网发展水平。

2014 年，工信部发布了两化融合管理体系标准，截至 2018 年 4 月 30 日，三大城市群两化融合贯标企业数量占全国近五成份额，长三角城市群贯标企业数量最多，占20.46%，珠三角其次（表 9.13），反映制造业两大龙头区域部分企业逐渐形成了以数据为核心的制造模式，具备良好的工业互联网环境。

表 9.13　三大城市群两化融合管理体系贯标企业数量及百分比

城市群	京津冀	长三角	珠三角
数量/个	544	1761	1706
百分比	6.32%	20.46%	19.82%

数据来源：工信部两化融合服务平台整理。

　　工业互联网采用传感器进行数据采集，从主要传感器厂商的空间分布看，我国一半以上的传感器厂商分布在长三角区域，上海、苏州、无锡、常州等城市为主要集聚区域，京津冀城市群以北京为中心，占 13%，珠三角城市群约 10%，以深圳为主（表 9.14）。主要传感器企业的分布与上述两化融合贯标企业的分布基本一致，反映了工业互联网发展与相关设备供应市场的高度相关性。

表 9.14　主要传感器生产企业在三大城市群的分布

城市群	京津冀	长三角	珠三角
数量/个	13	51	10
百分比	13.00%	51.00%	10.00%

数据来源：猎芯网（www.ichunt.com）整理。

9.3.2　三大城市群大数据产业发展

　　大数据产业以数据为核心资源，将数据通过采集、存储、处理、分析并进行应用，最终实现数据的价值。制造业智能化通过大数据技术、大数据服务实现智能化应用，借助大数据加速传统产业改造，驱动生产方式和管理模式的变革。

　　2016 年，国家对大数据产业区域发展进行整体规划布局，批复了 8 个国家大数据综合实验区建设，贵州省成为我国第一个国家大数据综合试验区，同时批建了京津冀、珠三角两个跨区域类综合试验区，上海市成为示范类综合试验区。我国的大数据产业主要集中在京津冀、长三角、珠三角等经济发达城市群，2017 年大数据创新 Top100 中，北京、上海和浙江成为大数据创新 Top100 企业的主要集聚地区，仅北京就集中了 61 家，上海、浙江分别 10 家和 9 家，94%的企业来自京津冀、长三角和珠三角城市群（表 9.15），产业分布的高度不均衡性反映了大数据产业对人才、资金、基础设施、资金条件的要求较高，经济发达区域庞大的市场、人才供给和环境政策给大数据产业发展提供了完备的软、硬件条件，产业规模不断扩张。随着大数据产业的发展，新型工业化产业示范基地建设也将持续推进。

表 9.15　大数据创新 Top100 企业在三大城市群的分布

城市群	京津冀	长三角	珠三角
数量/个	64	24	6
百分比	64.00%	24.00%	6.00%

数据来源：赛智产业研究院《2017～2018 年中国大数据创新 Top100 研究》整理。

　　除了上述三大经济发达地区城市群，以贵州和重庆为代表的部分西部区域，依托政府对大数据产业发展的政策引导，抢占大数据产业发展先机。贵州启动了首个国家大数据综合实验区、国家大数据产业集聚区和国家大数据产业技术创新试验区，建成全国第一个省级政府数据集聚共享开放的统一与平台，设立全球第一个大数据交易所，举办贵阳国际大数据产业博览会和贵州大数据商业模式大赛，带动区域制造业转型升级。

9.3.3　三大城市群人工智能发展

模式识别、机器学习和人机交互的人工智能技术在制造行业的应用，一方面有助于制造产业链的协同，通过智能化分析与预测实现柔性制造；另一方面，在生产过程中，机器取代人的部分工作，有助于生产效率的提高，实现智能自动化。

制造业生产中可以采用机器人代替人类执行单调、重复、高强度的作业，中国有着庞大的机器人需求市场。全球工业机器人巨头高度重视中国市场，在中国建立产业基地，ABB 在珠海、青岛建立应用中心，在重庆的机器人应用中心也在筹划建立中。工业机器人巨头库卡宣布加大对中国的投资，建设中国二期厂房，旨在满足中国市场和其他亚洲市场对自动化解决方案的增长需求。机器人相关企业主要分布在三大城市群，其中，京津冀地区机器人相关企业数量共 387 家，总产值 450 亿元，平均销售利润为 16%；长三角地区机器人相关企业数量 1271 家，总产值 860 亿元，是三大城市群中机器人产业规模最大的区域，平均销售利润 15%；珠三角是我国机器人产业的又一重要区域，深圳、广州、东莞和顺德协同发展，机器人相关企业数量 747 家，总产值 750 亿元，平均销售利润 17%，利润水平各区域最高。

人工智能技术带动了智能硬件创新产业的发展，在互联网技术、大数据技术的支撑下，智能硬件产品突破以往信息孤岛的局限，与物联网对接，实现智能化识别、监控和优化管理，产品不断获得创新和提升。与互联网和大数据产业一样，智能硬件创新产业的 Top100 企业主要集中于经济发达区域，广东、北京、上海、浙江成为智能硬件创新 Top100 企业的主要集聚地区，广东集中了 39 家，其次是北京 29 家，上海和浙江分别有 10 家和 9 家。Top100 榜上，93%的企业来自自京津冀、长三角和珠三角城市群，珠三角占了近四成（表 9.16）。

表 9.16　智能硬件创新 Top100 企业在三大城市群的分布

城市群	京津冀	长三角	珠三角
数量/个	32	22	39
百分比	32.00%	22.00%	39.00%

数据来源：赛智产业研究院《2017～2018 年中国智能硬件创新 Top100 研究》整理。

9.4　智能制造城市比较

经过几十年的工业化建设，一方面，我国已进入后工业化发展阶段，我国成为名副其实的制造业大国，但同时，我国的制造业也面临着低端制造、产能过剩、资源浪费和环境污染等一系列问题；另一方面，国际上各发达国家为了保持制造业新的竞争优势，不约而同地开始施行"再工业化"战略，并纷纷将智能制造列入国家发展计划。为了实现制造业转型升级、积极应对国际挑战，2015 年国务院出台了"中国制造 2025"规划，并明确指出以推进智能制造为主攻方向。以"中国制造 2025"为指导，各省结合本地实际情况相继出台相关政策和行动计划。城市制造作为区域制造业的核心，对区域制造业的发展起着重要的带动和辐射作用。因此，城市制造业的发展研究对于区域制造业的智能化发展有着重要意义。也正是基于此，国家于 2017 年公布了第一批"中国制造 2025"试点示范城市。

为了迎接国内外制造业的挑战、加快实现制造业的转型升级，各城市纷纷出台了一系列促进制造业两化融合、大力发展智能制造的产业政策和措施。纵观各城市出台的产业政策和措施，其产业政策呈现一定的共通性，如哈尔滨、广州、济南、武汉、西安等均提出重点发展智能装备产业和机器人产业。同时，各城市也都依托本身的制造业优势提出特色发展产业，如青岛把海洋工程装备及高技术船舶作为其五大特色高端装备制造产业之一，而深圳则把数字化网络设备、新型显示、集成电路、新型元器件与零部件等作为本市智能制造发展的重点产业，医药产业、汽车产业和 3D 打印产业是哈尔滨重点发展的智能装备产业等。目前中国共有大中小城市六百多个，为了对 2016 年中国城市制造业的智能化发展水平进行比较分析，根据制造业发展程度较高和资料可获得性的双重要求，本研究报告拟选择中国主要省会城市、副省级城市和少数制造业特别发达城市作为样本城市进行比较研究（25 个城市），分别是沈阳、长春、哈尔滨、大连、济南、青岛、南京、苏州、无锡、合肥、杭州、深圳、宁波、广州、厦门、福州、石家庄、太原、郑州、成都、武汉、长沙、西安、兰州、乌鲁木齐。下面通过客观数据对 25 个样本城市的制造业智能化发展程度进行评价分析。

9.4.1　城市制造业智能化基础层比较

1. 产业基础

智能制造是信息化与工业化深度融合的进一步提升，是国家制造业产业升级的重要战略。智能制造融合了信息技术、先进制造技术、自动化技术和人工智能技术。计算机、通信和其他电子设备制造业作为装备制造业的重要产业，也是国民经济发展的基础性产业，是各行业产业升级、技术进步的基础条件。计算机、通信和其他电子设备制造业为制造业的智能化发展提供了基础和产业支持，是制造业智能化发展评价的重要内容。

从产值规模看（图 9.1），2016 年各城市中计算机、通信和其他电子设备制造业产值规模最大的是深圳，苏州次之。并且，深圳和苏州的计算机、通信和其他电子设备制造业规模优势明显，两个城市的计算机、通信和其他电子设备制造业产值占 25 个城市该产业总产值的 48.22%，近半壁江山。计算机、通信和其他电子设备制造业产值规模最小的城市依次是乌鲁木齐、兰州和哈尔滨，三个城市的计算机、通信和其他电子设备制造业占 25 个城市该产业总产值比重均不到 0.05%，分别为 0.001%、0.017% 和 0.033%。此外，东北地区城市的计算机、通信和其他电子设备制造业发展规模过小，哈尔滨、长春和沈阳分别倒数的第三、第四和第五位，反映出东北地区城市制造业的智能化发展产业支持薄弱的事实。

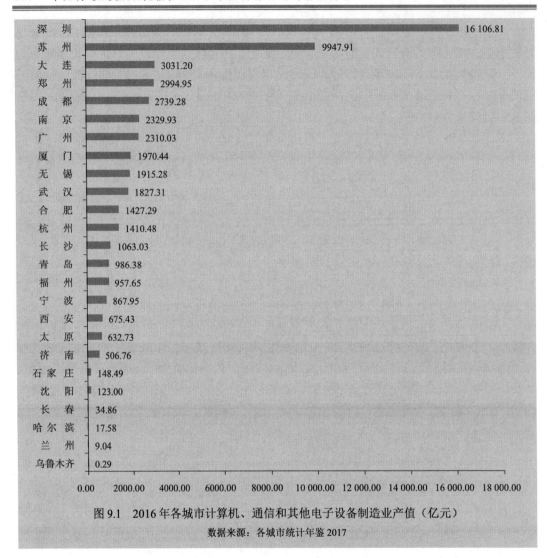

图 9.1　2016 年各城市计算机、通信和其他电子设备制造业产值（亿元）

数据来源：各城市统计年鉴 2017

长远看，利润是一个产业长期生存发展的根本和利益源泉。由图 9.2 可知，2016 年各城市计算机、通信和其他电子设备制造业利润总额排名与产值规模基本一致，排名第一和第二位的仍然是深圳和苏州。尤其是深圳，其计算机、通信和其他电子设备制造业利润总额占 25 个城市该产业利润总额的 30.52%，表现亮眼；乌鲁木齐则排名末位。整体上，25 个城市的计算机、通信和其他电子设备制造业均实现了盈利。此外，与产值规模情况一致，东北地区城市计算机、通信和其他电子设备制造业的利润状况不容乐观。

2. 网络基础

智能制造不仅采用新型制造技术和设备，而且将由新一代信息技术构成的物联网和服务互联网贯穿整个生产过程（左世全，2015）。随着互联网技术的不断发展，互联网发展目前已经进入工业互联网的新阶段，而工业互联网正是工业智能化的基础设施。因此，互联网作为制造业智能化发展的网络基础，是制造业智能化评价的重要方面。

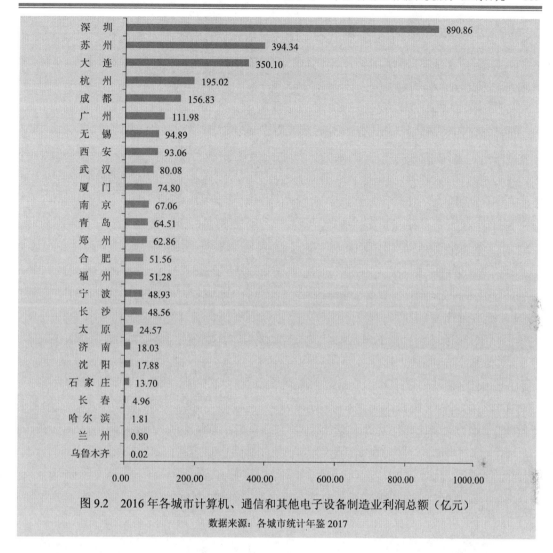

图 9.2　2016 年各城市计算机、通信和其他电子设备制造业利润总额（亿元）

数据来源：各城市统计年鉴 2017

　　由图 9.3 可知，2016 年各城市中互联网宽带用户数最多的城市依次是广州、长春、深圳、长沙和成都，其宽带数均超过 500 万户；其中，广州的宽带数超过 800 万户。与之对应地，互联网宽带数最少的城市依次是乌鲁木齐、太原、大连、厦门和哈尔滨，其宽带数均低于 200 万户。

9.4.2　城市制造业智能化应用层比较

　　我国的信息传输、计算机服务和软件业作为服务业的一大类，包括电信和其他信息传输服务、互联网信息服务、广播电视传输服务、计算机服务业以及软件业，是信息产业的重要载体，也是信息处理和信息传输的主要途径。信息传输、计算机服务和软件业不仅本身作为第三产业的重要组成部分，创造了大量的财富，更重要的是通过对传统产业的信息化改造和提升，促进制造业的升级和智能化发展，是制造业智能化发展的重要应用层。

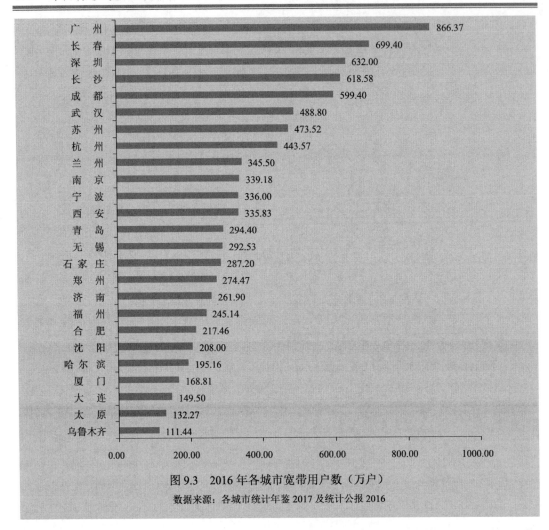

图 9.3　2016 年各城市宽带用户数（万户）

数据来源：各城市统计年鉴 2017 及统计公报 2016

　　由图 9.4 可知，2016 年 22 个城市（太原、兰州、武汉无统计数据）中，信息传输、计算机服务和软件业产出水平最高的城市依次是杭州、深圳、广州和南京，四个城市该产业的产出水平均超过 1000 亿元。尤其是排名第一位的杭州市，其信息传输、计算机服务和软件业 2016 年的产出超出 3000 亿元，具有显著的产业优势；此外，排名第二位的深圳市，其信息传输、计算机服务和软件业也具有明显的产业优势，其产出超过 2500 亿元。

　　2016 年信息传输、计算机服务和软件业产出水平最低的城市是乌鲁木齐，其产业产出不到 100 亿元，这与乌鲁木齐地处经济发展水平欠缺的西部地区有很大关联性。但是，同处东部经济发达地区的宁波市，其信息传输、计算机服务和软件业产出排名倒数第二位，这无疑会限制宁波市制造业的智能化发展。此外，哈尔滨和济南的信息传输、计算机服务和软件业也处于较低水平，其产出不足 200 亿元。

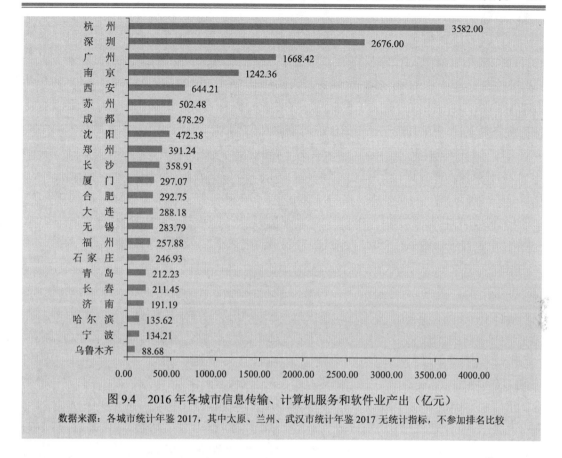

图 9.4　2016 年各城市信息传输、计算机服务和软件业产出（亿元）

数据来源：各城市统计年鉴 2017，其中太原、兰州、武汉市统计年鉴 2017 无统计指标，不参加排名比较

9.4.3　城市制造业智能化市场层比较

制造业的智能化发展，首先体现在制造业产品的智能化和个性化，从而增加市场容量、避免产能过剩；其次，通过智能化的资源优化配置和智能生产过程，实现制造业结构的优化升级，并提高制造业的经济效益。因此，市场层是制造业智能化发展的重要评价内容。

首先，从制造业的产值规模看（见图 9.5），2016 年各城市中制造业产值规模最大的是苏州和深圳，苏州以超过 3 万亿元的制造业产值规模居 25 个城市中的首位；深圳居第二位，产值规模 2.6 万亿。此外，广州、青岛、无锡、郑州、宁波、南京、成都、杭州、长沙和武汉等 10 个城市的制造业产值规模均超过 1 万亿元。而制造业规模最小的城市依次是乌鲁木齐、兰州和太原，三个城市的制造业产值规模均不足 2000 亿元。

其次，从各城市的制造业盈利能力看（见图 9.6），2016 年 25 个城市中制造业利润总额水平最高的是苏州和深圳，其利润总额均超过 1500 亿元；此外，排名第三、四位的广州和郑州，其制造业利润总额也均超过 1000 亿元。与制造业规模排名大致相当，制造业利润水平最低的城市依次是兰州、太原和乌鲁木齐，其制造业利润总额均低于 60 亿元。值得注意的是，东北地区城市哈尔滨、沈阳和大连的制造业利润总额也处于较低水平，分别排名倒数第四、第五和第八位，其制造业盈利能力堪忧。

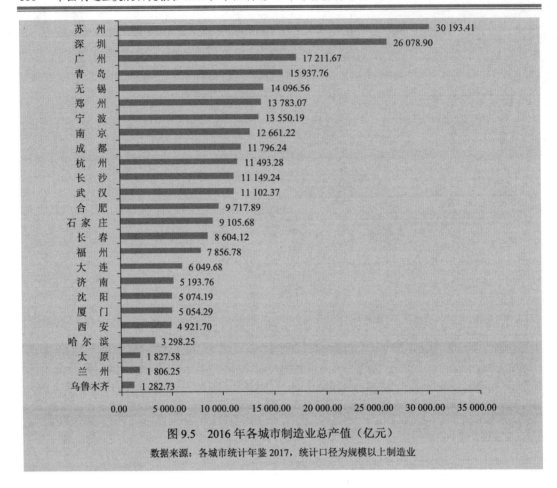

图 9.5　2016 年各城市制造业总产值（亿元）

数据来源：各城市统计年鉴 2017，统计口径为规模以上制造业

9.4.4　城市制造业智能化综合评价

由前文的分析可见，25 个城市在制造业智能化发展的基础层、应用层和市场层方面侧重点不同，各有偏颇。为了对各城市的制造业智能化发展进行综合评价，本部分通过对基础层、应用层和市场层进行赋值，采用雷达图的分析方法进行直观评价。各层的赋值，采用通过城市排名，排名越靠前赋值越大的原则。其中，由于太原、兰州、武汉市缺少信息传输、计算机服务和软件业的统计数据，因此，最终 22 个城市参与城市制造业智能化发展的综合评价，赋值大小为 1～22。

制造业的智能化发展基础层、应用层和市场层缺一不可，是综合性的发展。制造业智能化综合发展较为平衡的城市中，综合发展水平高的城市以深圳、苏州、郑州和广州为代表；此外，南京、成都、郑州的制造业综合发展水平也处于较高水平。与之相反，制造业智能化发展水平最低的城市如乌鲁木齐和哈尔滨，两个城市制造业智能化发展在三个层面上都处于低水平，其制造业的智能化发展任重道远；而长沙、合肥、济南、福州的制造业智能化虽然发展较为平衡，但也处于较低水平（图 9.7）。

部分城市制造业智能化发展相对不平衡，某一方面的发展相对滞后，如厦门市制造业智能化发展的基础层和应用层发展水平较高，但市场层有待进一步发展；而无锡市制

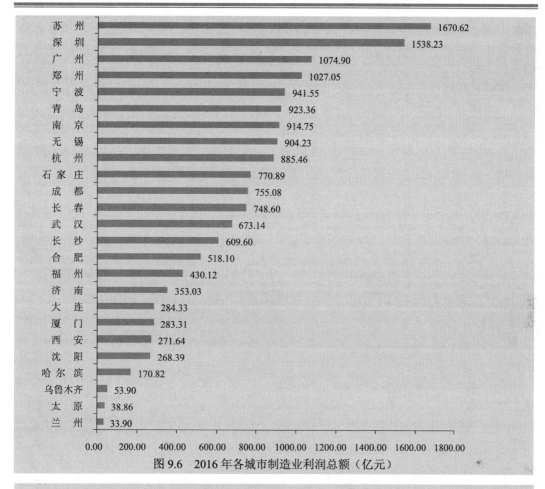

图 9.6　2016 年各城市制造业利润总额（亿元）

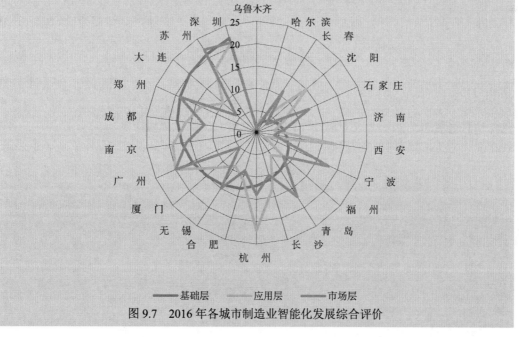

图 9.7　2016 年各城市制造业智能化发展综合评价

造业智能化发展的应用层相对基础层和市场层滞后。对于厦门和无锡市，要想实现制造业智能化的进一步发展，致力于落后项的建设和发展，很有可能实现从第二梯队到第一梯队的飞跃。

还有一些城市只是制造业智能化发展的某一层面比较突出，而其余两层的发展相对落后。如杭州、沈阳、西安应用层发展水平较高，但基础层和市场层发展有待提高；青岛、宁波、长春、石家庄等的市场层发展水平较高，但基础层和应用层发展滞后；大连市则是基础层发展水平高，而应用层和市场层相对欠缺。对于这些城市，在确保优势层的前提下，实现制造业智能化的综合性发展是其关键性任务。

9.5　本章小结

本章第一节将中国 31 个省份分为东部、东北部、中部和西部四大区域，从制造业智能化发展的基础层、应用层和市场层三个方面展开比较，东部省份表现出明显的领先优势，应用层优势尤为突出，广东与江苏在软件人才、软件业务收入和软件产品出口三方面遥遥领先，为制造业智能化应用创造了适宜条件。由于劳动力成本的快速攀升，最初以劳动密集型产品加工制造为主的广东和江苏制造业市场盈利受到影响，亟须以智能化为推手加速生产及相关环节的升级换代。

第二节展现了京津冀、长三角、珠三角三大城市群在工业互联网、大数据和人工智能三方面的发展。长三角在工业互联网领域具备相对优势，凭借良好的装备制造基础，成为传感器和机器人产业的主要生产聚集地；珠三角依托电子信息产业，智能硬件创新企业云集；大数据产业创新型企业则主要集中在京津冀城市群，以中关村为代表的高技术产业园，成为培育创新型大数据企业的重要基地。

第三节选取中国主要省会城市、副省级城市和少数制造业特别发达城市（25 个城市）作为样本，对比研究中国城市制造业的智能化发展。研究发现，制造业智能化综合发展三个层面（基础层、应用层和市场层）较为平衡的城市包括深圳、苏州、郑州、广州、南京、成都、郑州、长沙、合肥、济南、福州、乌鲁木齐和哈尔滨等 13 个城市，其中，综合发展水平高的城市以深圳、苏州、郑州和广州为代表，而乌鲁木齐和哈尔滨制造业的智能化水平低。其余 12 个城市，其制造业的智能化发展相对不平衡，每个城市都有自己的相对优势层，但也存在发展相对滞后的层面，在确保优势层的前提下实现制造业智能化的综合性发展是其关键性任务。

参 考 文 献

安徽省统计局. 2017. 安徽统计年鉴—2017. 北京：中国统计出版社.

北京市统计局. 2017. 北京统计年鉴—2017. 北京：中国统计出版社.

长春市统计局. 2017. 长春统计年鉴—2017. 北京：中国统计出版社.

长沙市统计局. 2017. 长沙统计年鉴—2017. 北京：中国统计出版社.

成都市统计局. 2017. 成都统计年鉴—2017. 北京：中国统计出版社.

重庆市统计局. 2017. 重庆统计年鉴—2017. 北京：中国统计出版社.

大连市统计局. 2017. 大连统计年鉴—2017. 北京: 中国统计出版社.

福建省统计局. 2017. 福建统计年鉴—2017. 北京: 中国统计出版社.

福州市统计局. 2017. 福州统计年鉴—2017. 北京: 中国统计出版社.

甘肃省统计局. 2017. 甘肃统计年鉴—2017. 北京: 中国统计出版社.

工业和信息化部运行监测协调局. 2016. 中国电子信息产业统计年鉴. 北京: 电子工业出版社.

广东省统计局. 2017. 广东统计年鉴—2017. 北京: 中国统计出版社.

广西壮族自治区统计局. 2017. 广西统计年鉴—2017. 北京: 中国统计出版社.

广州市统计局. 2017. 广州统计年鉴—2017. 北京: 中国统计出版社.

贵州省统计局. 2017. 贵州统计年鉴—2017. 北京: 中国统计出版社.

国家统计局. 2017. 中国科技统计年鉴—2017. 北京: 中国统计出版社.

国家统计局. 2017. 中国能源统计年鉴—2017. 北京: 中国统计出版社.

哈尔滨市统计局. 2017. 哈尔滨统计年鉴—2017. 北京: 中国统计出版社.

海南省统计局. 2017. 海南统计年鉴—2017. 北京: 中国统计出版社.

杭州市统计局. 2017. 杭州统计年鉴—2017. 北京: 中国统计出版社.

合肥市统计局. 2017. 合肥统计年鉴—2017. 北京: 中国统计出版社.

河北省统计局. 2017. 河北统计年鉴—2017. 北京: 中国统计出版社.

河南省统计局. 2017. 河南统计年鉴—2017. 北京: 中国统计出版社.

黑龙江省统计局. 2017. 黑龙江统计年鉴—2017. 北京: 中国统计出版社.

湖北省统计局. 2017. 湖北统计年鉴—2017. 北京: 中国统计出版社.

湖南省统计局. 2017. 湖南统计年鉴—2017. 北京: 中国统计出版社.

吉林省统计局. 2017. 吉林统计年鉴—2017. 北京: 中国统计出版社.

济南市统计局. 2017. 济南统计年鉴—2017. 北京: 中国统计出版社.

江苏省统计局. 2017. 江苏统计年鉴—2017. 北京: 中国统计出版社.

江西省统计局. 2017. 江西统计年鉴—2017. 北京: 中国统计出版社.

兰州市统计局. 2017. 兰州统计年鉴—2017. 北京: 中国统计出版社.

辽宁省统计局. 2017. 辽宁统计年鉴—2017. 北京: 中国统计出版社.

南京市统计局. 2017. 南京统计年鉴—2017. 北京: 中国统计出版社.

内蒙古自治区统计局. 2017. 内蒙古统计年鉴—2017. 北京: 中国统计出版社.

宁波市统计局. 2017. 宁波统计年鉴—2017. 北京: 中国统计出版社.

宁夏回族自治区统计局. 2017. 宁夏统计年鉴—2017. 北京: 中国统计出版社.

青岛市统计局. 2017. 青岛统计年鉴—2017. 北京: 中国统计出版社.

青海省统计局. 2017. 青海统计年鉴—2017. 北京: 中国统计出版社.

山东省统计局. 2017. 山东统计年鉴—2017. 北京: 中国统计出版社.

山西省统计局. 2017. 山西统计年鉴—2017. 北京: 中国统计出版社.

陕西省统计局. 2017. 陕西统计年鉴—2017. 北京: 中国统计出版社.

上海市统计局. 2017. 上海统计年鉴—2017. 北京: 中国统计出版社.

深圳市统计局. 2017. 深圳统计年鉴—2017. 北京: 中国统计出版社.

沈阳市统计局. 2017. 沈阳统计年鉴—2017. 北京: 中国统计出版社.

石家庄市统计局. 2017. 石家庄统计年鉴—2017. 北京: 中国统计出版社.

四川省统计局. 2017. 四川统计年鉴—2017. 北京: 中国统计出版社.

苏州市统计局. 2017. 苏州统计年鉴—2017. 北京: 中国统计出版社.

太原市统计局. 2017. 太原统计年鉴—2017. 北京: 中国统计出版社.

天津市统计局. 2017. 天津统计年鉴—2017. 北京: 中国统计出版社.

乌鲁木齐市统计局. 2017. 乌鲁木齐统计年鉴—2017. 北京: 中国统计出版社.

无锡市统计局. 2017. 无锡统计年鉴—2017. 北京: 中国统计出版社.

武汉市统计局. 2017. 武汉统计年鉴—2017. 北京: 中国统计出版社.

西安市统计局. 2017. 西安统计年鉴—2017. 北京: 中国统计出版社.

厦门市统计局. 2017. 厦门统计年鉴—2017. 北京: 中国统计出版社.

谢康, 肖静华, 周先波, 等. 2012. 中国工业化与信息化融合质量: 理论与实证. 经济研究, (1): 4-30.

新疆维吾尔自治区统计局. 2017. 新疆统计年鉴—2017. 北京: 中国统计出版社.

云南省统计局. 2017. 云南统计年鉴—2017 北京: 中国统计出版社.

浙江省统计局. 2017. 浙江统计年鉴—2017 北京: 中国统计出版社.

郑州市统计局. 2017. 郑州统计年鉴—2017. 北京: 中国统计出版社.

中国互联网络信息中心. 2018 年 1 月. 第 41 次中国互联网络发展状况统计报告.

左世全. 2015. 智能制造的中国特色之路. 中国工业评论, (4): 48-55.

撰稿人：徐常萍 吴敏洁 刘军

审稿人：李廉水

第10章

中国制造业智能化发展：产业研究

10.1 引 言

智能化是全球制造业的发展趋势，也是提升制造业制造能力的关键。实现由制造大国向制造强国的转变，已经成为新时期我国经济发展面临的重大课题。基于国际制造业发展态势，中国政府抓住机遇迎接挑战颁布"中国制造 2025"，将智能化、绿色化与服务化作为未来工业发展的方向，并设定实施智能制造工程为中国制造业发展核心。制造业智能化发展在制造领域主要是加快发展智能制造装备和智能化生产线，在机械、航空、船舶、汽车、轻工、纺织、电子等行业进行智能化改造。评价测度中国制造业细分产业的智能化改造程度和中国制造业细分产业的智能化程度具有重要的理论和现实意义。

本章首先基于固定资产投资视角对中国制造业细分产业的智能化程度进行评价，然后根据我国制造业智能化历年发展所体现出来的特点，构建我国的制造业智能化的评价指标体系，从基础层、应用层、市场层三个层面选取典型制造业产业进行研究。本章主要对航空航天及设备制造业、汽车制造业、计算机、通信和其他电子设备制造业、造纸和纸制品业、石油加工、炼焦和核燃料加工业、黑色金属冶炼和压延加工业六个行业进行智能化评价。

10.2 中国制造业细分产业的智能化改造程度评价 ——基于固定资产投资视角

对于中国制造业细化产业的智能化程度评价，由于指标的适用性以及数据的可得性，分产业的智能化评价无法借鉴中国制造业整体智能化程度的指标评价。因此，最终基于固定资产投资视角，选取细分产业固定资产投资的相对值来评价产业的智能化改造程度。

对于中国制造业细化产业的智能化改造程度的评价，很难有非常直观的指标来测度。基于智能化的内涵，本书选取中国制造业细化产业的固定资产投资的相对值比较得到。智能化主要体现在生产智能化、管理和服务智能化。对于生产智能化而言，需要投入大量的生产设备；对于管理智能化和服务智能化除了需要投入相应的软件之外还需要投入大量的计算机，生产设备和计算机最终都体现在固定资产上，因此本书认为固定资产的投入可以间接体现产业的智能化改造程度。那么，如何消除产业之间的异质性，即如何在产业之间进行比较？本书选用 2003 年分产业投入的固定资产占中国制造业固定资产的比重为基准并进行排名，用 2016 年分产业投入的固定资产的增加值占中国制造业固定资产投入的比重和基准比重相比较得出排名 2，用排名的变化值来衡量分产业的智能化改造程度。值得说明的是，考虑到产业变化的前后一致性，主要选取 20 个中国制造业细分化产业，分别为农副食品加工业、食品制造业、烟草制品业、纺织业、木材加工及木竹藤棕草制品业、家具制造业、造纸及纸制品业、印刷业和记录媒介的复制、石油加工、炼焦及核燃料加工业、化学原料及化学制品制造业、医药制造业、化学纤维制造业、非金属矿物制品业、黑色金属冶炼及压延加工业、有色金属冶炼及压延加工业、金属制品业、通用设备制造业、专用设备制造业、电气机械及器材制造业和通信设备、计算机及其他电子设备制造业。

中国制造业细分产业的智能化改造程度评价指标计算具体步骤：

（1）首先找到 i 产业的 2016 年的固定资产投资额 m_i，以及中国制造业 2016 年的固定资产投资额 M；

（2）找到 i 产业的 2003 年的固定资产投资额 n_i，以及中国制造业 2003 年的固定资产投资额 N，并计算出分产业的固定资产投资占中国制造业固定资产投资的基准比重 $\dfrac{n_i}{N}$，得到排名 p_{i1}；

（3）计算出 i 产业的 2016 年的固定资产投资额与 2003 年投资额的差值即 $m_i - n_i$；并计算出 i 产业固定资产投资差额占中国制造业固定资产投资额的比重 $\dfrac{m_i - n_i}{M - N}$，得到排名 p_{i2}；

（4）$\Delta_i = p_{i2} - p_{i1}$，将排名的变化量进行排名，变化量大的产业的固定资产投资额相对较大，因而智能化改造程度相对较高。

2016 年中国制造业分产业智能化改造程度排名如表 10.1。

表 10.1　2016 年中国制造业分产业智能化改造程度排名

序号	产业	智能化改造程度
16	金属制品业	1
19	电气机械及器材制造业	1
6	家具制造业	2
17	通用设备制造业	2
5	木材加工及木竹藤棕草制品业	3
18	专用设备制造业	3
2	食品制造业	4
1	农副食品加工业	5
13	非金属矿物制品业	5
10	化学原料及化学制品制造业	6
3	烟草制品业	7
7	造纸及纸制品业	7
8	印刷业和记录媒介的复制	7
12	化学纤维制造业	8
4	纺织业	9
11	医药制造业	9
20	通信设备、计算机及其他电子设备制造业	9
15	有色金属冶炼及压延加工业	10
9	石油加工、炼焦及核燃料加工业	11
14	黑色金属冶炼及压延加工业	12

数据来源：根据中国统计局网站数据计算整理所得。

从计算结果来看，排名最前的三个产业是金属制品业和电气机械及器材制造业，其次是家具制造业和通用设备制造业，随后是木材加工及木竹藤棕草制品业和专用设备制造业；而排名最后的三个产业则分别为黑色金属冶炼及压延加工业、石油加工、炼焦及核燃料加工业和有色金属冶炼及压延加工业。

从产业特征来看，我们发现那些智能化改造程度较高产业的产品具有容易标准化的特征。对于金属制品业、电气机械及器材制造业、家具制造业和通用设备制造业而言，其产品通常由标准化的零部件装配构成，在个性化、专业化和小批化的生产方式中很容易进行柔性制造。标准化的零部件容易被智能化机器所生产，因而可以广泛地用机器代替人工，从而这些产业的智能化程度较高。而对于黑色金属冶炼及压延加工业、石油加工、炼焦及核燃料加工业和有色金属冶炼及压延加工业而言，这些产业以前的固定资产投资较大、自动化程度较高，在没有显著大量投资固定资产的情况下，其智能化程度难以得到提高。

10.3　离散型制造业产业智能化发展评价

本节以航空航天及设备制造业、汽车制造业、计算机/通信和其他电子设备制造业等 3 个典型的离散型制造业产业为例，考察离散型制造业的智能化发展水平。

10.3.1　制造业细分产业的评价指标体系

由于制造业智能化能力涉及多学科、多领域、多视角，难以对其进行科学的客观的评价，仍缺乏相关成熟的研究。因此首先需要建立一套评价指标体系来反映制造业智能化的能力，根据我国制造业智能化历年发展所体现出来的特点，遵循国际指标选取标准，结合统计数据的可得性和完整性，最终确定由下列评价指标来构建我国的制造业智能化的评价指标体系。评价指标体系主要包括基础层、应用层、市场层 3 个一级指标、6 个二级指标和 12 个三级指标。

从制造业"智能化"发展历程来看，建设初期的工作重心为资源建设，是智能制造的基础，伴随着制造业智能化的后续深入发展，资源建设还将不断得到加强和完善。考虑到三个行业的共性特征和发展规律，基础资源建设主要包括资金投入和人员队伍建设。资金投入主要包括 2 个三级指标：R&D 经费内部支出和制造业新品开发经费；人员队伍建设主要包括 2 个三级指标，即 R&D 人员数和 R&D 人员全时当量。

资源建设具备一定的基础后，智能制造在各个环节的应用得到逐渐推行和重视，智能化的应用层次不断提高。智能化的应用是对工业化各环节的促进，所以，应用与创新评价将从智能化对工业的产品、管理环节的推动进行评价。产品环节主要包括制造业专利拥有数、专利申请数、新产品开发项目数 3 个三级指标；管理环节主要体现在 R&D 人员占就业人员比重。

智能化的终极目标是转方式、调结构、提效率，进而提升人民的生活水平。因此，经济效益和社会影响是体现智能化水平最直观的指标。智能制造涉及全社会固定资产的更新升级，在很大程度上依托于国家和企业经济实力，因此选取利润总额、主营业务收入 2 个三级指标来代表经济效益。随着制造业产业结构转型升级，着力推行"智能制造"，制造业由原来的粗放式、劳动密集型转向集约式、智能化、无人化，大大减少工人数量，降低劳动力成本，这将对制造业就业产生影响。因此，社会效益体现在两个三级指标中：制造业的就业人员数和人均利润率。制造业"智能化"评价指标体系如表10.2。

表 10.2　制造业"智能化"评价指标体系

总指标	序号	主指标	序号	子指标
制造业智能化指标体系	基础层	资金投入	A1	制造业 R&D 经费内部支出/万元
			A2	制造业新产品开发经费/万元
		人员队伍建设	A3	制造业 R&D 人员数/人
			A4	制造业 R&D 人员全时当量/(人·年)
	应用层	产品	B1	制造业专利拥有数/项
			B2	制造业专利申请数/项
			B3	制造业新产品开发项目数/项
		管理	B4	制造业 R&D 人员占就业人员人数比重/%
	市场层	经济效益	C1	制造业企业利润总额/亿元
			C2	主营业务收入/亿元
		社会效益	C3	制造业就业人员人数/人
			C4	制造业就业人员人均利润率/（元/人）

1. 基础层

1）R&D 经费内部支出

是指调查单位在报告年度用于内部 R&D 活动的实际支出。包括 R&D 项目（课题）活动的直接支出，以及间接 R&D 活动管理费、服务费、与 R&D 相关的基本建设支出以及外协加工费等。不包括生产活动支出、偿还贷款费用、与外部单位合作或委托外单位进行 R&D 活动而转拨给对方的经费支出。

2）新产品开发经费

是指报告期内企业科技活动内部支出中新产品研发费用。包括新产品研究、设计、模型开发、测试、试验等费用。

3）R&D 人员全时当量

是指 R&D 全时人员（全年 R&D 活动累积工作时间占全部工作时间的 90%或更多的人员）工作量与非全时人员按实际工作时间折算的工作量之和。

2. 应用层

1）新产品开发项目数量

它指的是使用新技术原理和新设计概念开发和生产的全新产品，或者在结构、材料、工艺等方面比原有产品有显著改善，这显著改善了产品的性能或扩展了产品的使用。

2）专利申请数

是指该行业的专利申请数量。

3）专利拥有数

是指该行业拥有的专利数量。

4）制造业 R&D 人员占就业人员人数比重

为 $\dfrac{L'}{L} \times 100\%$，其中，$L'$ 为制造业 R&D 人员数，L 为制造业就业人员人数。

3. 市场层

1）制造业企业利润总额

是指企业生产经营活动的最终结果。它是企业在一定时期内实现的利润与亏损相抵后的总利润。它等于营业利润加补贴收入加投资收益加营业外净收入再加上以前年度损益调整，以字母 S 表示。

2）主营业务收入

是指会计"利润表"中相应指标的累计数量。未实施 2001 年版《企业会计制度》的企业，用"产品销售收入"的本期累计数代替。

3）制造业就业人员人数

以字母 L 表示。

4）制造业就业人员的人均利润率

为 $\dfrac{S \times 100\,000\,000}{L}$，其中，$S$ 为制造业企业的利润总额（亿元），L 为制造业企业的从业人员（人）。

本节利用制造业基础层、应用层、市场层等三个层面的相关数据，运用多指标离差最大化决策方法，先对制造业基础层、应用层、市场层进行分析，然后综合这三个维度，综合评价制造业各行业的"智能化"发展。

中国各行业综合发展的评价和顺序涉及多个指标，因此这是一个多属性的决策问题。多属性也称为多标准决策，其核心和关键是指标权重的确定，本章采用"离差最大化"决策方法确定权重。该方法是一种完全客观的评价方法，它消除了人为因素在主观评价方法中的影响，方法概念清晰，意义明确，算法简单。因此，它已在实践中得到广泛应用，因此本章采用这种方法。

令 $A = \{A_1, A_2, \cdots, A_n\}$ 表示多指标评价问题的方案集，$G = \{G_1, G_2, \cdots, G_m\}$ 表示指标集，$y_{ij}\,(i = 1, 2, \cdots, n; j = 1, 2, \cdots, m)$ 表示 A_i 方案对 G_j 指标的指标值，$Y = \left(y_{ij}\right)_{n \times m}$ 矩阵表示 A 方案集对 G 指标集的"属性矩阵"，即"评价矩阵"。

一般而言，根据指标的性质，指标可以分为四类："效益型"、"成本型"、"固定型"和"区间型"。因此，我们对评估指标进行无量纲化处理，从而解决了量纲和量纲单位之间的差异引起的不可公度性问题。本节中的指标仅涉及"效益型"和"成本型"这两类，其规范化处理方法如下：

针对成本型指标，令

$$Z_{ij} = \frac{y^{\max} - y_{ij}}{y^{\max} - y^{\min}} \qquad i = 1, 2, \cdots, n; j = 1, 2, \cdots, m \qquad (10.1)$$

针对效益型指标，令

$$Z_{ij} = \frac{y_{ij} - y^{\min}}{y^{\max} - y^{\min}} \qquad i = 1, 2, \cdots, n; j = 1, 2, \cdots, m \qquad (10.2)$$

其中，$y_j^{\min}$、$y_j^{\max}$ 分别表示指标 G_j 的最小值、最大值。

以 $Z = \left(Z_{ij}\right)_{n \times m}$ 代表无量纲化处理后获得的评价矩阵，Z_{ij} 越大越好。令 $w = \left(w_1, w_2, \cdots, w_m\right)^{\mathrm{T}} > 0$ 表示评价指标的加权向量，同时需满足单位化约束条件：

$$\sum_{j=1}^{m} w_j^2 = 1 \qquad (10.3)$$

在获得加权向量 w 之后，构建如下所示的评估矩阵：

$$c = \begin{array}{c} \\ A_1 \\ A_2 \\ \vdots \\ A_n \end{array} \begin{array}{cccc} G_1 & G_2 & \cdots & G_m \\ \left[\begin{array}{cccc} w_1 z_{11} & w_2 z_{12} & \cdots & w_m z_{1m} \\ w_1 z_{21} & w_2 z_{22} & \cdots & w_m z_{2m} \\ \vdots & \vdots & & \vdots \\ w_1 z_{n1} & w_2 z_{n2} & \cdots & w_m z_{nm} \end{array}\right] \end{array} \qquad (10.4)$$

然后，使用简单算术平均加权法获得 A_i 方案的多指标综合评价值，如公式（10.5）所示：

$$D_i(w) = \sum_{j=1}^{m} z_{ij} w_j \qquad i = 1, 2, \cdots, n \qquad (10.5)$$

同样，$D_i(w)$ 总是越大越好，越大表明 A_i 方案越优。因此，当权向量 w 已知时，根据式（10.1）～式（10.5）可以对各方案 A_i 进行评价并排序。

接下来，我们进一步分析确定权向量 w 的方法。如果某一指标 G_j 对决策方案 A_i 的最终评价值和排序没有影响，则 G_j 的权重可以取为 0；相反，如果指标 G_j 能够对决策方案的 A_i 最终评价值和排序产生重大改变，那么这些指标 G_j 可以给予更大的权重。针对 G_j 指标，用 $v_{ij}(w)$ 表示 A_i 方案与其他决策方案的离差，则有

$$v_i(w) = \sum_{k=1}^{n} \left| w_j z_{ij} - w_j z_{kj} \right| \qquad i = 1, 2, \cdots, n; j = 1, 2, \cdots, m \qquad (10.6)$$

令

$$v_j(w) = \sum_{i=1}^{n} v_{ij}(w) = \sum_{i=1}^{n} \sum_{k=1}^{n} \left| z_{ij} - z_{kj} \right| w_j \qquad j = 1, 2, \cdots, m \qquad (10.7)$$

那么，$v_j(w)$ 表示在 G_j 指标下，所有方案 A_i 与其他方案的离差之和。由于所选择的加权向量 w 需要所有指标对所有方案的离差之和取得最大值，因此构造了以下目标函数：

$$\max F(w) = \sum_{j=1}^{m} v_j(w) = \sum_{j=1}^{m}\sum_{i=1}^{n}\sum_{k=1}^{n} |z_{ij} - z_{kj}| w_j \tag{10.8}$$

因此，求权向量 w 的问题等同于求非线性规划问题：

$$\begin{cases} \max F(w) = \sum_{j=1}^{m} v_j(w) = \sum_{j=1}^{m}\sum_{i=1}^{n}\sum_{k=1}^{n} |z_{ij} - z_{kj}| w_j \\[2ex] \text{s.t. } \sum_{j=1}^{m} w_j^2 = 1 \end{cases} \tag{10.9}$$

解决此非线性规划问题并将 w^* 作归一化处理：

$$w_j^* = \frac{\sum_{i=1}^{n}\sum_{k=1}^{n} |z_{ij} - z_{kj}|}{\sum_{j=1}^{m}\sum_{i=1}^{n}\sum_{k=1}^{n} |z_{ij} - z_{kj}|} \qquad j = 1, 2, \cdots, m \tag{10.10}$$

综上，使用离差最大化方法评估和排序多指标问题的步骤可归纳为以下三个步骤：

（1）处理效益型和成本型指标，以获得规范化的评价矩阵 $Z = (Z_{ij})_{n \times m}$；

（2）利用离差最大化的方法找到最优的权向量 $w^* = (w_1^*, w_2^*, \cdots, w_m^*)^{\mathrm{T}}$，然后根据权向量计算出每个方案 A_i 的综合评价值 $D_i(w), i = 1, 2, \cdots, n$；

（3）根据步骤（2）中各评价方案的综合评价值大小，对多指标问题进行合理的评价和排序分析。

10.3.2　航空航天及设备制造业

1. 航空航天及设备制造业"智能化"评价

1）基础层

（1）R&D 经费内部支出。R&D 内部经费支出反映了制造业企业的研发活动支出，R&D 活动的规模可以反映一个企业、行业甚至国家的智能制造水平和核心竞争力。图 10.1 显示制造业 R&D 内部经费支出从 2012 年起至 2014 年一直在增长，从数值上来说由 2012 年的 1 586 828 万元增长至 2014 年的 1 847 872.1 万元，总量上增长为原来的 1.16 倍，这与中国长期以来一直重视技术创新密切相关，在一定程度上，它也表明航空航天制造业具有更高水平的智能制造能力。然而，2015 年 R&D 经费内部支出降至 2013 年的水平，并在 2016 年稳步增长。

（2）新产品开发经费支出。不断投资研发是制造业企业保持竞争力的关键，新产品的开发离不开经费的支持。随着新产品开发项目的大幅增长，新产品研发费用也从 2012 年的 1 528 310 万元增加到 2014 年的 1 912 557.2 万元，这表明产品生命周期的短暂导致企业的运营成本和风险越来越大，而试图通过推出新产品来抢占市场和开拓经营领域的企业，必须投入越来越多的资金用于新产品开发。2015 年，新产品开发资金减少至 1 693 327.9 万元，2016 年略有增加。2012～2016 年航空航天制造业新产品开发经费支出如图 10.2。

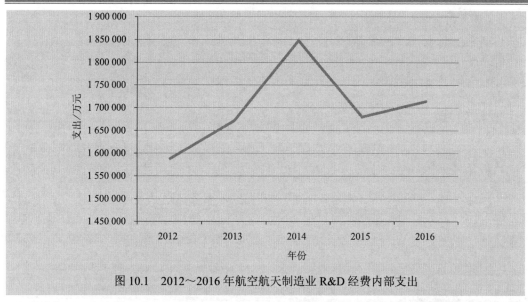

图 10.1　2012～2016 年航空航天制造业 R&D 经费内部支出

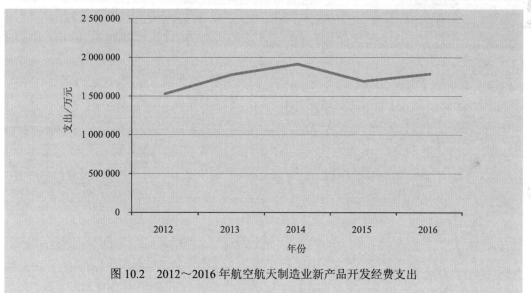

图 10.2　2012～2016 年航空航天制造业新产品开发经费支出

（3）R&D 人员数。R&D 人员数近年有较明显增长。从图 10.3 知，R&D 人员数已由 2012 年 29 445 人波动增长至 2016 年 30 376 人，增幅在 2016 年达到了最高值 8.04%。可以反映出制造业人员结构已经出现一些优化，在制造业人员结构中已经出现相当一部分人从事研发活动这一核心环节。

（4）R&D 活动人员折合全时当量。R&D 人员全时当量反映了在对制造业投入 R&D 经费、物力资源的同时对 R&D 人才的培养与投入，集中反映了制造业 R&D 人员的数量水平。图 10.4 显示，从长远来看，从 2012 年到 2016 年，R&D 人员全时当量增长呈波动变化的趋势，在过去五年中，R&D 活动人员折合全时当量有两次下降，但在下一年有所回升。

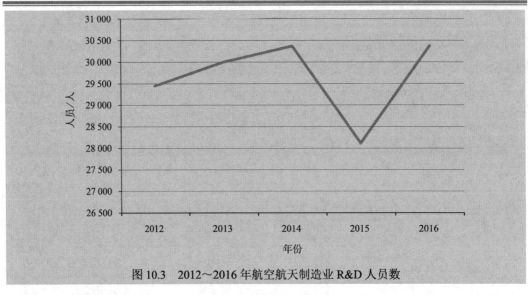

图 10.3　2012～2016 年航空航天制造业 R&D 人员数

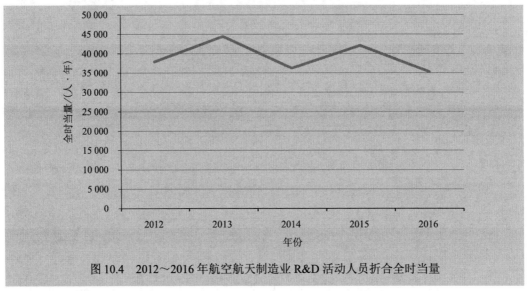

图 10.4　2012～2016 年航空航天制造业 R&D 活动人员折合全时当量

2）应用层

（1）拥有发明专利数。2012 年，中国航空航天制造业的发明专利拥有数量为 1770 项，2016 年增加到 6188 项，过去 5 年来，该专利数量稳步增长，增幅巨大，表现了中国航空航天制造业在科技创新方面取得了长足的进步，说明国家和政府对知识产权战略的重视，它还表明制造业 R&D 的知识产权保护意识越来越强。就增长率而言，近几年制造业发明专利的平均增长率为 38.26%，2015 年该指标增长率达到 58.82%的水平。2012～2016 年航空航天制造业拥有发明专利数如图 10.5。

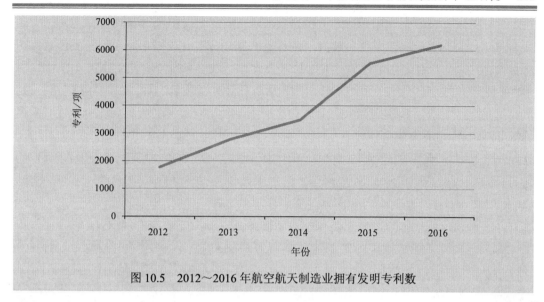

图 10.5　2012～2016 年航空航天制造业拥有发明专利数

（2）专利申请数。中国制造业专利的产出量大幅增长。从专利申请数看，航空航天制造业专利申请数从 2012 年的 3415 项增加至 2016 年的 7040 项，专利产出增长巨大。专利数量的增加与政府对专利等知识产权的管理和保护密不可分。我国多次对专利方面的法律法规进行修订，2013 年工业和信息化部印发了《工业企业知识产权管理与评估指南》，正是工业和信息化部知识产权战略实施的重点和立足点，其中提出积极增强产业知识、产权管理和风险防控能力，全面培养创造和利用知识产权的能力，法律法规的完善对专利的发明创造提供了有力保障，间接促进了中国制造业对专利研发热情的高涨。2012～2016 年航空航天制造业专利申请数如图 10.6。

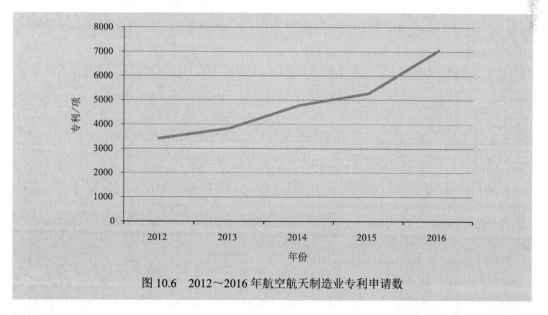

图 10.6　2012～2016 年航空航天制造业专利申请数

（3）新产品开发项目数。新产品开发是企业研发的关键内容，也是企业生存和发展的战略核心。由于市场竞争日趋激烈，消费者需求日益个性化和多样化，人们需要新产品，这些产品往往是多功能、复杂和智能的。任何一家制造业企业只有适时关注市场需求，不断研究与开发新产品才能不被淘汰。从新产品开发项目上看，2012 年航空航天制造业企业立项 4338 项，呈下降趋势。到 2015 年锐减到 1980 项，与我国经济下行、增速放缓有关。2012～2016 年航空航天制造业新产品开发项目数如图 10.7。

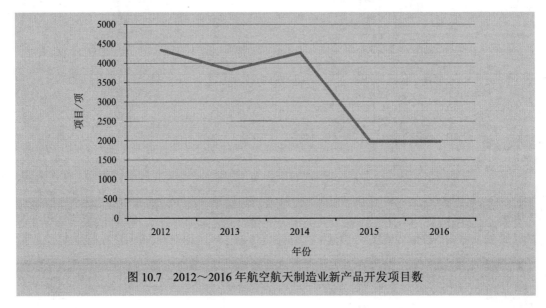

图 10.7　2012～2016 年航空航天制造业新产品开发项目数

（4）R&D 人员占就业人员比重。R&D 人员占就业人员比重呈波动发展。从图 10.8 可以看出，R&D 人员占就业人员比重从 2012 年的 8.19%增加到 2013 年的 8.84%。2014 年以后，它以 0.5%的降幅连续下降 2 年，并在 2016 年小幅回升。2012～2016 年航空航天制造业 R&D 人员就业人数比重如图 10.8。

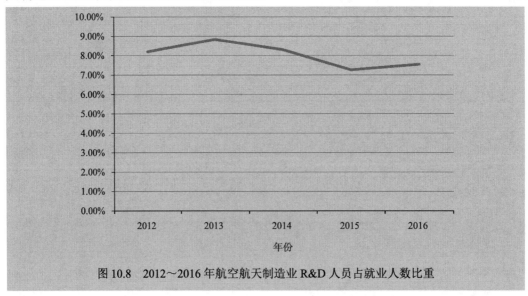

图 10.8　2012～2016 年航空航天制造业 R&D 人员占就业人数比重

3）市场层

（1）利润总额。近年来航空航天制造业经济利润额呈现逐年递增、总体增速放缓迹象。制造业企业利润总额在一定程度上反映了企业的盈利能力。从图 10.9 可以看出，航空航天制造业利润总额从 2012 年到 2016 年一直在上升。从 2012 年的 121.8 亿元增加到 2016 年的 224.4 亿元，增长为原来的 1.84 倍。这表明近年来中国航空航天制造业企业的盈利能力显著提高。从增幅来看，2012～2016 年这一阶段，其利润总额增长呈现了一个迅猛发展势头。

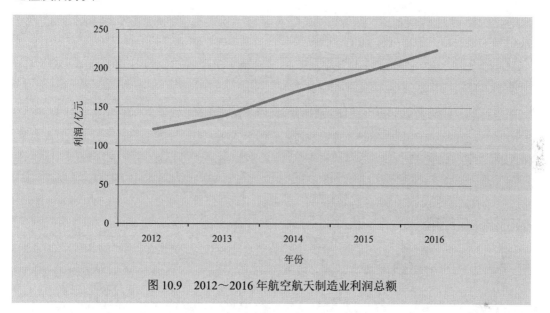

图 10.9　2012～2016 年航空航天制造业利润总额

但是随着欧洲债务危机持续 4 年之久，2014 年欧债问题的阴云依然困扰着欧洲经济的发展，世界实体经济受到了严重冲击。在外部市场需求不强，国内经济下行压力加大的情况下，2013 年中国制造业经济利润额呈现整体增长放缓的迹象，而 2014 年又略有增长。

（2）主营业务收入。制造业主营业务收入逐年增加，从图 10.10 中可知自 2012～2016 年间我国航空航天制造业主营业务收入稳步上升，主营业务收入由 2012 年的 2329.9 亿元上升至 2016 年的 3801.7 亿元，增长为原来的 1.63 倍，它反映了我国航空航天制造业发展的显著成就。从增幅上来看，随着我国经济增长迈入"新常态"，制造业主营业务收入增幅总趋势趋于平缓上升，它显示了中国经济增长方式的转变，从仅关注经济发展的数量到考虑到经济增长质量的转变。

（3）就业人员数。航空航天制造业就业人数总体稳步增长。航空航天制造业就业人员人数反映了某一地区一段时间内就业的总规模。2013 年就业人员数相较于 2012 年有所回落，不过在 2014 年以后就业人数开始快速上升，2016 年达到了 402 202 人。就业人数增加可能是由于国家就业政策和就业规模的扩大。2012～2016 年航空航天制造业就业人数如图 10.11。

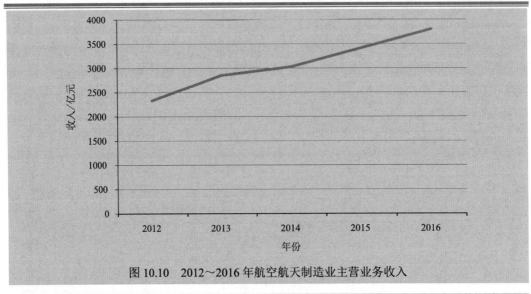

图 10.10　2012～2016 年航空航天制造业主营业务收入

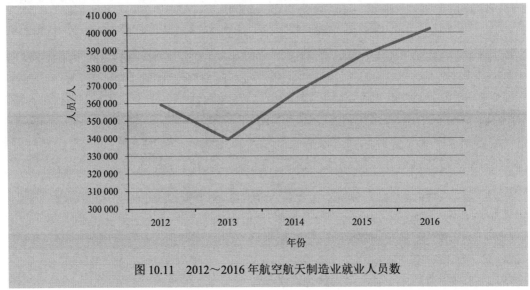

图 10.11　2012～2016 年航空航天制造业就业人员数

（4）人均利润率。航空航天制造业就业人员人均利润率逐年上升。由图 10.12 可知我国航空航天制造业就业人员人均利润率由 2012 年的 33 897.833 8 元/人上升至 2016 年的 55 790.416 26 元/人，在总量上是原先的 1.6 倍多，从劳动力利用的角度来看这反映了航空航天制造业从业人员所创造的贡献已越来越大，表明随着我国 R&D 经费与人员的投入加大，制造业从业人员不单再像过去那样从事着最费时费力、利润却不高的生产加工环节，而在生产环节的上游即设计、品牌建设、原材料采购和生产环节的下游即物流、仓储、营销等环节均有所突破，制造业劳务的"增值能力"，即制造业员工劳务的"含金量"正逐年增强，制造业企业的经营结构正在逐步得到改善。

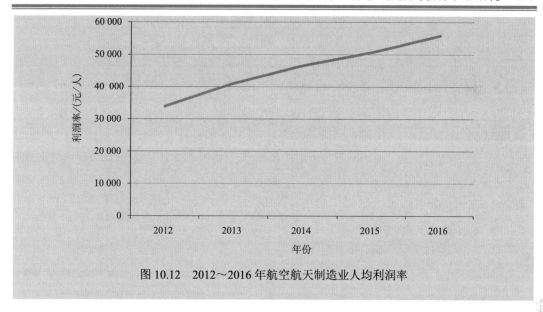

图 10.12　2012～2016 年航空航天制造业人均利润率

2. 航空航天制造业"智能化"能力综合化评价

以高新技术为主导的高端装备制造业处在价值链的高端，是产业链的核心环节，是推进产业转型升级的引擎。根据工信部 2012 年颁布的《高端装备制造业"十二五"发展规划》，到 2015 年，高端装备制造业销售收入在装备制造业中的比重将提高到 15%；到 2020 年，这一比例将增加到 25%，使其成为国民经济的支柱产业。

根据 2012 年至 2016 年《中国统计年鉴》《中国科技统计年鉴》《中国信息年鉴》中航空航天制造业智能化方面的数据，选取能客观、全面地反映制造业智能化的 12 项指标，并使用离差最大化方法计算出每个指标的权重。结合各项指标的规范化数值，得出 2012 年至 2016 年中国航空航天制造业科技创新能力的综合评价值。依据各指标的原始数据、规范化数据、权重、智能化综合评价值及其排序结果，对智能化能力做出评价。表 10.3 列出了中国航空航天制造业智能化能力各项评价指标的原始数据。

表 10.3　航空航天制造业 2012～2016 年各项指标数据表

序号	指标	2012 年	2013 年	2014 年	2015 年	2016 年
A1	R&D 经费内部支出/万元	1 586 828	1 671 450.3	1 847 872.1	1 680 022.9	1 714 573.2
A2	新产品开发经费/万元	1 528 310	1 776 157.3	1 912 557.2	1 693 327.9	1 786 456.9
A3	R&D 人员数/人	29 445	30 000	30 371	28 116	30 376
A4	R&D 人员全时当量/（人·年）	37 901	44 440.4	36 249.2	42 113.3	35 296
B1	专利拥有数/项	1770	2778	3485	5535	6188
B2	专利申请数/项	3415	3828	4772	5276	7040

序号	指标	2012 年	2013 年	2014 年	2015 年	2016 年
						续表
B3	新产品开发项目数/项	4338	3825	4272	1980	1979
B4	R&D 人员占就业人员人数比重/%	8.19	8.84	8.30	7.27	7.55
C1	企业利润总额/亿元	121.8	139.272 84	170.3	196.1	224.4
C2	主营业务收入/亿元	2329.9	2853.2	3027.6	3412.6	3801.7
C3	就业人员人数/人	359 315	339 551	365 708	387 006	402 202
C4	就业人员人均利润率/（元/人）	33 897.8	41 016.8	46 579.8	50 660.3	55 790.4

　　运用离差最大化方法，构造航空航天制造业 2012～2016 年各项指标规范化数据，计算结果如表 10.4 所示。

表 10.4　航空航天制造业 2012～2016 年各项指标规范化数据表

序号	指标	2012 年	2013 年	2014 年	2015 年	2016 年
A1	R&D 经费内部支出	0	0.3242	1	0.357	0.4894
A2	新产品开发经费	0	0.645	1	0.4295	0.6718
A3	R&D 人员数	0.5881	0.8336	0.9978	0	1
A4	R&D 人员全时当量	0.2849	1	0.1042	0.7455	0
B1	专利拥有数	0	0.2282	0.3882	0.8522	1
B2	专利申请数	0	0.1139	0.3743	0.5134	1
B3	新产品开发项目数	1	0.7825	0.972	0.0004	0
B4	R&D 人员占就业人员人数比重	0.5921	1	0.6622	0	0.183
C1	企业利润总额	0	0.1703	0.4732	0.7238	1
C2	主营业务收入	0	0.3555	0.474	0.7356	1
C3	就业人员人数	0.3155	0	0.4175	0.7575	1
C4	就业人员人均利润率	0	0.3252	0.5793	0.7657	1

　　计算航空航天制造业 2012～2016 年各项指标权重，综合评价航空航天制造业各年度"智能化"能力，计算结果如表 10.5 所示。

表 10.5　航空航天制造业 2012～2016 年智能化能力及排序比较

权系数	指标	2012 年	2013 年	2014 年	2015 年	2016 年
0.0728	R&D 经费内部支出	0	0.3242	1	0.357	0.4894
0.0754	新产品开发经费	0	0.645	1	0.4295	0.6718
0.081	R&D 人员数	0.5881	0.8336	0.9978	0	1
0.0888	R&D 人员全时当量	0.2849	1	0.1042	0.7455	0
0.0882	专利拥有数	0	0.2282	0.3882	0.8522	1
0.0807	专利申请数	0	0.1139	0.3743	0.5134	1
0.0999	新产品开发项目数	1	0.7825	0.972	0.0004	0
0.0833	R&D 人员占就业人员人数比重	0.5921	1	0.6622	0	0.183
0.0858	企业利润总额		0.1703	0.4732	0.7238	1
0.08	主营业务收入	0	0.3555	0.474	0.7356	1
0.0821	就业人员人数	0.3155	0	0.4175	0.7575	1
0.082	就业人员人均利润率	0	0.3252	0.5793	0.7657	1
	评价值 $D_i(w)$	0.2227	0.4002	0.606	0.4209	0.6813
	排序号	5	4	2	3	1

　　从表 10.5 可看出，2012 年至 2016 年航空航天制造业智能化能力的综合评价值普遍呈上升趋势，它表明航空航天制造业智能化水平逐年提高，2016 年的智能化水平与 2015 年相比大幅提升。结合图 10.13，除了 R&D 活动人员折合全时当量外，其他 11 项指标在 2016 年均呈现增长趋势。这是由于我国 2015 年开始拟定的"十三五"规划，将航空航天行业列入重点行业进行扶持发展，且"十三五"期间航天航空行业的对外开放程度进一步加大，对国内的各方面限制进一步放开。航空航天制造业属于先导性产业，我国近年来在该领域的投入明显增加，一系列鼓励航空航天产业发展的配套政策陆续出台并实施。因此，为了保住航空航天制造业稳步发展的态势，我国政府仍需出台激励智能制造的相关政策，加大对制造业的 R&D 支出。此外，在新产品开发和专利保护方面，我国政府仍需给予高度的重视和更大的资金投入。

10.3.3　汽车制造业

1. 汽车制造业"智能化"评价

1）基础层

（1）R&D 经费内部支出。近年来，我国汽车制造业行业整体的创新能力逐步提高，这与不断加大研究与开发的经费支出是分不开的。由图 10.14 可以看出，汽车制造业的研发经费支出逐年增加，从数字上来看，从 2012 年的 5 913 021 万元增加到 2016 年的

10 487 371 万元，2016 年 R&D 内部经费支出增加为 2012 年的 1.8 倍。

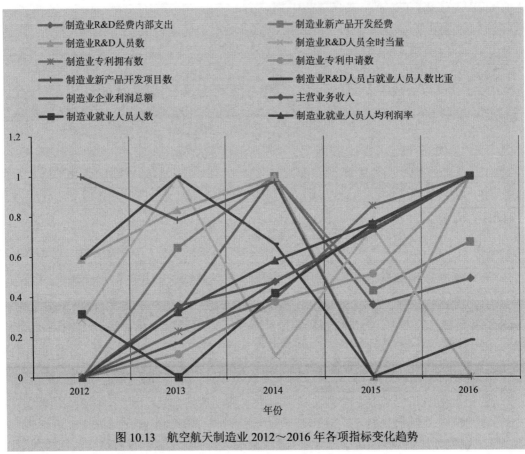

图 10.13　航空航天制造业 2012～2016 年各项指标变化趋势

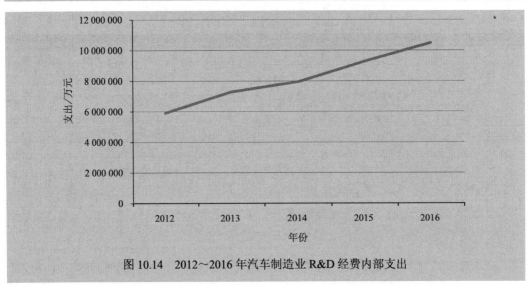

图 10.14　2012～2016 年汽车制造业 R&D 经费内部支出

（2）新产品开发经费支出。从创新能力上看，近年来，中国汽车产业发展迅速，国内汽车企业的创新能力不断提高，国内汽车产业也在加强自身的技术和增强创造力，所有这些都与财政支持密不可分。图 10.15 显示，中国汽车制造业新产品研发资金已从 2012 年的 6 896 539 万元逐年增加至 2016 年的 12 662 062 万元，在 2015 年增幅最大，这与 2015 年中国进入制造业新常态、"中国制造 2025"的发布密切相关。

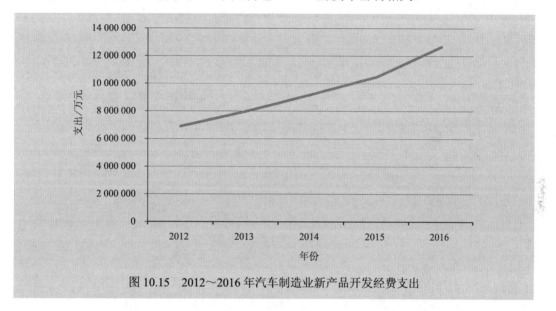

图 10.15　2012～2016 年汽车制造业新产品开发经费支出

（3）R&D 人员数。近年来，汽车产业的 R&D 人员数一直在波动。从图 10.16 可以看出，R&D 人员数从 2012 年的 201 549 人大幅度增加至 2013 年的 262 267 人，在 2014 年时增长幅度非常小，在 2015 年增幅达到了 27.35%，但在 2016 年时 R&D 人员数又

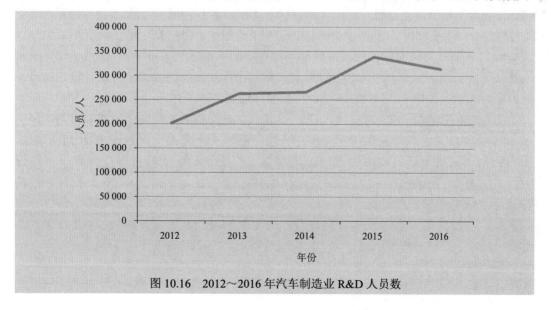

图 10.16　2012～2016 年汽车制造业 R&D 人员数

有所下滑。与快速增长的研发经费投入和研发成果不同的是，我国研发人员增速缓慢，将来研发人员可能出现比较大的空缺。

（4）R&D 活动人员折合全时当量。R&D 人员全时当量是国际上通用的、用于比较科技人力投入的指标。从图 10.17 来看，2012～2016 年 R&D 人员全时当量呈稳定增长的趋势，反映出汽车制造业人力资本投入不断增加，增速逐渐趋缓，2016 年 R&D 活动人员折合全时当量为 229 363 人·年，较 2015 年增长 5.4%。

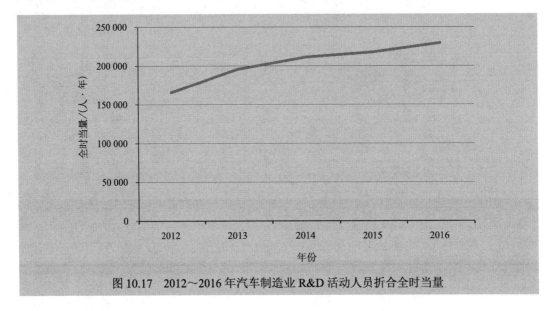

图 10.17　2012～2016 年汽车制造业 R&D 活动人员折合全时当量

2）应用层

（1）拥有发明专利数。从创新成果看，我国汽车制造业专利数量与质量有所提升、拥有发明专利数量不断增长。2016 年，我国汽车制造业专利拥有数达到 34 481 项，相较于 2015 年大幅度增长，增长 48.7%左右。2012 年以来稳步提升，增长幅度不断加大。这是由于 2008 年《国家知识产权战略纲要》的颁布和实施，知识产权工作已上升到国家战略层面，引导中国知识产权事业的发展，取得了历史性的成就，"中国智造"已经走向世界。2012～2016 年汽车制造业拥有发明专利数如图 10.18。

（2）专利申请数。自 2012 年以来，中国汽车制造业的专利申请量逐年增加，2016 年达到 53 133 项，总量是 2015 年的 1.13 倍，从增长率上来说，相较于 2015 年增长了 13.5%。这与我国行业主管部门和政府发布相关专利申报的鼓励扶持政策密切相关，不仅调动了企业和科技人员的积极性，也支持了企业知识产权工作。此外，建议在指导政策中增加智能制造专利评估的重要性，并呼吁在智能制造领域建立专利等知识产权，合理使用专利、发挥专利作用，关注智能制造发展，并利用专利来凝聚新的动能，从知识产权的角度出发，推动建设制造强国。2012～2016 年汽车制造业专利申请数如图 10.19。

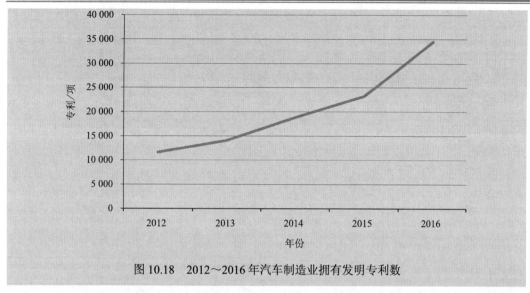

图 10.18　2012~2016 年汽车制造业拥有发明专利数

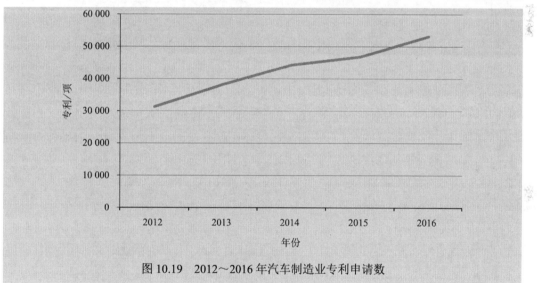

图 10.19　2012~2016 年汽车制造业专利申请数

（3）新产品开发项目数。从图 10.20 中可以看出，近年来中国汽车制造业的新产品开发项目数有所波动。2012 和 2013 年的新产品开发数基本相同，但 2014 年大幅增至 27 765 项，在 2015 年又下滑至 24 859 项，这与我国 2015 年经济下行、增速放缓密切相关。2016 年开始，新产品开发项目数大幅度增长至 29 409 项，创近年新高。这与中国于 2015 年颁布"中国制造 2025"相关，中国经济已进入新常态。

（4）R&D 人员占就业人员比重。由图 10.21 可以看出，R&D 人员占就业人员比重是波动的。R&D 人员占就业人员比例从 2012 年的 8.04% 连续下降至 2014 年的 7.58%，在 2015 年上升了 2 个百分点，升至 9.4%。但在 2016 年又有所下降，跌至 8.65%。

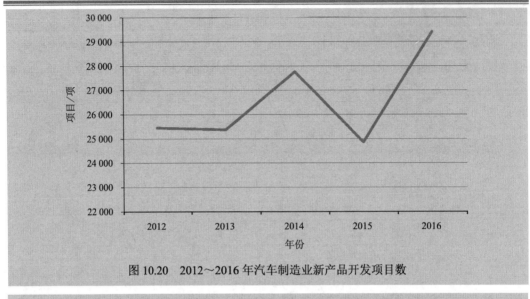

图 10.20　2012～2016 年汽车制造业新产品开发项目数

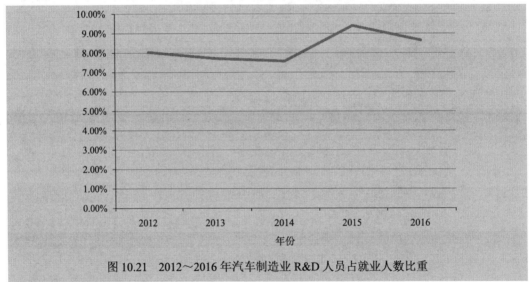

图 10.21　2012～2016 年汽车制造业 R&D 人员占就业人数比重

3）市场层

（1）利润总额。从图 10.22 可以看出，中国汽车制造业的利润总额逐年增加，2016 年的利润总额为 6853.77 亿元，经营状况看似良好；我国汽车制造业的利润总额的波动幅度则较小，增速放缓，2016 年较 2015 年仅增长了 9.7%，由此可见，中国汽车制造业的盈利能力进展缓慢，使得汽车制造业企业的经营形势严峻。在未来阶段，中国迫切需要利用供给侧结构性改革来促进汽车制造业的转型升级。2012～2016 年汽车制造业利润总额如图 10.22。

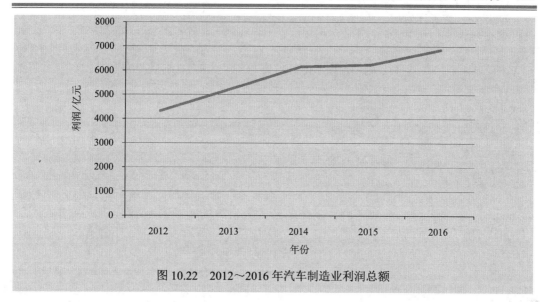

图 10.22　2012~2016 年汽车制造业利润总额

（2）主营业务收入。从图 10.23 可以看出，2012 年至 2016 年，中国汽车制造业主营业务收入稳步增长。主营业务收入由 2012 年的 51 235.58 亿元增加至 2016 年的 81 347.16 亿元，增长速度相对缓慢且趋于平缓，反映出在新的经济形态下，中国政府正在压低经济发展速度，转变经济增长方式，从仅关注经济发展的数量到考虑经济增长的质量。

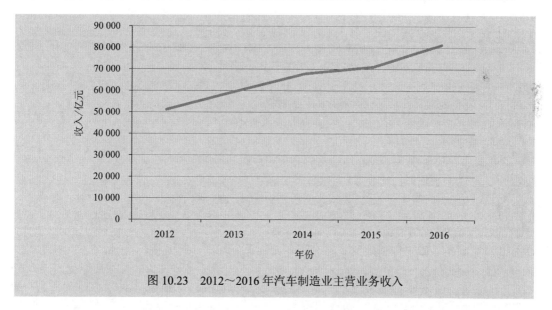

图 10.23　2012~2016 年汽车制造业主营业务收入

（3）就业人员数。近些年，汽车制造业的就业人数波动幅度较小，特别是 2013 年之后，增长幅度都在 10% 以内。中国汽车行业人才供不应求，特别是汽车行业的销售工程师和专业技术工人的紧缺。高级技术人才严重短缺，不能满足经济发展的需要。2012~2016 年汽车制造业就业人员数如图 10.24。

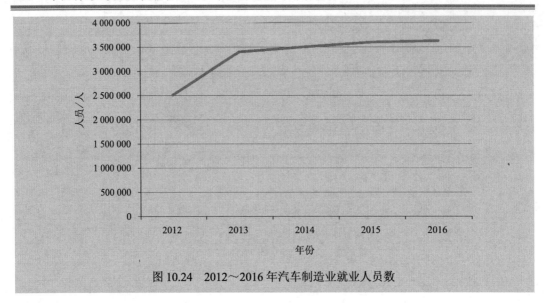

图 10.24　2012～2016 年汽车制造业就业人员数

（4）人均利润率。由图 10.25 可以看出，汽车制造业就业人员人均利润率呈现波动变化的趋势，我国汽车制造业就业人员人均利润率自 2012 年至 2016 年，前后经历了两次下滑，但都在后一年有所上升。与 2015 年相比，2016 年汽车制造业人均利润率达到了 188 860.2 元/人，增长了 8.9%。近年来，人均利润率普遍呈现增长趋势。

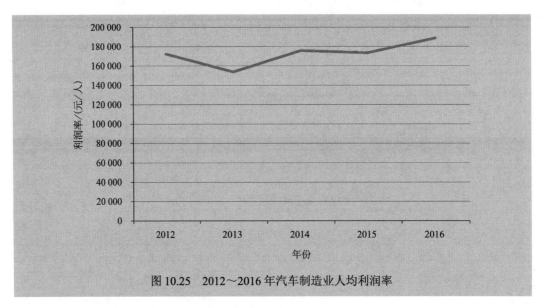

图 10.25　2012～2016 年汽车制造业人均利润率

2. 汽车制造业"智能化"能力综合化评价

自 1953 年以来，中国汽车制造业的发展经历了从无到有、由小到大的过程。汽车制造业是资本密集型和技术密集型产业，具有产业链长、关联度高的特点。它对整个制造业结构的转型升级具有强大的推动作用，可以带动相关产业的发展，在我国工业化进程中发挥重要作用。

　　根据 2012 年至 2016 年《中国统计年鉴》《中国科技统计年鉴》《中国信息年鉴》中汽车制造业智能化方面的数据，选取能客观、全面地反映制造业智能化的 12 项指标，并使用离差最大化方法来计算每个指标的权重。结合各指标的规范化数值，得到 2012 年至 2016 年中国汽车制造业科技创新能力的综合评价值。依据各指标的原始数据、规范化数据、权重、智能化综合评价值及其排序结果，并对智能化能力做出评价。中国汽车制造业智能化能力各项评价指标的原数据见表 10.6。

表 10.6　汽车制造业 2012～2016 年各项指标数据表

序号	指标	2012 年	2013 年	2014 年	2015 年	2016 年
A1	R&D 经费内部支出/万元	5 913 021	7 278 050	7 943 845	9 280 433	10 487 371
A2	新产品开发经费/万元	6 896 539	7 979 138	9 204 121	10 488 318	12 662 062
A3	R&D 人员数/人	201 549	262 267	265 676	338 326	313 965
A4	R&D 人员全时当量/（人·年）	165 581	195 682	211 213	217 682	229 363
B1	专利拥有数/项	11 605	14 106	18 840	23 194	34 481
B2	专利申请数/项	31 297	38 237	44 284	46 820	53 133
B3	新产品开发项目数/项	25 452	25 374	27 765	24 859	29 409
B4	R&D 人员占就业人员人数比重/%	8.04	7.71	7.58	9.40	8.65
C1	企业利润总额/亿元	4321.2	5230.37	6158.42	6243.25	6853.77
C2	主营业务收入/亿元	51 235.58	59 692.6	67 818.48	71 069.4	81 347.16
C3	就业人员人数/人	2 507 618	3 399 819	3 505 213	3 600 216	3 629 018
C4	就业人员人均利润率/（元/人）	172 322.897 7	153 842.601 6	175 693.174 7	173 413.206 3	188 860.2

　　运用离差最大化方法，构造汽车制造业 2012～2016 年各项指标规范化数据，计算结果如表 10.7 所示。

表 10.7　汽车制造业 2012～2016 年各项指标规范化数据表

序号	指标	2012 年	2013 年	2014 年	2015 年	2016 年
A1	R&D 经费内部支出	0	0.2984	0.444	0.7362	1
A2	新产品开发经费	0	0.1878	0.4002	0.623	1
A3	R&D 人员数	0	0.4439	0.4688	1	0.8219
A4	R&D 人员全时当量	0	0.4719	0.7154	0.8169	1

续表

序号	指标	2012 年	2013 年	2014 年	2015 年	2016 年
B1	专利拥有数	0	0.1093	0.3163	0.5066	1
B2	专利申请数	0	0.3178	0.5948	0.7109	1
B3	新产品开发项目数	0.1303	0.1132	0.6387	0	1
B4	R&D 人员占就业人员人数比重	0.2519	0.0741	0	1	0.5889
C1	企业利润总额	0	0.359	0.7254	0.7589	1
C2	主营业务收入	0	0.2809	0.5507	0.6587	1
C3	就业人员人数	0	0.7956	0.8896	0.9743	1
C4	就业人员人均利润率	0.5277	0	0.624	0.5589	1

计算汽车制造业 2012～2016 年各项指标权重，综合评价汽车制造业各年度"智能化"能力，计算结果如表 10.8 所示。

表 10.8　汽车制造业 2012～2016 年智能化能力及排序比较

权系数	指标	2012 年	2013 年	2014 年	2015 年	2016 年
0.0856	R&D 经费内部支出	0	0.2984	0.444	0.7362	1
0.0855	新产品开发经费	0	0.1878	0.4002	0.623	1
0.0835	R&D 人员数	0	0.4439	0.4688	1	0.8219
0.0823	R&D 人员全时当量	0	0.4719	0.7154	0.8169	1
0.0842	专利拥有数	0	0.1093	0.3163	0.5066	1
0.0840	专利申请数	0	0.3178	0.5948	0.7109	1
0.0887	新产品开发项目数	0.1303	0.1132	0.6387	0	1
0.0883	R&D 人员占就业人员人数比重	0.2519	0.0741	0	1	0.5889
0.0843	企业利润总额	0	0.359	0.7254	0.7589	1
0.0835	主营业务收入	0	0.2809	0.5507	0.6587	1
0.0765	就业人员人数	0	0.7956	0.8896	0.9743	1
0.0736	就业人员人均利润率	0.5277	0	0.624	0.5589	1
	评价值 $D_i(w)$	0.0726	0.2846	0.5246	0.6923	0.9488
	排序号	5	4	2	3	1

汽车工业是世界上规模最大、最重要的产业之一。从某种意义上说，汽车产业的发展水平和实力反映了一个国家的综合国力和竞争力。从表 10.8 可以看出，2012 年至 2016 年汽车制造业智能化能力综合评价值普遍呈上升趋势。这反映出汽车制造业智能化水平逐年提高，且 2016 年的智能化水平与 2015 年相比有显著提高。从图 10.26 来看，除 R&D 人员数与 R&D 人员占就业人数的比重呈下降趋势外，其余 10 项指标在 2016 年均呈大幅度增长态势。

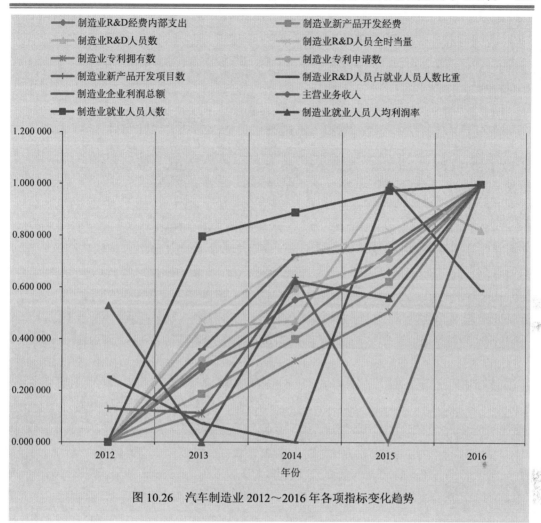

图 10.26　汽车制造业 2012～2016 年各项指标变化趋势

　　从国内角度来看，政府于 2015 年首次提出"中国制造 2025"，旨在将中国建设成为制造强国。此外，近几年来，我国经济增速逐渐放缓，经济下行压力有所增加，虽然自 2009 年以来，中国正式跃升成为全球最大汽车生产和销售国家，但是在巨大的产销量背后，有着汽车石油消耗量大、排放的尾气严重污染环境、产品结构过剩严重、高端品牌缺乏、生产成本逐渐增加等问题。当前，中国汽车制造业正处于产业转型升级的重要节点上，也是在新形势新环境下持续发展由大变强的关键时期，急需我国汽车制造业推动转型升级，将竞争从价格竞争上升为技术创新能力的竞争，推动中国汽车制造业从"中国制造"向"中国智造"转变，从而抢占高端产业和价值链中的高端环节，促使我国汽车制造业早日去除产能过剩，减少库存积压，降低生产成本，降低杠杆率以及补齐创新能力差的短板，推动我国汽车制造业成功转型升级，促进我国经济的增长。

10.3.4　计算机、通信和其他电子设备制造业

1. 计算机、通信和其他电子设备制造业"智能化"评价

1）基础层

（1）R&D 经费内部支出。从图 10.27 来看，从 2012 年到 2016 年，计算机、通信和其他电子设备制造业 R&D 内部经费支出一直在增长，2016 年 R&D 经费内部支出达到了 17 135 348 万元，比 2012 年的经费支出增长近一倍。2012～2016 年均稳步增长，增幅稳定在 10%～16%之间。中国企业的 R&D 投入在过去几年中一直在增加，现在正面临技术收获。根据科技部的数据，在 2005～2015 年的十年中，全国大中型制造业企业研发人员数量年均复合增速为 12.8%。R&D 经费支出是另一个观察指标，大中型高新技术产业新产品开发经费支出十年年均复合增长率达 20%。以电子及通信设备制造业为例，其购买技术经费支出自 2010 年以来迅速增长，并在 2015 年进一步加速。

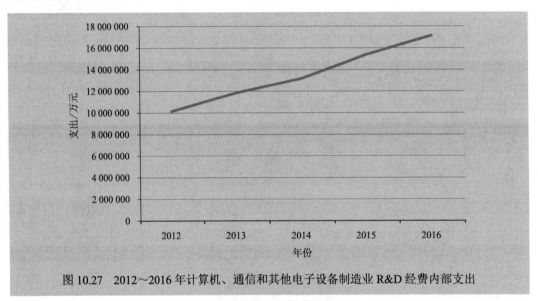

图 10.27　2012～2016 年计算机、通信和其他电子设备制造业 R&D 经费内部支出

（2）新产品开发经费支出。近年来，计算机、通信和其他电子设备制造业新产品开发经费投入不断增加，新产品开发取得了显著成效。2016 年，新产品开发经费支出为 22 329 392.3 万元，比上年增长 18%，增速比上年提高了 6 个百分点。研发经费投入是研发投入的重要组成部分，是企业实现技术创新，形成技术创新能力的基本保证。它在企业中的创新作用体现在研发链条的各个环节，只有依靠持续不断的资金支持，企业才能将创新工作顺利开展并实现创新成果的转化。2012～2016 年计算机、通信和其他电子设备制造业新产品开发经费支出如图 10.28。

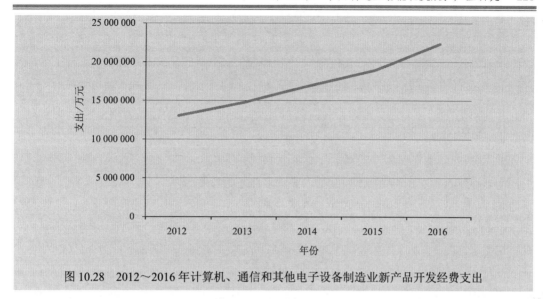

图 10.28 2012～2016 年计算机、通信和其他电子设备制造业新产品开发经费支出

（3）R&D 人员数。企业创新活动机构是基础，人才是提高创新能力的关键。近年来，中国计算机、通信和其他电子设备制造业吸引了一大批科技人才。从图 10.29 可知，R&D 人员数已由 2012 年 378 644 人波动增长至 2016 年 516 574 人，它在 2013 年有所下滑，但自 2014 年以后一直处于高速增长。

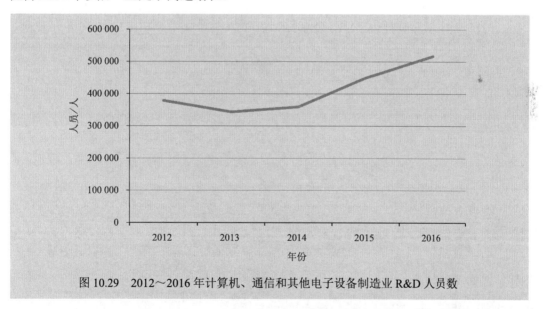

图 10.29 2012～2016 年计算机、通信和其他电子设备制造业 R&D 人员数

（4）R&D 活动人员折合全时当量。研发人员是突破技术创新的实践者与创造者，技术创新的发展即是研发人员不断研发新成果并将其市场化的过程，研发人员的配置和质量在很大程度上决定了公司技术创新的水平和效率。从 2012 年到 2015 年，R&D 人员全时当量均呈现出增长趋势，在 2015 年达到顶峰。2016 年与 2015 年相比有所下降，但仍高于 2015 年之前（图 10.30）。

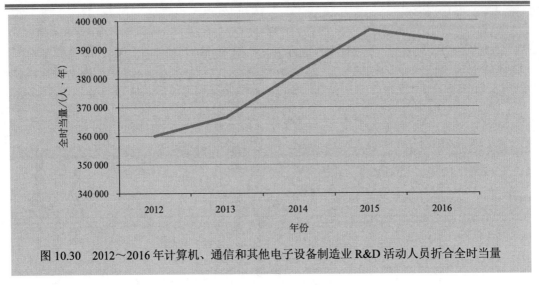

图 10.30　2012～2016 年计算机、通信和其他电子设备制造业 R&D 活动人员折合全时当量

2）应用层

（1）拥有发明专利数。在产业结构转型和经济增长方式转变的背景下，越来越多的产业进一步加大了科技的投入。其中重要指标包括研发经费支出和发明专利授权，前者代表了投入科研的资金多少，而后者则直接反映了创新的能力。2012 年，中国计算机、通信和其他电子设备制造业发明专利拥有数为 79 525 项。2016 年，增加至 208 540 项，并在过去 5 年稳步增长（图 10.31）。在 2015 年增幅达到最大值，说明中国计算机、通信和其他电子设备制造业在科技创新方面不断发展进步。

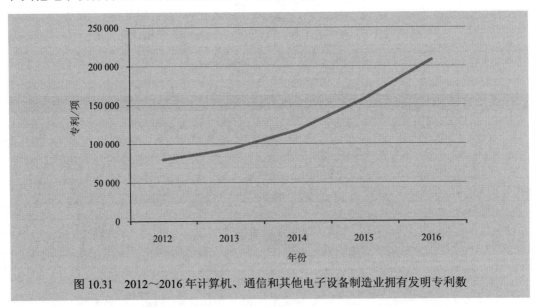

图 10.31　2012～2016 年计算机、通信和其他电子设备制造业拥有发明专利数

（2）专利申请数。从专利申请数看，计算机、通信和其他电子设备制造业专利申请数从 2012 年的 74 077 项增加到 2016 年的 100 562 项，但是增速缓慢，在 2015 年还有下降的趋势（图 10.32）。不少公司对专利申请的含义知之甚少，有些公司缺乏专利保护意

识。因此，有必要加强企业申报专利的能力，及时将实施智能制造的创新成果申报为专利。此外，还需要提高专利转化率，并且需要加强知识产权的商品化和产业化。专利获得审批后，存在许多躺着"睡大觉"的情况，有必要积极实现成果转化，将专利转化为企业发展的动力。

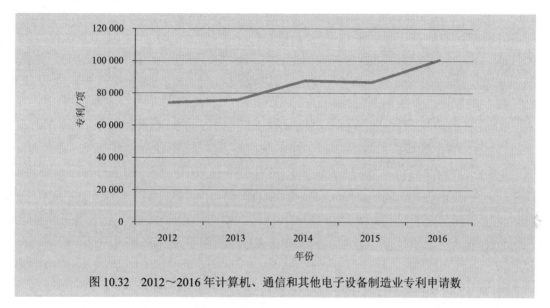

图 10.32　2012～2016 年计算机、通信和其他电子设备制造业专利申请数

（3）新产品开发项目数。新产品开发项目的数量是制造业科技产出的重要指标。计算机、通信和其他电子设备制造业在 2015 年之前一直处于缓慢增长趋势，并且制造业中新产品开发项目数占比也较大。然而，2015 年新产品开发项目数急剧下降，比 2014 年减少了 11 941 项，但在 2016 年显著增加，且数量与 2014 年相同（图 10.33）。

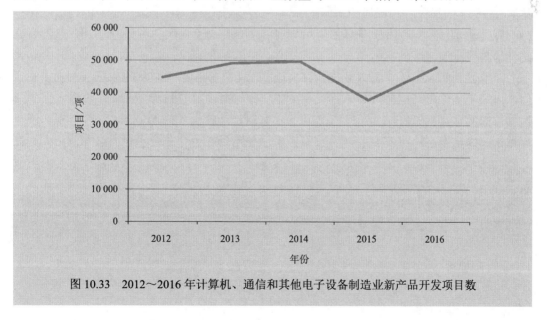

图 10.33　2012～2016 年计算机、通信和其他电子设备制造业新产品开发项目数

（4）R&D 人员占就业人员比重。近年来，R&D 人员占就业人员比重一直在波动。R&D 人员占就业人员比重在 2013 年小幅度下降至 6.4% 之后，从 2014 年开始连年上升，并且增速稳定，在 2016 年达到 10.16%，以每年两个百分点的速度匀速增长（图 10.34）。

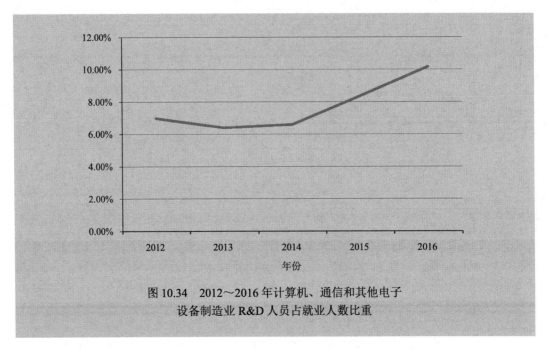

图 10.34　2012～2016 年计算机、通信和其他电子
设备制造业 R&D 人员占就业人数比重

3）市场层

（1）利润总额。从图 10.35 可知计算机、通信和其他电子设备制造业利润总额从 2012 年到 2016 年一直在上升，从 2012 年的 3470 亿元增长到 2016 年的 5641 亿元，增加了 0.6 倍。总体而言，计算机、通信和其他电子设备制造业经济利润额逐年增加、整体增长速度呈放缓迹象。

随着物联网、云计算、大数据、移动互联网等新型信息化技术的成熟与大规模的应用，未来电子信息产业的市场前景肯定更宽广。然而，随着我国经济的发展进入了中低速增长的新常态，在 2018 年前，中国电子信息制造业缺乏量大面广的代表性产品，低中速增长成为常态；2018 年后，随着信息技术服务市场和可穿戴电子设备进入成熟期，工业物联网和智能制造水平也达到了一个新的水平，无人驾驶汽车和飞行器技术与应用取得重大突破，智慧城市建设进入新阶段，以及云计算、大数据和可再生能源技术在国民经济各个领域的普及应用，还有"一带一路"倡议的推进，中国电子信息产业有利因素明显聚集，可能重现高速增长态势。

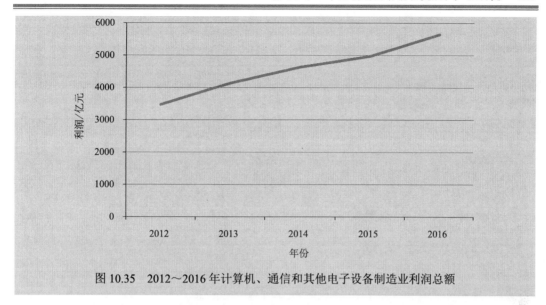

图 10.35　2012～2016 年计算机、通信和其他电子设备制造业利润总额

（2）主营业务收入。从图 10.36 可以看出，计算机、通信和其他电子设备制造业主营业务收入逐年增加，然而，增长趋于稳定，增长率稳定在 7%～10%。2016 年主营业务收入达到 107 064.821 7 亿元，从总量上看是 2012 年的 1.43 倍。"十三五" 期间电子信息产业最大的增长动力无疑来自于 2015 年上半年推出的国家战略——"中国制造2025"。"中国制造 2025" 明确提出，未来十年，中国将把智能制造作为两化深度融合的主要方向。加快发展新一代信息技术与制造技术融合发展，重点发展智能装备和智能产品，促进生产过程智能化，培育新型生产方式，全面提高企业研发、生产、管理和服务的智能化水平。

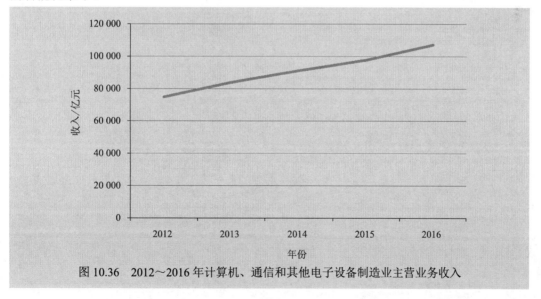

图 10.36　2012～2016 年计算机、通信和其他电子设备制造业主营业务收入

（3）就业人员数。计算机、通信和其他电子设备制造业就业人数整体波动较大。与2015 年相比，2016 年就业人数下降至 9 424 731 人（图 10.37），与计算机、通信和其他

电子设备制造业的上升态势相反，就业人员数不增反降。随着人们生活水平的提高，对智能电子产品的需求量将会越来越大，人才短缺将成为问题。

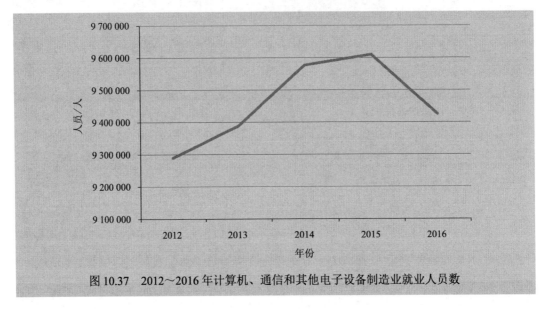

图 10.37　2012～2016 年计算机、通信和其他电子设备制造业就业人员数

（4）人均利润率。图 10.38 显示了中国计算机、通信和其他电子设备制造业就业人员人均利润率由 2012 年的 76 557.695 98 元/人上升至 2016 年的 122 281.232 2 元/人，增加 0.6 倍左右，但并不是逐年上升的。2015 年人均利润率略有下降，但 2016 年大幅度反弹。这反映了计算机、通信和其他电子设备制造业从业人员所创造的贡献已越来越大，制造业企业的经营结构正在逐步得到改善。

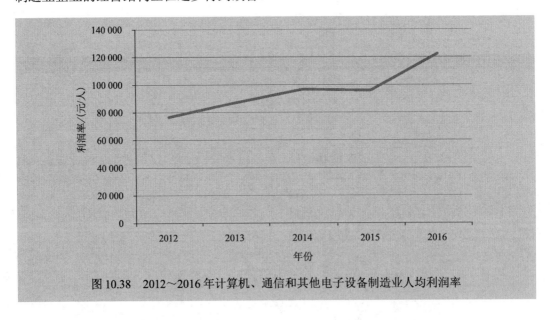

图 10.38　2012～2016 年计算机、通信和其他电子设备制造业人均利润率

2. 计算机、通信和其他电子设备制造业"智能化"能力综合化评价

加快推进智能制造是实施信息化和工业化深度融合战略的重要举措，更是实施"中国制造 2025"、加快制造强国建设的重要突破口。计算机、通信和其他电子设备制造业是制造业的重要领域，正处于转型升级的关键阶段，迫切需要进一步创新研发模式、优化工艺流程、提高生产效率、降低人力成本。

作为经济增长"倍增器"、发展的"转换器"和产业升级"助推器"，计算机、通信和其他电子设备制造业既是国民经济的重要组成，更是提升国民经济发展层次与效益的重要抓手，对国家核心竞争力的形成和国家之间竞争博弈的成败胜负有着决定性意义，自国际金融危机以来体现得尤为明显。智能制造是当前全球新一轮科技和产业革命的制高点，对电子信息产业重要作用和地位的进一步凸显有着显著的积极影响。

根据 2012～2016 年《中国统计年鉴》《中国科技统计年鉴》《中国信息年鉴》中计算机、通信和其他电子设备制造业智能化方面的数据，选择能客观、全面地反映制造业智能化的 12 项指标，并使用离差最大化方法计算出各指标的权重。结合各项指标的规范化数值，得出 2012 年至 2016 年中国计算机、通信和其他电子设备制造业科技创新能力的综合评价值。依据各指标的原始数据、规范化数据、权重、智能化综合评价值及其排序结果，并对智能化能力做出评价。中国计算机、通信和其他电子设备制造业智能化能力各项评价指标的原数据如表 10.9 所示。

表 10.9　计算机、通信和其他电子设备制造业 2012～2016 年各项指标数据表

序号	指标	2012 年	2013 年	2014 年	2015 年	2016 年
A1	R&D 经费内部支出/万元	10 135 772	11 837 454.8	13 185 997.3	15 378 651.1	17 135 348
A2	新产品开发经费/万元	13 046 347	14 747 586.7	16 915 504.7	18 921 184.4	22 329 392.3
A3	R&D 人员数/人	378 644	343 819	359 223	449 366	516 574
A4	R&D 人员全时当量/（人·年）	359 986	366 436.9	382 168.6	396 723.5	393 209.3
B1	专利拥有数/项	79 525	92 991	117 595	157 725	208 540
B2	专利申请数/项	74 077	75 826	87 678	86 759	100 562
B3	新产品开发项目数/项	44 752	49 089	49 647	37 706	47 939
B4	R&D 人员占就业人员人数比重/%	6.99	6.40	6.60	8.35	10.16
C1	企业利润总额/亿元	3470	4137.205 6	4633.539 1	4970.979 7	5641.0408
C2	主营业务收入/亿元	74 844.3	83 848.051 9	91 083.275 1	97 717.880 8	107 064.821 7
C3	就业人员人数/人	9 289 516	9 388 336	9 576 701	9 609 280	9 424 731
C4	就业人员人均利润率/（元/人）	76 557.696	86 987.402 4	96 672.441 2	95 815.154 2	122 281.232 2

运用离差最大化方法，构造计算机、通信和其他电子设备制造业 2012～2016 年各项指标规范化数据，计算结果如表 10.10 所示。

表 10.10　计算机、通信和其他电子设备制造业 2012～2016 年各项指标规范化数据表

序号	指标	2012 年	2013 年	2014 年	2015 年	2016 年
A1	R&D 经费内部支出	0	0.2431	0.4358	0.749	1
A2	新产品开发经费	0	0.1833	0.4168	0.6329	1
A3	R&D 人员数	0.2016	0	0.0892	0.611	1
A4	R&D 人员全时当量	0	0.1756	0.6038	1	0.9043
B1	专利拥有数	0	0.1044	0.2951	0.6061	1
B2	专利申请数	0	0.066	0.5135	0.4788	1
B3	新产品开发项目数	0.5901	0.9533	1	0	0.857
B4	R&D 人员占就业人员人数比重	0.1568	0	0.0542	0.5192	1
C1	企业利润总额	0	0.3073	0.5359	0.6914	1
C2	主营业务收入	0	0.2794	0.504	0.7099	1
C3	就业人员人数	0	0.309	0.8981	1	0.4229
C4	就业人员人均利润率	0	0.2281	0.4399	0.4212	1

　　计算计算机、通信和其他电子设备制造业 2012～2016 年各项指标权重，综合评价计算机、通信和其他电子设备制造业各年度"智能化"能力，计算结果如表 10.11 所示。

表 10.11　计算机、通信和其他电子设备制造业 2012～2016 年智能化能力及排序比较

权系数	指标	2012 年	2013 年	2014 年	2015 年	2016 年
0.0847	R&D 经费内部支出	0	0.2431	0.4358	0.749	1
0.0828	新产品开发经费	0	0.1833	0.4168	0.6329	1
0.0852	R&D 人员数	0.2016	0	0.0892	0.611	1
0.0922	R&D 人员全时当量	0	0.1756	0.6038	1	0.9043
0.0845	专利拥有数	0	0.1044	0.2951	0.6061	1
0.0827	专利申请数	0	0.066	0.5135	0.4788	1
0.0798	新产品开发项目数	0.5901	0.9533	1	0	0.857
0.0833	R&D 人员占就业人员人数比重	0.1568	0	0.0542	0.5192	1
0.0806	企业利润总额	0	0.3073	0.5359	0.6914	1
0.0821	主营业务收入	0	0.2794	0.504	0.7099	1
0.0875	就业人员人数	0	0.309	0.8981	1	0.4229
0.0747	就业人员人均利润率	0	0.2281	0.4399	0.4212	1
	评价值 $D_i(w)$	0.0773	0.2341	0.4824	0.627	0.9293
	排序号	5	4	3	2	1

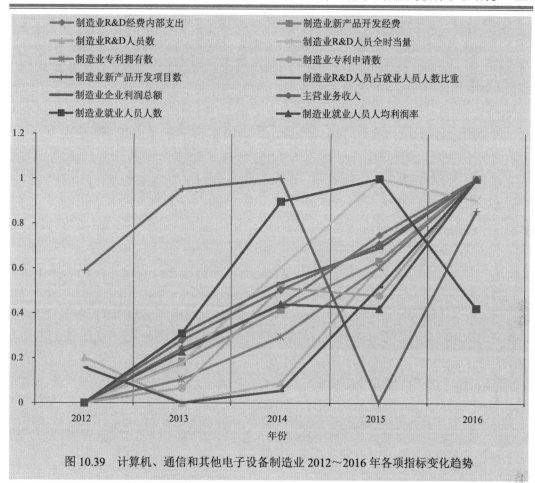

图 10.39   计算机、通信和其他电子设备制造业 2012～2016 年各项指标变化趋势

　　从表 10.11 可看出， 2012 年至 2016 年计算机、通信和其他电子设备制造业智能化能力综合评价值普遍呈上升趋势。这表明计算机、通信和其他电子设备制造业智能化水平正在上升，2016 年的智能化水平较 2015 年显著增加。结合图 10.39，除 R&D 活动人员折合全时当量与就业人数外，其余 10 项指标在 2016 年均呈增长态势。总的来说，虽然中国电子信息产业发展的基本面相对稳定，但是，在加速转型升级的关键阶段，长期结构性问题、关键技术制约问题和国际市场竞争力不强问题尚未得到根本解决。它还与短期新格局演变中出现的新困难和新问题交织在一起，形势更加复杂，提高了产业发展的质量和效益，增强竞争力的任务仍较为艰巨。

　　在"十三五"期间，计算机、通信和其他电子设备制造业应紧紧围绕"构建现代产业体系，支撑服务'中国制造 2025'"这项中心任务，以智能制造为基础，大力推动"互联网+"制造为手段，通过"强化支撑、培育生态、推动融合、完善体系、深化合作、保障安全"六大发展路径，实现软硬融合、两化融合、产业与服务融合，以全面提升的整体产业能力为全面实现"中国制造 2025"与 "互联网+"的战略目标奠定良好基础。

　　以上内容考察了航空航天及设备制造业、汽车制造业、计算机/通信和其他电子设备制造业等产业的智能制造发展状况。可以看到，上述 3 个行业呈现出典型的半离散半流程的制造特征。为了全面了解中国制造业的智能化发展水平，下面将选择造纸和纸制品业、石油加工/炼焦和核燃料加工业 、黑色金属冶炼和压延加工业等 3 个典型的流程型制造业产业进行分析。为保证一致性，将沿用上文的"智能化"评价指标体系来进行测度和比较。

10.4　流程型制造业产业智能化发展评价

本节以造纸和纸制品业、石油加工/炼焦和核燃料加工业、黑色金属冶炼和压延加工业等 3 个典型的流程型制造业产业为例，考察流程型制造业的智能化发展水平。

10.4.1　造纸和纸制品业

1. 造纸和纸制业"智能化"评价

1）基础层

（1）R&D 经费内部支出。从图 10.40 来看，2012～2016 年，造纸和纸制品业 R&D 内部经费支出一直处于增长状态，年均增长率达到 12.93%。2016 年 R&D 经费内部支出达到了近 123 亿元，较 2012 年的经费支出增长了近 62%。近年来，随着各界对环保问题的不断重视，造纸业作为污染大户，不断加大研发投入以谋求产品结构的调整，并取得了相当的成果。据《2014 年中国造纸行业年度研究报告》显示，造纸行业通过引进技术设备与国内自主创新相结合，已经建成一批技术起点高、装备先进的项目，业内部分优秀企业率先步入世界先进造纸企业行列，成功开发了一批具有自主知识产权的技术装备，建立了重点造纸实验室和工程研究中心等。这些成效无不以企业的 R&D 经费支出为支撑的。

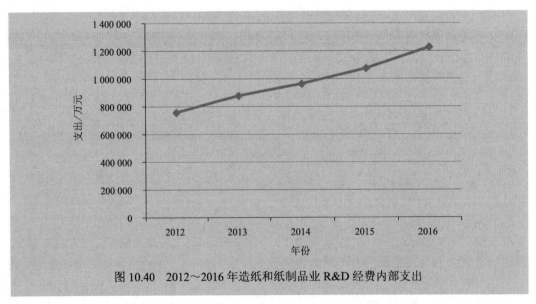

图 10.40　2012～2016 年造纸和纸制品业 R&D 经费内部支出

（2）新产品开发经费支出。随着经济的发展，造纸行业终端产品的种类也日趋多样化，但仍无法满足整体消费需求。鉴于此，造纸和纸制品业新产品开发经费支出持续增加（如图 10.41 所示），2012～2016 年，新产品开发经费支出年几何平均增长率为 12.08%，尤其是 2016 年，比 2015 年增长了 34.65%。新产品研发经费投入是企业开发新产品、满足市场需求的基础保障，通过加强科技研发、改善工艺技术与生产装备等一系列举措，国内纸及纸板产品结构逐渐由数量型向质量型转变，品种日益丰富，更加适应消费结构需求。

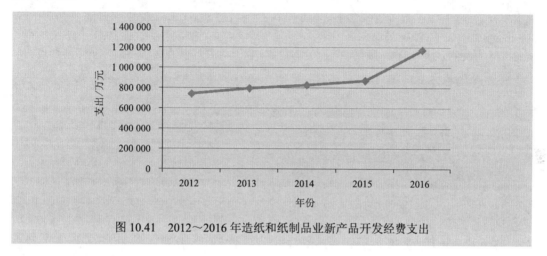

图 10.41　2012～2016 年造纸和纸制品业新产品开发经费支出

（3）R&D 人员数。任何产业的发展都离不开人才的投入，且人才是创新能力提高的关键。从图 10.42 可知，近年造纸和纸制品业 R&D 人员数不断增加，R&D 人员数已由 2012 年的 27 005 人持续增长至 2016 年的 35 939 人。尽管保持增长的态势，但与行业规模和行业从业人员总数相比，仍处于较低的比例水平。

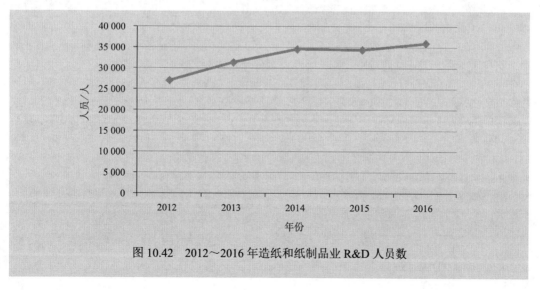

图 10.42　2012～2016 年造纸和纸制品业 R&D 人员数

（4）R&D 人员折合全时当量。R&D 人员全时当量是把非全时人数按工作量折算为全时人员数，反映自主创新人力的投入规模，是国际上比较科技人力投入的可比指标。造纸和纸制品业的 R&D 人员全时当量近 5 年来持续增长，年几何平均增长率为 7.75%，但是整体而言，增速较低，且近两年来有放缓的趋势（如图 10.43 所示）。

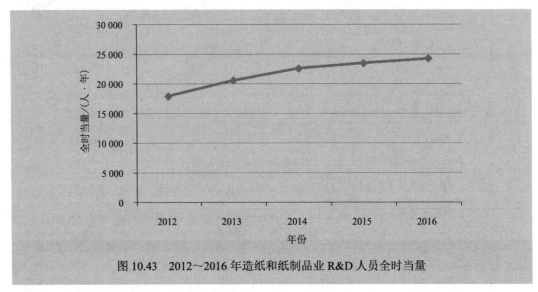

图 10.43　2012～2016 年造纸和纸制品业 R&D 人员全时当量

以上从各单项指标角度分析了造纸与纸制品业智能化水平的基础层状况，为了综合观察基础层的发展态势，图 10.44 列示了造纸与纸制品业基础层各指标对比图。

图 10.44　2012～2016 年造纸和纸制品业智能化水平基础层指标对比图

从图 10.44 可以看出，造纸和纸制品业基础层各项指标均呈现出不断提升的趋势，且除了 R&D 人员全时当量增长幅度相对较小外，其他基础层指标得到增长幅度均较大，表明该行业智能化基础水平在持续提高。

2）应用层

（1）拥有发明专利数。拥有发明专利数反映了一个行业创新发展的成效和创新能力的提升程度。造纸和纸制品业发明专利拥有数在 2012 年为 1042 项，2016 年增加至 4741 项（如图 10.45 所示），5 年来稳步提升，增长了 3.5 倍，表明造纸和纸制品业企业的知识产权创造主体地位持续稳固，企业在市场竞争中不断占据有利地位。

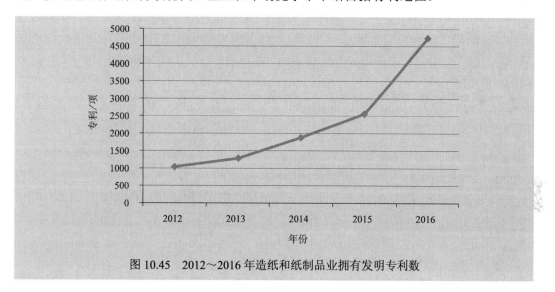

图 10.45　2012～2016 年造纸和纸制品业拥有发明专利数

（2）专利申请数。专利申请数指专利机构受理技术发明申请专利的数量，反映技术发展活动是否活跃，以及发明人是否有谋求专利保护的积极性。专利申请数量越多，表示一个行业的创新能力越高，行业越有活力。从专利申请数看，造纸和纸制品业从 2012 年的 3445 项增长到 2016 年的 5008 项，但时有波动（如图 10.46 所示）。企业应及时将实施智能制造的创新成果申报为专利，保护自己的知识产权，增强竞争力。

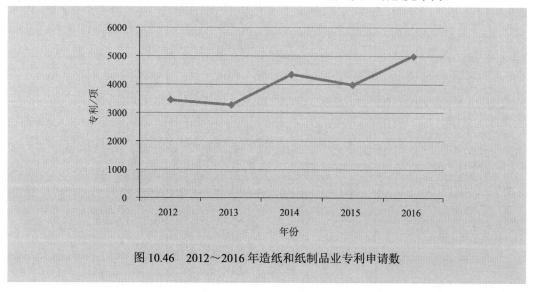

图 10.46　2012～2016 年造纸和纸制品业专利申请数

（3）新产品开发项目数。新产品开发是企业研究与开发的重点内容，也是企业生存和发展的战略核心之一。新产品开发可以提高品牌效益，充分利用生产和经营资源，加强战略优势。造纸和纸制品业新产品开发项目数近年来持续增长，从 2012 年的 1774 项增加到 2016 年的 3406 项，增长了近 1 倍（如图 10.47 所示），这也比较符合纸品业消费需求不断升级和消费结构日益复杂的现实。

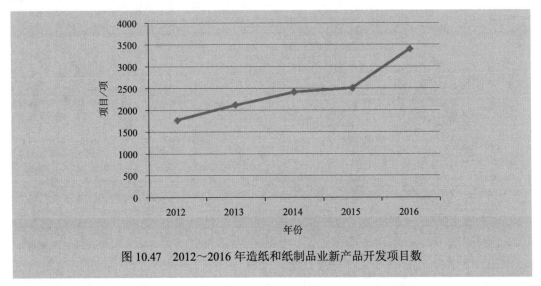

图 10.47　2012～2016 年造纸和纸制品业新产品开发项目数

（4）R&D 人员占就业人员比重。企业 R&D 人员是稀缺人力资源，是企业自主创新中最具活力的因素，企业 R&D 人员比例越高，其自主创新能力越强。造纸和纸制品业 R&D 人员占就业人员比重在近 5 年来呈持续增长趋势，从 2012 年的 1.88% 上升到 2016 年 2.83%（如图 10.48 所示），表明该行业从业人员中 R&D 人员增速快于行业总就业人数。

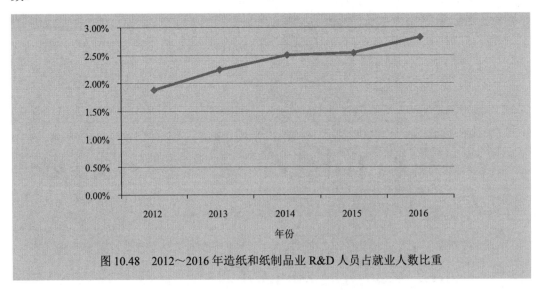

图 10.48　2012～2016 年造纸和纸制品业 R&D 人员占就业人数比重

以上从各单项指标角度分析了造纸与纸制品业智能化水平的应用层状况，为了综合观察应用层的发展态势，图 10.49 列示了造纸与纸制品业应用层各指标对比图。

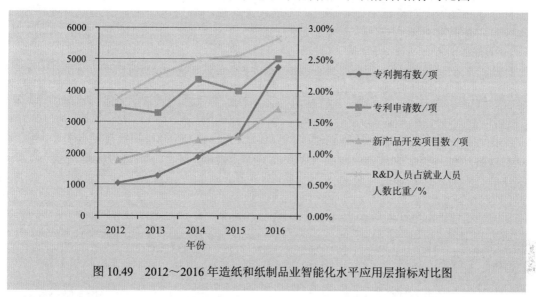

图 10.49　2012～2016 年造纸和纸制品业智能化水平应用层指标对比图

从图 10.49 可以看出，与智能化水平基础层指标较为类似的是，造纸和纸制品业智能化水平应用层指标的变化也呈现出较为一致的态势，除了专利申请数波动增长外，其他指标均表现为持续的增长，整体上表现为提升态势，表明该行业智能化应用水平也在不断提高。

3）市场层

（1）利润总额。从图 10.50 可知，造纸和纸制品业利润总额自 2012 年起至 2016 年波动发展，由 2012 年的 774 亿元下降到 2014 年的 727 亿元，之后逐渐回升，到 2016 年达到 867 亿元。2012～2014 年利润下降可能受宏观经济形势和相关政策的影响，2013 年以来，由于宏观经济景度偏低，产能过剩，造纸行业竞争激烈，产品价格气持续走低，

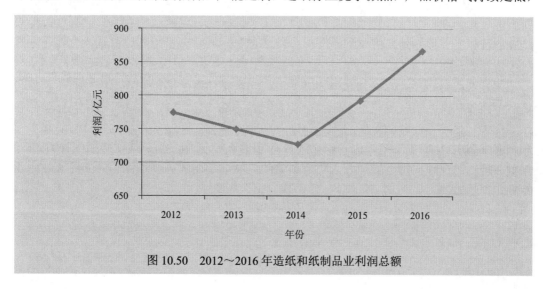

图 10.50　2012～2016 年造纸和纸制品业利润总额

特别是 2014 年，被称之为"环保年"，是造纸行业实施"十二五"规划最重要的一年。造纸业的转型升级，无法绕开环境保护这条红线，"没有环保，就没有造纸"。为此，造纸行业必须加大对环保的重视力度，不断增加环保投资费用。在收入一定的情况下，由于期间费用高企、毛利率下降等多重因素导致相关企业利润空间收窄。随着部分企业逐步突破瓶颈期，2015 年以来，利润又有所回升。

（2）主营业务收入。如图 10.51 所示，造纸和纸制品业近 5 年来主营业务收入逐年增加，2016 年主营业务收入达到 14 623 亿元，从总量上看是 2012 年的 1.17 倍，年几何平均增长率为 4%，增长较为缓慢。造纸行业作为我国轻化工行业中开放度比较高的产业，近年来备受产能过剩问题的困扰。相关数据表明，2014 年我国规模以上中小型造纸企业数量已经占到行业总企业数的 82.01%，中低档纸产品产能严重过剩，这无疑导致行业竞争过于激烈，营业收入增长能力有限。

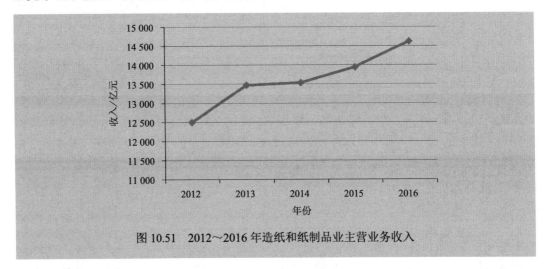

图 10.51　2012～2016 年造纸和纸制品业主营业务收入

（3）就业人员数。近 5 年来造纸和纸制品业就业人数不断下降，从 2012 年的 144 万下降到 2016 年的 127 万（如图 10.52 所示），整体下降了 11.81%。可能的原因在于，短期内智能制造将引发替代效应导致部分工作岗位流失。但从长期看，智能制造带来的产业创造和产业转移效应将增加就业机会，这也意味着，在智能制造背景下，就业有进一步拓展的空间。

（4）人均利润率。人均利润率测度的是在一定时期内平均每人实现的利润额，是侧重从劳动力利用的角度来评价企业经济效益的一项综合性指标。它既是考核企业利润水平的指标，也是考核劳动效率的重要指标。由图 10.53 可知，我国造纸和纸制品业人均利润率由 2012 年的 5.39 万元/人上升至 2016 年的 6.82 万元/人，总体上涨幅度为 26.5%，增效显著，这反映出造纸业从业人员所创造的贡献逐年增大，制造业企业的经营效率正在逐步得到改善。

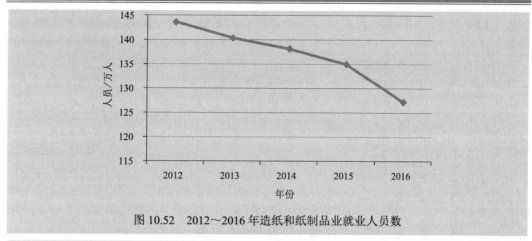

图 10.52　2012～2016 年造纸和纸制品业就业人员数

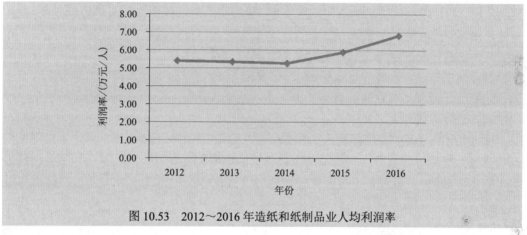

图 10.53　2012～2016 年造纸和纸制品业人均利润率

以上从各单项指标角度分析了造纸与纸制品业智能化水平的市场层状况，为了综合观察市场层的发展态势，图 10.54 列示了造纸与纸制品业市场层各指标对比图。

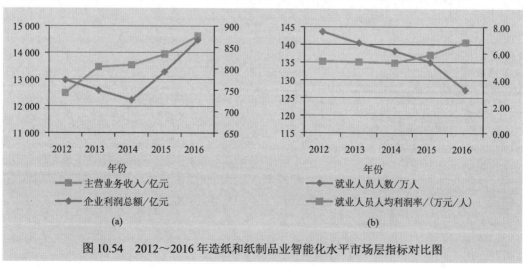

图 10.54　2012～2016 年造纸和纸制品业智能化水平市场层指标对比图

如图 10.54 所示，如前所述，（a）中表明，主营业务收入持续增长而利润总额却波动较大；（b）中表明，就业人数不断下降但人均利润率持续上升。但总体而言，造纸和纸制品业智能化市场水平不断增强。

2. 造纸和纸制品业"智能化"能力综合化评价

造纸和纸制品业作为技术密集、资金密集、具有规模效益的产业，其技术迭代在相当长的一段时间内进展缓慢。同时，作为与国民经济发展基本保持同步的产业，其受资源、环境约束较大。在环境保护呼声日高的形势下，造纸业的绿色化发展目标已成为共识，其转型升级迫在眉睫，造纸业实际在 2013 年就表现出停滞的态势。加之新一代互联网、大数据、云计算等新技术和新平台不断涌现，迫切要求造纸企业要善于充分利用各种新的数字化平台，更好融入全球产业链和创新链，也给造纸行业带来巨大影响。面对这种压力，并且随着新技术的不断发展和推广应用，造纸行业也在积极推进智能化发展。智能技术将渗透、融入产品研发、设计、制造全过程，推动其生产过程的重大变革，并改变其生产模式和产业形态。在此背景下，科学、系统地评价制造行业智能制造发展水平，对评估考核行业的智能制造相关项目、满足行业管理的实际需求、促进智能制造在该行业的应用无疑具有重要的意义。因此，对造纸和纸制品业智能制造的发展水平进行测度和评价就显得尤为必要了。

根据 2012～2016 年《中国统计年鉴》、《中国科技统计年鉴》、国研网、中国资讯行高校财经数据库中造纸和纸制品业的相关数据，选取能客观、全面地反映其智能化发展水平的 12 项指标，以对各年智能化能力做出评价和比较。2012～2016 年中国造纸和纸制品业智能化能力各项评价指标的原数据如表 10.12 所示。

表 10.12　造纸和纸制品业 2012～2016 年智能化指标数据表

序号	指标	2012 年	2013 年	2014 年	2015 年	2016 年
A1	R&D 经费内部支出/万元	758 050.00	877 917.00	964 247.00	1 076 050.00	1 227 575.00
A2	新产品开发经费/万元	742 745.00	795 367.60	828 186.00	870 418.00	1 171 997.00
A3	R&D 人员数/人	27 005.00	31 420.00	34 593.00	34 393.00	35 939.00
A4	R&D 人员全时当量/（人·年）	17 970.40	20 557.00	22 602.00	23 478.00	24 222.00
B1	专利拥有数/项	1042.00	1282.00	1877.00	2558.00	4741.00
B2	专利申请数/项	3445.00	3278.00	4351.00	3982.00	5008.00
B3	新产品开发项目数/项	1774.00	2112.00	2417.00	2511.00	3406.00
B4	R&D 人员占就业人员人数比重/%	1.88	2.24	2.50	2.55	2.83
C1	企业利润总额/亿元	774.21	749.61	726.99	792.82	866.87
C2	主营业务收入/亿元	12 501.49	13 471.58	13 535.18	13 942.34	14 622.82
C3	就业人员人数/万人	143.62	140.35	138.11	134.95	127.11
C4	就业人员人均利润率/（万元/人）	5.39	5.34	5.26	5.87	6.82

表 10.12 列示了造纸和纸制品业智能化发展水平各项评价指标的原始数据，在前文已详细图示分析，这里不再赘述。在此数据基础上，计算造纸和纸制品业 2012～2016年各项指标规范化数据，运用离差最大化方法计算出各指标的权重，结合各项指标规范化数值以及权重，得到 2012～2016 年中国造纸和纸制品业智能化发展的综合评价值，并进行排序，结果如表 10.13 所示。

表 10.13　造纸和纸制品业 2012～2016 年智能化能力排序比较

序号	2012 年	2013 年	2014 年	2015 年	2016 年	权重
A1	0.0000	0.2553	0.4392	0.6773	1.0000	0.0863
A2	0.0000	0.1226	0.1990	0.2974	1.0000	0.0775
A3	0.0000	0.4942	0.8493	0.8270	1.0000	0.0839
A4	0.0000	0.4138	0.7409	0.8810	1.0000	0.0879
B1	0.0000	0.0649	0.2257	0.4098	1.0000	0.0836
B2	0.0965	0.0000	0.6202	0.4069	1.0000	0.0899
B3	0.0000	0.2071	0.3940	0.4516	1.0000	0.0800
B4	0.0000	0.3784	0.6593	0.7056	1.0000	0.0829
C1	0.3376	0.1617	0.0000	0.4706	1.0000	0.0823
C2	0.0000	0.4573	0.4873	0.6792	1.0000	0.0792
C3	1.0000	0.8019	0.6663	0.4749	0.0000	0.0829
C4	0.0815	0.0496	0.0000	0.3927	1.0000	0.0835
综合评价值	0.1262	0.2829	0.4444	0.5585	0.9171	
排序	5	4	3	2	1	

从表 10.13 可以看出，造纸和纸制品业 2012～2016 年智能化能力综合评价值不断增高，这说明该行业智能化水平呈现上升趋势，且 2016 年的智能化水平较 2015 年大幅提升，表明造纸业智能化发展成效开始显现。当前，造纸工业正出现结构性紧缩趋势，面临增长阶段转换和增长动力转换，造纸工业正进入发展关键期，但同时也出现赶超发展契机。因此，应坚持创新驱动发展，加快转型升级，推动造纸工业的智能化。在行业龙头企业建设大数据平台，开展数据挖掘分析和智能决策，优化资源配置和业务流程，通过大数据实现产品和市场的长期动态跟踪、预测与监督。对劳动生产率、资源利用率、资金利用率、能源利用率、投入产出率、资本替代人工、人才红利等进行综合统筹优化，使之综合效益最大化。

10.4.2　石油加工、炼焦和核燃料加工业

1. 石油加工、炼焦和核燃料加工业"智能化"评价

1）基础层

（1）R&D 经费内部支出。从图 10.55 来看，2012～2016 年，石油加工、炼焦和核燃料加工业 R&D 内部经费支出一直处于增长状态，年几何平均增长率达到 10.02%。2016

年 R&D 经费内部支出达到了近 120 亿元，较 2012 年的经费支出增长了近 47%。R&D 经费支出是企业创新能力提升的基础，其对企业的创新作用体现在研发链条的各个环节，没有充足的资金投入，创新就成了无水之源。依靠持续不断的资金支持，企业才能持续提升创新能力并实现创新成果的转化。

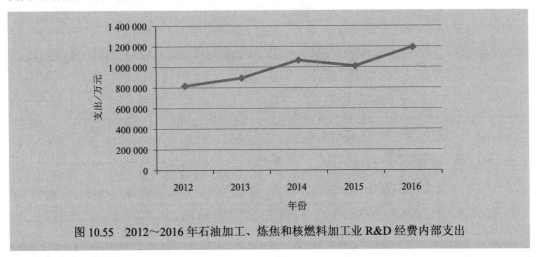

图 10.55   2012～2016 年石油加工、炼焦和核燃料加工业 R&D 经费内部支出

（2）新产品开发经费支出。近 5 年来，石油加工、炼焦和核燃料加工业新产品开发经费支出呈现出波动发展的态势，2013 年达到最大值 113 亿，之后逐年下降，到 2016 年新产品开发经费支出为 78.25 亿元，甚至低于 2012 年的 79.72 亿元（如图 10.56 所示）。不断投资新产品研发是企业保持竞争力的关键，未来的发展和创新产品的销售离不开研发。新产品开发经费支出的不断减少，意味着后续的增长可能存在动力不足的问题。

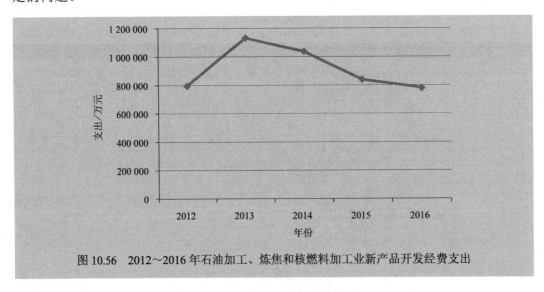

图 10.56   2012～2016 年石油加工、炼焦和核燃料加工业新产品开发经费支出

（3）R&D 人员数。R&D 人员是企业科技创新的主体，一定程度上反映出一个企业的科技质量、创新能力和企业的可持续发展能力，是企业发展的一项战略性资源。近 5 年来，石油加工、炼焦和核燃料加工业吸引的 R&D 人员数并未明显增加，而呈现出波动变化的态势。从图 10.57 可知，R&D 人员数在 2013 年小幅下降后，2014 年出现大幅度增长到最大值 23 165 人，随后又逐年下降，波动明显。

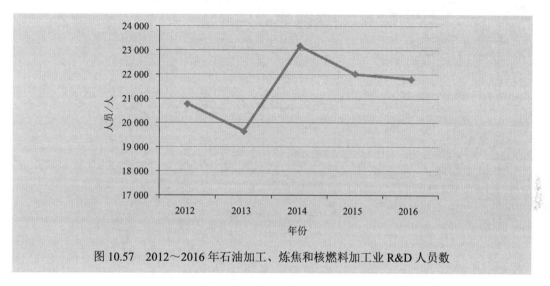

图 10.57　2012～2016 年石油加工、炼焦和核燃料加工业 R&D 人员数

（4）R&D 人员折合全时当量。同 R&D 人员数一样，石油加工、炼焦和核燃料加工业的 R&D 人员全时当量近 5 年来呈现出波动发展的态势，在 2014 年达到最大值 16 554 人·年，之后逐年下降，2016 年甚至低于 2012 年的水平（如图 10.58 所示），表明石油加工、炼焦和核燃料加工业的研发人员投入不足。

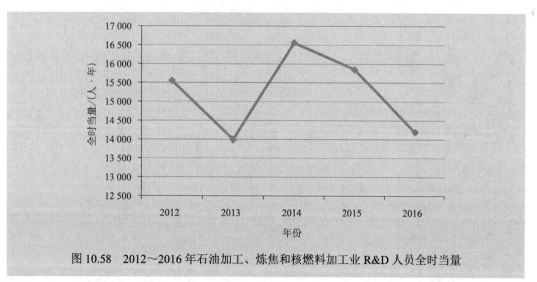

图 10.58　2012～2016 年石油加工、炼焦和核燃料加工业 R&D 人员全时当量

以上从各单项指标角度分析了石油加工、炼焦和核燃料加工业智能化水平的基础层状况，为了综合观察基础层的发展态势，图 10.59 列示了石油加工、炼焦和核燃料加工业基础层各指标对比图。

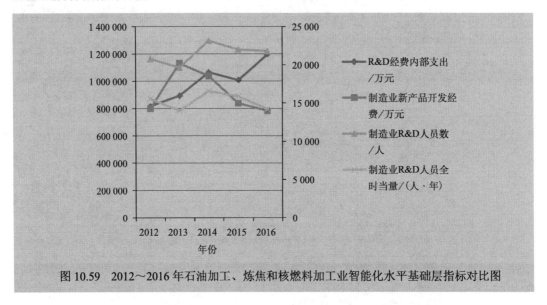

图 10.59　2012～2016 年石油加工、炼焦和核燃料加工业智能化水平基础层指标对比图

综合以上 4 个指标，归集到图 10.59 中进行对比，可以看到，石油加工、炼焦和核燃料加工业基础层的 4 项指标均呈现出波动变化的发展态势，除了 R&D 经费支出有所增长外，新产品研发资金和研发人员投入并未出现明显的增长，甚至还有所下降，表明该行业的智能化基础水平尚需进一步提升。

2）应用层

（1）拥有发明专利数。如图 10.60 所示，石油加工、炼焦和核燃料加工业拥有发明专利数在 2012～2016 年持续增加，从 2012 年的 1514 项增加至 2016 年的 3061 项，增长

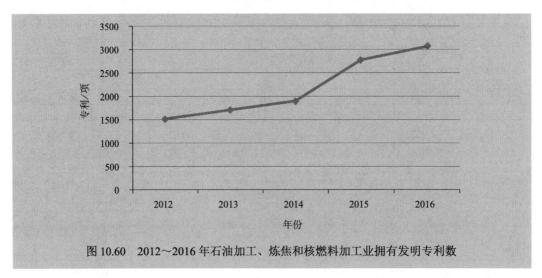

图 10.60　2012～2016 年石油加工、炼焦和核燃料加工业拥有发明专利数

了 1 倍，年几何平均增长率达到 19.24%，说明石油加工、炼焦和核燃料加工业在专利方面不断提升。但也应看到，该行业拥有发明专利数基数过小，尽管有所增加，但较之于行业规模，仍远低于行业应有水平。

（2）专利申请数。从专利申请数看，石油加工、炼焦和核燃料加工业专利申请数从 2012 年的 1441 项增加至 2014 年的最大值 2078 项，之后逐年下降，到 2016 年仅为 1805 项（如图 10.61 所示）。专利作为一种无形资产，具有巨大的商业价值，是提升企业竞争力的重要手段。石油加工、炼焦和核燃料加工业专利申请数的逐年降低意味着行业创新能力和核心竞争能力不足。

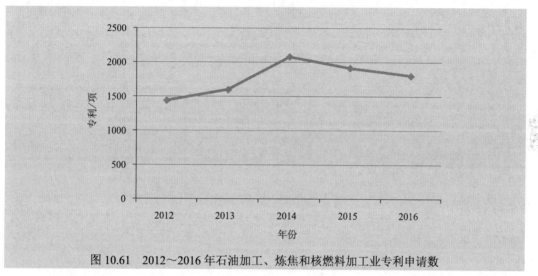

图 10.61　2012～2016 年石油加工、炼焦和核燃料加工业专利申请数

（3）新产品开发项目数。新产品开发项目数是衡量制造业科技产出的一个重要指标。石油加工、炼焦和核燃料加工业在 2014 年以前一直处于增长的趋势，在 2014 年达到最大值 1887 项，2015 年则有所下降，2016 年尽管有所回升，但仍未达到 2013 年和 2014 年的水平（如图 10.62 所示）。新产品开发项目数关系到企业未来的竞争力，应予以关注。

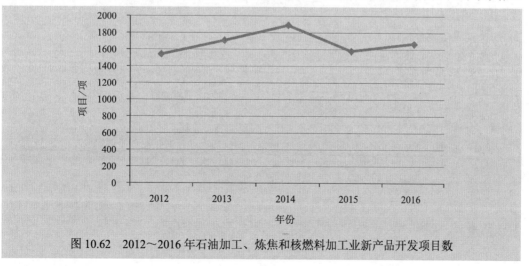

图 10.62　2012～2016 年石油加工、炼焦和核燃料加工业新产品开发项目数

（4）R&D 人员占就业人员比重。石油加工、炼焦和核燃料加工业 R&D 人员占就业人员比重在近 5 年来呈波动增长态势。从 2012 年的 2.16%增长到 2016 年的 2.49%，在 2013 年和 2015 年较之上年略有下降，但整体上较为稳定，如图 10.63 所示。

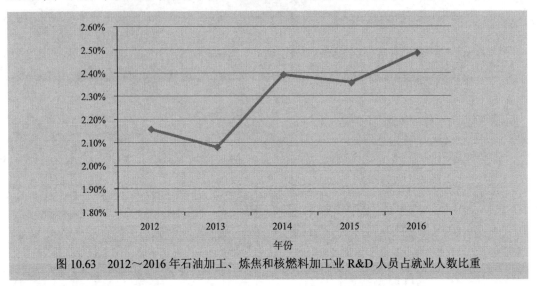

图 10.63　2012～2016 年石油加工、炼焦和核燃料加工业 R&D 人员占就业人数比重

以上从各单项指标角度分析了石油加工、炼焦和核燃料加工业智能化水平的应用层状况，为了综合观察应用层的发展态势，图 10.64 列示了石油加工、炼焦和核燃料加工业应用层各指标对比图。

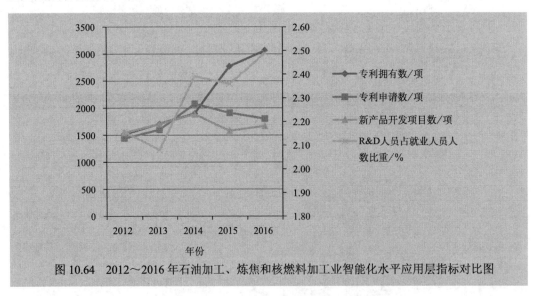

图 10.64　2012～2016 年石油加工、炼焦和核燃料加工业智能化水平应用层指标对比图

从图 10.64 可以看出，石油加工、炼焦和核燃料加工业智能化水平应用层指标中，专利拥有数和 R&D 人员占就业人员比重波动增长，而专利申请数和新产品开发项目数则波动下降。因此，该行业智能化应用层水平的变化还需要进一步判断。

3）市场层

（1）利润总额。从图 10.65 来看，石油加工、炼焦和核燃料加工业的利润总额自 2012 年的 300 亿元增长至 2016 年的 1885 亿元，增长了 5.28 倍，但 2014 年骤降为 78 亿元。其可能的原因在于，2014 年在宏观经济进入 "新常态" 大背景下，我国石油行业的市场竞争、资源配置以及对外贸易发生了一些重要的趋势性变化。特别是传统石化产品需求增速下降、产能过剩矛盾十分突出、要素驱动力日益减弱、资源环境约束进一步强化、国际原油价格剧烈波动等现实使行业发展面临严峻挑战。在这种情势下，企业效益难免受到影响。

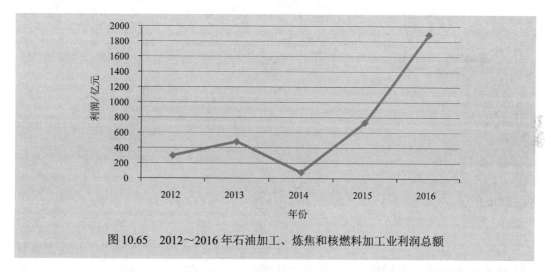

图 10.65　2012～2016 年石油加工、炼焦和核燃料加工业利润总额

（2）主营业务收入。石油加工、炼焦和核燃料加工业的主营业务收入近年来变化明显，呈现出下降的趋势。从 2012 年的 39 400 亿元微涨至 2014 年的 41 094 亿元后，急剧下降至 2016 年的 34 500 亿元左右（如图 10.66 所示）。而在营业收入明显下降的情况下，利润总额却显著增加，这意味着该行业的发展由重量转向重质。

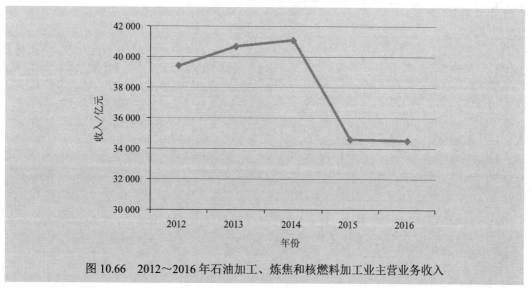

图 10.66　2012～2016 年石油加工、炼焦和核燃料加工业主营业务收入

（3）就业人员数。石油加工、炼焦和核燃料加工业就业人数整体上呈下降的态势，但个别年份有波动。就业人员数从 2012 年的 96.34 万人下降到 2016 年 87.63 万人，期间 2014 年则短暂回升到 96.84 万人，达到峰值（如图 10.67 所示）。就业是关乎国计民生的重要问题，因此，必须积极推进智能化和现有行业的结合，促进产业升级，保住竞争性就业，同时积极采用智能技术开拓新领域，创造新的就业岗位。唯有解决好就业问题，该行业的智能化发展才不至于遇到更大的阻力。

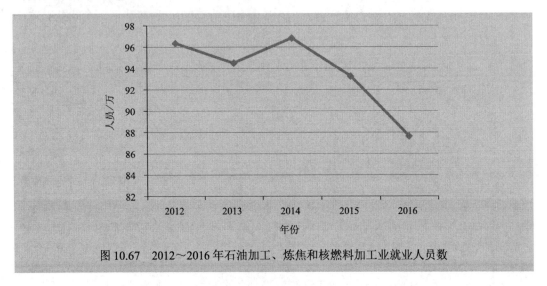

图 10.67　2012～2016 年石油加工、炼焦和核燃料加工业就业人员数

（4）人均利润率。由图 10.68 可知，石油加工、炼焦和核燃料加工业人均利润率呈现大幅增长的态势。一方面，利润总额明显增长，另一方面，就业人数不断下降，因此人均利润率显著增长，从 2012 年的 3.12 万元/人上升至 2016 年的 21.51 万元/人，增长了近 6 倍。当然，2014 年人均利润率有显著的下降，仅为 0.81 万元/人，但此后急剧增长。这反映出石油加工、炼焦和核燃料加工业从业人员所创造的贡献已越来越大，制造业企业的经营效率明显提高。

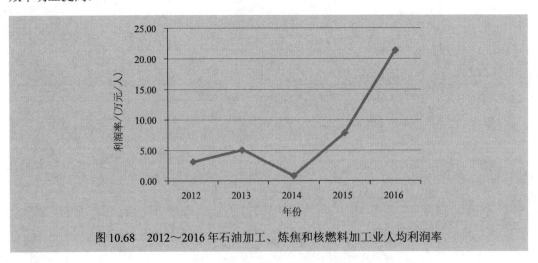

图 10.68　2012～2016 年石油加工、炼焦和核燃料加工业人均利润率

以上从各单项指标角度分析了石油加工、炼焦和核燃料加工业智能化水平的市场层状况，为了综合观察市场层的发展态势，图 10.69 列示了石油加工、炼焦和核燃料加工业市场层各指标对比图。

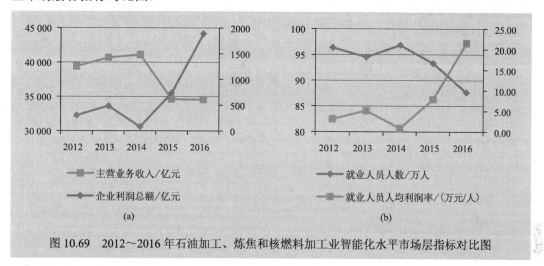

图 10.69　2012～2016 年石油加工、炼焦和核燃料加工业智能化水平市场层指标对比图

通过图 10.69 可以看出，石油加工、炼焦和核燃料加工业智能化市场层 4 个指标的变化趋势不尽相同，整体而言，主营业务收入和就业人员人数在波动下降，而企业利润总额和就业人员人均利润率在波动上升。当前，通过创新激活市场需求的重要性正在上升，技术高端化、产品差异化、生产消费绿色低碳化发展趋势十分明显，给该行业的发展提出了新的要求。

2. 石油加工、炼焦和核燃料加工业"智能化"能力综合化评价

石油加工、炼焦和核燃料加工业是制造业的重要行业，具有极高的产业关联度，为其他产业的发展提供支撑。现阶段，该行业效益明显改善，运行质量显著提升，产业结构升级加快，产品技术向高端领域延伸，节能减排成效凸显，资源利用效率提高。尽管如此，面对日益激烈的竞争环境，全球重要石油公司正在如火如荼地引进智能化技术，进行着产业变革，不断引入智能炼厂、地面设施自动化等以取得或保持竞争优势。智能炼厂建设将推动生产方式和管控模式变革，提高安全环保、节能减排、降本增效水平，提升劳动效率和生产效益，促进绿色低碳发展。可见，智能化是世界科技发展的大趋势，也是世界石油石化工业持续提质降本增效的有效途径和必由之路。

根据 2012～2016 年《中国统计年鉴》、《中国科技统计年鉴》、国研网、中国资讯行高校财经数据库中石油加工、炼焦和核燃料加工业的相关数据，选取能客观、全面地反映其智能化发展水平的 12 项指标，以对各年智能化能力做出评价和比较。2012～2016 年中国石油加工、炼焦和核燃料加工业智能化能力各项评价指标的原数据如表 10.14 所示。

表 10.14　石油加工、炼焦和核燃料加工业 2012～2016 年智能化指标数据表

序号	指标	2012 年	2013 年	2014 年	2015 年	2016 年
A1	R&D 经费内部支出/万元	816 378.00	893 194.00	1 065 743.00	1 008 432.00	1 196 271.00
A2	新产品开发经费/万元	797 241.40	1 131 378.80	1 037 902.00	838 718.00	782 452.00
A3	R&D 人员数/人	20 775.00	19 651.00	23 165.00	22 004.00	21 813.00
A4	R&D 人员全时当量/（人·年）	15 550.10	13 993.00	16 554.00	15 859.00	14 196.00
B1	专利拥有数/项	1514.00	1710.00	1900.00	2775.00	3061.00
B2	专利申请数/项	1441.00	1600.00	2078.00	1912.00	1805.00
B3	新产品开发项目数/项	1542.00	1707.00	1887.00	1581.00	1670.00
B4	R&D 人员占就业人员人数比重/%	2.16	2.08	2.39	2.36	2.49
C1	企业利润总额/亿元	300.14	482.09	78.08	732.49	1884.97
C2	主营业务收入/亿元	39 399.01	40 679.77	41 094.41	34 604.49	34 532.38
C3	就业人员人数/万人	96.34	94.51	96.84	93.29	87.63
C4	就业人员人均利润率/（万元/人）	3.12	5.10	0.81	7.85	21.51

表 10.14 列示了石油加工、炼焦和核燃料加工业智能化发展水平各项评价指标的原始数据，在前文已详细图示分析，这里不再赘述。在此数据基础上，计算石油加工、炼焦和核燃料加工业 2012～2016 年各项指标规范化数据，运用离差最大化方法计算出各指标的权重，结合各项指标规范化数值以及权重，得到 2012～2016 年中国石油加工、炼焦和核燃料加工业智能化发展的综合评价值，并进行排序，结果如表 10.15 所示。

表 10.15　石油加工、炼焦和核燃料加工业 2012～2016 年智能化能力排序比较

序号	2012 年	2013 年	2014 年	2015 年	2016 年	权重
A1	0.0000	0.2022	0.6564	0.5055	1.0000	0.0818
A2	0.0424	1.0000	0.7321	0.1613	0.0000	0.0897
A3	0.3199	0.0000	1.0000	0.6696	0.6153	0.0784
A4	0.6080	0.0000	1.0000	0.7286	0.0793	0.0884
B1	0.0000	0.1267	0.2495	0.8151	1.0000	0.0897
B2	0.0000	0.2496	1.0000	0.7394	0.5714	0.0830
B3	0.0000	0.4783	1.0000	0.1130	0.3710	0.0789
B4	0.1882	0.0000	0.7631	0.6816	1.0000	0.0859
C1	0.1229	0.2236	0.0000	0.3622	1.0000	0.0747
C2	0.7416	0.9368	1.0000	0.0110	0.0000	0.0976
C3	0.9457	0.7470	1.0000	0.6145	0.0000	0.0777
C4	0.1115	0.2074	0.0000	0.3403	1.0000	0.0743
综合评价值	0.2621	0.3576	0.7112	0.4758	0.5383	
排序	5	4	1	3	2	

从表 10.15 可以看出，石油加工、炼焦和核燃料加工业 2012~2016 年智能化能力综合评价值总体上呈波动发展趋势，2012~2014 年智能化水平迅速上升，但 2015 年智能化水平有所下降，之后则略有回升。从之前的单项指标分析来看，2015 年在 R&D 经费内部支出、新产品开发经费、R&D 人员数、R&D 人员全时当量、专利申请数、新产品开发项目数、R&D 人员占就业人员人数比重、主营业务收入、就业人员人数等 9 项指标上较之于 2014 年均有不同程度的下降。2015 年，石油加工、炼焦和核燃料加工业运行很不稳定，下行压力较大，矛盾较为突出，主要表现在一是产能过剩，企业之间竞争异常激烈，由于市场供需失衡，价格不断下跌且长期低迷，企业经营普遍困难，行业性亏损时有发生；二是成本高位运行，2015 年以来，石化企业用工成本、融资成本、物流成本、环保成本、用电成本等呈上升趋势导致总成本不断提高，加剧企业经营压力；三是投资疲软，在固定资产投资、研发投资等方面增长乏力，甚至出现下降态势，对行业经济回升、结构调整产生严重影响。基于上述原因，2015 年石油加工、炼焦和核燃料加工业的智能化能力出现一定程度的下降，而 2016 年又有所回升，说明该行业的智能化发展将在曲折中前行。

10.4.3　黑色金属冶炼和压延加工业

1. 黑色金属冶炼和压延加工业 "智能化" 评价

1）基础层

（1）R&D 经费内部支出。从图 10.70 来看，黑色金属冶炼和压延加工业的 R&D 内部经费支出在 2012~2016 年呈现两阶段发展的趋势，在 2012~2014 年略微上升，达到最大值 642 亿之后，在 2014~2016 年急剧下降，降至 2016 年的 538 亿元，甚至远低于 2012 年的 628 亿元。R&D 经费内部支出是企业创新能力提升的基础，这一指标的下降意味着该行业的后续创新能力缺乏重要支撑。

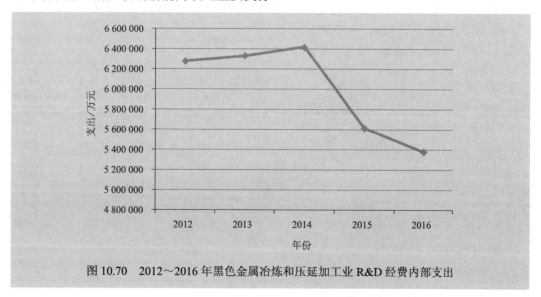

图 10.70　2012~2016 年黑色金属冶炼和压延加工业 R&D 经费内部支出

（2）新产品开发经费支出。与 R&D 内部经费支出类似，近 5 年来，黑色金属冶炼和压延加工业的新产品开发经费投入整体上也呈现下降趋势。从 2012 年的 607 亿元微长到 2014 年的 615.5 亿元后，2015 年出现大幅度下跌，仅为 484 亿元，与 2014 年相比，下降了 21.36%。尽管 2016 年出现小幅回升到 507 亿元，但仍远低于 2012 年的水平，如图 10.71 所示。

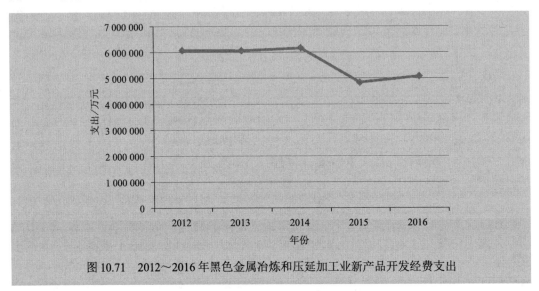

图 10.71　2012～2016 年黑色金属冶炼和压延加工业新产品开发经费支出

（3）R&D 人员数。从图 10.72 可以看出，黑色金属冶炼和压延加工业 R&D 人员数在 2012～2016 年间呈下降的态势。2012～2014 年有所上升，从 14.51 万人上升到 15.75 万人，然后持续下降到 2016 年的 12.97 万人，较之最高点下降了 17.65%，较之 2012 年也下降了 10.61%。R&D 人员数的下降意味着该行业对人才的吸引力减弱，而这很可能影响到其未来创新能力。

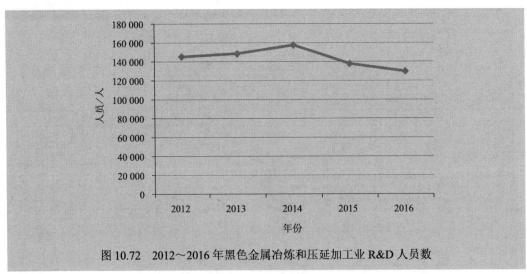

图 10.72　2012～2016 年黑色金属冶炼和压延加工业 R&D 人员数

（4）R&D 人员折合全时当量。图 10.73 中，黑色金属冶炼和压延加工业 R&D 人员全时当量的变化趋势与 R&D 人员数的变化情况十分类似。2012～2014 年有所上升，从 10.08 万人·年上升到 11.42 万人·年，然后持续下降到 2016 年的 9.13 万人·年，较之最高点下降了 20.05%，较之 2012 年也下降了 9.42%。R&D 人员全时当量的下降意味着该行业的创新人才投入减弱，而这也会持续影响该行业的后续创新能力。

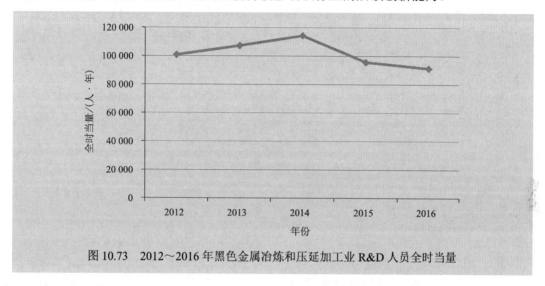

图 10.73　2012～2016 年黑色金属冶炼和压延加工业 R&D 人员全时当量

以上从各单项指标角度分析了黑色金属冶炼和压延加工业智能化水平的基础层状况，为了综合观察基础层的发展态势，图 10.74 列示了黑色金属冶炼和压延加工业基础层各指标对比图。

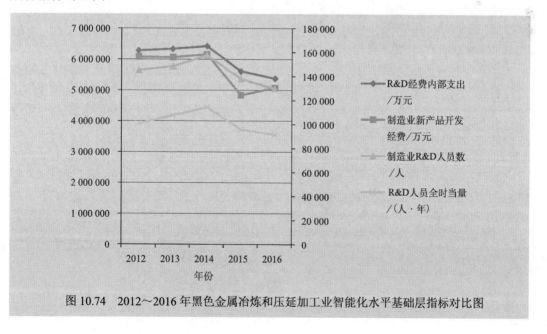

图 10.74　2012～2016 年黑色金属冶炼和压延加工业智能化水平基础层指标对比图

从图 10.74 可以看出，黑色金属冶炼和压延加工业智能化水平基础层的 4 项指标变化趋势比较类似，均先上升再下降，这表明该行业智能化基础水平整体上呈现出下降的趋势。

2）应用层

（1）拥有发明专利数。拥有发明专利可以提升企业竞争力，增强竞争优势，反映了企业的创新产出水平。如图 10.75 所示，黑色金属冶炼和压延加工业拥有发明专利数在 2012~2016 年持续上升，从 2012 年的 5976 项上升至 2016 年的 15661 项，增长了 1.62 倍，年几何平均增长率达到 27.23%，表明黑色金属冶炼和压延加工业在创新产出方面显著提升。

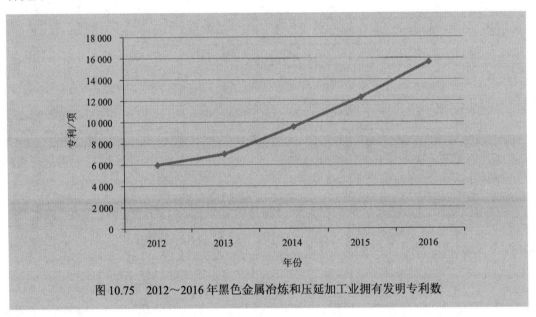

图 10.75   2012~2016 年黑色金属冶炼和压延加工业拥有发明专利数

（2）专利申请数。从图 10.76 的专利申请数看，黑色金属冶炼和压延加工业专利申请数整体上有所上升，但存在波动。从 2012 年的 12112 项增加至 2014 年的最大值 15419 项，之后逐年下降，在 2016 年为 13262 项，较之 2012 年增长了 9.49%。该行业专利申请数量增多，表明其创新能力有所提高。

3）新产品开发项目数

新产品开发项目数是衡量制造业创新产出的一个重要指标。黑色金属冶炼和压延加工业的新产品开发项目数在 2012~2016 年呈波动变化，各年份有升有降。2014 年达到峰值 9733 项，在经历 2015 年的大幅下降后有所回升，在 2016 年达到 8349 项，但仍低于 2012 年的水平（如图 10.77 所示）。这一变化表明黑色金属冶炼和压延加工业的新产品开发能力有所下降。

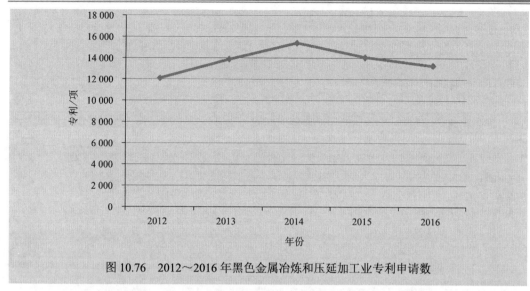

图 10.76　2012～2016 年黑色金属冶炼和压延加工业专利申请数

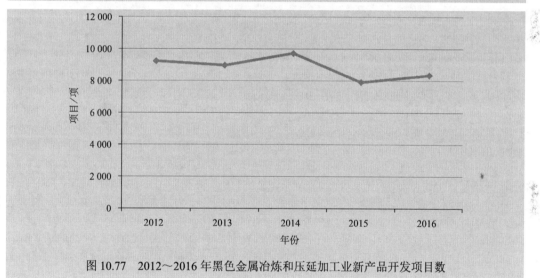

图 10.77　2012～2016 年黑色金属冶炼和压延加工业新产品开发项目数

（4）R&D 人员占就业人员比重。黑色金属冶炼和压延加工业 R&D 人员占就业人员比重在近年来呈波动增长趋势，各年份有增有降，但整体上略有上升。2012～2016 年，该指标的变化范围在 3.5%～4% 之间（如图 10.78 所示），年几何平均增长率仅为 2.54%，提升较为缓慢。

以上从各单项指标角度分析了黑色金属冶炼和压延加工业智能化水平的应用层状况，为了综合观察应用层的发展态势，图 10.79 列示了黑色金属冶炼和压延加工业应用层各指标对比图。

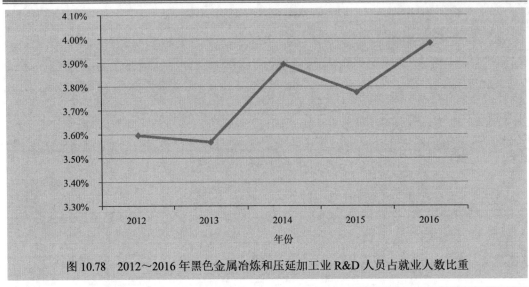

图 10.78　2012～2016 年黑色金属冶炼和压延加工业 R&D 人员占就业人数比重

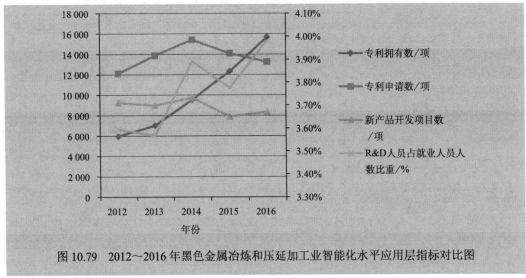

图 10.79　2012～2016 年黑色金属冶炼和压延加工业智能化水平应用层指标对比图

　　从图 10.79 可以看出，黑色金属冶炼和压延加工业智能化水平应用层 4 项指标的变化趋势不尽相同，专利拥有数持续上升，R&D 人员占就业人员人数比重波动上升，但专利申请数和新产品开发项目数则有所下降。因此，黑色金属冶炼和压延加工业智能化应用水平的变化需进一步评价。

　　3）市场层

　　（1）利润总额。从图 10.80 所示，黑色金属冶炼和压延加工业的利润总额从 2012 年起持续上升，在 2014 年达到最大值 1833 亿元，而在 2015 年呈现断崖式下跌，仅为 590 亿元，是 2014 年的 1/3，在 2016 年又迅速反弹至 1774 亿元。工信部的《2015 年钢铁行业运行情况和 2016 年展望》报告中显示，2015 年，我国钢铁消费与产量双双进入峰值弧顶区并呈下降态势，钢铁主业从微利经营进入整体亏损，行业发展进入"严冬"期。由于产能过剩加剧企业恶性竞争，2015 年企业普遍出现亏损，部分企业为保持现金流和市场份额，过度进行低价竞争，甚至低于成本价倾销，恶性竞争现象严重。这也从一个角度解释了 2015 年利润大幅下降的原因。

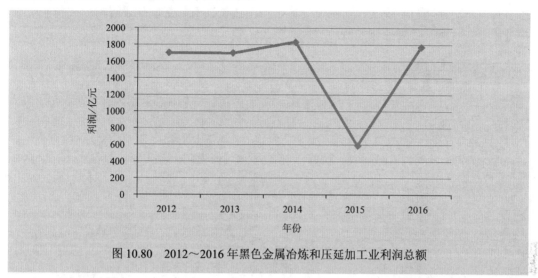

图 10.80　2012～2016 年黑色金属冶炼和压延加工业利润总额

（2）主营业务收入。从图 10.81 来看，2012～2016 年，黑色金属冶炼和压延加工业的主营业务收入除了 2013 年略有增加外，其余年份均不断下降，从 2013 年的最大值 76317 亿元下降到 2016 年的最低值 61987 亿元，下降了 18.78%。工信部的《2016 年钢铁行业运行情况和 2017 年展望》报告中显示，2016 年，钢铁行业深入推进供给侧结构性改革，大力化解过剩产能，各项政策措施陆续出台，效果开始显现，市场出现积极变化，但产能过剩基本面没有改变，价格上涨、效益回升的基础仍不牢固，行业还没有完全走出困境。因此，该行业的主营业务收入仍未恢复到最好水平。

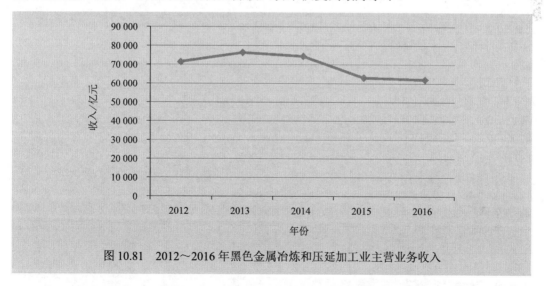

图 10.81　2012～2016 年黑色金属冶炼和压延加工业主营业务收入

（3）就业人员数。如前所述，智能化发展对制造业的就业会产生一定的冲击，黑色金属冶炼和压延加工业的就业情况同样如此，在 2013 年轻微上升至最大值 416 万人，之

后逐年卜降，在 2016 年已降至 326 万人，比 2013 年的峰值下降了 90 万人，下降比例为
21.63%（如图 10.82 所示）。从短期看，智能化的发展不可避免地对那些单一、繁重的劳
动和人工无法处理的精密工作岗位产生替代，但从长远看，智能化发展将创造新的岗位
并提升工作效率，带来的正面效用超过其负面影响。

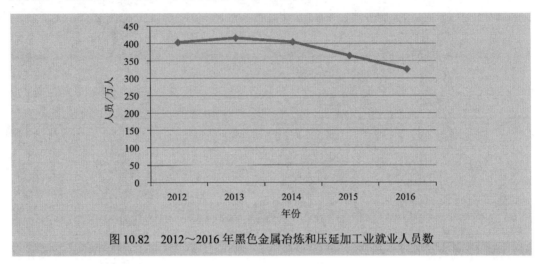

图 10.82   2012～2016 年黑色金属冶炼和压延加工业就业人员数

（4）人均利润率。如图 10.83 所示，黑色金属冶炼和压延加工业的就业人员人均利
润率的变化趋势与该行业利润总额的变化情况十分类似，突出表现在 2015 年呈现断崖式下
跌，从 2014 年的 4.53 万元/人跌至 2016 年的 1.62 万元/人，随后在 2016 年触底反弹至最大
值 5.45 万元/人。2015 年钢铁行业发展形势严峻，内外部环境恶劣，出现全行业亏损，经
济效益大幅下降。2016 年随着钢铁去产能工作的推进和市场需求的回升，钢铁行业扭亏
为盈。钢材价格震荡上涨，钢铁行业实现扭亏为盈。这反映出黑色金属冶炼和压延加工
业的行业阵痛逐步缓解，行业运行走势稳中趋好，从业人员所创造的贡献已逐渐增加，
钢铁经营效率正逐步得到改善。

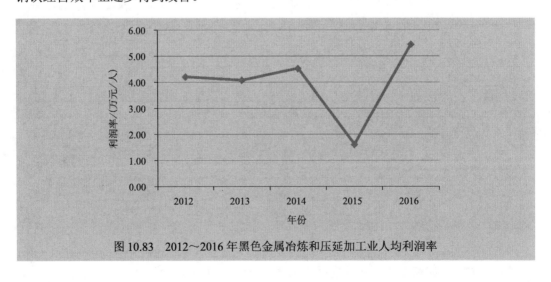

图 10.83   2012～2016 年黑色金属冶炼和压延加工业人均利润率

以上从各单项指标角度分析了黑色金属冶炼和压延加工业智能化水平的市场层状况，为了综合观察市场层的发展态势，图 10.84 列示了黑色金属冶炼和压延加工业市场层各指标对比图。

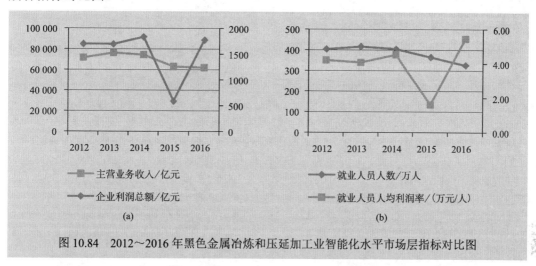

图 10.84　2012～2016 年黑色金属冶炼和压延加工业智能化水平市场层指标对比图

比较图 10.84 的（a）（b）两图可知，黑色金属冶炼和压延加工业主营业务收入与就业人员人数的走势较为一致，整体上呈现下降的趋势，而企业利润总额和就业人员人均利润率则波动剧烈，尤其是 2015 年呈现急剧下降的态势。因此，该行业的智能化市场水平的变化待进一步分析。

2. 黑色金属冶炼和压延加工业"智能化"能力综合化评价

我国正处于工业化发展中后期阶段，钢铁需求巨大，黑色金属冶炼和压延加工业面临较大的市场空间。但是在需求带来的其规模持续扩张的另一面，却是该行业企业整体处于微利水平，主因在于产能过剩和原料涨价。因此，化解产能过剩、进行大型结构性重组、遏制行业无序竞争、加大产品创新、促进绿色发展等成为"十三五"期间钢铁行业的发展目标。"中国制造 2025"和《钢铁工业调整升级规划（2016～2020）》将智能制造作为主攻方向和重点任务，钢铁行业的发展方式是在 2.0、3.0、4.0"并联式"同步前行中不断升级，"2.0 补课、3.0 普及、4.0 示范"。钢铁工业要充分重视研究工业互联网、物联网、大数据、云计算、人工智能等新技术的快速发展，加强协同创新，以推动钢铁工业智能制造实现健康有序发展。

根据 2012～2016 年《中国统计年鉴》、《中国科技统计年鉴》、国研网、中国资讯行高校财经数据库中黑色金属冶炼和压延加工业的相关数据，选取能客观、全面地反映其智能化发展水平的 12 项指标，以对各年智能化能力做出评价和比较。2012～2016 年中国黑色金属冶炼和压延加工业智能化能力各项评价指标的原数据如表 10.16 所示。

表 10.16　黑色金属冶炼和压延加工业 2012～2016 年各项指标数据表

序号	指标	2012 年	2013 年	2014 年	2015 年	2016 年
A1	R&D 经费内部支出/万元	6 278 473.00	6 330 374.00	6 420 463.00	5 612 273.00	5 377 121.00
A2	新产品开发经费/万元	6 071 824.00	6 060 242.40	6 155 502.00	4 838 219.00	5 073 974.00
A3	R&D 人员数/人	145 131.00	148 418.00	157 520.00	137 758.00	129 726.00
A4	R&D 人员全时当量/（人·年）	100 752.90	107 190.00	114 220.00	95 674.00	91 291.00
B1	专利拥有数/项	5976.00	7018.00	9543.00	12 322.00	15 661.00
B2	专利申请数/项	12 112.00	13 874.00	15 419.00	14 085.00	13 262.00
B3	新产品开发项目数/项	9235.00	8971.00	9733.00	7903.00	8349.00
B4	R&D 人员占就业人员人数比重/%	3.60	3.57	3.89	3.78	3.98
C1	企业利润总额/亿元	1698.44	1695.04	1832.91	589.94	1773.76
C2	主营业务收入/亿元	71 559.18	76 316.93	74 332.77	63 001.33	61 986.59
C3	就业人员人数/万人	403.60	415.99	404.60	364.90	325.68
C4	就业人员人均利润率/（万元/人）	4.21	4.07	4.53	1.62	5.45

　　表 10.16 列示了黑色金属冶炼和压延加工业智能化发展水平各项评价指标的原始数据，在前文已详细图示分析，这里不再赘述。可以看到，该行业在 2015 年的部分数据显著偏低，以指标企业利润总额 C1 为例，在 2015 年该指标值仅为 2014 年和 2016 年的约 1/3，明显属于异常值，如果仍然纳入到评价指标中，会扭曲评价结果，得出错误的结论。因此需要剔除部分指标，主要为 A2、A4、B2、B3、C2、C3 等 6 项指标，同时为避免指标剔除过多而丧失全面性和结论的可靠性，增加一项指标，即 C5 固定资产净值（亿元）指标。智能化的发展离不开对固定资产的投资，固定资产净值的不断增长很可能由于智能化发展所致，因此该指标也能较好地反映智能化发展水平，特别是对固定资产投资较多和占比较重的黑色金属冶炼和压延加工业而言。在筛选过的数据指标基础上，计算黑色金属冶炼和压延加工业 2012～2016 年各项指标规范化数据，运用离差最大化方法计算出各指标的权重，结合各项指标规范化数值以及权重，得到 2012～2016 年中国黑色金属冶炼和压延加工业智能化发展的综合评价值，并进行排序，结果如表 10.17 所示。

表 10.17　黑色金属冶炼和压延加工业 2012～2016 年智能化能力排序比较

序号	2012 年	2013 年	2014 年	2015 年	2016 年	权重
A1	0.8639	0.9137	1.0000	0.2254	0.0000	0.1610
A3	0.5543	0.6725	1.0000	0.2890	0.0000	0.1428
B1	0.0000	0.1076	0.3683	0.6552	1.0000	0.1526

续表

序号	2012 年	2013 年	2014 年	2015 年	2016 年	权重
B4	0.0676	0.0000	0.7833	0.4993	1.0000	0.1627
C1	0.8918	0.8891	1.0000	0.0000	0.9524	0.1236
C4	0.6767	0.6418	0.7608	0.0000	1.0000	0.1269
C5	0.0000	0.7592	0.9173	1.0000	0.9367	0.1304
综合评价值	0.4253	0.5499	0.8272	0.3892	0.6821	
排序	4	3	1	5	2	

从表 10.17 可以看出，黑色金属冶炼和压延加工业在 2012～2016 年智能化能力综合评价值总体上呈波动变化趋势，在 2012～2014 年智能化水平不断提升，在 2015 年却大幅下降，2016 年则缓慢回升。2015 年对钢铁行业而言可以说是最困难的一年，供过于求仍是行业最大问题，钢材价格持续创出新低，化解产能过剩成为需要重点解决的问题，因此该年的智能化建设推进速度明显有所放缓。2016 年行业面临的严峻形势稍有缓解，因此智能化水平又有明显的回升。可见，智能化的建设和发展受行业外部经济形势的影响较大，并非一帆风顺，而是会有反复和曲折。长期以来，我国钢铁行业"高炉-转炉"长流程生产模式碳排放量大、生产规模大、产能过剩，智能制造正在催生这种传统模式的转变和升级，从规模化生产转向定制化生产，产业的业态也从生产型向服务型转变。钢铁企业智能制造将重视全生命周期产品质量管控、供应链全局优化、一体化计划调度和全流程优化控制业务的协同、集成与优化。对于钢铁企业来说，应紧抓新一代信息技术发展应用的历史机遇，利用智能技术打造"互联网+"的产业生产体系，推动产业融合，构建全流程智能制造系统，不断提升行业的智能化水平，最终实现企业的转型升级，获得市场竞争新优势。

10.5　本章小结

近年来，在信息技术与工业领域，都发生了重大变革，如大数据、云计算、3D 打印、工业机器人等，其中智能制造作为信息化与工业化深度融合的产物，更是得到了各国政府的广泛关注和普遍重视。与此同时，中国经济发展进入新常态，制造业面临的资源和环境约束不断强化。在此背景下，"中国制造 2025"规划出台，坚持创新驱动、智能转型，加快从制造大国转向制造强国。

本章围绕"制造业产业智能化发展"这一核心进行展开，选取制造业中六个典型行业——航空航天制造业、汽车制造业和通信设备、计算机以及其他电子设备制造业、造纸和纸制品业、石油加工、炼焦和核燃料加工业、黑色金属冶炼和压延加工业作为研究对象。从基础层、应用层、市场层三个层面选取能客观、全面地反映制造业智能化的 12 项指标，采用离差最大化方法计算出各指标的权重，并结合各指标的规范化数值得到 2012～2016 年六个行业智能化水平的综合评价值。依据各指标的原始数据、规范化数据、权重、智能化综合评价值及其排序结果，并对智能化能力做出评价。通过本章分析我们可以看出六个产业近几年的智能化能力发展态势。

由于航空航天行业被列入"十三五"规划重点行业进行扶持发展，其智能化水平逐年提高，且预计"十三五"期间航空航天行业的对外开放程度将进一步加大，对国内的各方面限制将进一步放开。为保持航空航天制造业稳步发展的态势，我国政府仍需出台激励智能制造的相关政策，并且加大在新产品开发和专利保护方面的重视和投入。

汽车产业的发展水平和实力在某种程度上反映了一个国家的综合国力和竞争力。汽车制造业 2012~2016 年智能化能力综合评价值总体上是上升的态势。目前，中国汽车制造业正处于产业转型升级的重要节点上，也是在新形势新环境下持续发展由大变强的关键时期，急需推动转型升级，将竞争从价格竞争上升为技术创新能力的竞争，由"中国制造"转型升级为"中国智造"，从而抢占高端产业和价值链中的高端环节，早日去除产能过剩、减少库存积压，降低生产成本，降低杠杆率以及补齐创新能力差的短板，促进我国经济的增长。

总体上看，通信设备、计算机以及其他电子设备制造业智能化能力逐年提高，但是长期结构性问题、关键技术受制问题和国际市场竞争力不强问题未得到根本解决，又与短期新格局演变中出现的新困难、新问题相互交织，形势较为复杂。当前正处于加快转型升级的关键阶段，提升产业发展质量和效益，增强竞争力的任务仍较为艰巨。"十三五"期间，通信设备、计算机以及其他电子设备制造业应以智能制造为切入点，大力推进"互联网+"制造为手段，实现软硬融合、两化融合、产业与服务融合，以全面提升整体的产业能力。

造纸和纸制品业 2012~2016 年智能化能力综合评价值不断增高，表明造纸业智能化发展成效开始显现。当前，造纸工业正出现结构性紧缩趋势，面临增长阶段转换和增长动力转换，造纸工业正进入发展关键期，但同时也出现赶超发展契机。因此，应坚持创新驱动发展，加快转型升级，推动造纸工业的智能化。

石油加工、炼焦和核燃料加工业智能化能力综合评价值总体上呈波动发展趋势，2012~2014 年智能化水平迅速上升，但 2015 年智能化水平有所下降，之后则略有回升。2015 年，石油加工、炼焦和核燃料加工业运行很不稳定，下行压力较大，矛盾较为突出，主要表现在一是产能过剩，二是成本高位运行，三是投资疲软。基于上述原因，2015 年石油加工、炼焦和核燃料加工业的智能化能力出现一定程度的下降，而 2016 年又有所回升，说明该行业的智能化发展将在曲折中前行。

黑色金属冶炼和压延加工业智能化能力综合评价值总体上呈波动变化趋势，在 2012~2014 年智能化水平不断提升，在 2015 年却大幅下降，2016 年则缓慢回升。长期以来，我国钢铁行业"高炉-转炉"长流程生产模式碳排放量大、生产规模大、产能过剩。对于钢铁企业来说，应紧抓新一代信息技术发展应用的历史机遇，利用智能技术打造"互联网+"的产业生产体系，推动产业融合，构建全流程智能制造系统，不断提升行业的智能化水平，最终实现企业的转型升级，获得场竞争新优势。

参 考 文 献

工业和信息化部. 2017. 中国电子信息产业统计年鉴—2017. 北京: 电子工业出版社.

工业和信息化部. 2016. 中国电子信息产业统计年鉴—2016. 北京: 电子工业出版社.

工业和信息化部. 2015. 中国电子信息产业统计年鉴—2015. 北京: 电子工业出版社.

工业和信息化部. 2014. 中国电子信息产业统计年鉴—2014. 北京: 电子工业出版社.

工业和信息化部. 2013. 中国电子信息产业统计年鉴—2013. 北京: 电子工业出版社.

国家统计局. 2017. 中国统计年鉴—2017. 北京: 中国统计出版社.

国家统计局. 2016. 中国统计年鉴—2016. 北京: 中国统计出版社.

国家统计局. 2015. 中国统计年鉴—2015. 北京: 中国统计出版社.

国家统计局. 2014. 中国统计年鉴—2014. 北京: 中国统计出版社.

国家统计局. 2013. 中国统计年鉴—2013. 北京: 中国统计出版社.

国家统计局. 2017. 中国科技统计年鉴—2017. 北京: 中国统计出版社.

国家统计局. 2016. 中国科技统计年鉴—2016. 北京: 中国统计出版社.

国家统计局. 2015. 中国科技统计年鉴—2015. 北京: 中国统计出版社.

国家统计局. 2014. 中国科技统计年鉴—2014. 北京: 中国统计出版社.

国家统计局社会科技和国家统计局. 2013. 中国科技统计年鉴—2013. 北京: 中国统计出版社.

国家统计局社会科技和文化产业统计司, 国家发展和改革委员会高技术产业司. 2017. 中国高技术产业统计年鉴—2017. 北京: 中国统计出版社.

国家统计局社会科技和文化产业统计司, 国家发展和改革委员会高技术产业司. 2016. 中国高技术产业统计年鉴—2016. 北京: 中国统计出版社.

国家统计局社会科技和文化产业统计司, 国家发展和改革委员会高技术产业司. 2015. 中国高技术产业统计年鉴—2015. 北京: 中国统计出版社.

国家统计局社会科技和文化产业统计司, 国家发展和改革委员会高技术产业司. 2014. 中国高技术产业统计年鉴—2014. 北京: 中国统计出版社.

国家统计局社会科技和文化产业统计司, 国家发展和改革委员会高技术产业司. 2013. 中国高技术产业统计年鉴—2013. 北京: 中国统计出版社.

撰稿人：孙微　钟念　季良玉　李健旋

审稿人：刘军

第11章

中国制造业智能化发展：企业研究

11.1　引　言

随着人工智能发展，智能化被认为是新工业革命的核心标志，可极大地处理好企业全方位全周期在技术、经济、社会和环境等方面所面临的复杂不确定问题，已成为 21 世纪企业创新发展的新机遇，正在引领企业制造方式变革和产业转型升级，并成为企业竞争力和技术创新能力提升的制高点，成为衡量企业能力水平的重要价值标杆。但智能制造作为资金密集型和技术密集型——"双密集"型的全新生产模式，需要制造业企业在现有技术经济行为持续作用下不断集聚积累智能制造能力，才能实现企业可持续智能创新发展，因此本章将选择评价分析离散型和流程型两类制造业上市公司智能化能力来考察其智能化发展状况，为促进制造业企业数字化、网络化和智能化进一步发展提供必要的依据。

11.2　制造业上市公司"智能化"能力评价指标体系

智能制造是跨行业、跨公司、跨业务、跨学科、跨技术的复杂系统，某单一指标很难全面度量出制造业上市公司"智能化"水平。为此，在对制造业上市公司智能化概念的内涵与外延进行清楚界定基础上，构建出"智能化"能力的评价指标体系，同时确定出指标体系中权重方法就显得十分必要。

11.2.1　制造业上市公司"智能化"能力评价内涵

由于智能制造是将信息、网络等人工智能技术运用在制造业领域的复杂系统，因此学者多将智能制造系统分解为"智能+制造"矩阵的两个维度，从"制造"系统这一维度出发，去分析"制造系统"中各个要素的智能化程度，具体来说，即为每一要素设立成熟度等级，并采用专家现场打分形式进行加权平均和分类判别来计算最终等级得分，制定出一套统一的评价标准体系（中国电子技术标准化研究院，2016）。譬如，尹峰（2016）从生产线、车间/工厂、企业和企业协同等企业制造构成系统角度去理解智能制造本身。易伟明等（2018）则是进一步将张量分析理论引入到企业智能制造能力评价指标体系以及评价模型中，根据三维的智能制造系统进行评价指标的高阶张量表示，并利用 Tucker 张量分解进行智能制造能力评价等级的预测。

从制造系统角度出发去构建智能化评价体系虽可较为完整地揭示出企业智能化水平，但由于系统要素中各个指标量化难度较大，因而不具有很强操作性。据此，有学者从企业智能制造的基础设施，以及企业绩效等角度构建智能化评价体系。譬如，龚炳铮（2015）提出了一个包括生态环境、发展水平和企业效益等三个一级指标的智能制造企业评价指标体系，并运用专家法和综合分析方法对智能制造企业进行综合评价。邵坤和温艳（2017）则以基础设施、创新和绩效产出为基础建立了一种分级的智能制造能力评价指标体系，并运用因子分析法进行综合评价研究；而工信部赛迪研究院等组织在评选"2017 中国智能制造百强企业"活动中采用了竞争力、智造能力、技术创新和发展潜力等评选指标进行综合评价。

综上可见，智能制造评价指标体系设计和评价提供了不同的研究视角，探索性地刻画了智能制造发展应具备的关键要素和能力状况，对企业智能制造持续健康发展具有一定基础性指导作用。但以"制造+智能"二维构建的评价指标体系的实践可操作性较弱，而"企业环境+企业绩效"的间接方法虽具有很强操作性，却忽略了智能制造为复杂系统这一事实。根据上述文献有关制造业智能化概念和内涵，制造业上市公司"智能化"能力发展不仅应具备企业智能制造发展关键要素，还要符合企业经济持续健康发展要求，具体来说需要从基础资源要素的持续投入、技术研发应用以及市场经济效益、资产绩效良性循环可持续发展态势，也就是可从基础层、应用层与市场层三个子系统层面来综合考察，在具体测评时还须考虑数据可获得性，系统构建出制造业上市公司"智能化"能力评价指标体系。

11.2.2　制造业上市公司"智能化"能力评价指标

根据制造业"智能化"内涵，遵循国际指标选取标准，借鉴类似智能制造评价指标体系，结合指标数据的可得性和完整性，最终确定制造业上市公司"智能化"能力的评价指标体系，主要包括基础层、应用层、市场层等 3 个一级指标和 5 个二级指标，具体指标选取依据如下：

企业作为一个系统，其更新换代必须进行基础设施建设与高端人才培养，因为基础设施的建设为制造业企业智能化提供物质基础，而人才培养能为制造业企业智能化培育专业的规划和实施人才，提供具备与客户沟通能力以及按照客户需求进行定制化生产的理念，以及具有跨学科背景的、通用性、专业性、融合性技能的人才，持续为智能技术创新与新系统运用提供软硬件环境和其他长期发展需要的各类基础资源。因此，评价指标体系中设置"基础层"作为一级指标，并设置"基础设施投入"和"人才投入"二级指标，以制造业上市公司购建固定、无形和长期资产支付的现金累积指标来测度基础设施投入，该值累积越大则为智能化努力的可能性就越高，同时以技术人员的数量来测度企业对高端人才的重视程度，数量越多则表征企业的智能化概率越大。综上，基础层包括"购建固定、无形和长期资产支付的现金累积总额""技术人员的数量"两个测度指标。

在物质条件与资源配备持续发挥作用以后，将以网络信息为核心的人工智能技术运用到企业系统的各个环节则成为企业智能化的关键所在。首先，制造智能化应表现为企业生产的智能化，即利用网络信息等技术改装生产机器、生产流水线等，大幅度提高企业生产效率，而在这一过程中技术运用则是核心，故此处以企业研发投入累积数量来衡量企业生产的智能化程度，具体来说研发投入累积数量越多，企业智能化转型升级可能性越大；其次，制造智能化还应表现为企业管理的智能化，利用信息通信网络技术，推广应用各类软件和智能管理系统，大幅度降低企业的交易成本，提高企业经营绩效。由此可见某企业的软件应用投入累积的金额越大，其管理智能化的概率越高。综上，应用层包括智能生产与智能管理两个部分，而前者以研发投入累积总额，后者以软件应用投入累积总额进行测度。

企业最终目标在于通过智能化手段一方面不断优化自身的管理，降低交易成本，同时不断提高生产效率，从而最大化自身利益。为实现该目标企业除了不断强化智能化基础与技术开发应用，还需实现生产效率的提升和市场规模绩效的改善。由此可见，企业的智能化水平还需要在"市场层"予以测度，当一家企业的市场绩效越高时，该企业的智能化可能性越大。具体来说，本节选择规模绩效指标进行测度，其中以企业的人均资产为替代指标进行指标测度。

最终的指标构建体系见表 11.1。

表 11.1　制造业上市公司"智能化"能力评价指标体系

总指标	一级指标	二级指标	测度指标	指标解释	指标单位
制造业上市公司"智能化"能力指标体系	基础层	基础设施投入	购建固定、无形和长期资产支付的现金累积总额	考察期内当年以前（包含当年）购建固定、无形和长期资产支付的现金总和	万元
		人才投入	技术人员数量	当年技术人员数量	人
	应用层	智能生产	研发费用投入累积总额	考察期内当年以前（包含当年）研发费用总和	万元
		智能管理	软件应用投入累积总额	当年无形资产（软件）账面价值原值	万元
	市场层	规模绩效	人均资产	当年资产总额/员工总数	亿元/人

下面利用制造业基础层、应用层、市场层等三个层面的相关数据，运用第 10 章的离差最大化决策方法进行指标权重确定。首先对制造业基础层、应用层、市场层进行分析，然后综合这三个维度，对制造业上市公司"智能化"发展进行综合评价。

11.3　离散型制造业上市公司"智能化"能力评价

离散型制造业是指由多个零配件经过一系列并不连续的工序加工最终装配而成的制造业行业。由于产品种类多批量小、底层制造环节生产工艺复杂，离散型制造业对生产设备的智能化要求很高，基础设施投资很大，且这种不连续的工序装配过程还包含很多不确定因素，配套复杂、生产组织管理难度大，更加重视自动化与智能化以实现柔性制造，其产能绩效不像连续型企业主要由设备硬件产能决定，而主要以软件合理配置加工要素决定。因此，实现离散型制造业智能化的关键是购置众多智能制造装备和投入研发解决各种生产技术和管理问题，以全面提升"智能化"能力。本节将针对离散型制造业上市公司评价其智能化能力发展状况。

11.3.1　样本选择和数据来源

典型的离散型制造行业主要包括机械制造、电子电器、航空制造、汽车制造等行业，其中汽车制造业和计算机、通信和其他电子设备制造业行业是最具代表性。本节基于数据可获得性和有效性，对制造业上市公司"智能化"能力进行评价，运用多指标离差最大化决策方法，剔除部分数据缺失的上市公司以后，测度了 44 家汽车制造业上市公司和

226 家电子、通信及其他电子设备上市公司的"智能化"能力的综合评价值，并对其结果进行排序，最终筛选出 2017 年"智能化"能力综合评价值排名前 10 的企业，并针对每一家企业 2013 年至 2017 年的"智能化"能力变化趋势进行进一步评价分析。本节研究数据来源于沪深股市年报和同花顺金融数据库等。

11.3.2　离散型制造业上市公司"智能化"能力评价结果

1. 汽车制造业

汽车制造业属于资本密集型和技术密集型产业，具有产业链长和产业关联度高的特点，对离散型制造业智能制造转型升级具有很强的带动作用。

这里对 2017 年 44 家汽车制造业上市公司的"智能化"能力综合化评价值进行测度和排序后，筛选出"智能化"能力综合评价值排名前 10 的企业，结果见表 11.2，分别为上汽集团、潍柴动力、华域汽车、比亚迪、长安汽车、中国汽研、威孚高科、福田汽车、广汽集团和中国重汽，除长安汽车和中国汽研位于重庆以外，其他八家都位于东部沿海经济发达地区，可见东部地区制造业上市公司的智能化能力行业总体较强。

表 11.2　2017 年汽车制造业"智能化"能力综合评价值前 10 企业

排名	股票代码	股票简称	基础层综合评价值	应用层综合评价值	市场层综合评价值	综合化评价值
1	600104.SH	上汽集团	0.1896	0.3252	0.3032	0.8180
2	000338.SZ	潍柴动力	0.0726	0.1095	0.3536	0.5358
3	600741.SH	华域汽车	0.0748	0.0868	0.3149	0.4766
4	002594.SZ	比亚迪	0.2564	0.1233	0.0312	0.4108
5	000625.SZ	长安汽车	0.0877	0.0835	0.1905	0.3617
6	601965.SH	中国汽研	0.0078	0.0014	0.2922	0.3013
7	000581.SZ	威孚高科	0.0118	0.0091	0.2802	0.3010
8	600166.SH	福田汽车	0.0695	0.0960	0.1306	0.2961
9	601238.SH	广汽集团	0.1293	0.0655	0.0777	0.2725
10	000951.SZ	中国重汽	0.0034	0.0049	0.2492	0.2575

为便于分析行业排名前十家汽车制造业上市公司的智能化能力年度变化状况，这里对每家公司分别再测度分析考察期间 2013 年至 2017 年基础层、应用层、市场层及智能化能力综合化评价相对变化情况，如图 11.1～图 11.10 所示（其中纵坐标表示综合评价值，横坐标表示年份）。

（1）上汽集团（600104.SH）

经测度分析，上汽集团智能化能力年度趋势变化如图 11.1 所示。

从图 11.1 可以看出，上汽集团的"智能化"能力总体上是呈现持续稳定上升趋势。另外，在转型升级过程中，基础层和应用层的推动作用是最为关键的，持续强化效果明显，而市场层也显示出持续上升现象，人均资产逐年增加，规模绩效提升，智能扁平化特征逐渐显现。

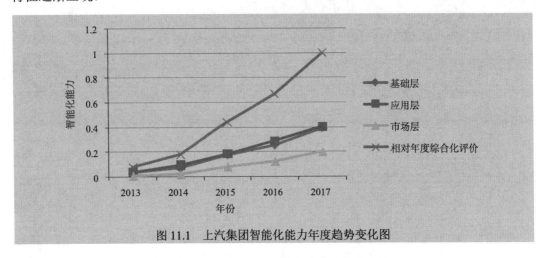

图 11.1　上汽集团智能化能力年度趋势变化图

（2）潍柴动力（000338.SZ）

经测度分析，潍柴动力智能化能力年度趋势变化如图 11.2 所示。

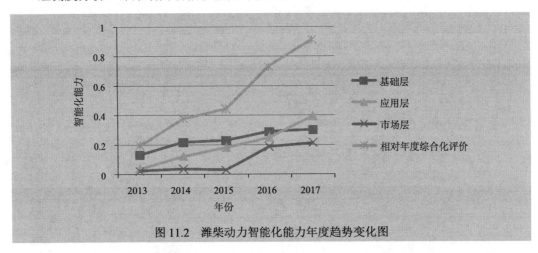

图 11.2　潍柴动力智能化能力年度趋势变化图

从图 11.2 可以看出，潍柴动力的"智能化"能力总体上是呈现持续波动上升趋势，2015年有所减缓，2016 年又实现了快速恢复性增长。另外，在转型升级过程中，2016 年之前基础层的推动作用最为关键，但发展相对平缓，而应用层发展最为稳健、快速，而市场层2015 年之前保持较低水平，2016 年实现了突破，人均资产显著增加，为总体"智能化"能力提升起到显著的拉动作用。

（3）华域汽车（600741.SH）

经测度分析，华域汽车智能化能力年度趋势变化如图 11.3 所示。

从图 11.3 可以看出，华域汽车的"智能化"能力总体上是呈现持续上升趋势，2016 年有一个快速的增长期。另外，在转型升级过程中，基础层、应用层和市场层的作用呈现交织现象，基础层对 2016 年的快速发展起到积极作用，而市场层 2015 年之后则保持稳定状态。

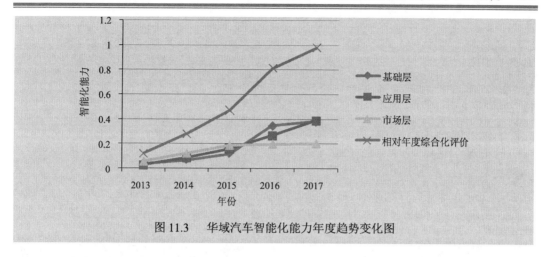

图 11.3　华域汽车智能化能力年度趋势变化图

（4）比亚迪（002594.SZ）

经测度分析，比亚迪智能化能力年度趋势变化如图 11.4 所示。

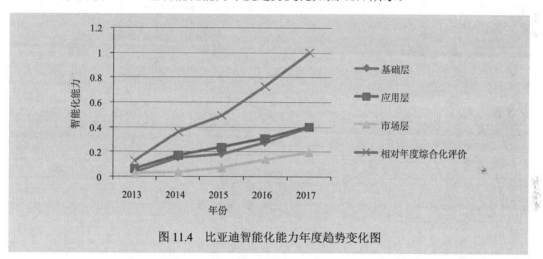

图 11.4　比亚迪智能化能力年度趋势变化图

从图 11.4 可以看出，比亚迪的"智能化"能力总体上是呈现持续稳定上升趋势。另外，在转型升级过程中，基础层和应用层的推动作用是最为关键的，持续强化效果明显，应用层稍微高于基础层，而市场层也显示出持续上升现象，人均资产逐年增加，规模绩效提升，智能扁平化特征逐渐显现。

（5）长安汽车（000625.SZ）

经测度分析，长安汽车智能化能力年度趋势变化如图 11.5 所示。

从图 11.5 可以看出，长安汽车的"智能化"能力总体上是呈现持续稳定上升趋势。另外，在转型升级过程中，基础层和应用层的推动作用是最为关键的，基础层稍微高于应用层，而市场层则显示出持续较低程度的上升趋势，但作用呈现收敛现象 。

（6）中国汽研（601965.SH）

经测度分析，中国汽研智能化能力年度趋势变化如图 11.6 所示。

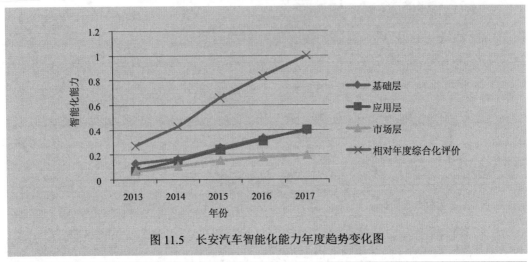

图 11.5　长安汽车智能化能力年度趋势变化图

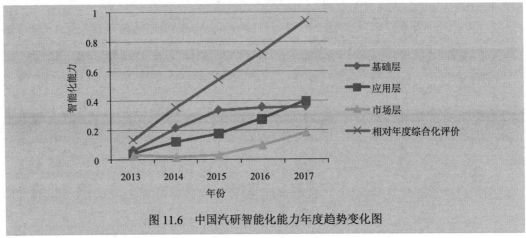

图 11.6　中国汽研智能化能力年度趋势变化图

从图 11.6 可以看出，中国汽研的"智能化"能力总体上是呈现持续稳定上升趋势。另外，在转型升级过程中，基础层的推动作用在 2016 年之前最大，但 2015 年之后保持基本稳定状态，而应用层的推动作用一直保持持续快速发展态势，至 2017 年成为关键因素，而市场层自 2015 年以来实现了较快速发展，一定程度上弥补了基础层作用放缓。

（7）威孚高科（000581.SZ）

经测度分析，威孚高科智能化能力年度趋势变化如图 11.7 所示。

从图 11.7 可以看出，威孚高科的"智能化"能力总体上是呈现持续稳定上升趋势。另外，在转型升级过程中，基础层和应用层的推动作用是最为关键的，持续强化效果明显，基础层稍微高于应用层，而市场层也显示出持续较低水平的上升现象。

（8）福田汽车（600166.SH）

经测度分析，福田汽车智能化能力年度趋势变化如图 11.8 所示。

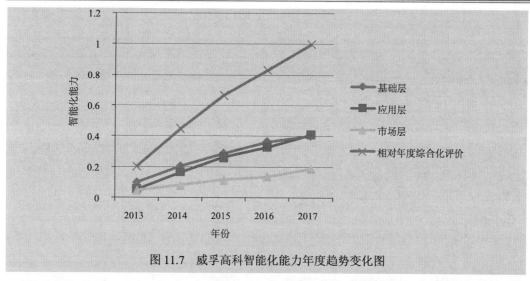

图 11.7 威孚高科智能化能力年度趋势变化图

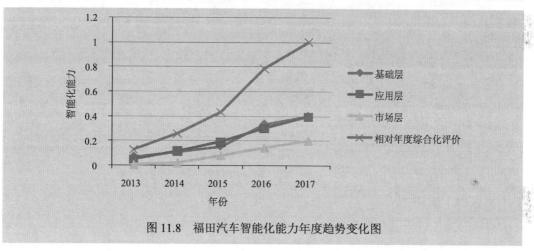

图 11.8 福田汽车智能化能力年度趋势变化图

从图 11.8 可以看出，福田汽车的"智能化"能力总体上是呈现持续上升趋势， 2016 年有一个快速的增长期。另外，在转型升级过程中，基础层和应用层的作用是最为关键的，呈现交织现象，基础层对 2016 年的快速发展起到积极作用，而市场层则保持稳定发展状态。

（9）广汽集团（601238.SH）

经测度分析，广汽集团智能化能力年度趋势变化如图 11.9 所示。

从图 11.9 可以看出，广汽集团的"智能化"能力总体上是呈现持续波动上升趋势。另外，在转型升级过程中，基础层和应用层发展最为迅速，在 2015 年之后成为最为关键的推动因素，基础层作用稍微高于应用层，而市场层则保持稳定发展状态。

（10）中国重汽（000951.SZ）

经测度分析，中国重汽智能化能力年度趋势变化如图 11.10 所示。

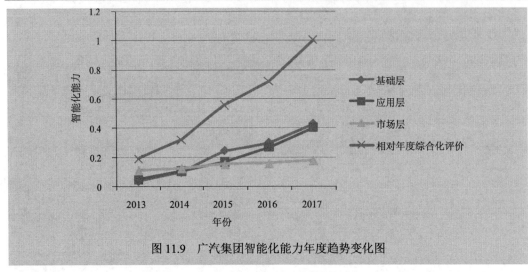

图 11.9　广汽集团智能化能力年度趋势变化图

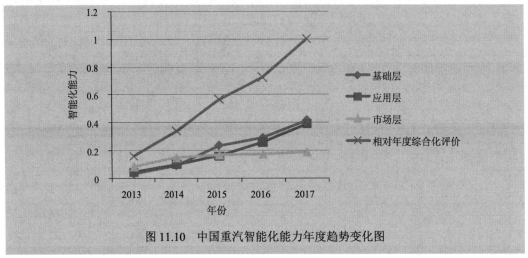

图 11.10　中国重汽智能化能力年度趋势变化图

　　从图 11.10 可以看出，中国重汽的"智能化"能力总体上是呈现持续波动上升趋势。另外，在转型升级过程中，基础层和应用层发展最为迅速，基础层作用稍微高于应用层，而市场层则保持稳定发展状态。

　　从这 10 家汽车制造业上市公司"智能化"能力分析的结果来看，总体上都呈现上升趋势，为企业智能制造转型升级创造了必要基础设施、人才、技术和市场等条件，提供了强有力的支持作用；其中，多数企业基础层和应用层作用更大、更为关键，而市场层在一定程度上也起到了非常积极的拉动作用。因此，这些汽车制造业上市公司须继续加大基础和技术应用的投入，更好地适应和带动其他行业需求变化，从而加快实现数字化、网络化和智能化转型升级。

　　2. 计算机、通信及其他电子设备制造业

　　通信设备、计算机以及其他电子设备制造业是制造业智能制造发展重要领域，可为实现软硬融合、两化融合、产业与服务融合，全面提升整体产业能力和全面实现"中国制造 2025"与 "互联网+"的战略目标奠定良好基础。

这里对 2017 年 226 家计算机、通信及其他电子设备制造业上市公司的"智能化"能力综合化评价值进行测度和排序后，筛选出"智能化"能力综合化评价值排名前 10 的企业，结果见表 11.3，分别为京东方 A、中兴通讯、彩虹股份、信威集团、新海宜、纳思达、东旭光电、国民技术、长江通信、海康威视，除彩虹股份位于陕西和长江通信位于湖北以外，其他八家都位于东部地区，可见东部地区制造业上市公司的智能化能力行业总体较强。

表 11.3　2017 年计算机、通信及其他电子设备制造业"智能化"能力综合评价值前 10 企业

排名	股票代码	股票简称	基础层综合评价值	应用层综合评价值	市场绩效层综合评价值	综合化评价值
1	000725.SZ	京东方 A	0.2256	0.1799	0.0974	0.5029
2	000063.SZ	中兴通讯	0.2263	0.2178	0.0418	0.4859
3	600707.SH	彩虹股份	0.0081	0.0016	0.4000	0.4098
4	600485.SH	信威集团	0.0055	0.0054	0.2800	0.2908
5	002089.SZ	新海宜	0.0017	0.0022	0.2591	0.2631
6	002180.SZ	纳思达	0.0185	0.1994	0.0424	0.2604
7	000413.SZ	东旭光电	0.0285	0.0029	0.2110	0.2424
8	300077.SZ	国民技术	0.0019	0.0258	0.2141	0.2418
9	600345.SH	长江通信	0.0004	0.0004	0.2327	0.2335
10	002415.SZ	海康威视	0.1003	0.0527	0.0426	0.1957

为便于分析行业排名前十家计算机、通信及其他电子设备制造业上市公司的智能化能力年度变化状况，这里对每家公司分别再测度分析考察期间 2013 年至 2017 年基础层、应用层、市场层及智能综合化评价能力相对变化情况，如图 11.11～图 11.20 所示（其中纵坐标表示综合评价值，横坐标表示年份）。

（1）京东方 A（000725.SZ）

经测度分析，京东方智能化能力年度趋势变化如图 11.11 所示。

从图 11.11 可以看出，京东方 A 的"智能化"能力总体上是呈现持续上升趋势。另外，在转型升级过程中，基础层和应用层发展最为迅速，在 2016 年之后成为最为关键的推动因素，基础层作用高于应用层，而市场层则自 2014 年以后保持基本稳定状态。

（2）中兴通讯（000063.SZ）

经测度分析，中兴通讯智能化能力年度趋势变化如图 11.12 所示。

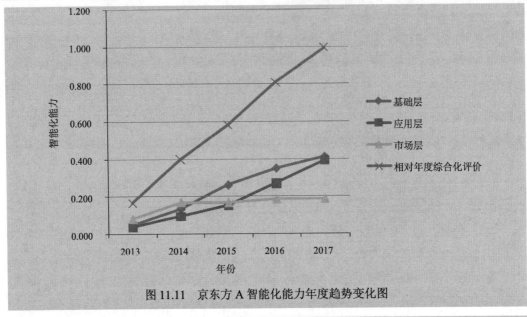

图 11.11 京东方 A 智能化能力年度趋势变化图

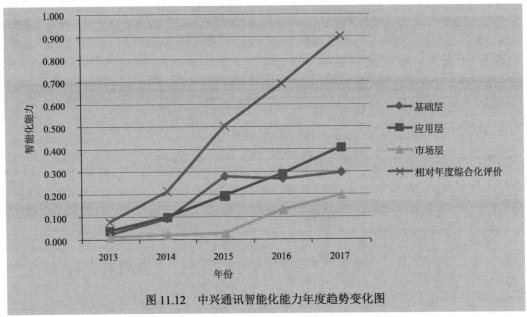

图 11.12 中兴通讯智能化能力年度趋势变化图

从图 11.12 可以看出，中兴通讯的"智能化"能力总体上是呈现持续上升趋势。另外，在转型升级过程中，基础层与应用层作用最为关键，应用层发展最为迅速，但基础层在 2015 年之后变化不大，而市场层则自 2015 年以后呈现快速上升势头。

（3）彩虹股份（600707.SH）

经测度分析，彩虹股份智能化能力年度趋势变化如图 11.13 所示。

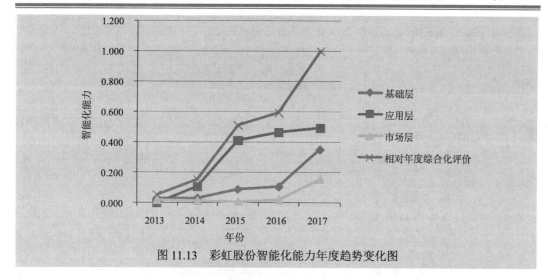

图 11.13 彩虹股份智能化能力年度趋势变化图

从图 11.13 可以看出，彩虹股份的"智能化"能力总体上是呈现持续波动快速上升趋势。另外，在转型升级过程中，应用层作用最为关键，2015 年以后发展速度有所放缓，而基础层和市场层则自 2016 年以后呈现快速上升势头。

（4）信威集团（600485.SH）

经测度分析，信威集团智能化能力年度趋势变化如图 11.14 所示。

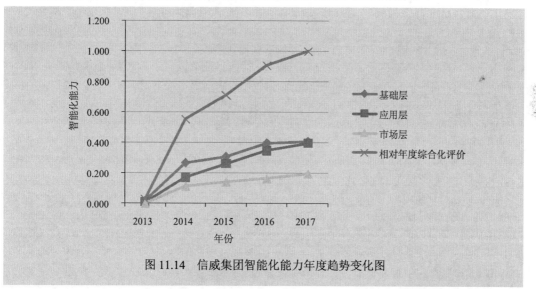

图 11.14 信威集团智能化能力年度趋势变化图

从图 11.14 可以看出，信威集团的"智能化"能力总体上是呈现持续上升趋势，尤其是 2014 年发展最为迅猛，但之后发展速度逐年有所收敛。另外，在转型升级过程中，基础层与应用层作用最为重要，2014 年以后发展速度有所放缓。市场层发展情形与基础层、应用层类似，2014 年以后保持稳定发展态势。

（5）新海宜（002089.SZ）

经测度分析，新海宜智能化能力年度趋势变化如图 11.15 所示。

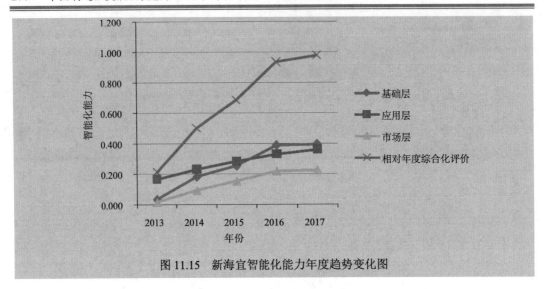

图 11.15　新海宜智能化能力年度趋势变化图

从图 11.15 可以看出，新海宜的"智能化"能力总体上是呈现持续上升趋势，年度平均增长率达到了 35.72%，但 2016 年以后呈现收敛现象，主要源于基础层与市场层发展放缓之故；应用层则保持较快发展势头。

（6）纳思达（002180.SZ）

经测度分析，纳思达智能化能力年度趋势变化如图 11.16 所示。

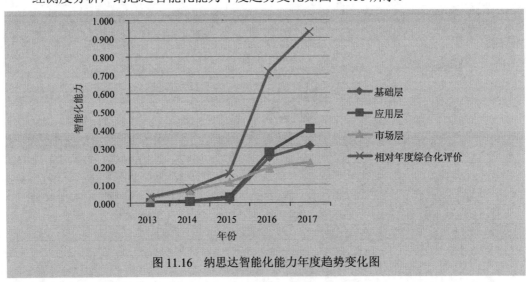

图 11.16　纳思达智能化能力年度趋势变化图

从图 11.16 可以看出，纳思达的"智能化"能力总体上是呈现持续上升趋势，尤其是 2016 年发展最为迅猛，但之后发展速度有所放慢。另外，在转型升级过程中，基础层与应用层在 2016 年获得了快速发展，超越市场层成为最为重要的作用因素；市场层发展则一直保持稳定发展态势。

（7）东旭光电（000413.SZ）

经测度分析，东旭光电智能化能力年度趋势变化如图 11.17 所示。

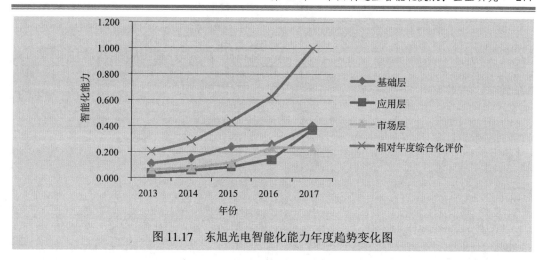

图 11.17　东旭光电智能化能力年度趋势变化图

从图 11.17 可以看出，东旭光电的"智能化"能力总体上是呈现持续上升趋势，年度平均增长率达到了 37.73%，且逐年有加快现象；另外，在转型升级过程中，基础层、应用层和市场层保持基本一致的稳定发展势头，但在 2016 年之后，基础层和应用层获得了快速发展，成为最为重要的作用因素，而市场层则保持稳定不变。

（8）国民技术（300077.SZ）

经测度分析，国民技术智能化能力年度趋势变化如图 11.18 所示。

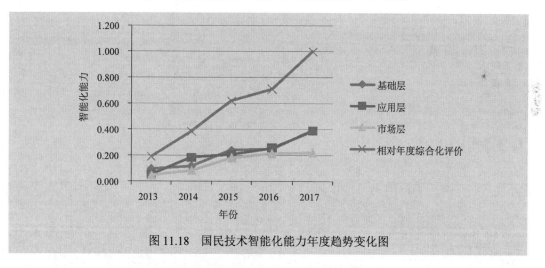

图 11.18　国民技术智能化能力年度趋势变化图

从图 11.18 可以看出，国民技术的"智能化"能力总体上是呈现持续上升趋势，但有些波动。另外，在转型升级过程中，基础层与应用层发展呈现交织上升现象，在 2017 年形成步调一致快速发展势头；而市场层发展自 2015 年之后保持稳定发展状态。

（9）长江通信（600345.SH）

经测度分析，长江通信智能化能力年度趋势变化如图 11.19 所示。

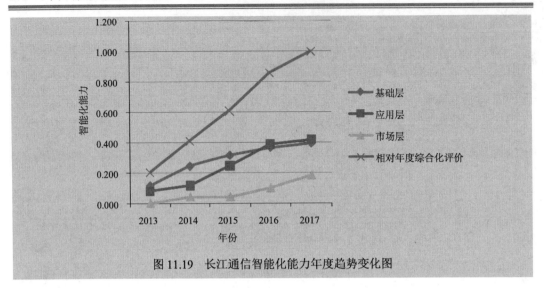

图 11.19　长江通信智能化能力年度趋势变化图

从图 11.19 可以看出，长江通信的"智能化"能力总体上是呈现持续上升趋势，但 2017 年有些放缓。另外，在转型升级过程中，基础层与应用层发展是最为关键的因素，两者呈现交织上升现象；而市场层发展基本保持稳定发展势头。

（10）海康威视（002415.SZ）

经测度分析，海康威视智能化能力年度趋势变化如图 11.20 所示。

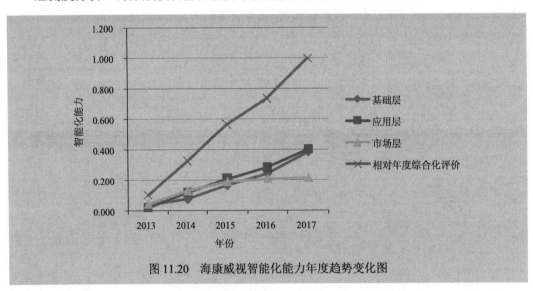

图 11.20　海康威视智能化能力年度趋势变化图

从图 11.20 可以看出，海康威视的"智能化"能力总体上是呈现持续上升趋势，但 2017 年其上升势头有些放缓。另外，在转型升级过程中，基础层与应用层发展一直保持稳定快速发展势头；而市场层发展自 2015 年以后基本保持稳定不变状态。

从这 10 家计算机、通信及其他电子设备制造业上市公司"智能化"能力分析结果来看，总体上都呈现上升趋势，为企业智能制造转型升级创造了必要基础设施、人才、技术和市场等条件，提供了强有力的支持作用；另外，在转型升级过程中多数企业基础层和应用层相对市场层来说作用更重要些，但部分上市公司市场层也曾在一定时期内成为最为重要的因素，为企业智能化发展争取了重要的潜在空间和机会。因此，这些计算机、通信及其他电子设备制造业上市公司也须继续加大基础和技术应用的投入，强化在制造业智能化发展中的自身优势基础，有能力和条件尽快实现数字化、网络化和智能化转型升级。

11.4　流程型制造业上市公司"智能化"能力评价

流程型制造业是指通过混合、分离、成型或化学反应实现原材料增值的制造业行业。与离散型制造业相比，流程型制造业的特点是大型化、连续化生产以及复杂的物质转化过程，原料属性成分复杂多变难测，加工过程不易数字化，难以实现虚拟制造。流程型制造业亟须改变对人工方式的依赖，实现生产过程智能化，并且流程型制造业制造过程各局部环节最优不等于整体运行性能最优。因此流程型制造业智能制造重点解决的是加强智能制造的基础投入、智能生产和智能管理，全面提升"智能化"能力，系统解决多生产单元流程之间的协调优化，而不再是单个工序的最优化生产。本部分将针对流程型制造业上市公司评价其智能化能力发展状况。

11.4.1　样本选择和数据来源

典型的流程生产行业有医药、石油化工、电力、钢铁制造、能源、水泥等领域，其中医药和石油与化学工业最具代表性。本节基于数据可获得性和有效性，对制造业上市公司"智能化"能力进行评价，运用多指标离差最大化决策方法，剔除部分数据缺失的企业以后，测度了 210 家医药制造业上市公司和 233 家化学原料和化学制品制造业上市公司的"智能化"能力的综合评价值，并对其结果进行排序，分别筛选出 2017 年综合化评价值排名前 10 的上市公司，并针对每一家企业 2013 年至 2017 年的"智能化"能力相对变化趋势进行分析比较。本节研究数据来源于沪深股市年报和同花顺金融数据库等。

11.4.2　流程型制造业上市公司"智能化"能力评价结果

1. 医药制造业

医药制造业属于高新技术产业，其智能化发展除了提高产品研发投入和生产效率外，更为重要的应是实现以最少人工干预或无人化生产保障药品质量稳定和均一。

这里对 2017 年 210 家医药制造业上市公司的"智能化"综合化评价值进行测度和排序后，筛选出"智能化"综合评价值排名前 10 的企业，结果见表 11.14，分别为科伦药业、康美药业、健康元、丽珠集团、华海药业、东阿阿胶、同仁堂、浙江医药、华润双鹤、华润三九。前 10 名企业中，除科伦药业位于四川以外，其他 9 家都位于东部经济发达地区，可见医药制造业"智能化"存在明显的地区差异，东部发达地区要普遍优于中西部地区。结合企业自身特点，不同领域的医药制造业对于"智能化"有着不同的侧重点，例如科伦药业作为全国最大的输液行业制造商，由于输液行业的特殊性，更注重对基础设施的投资，因此基础层的"智能化"水平要远高于其他领域制药企业。

表 11.14　2017 年医药制造业"智能化"综合评价值前 10 企业

排名	股票代码	股票简称	基础层综合评价值	应用层综合评价值	市场层综合评价值	综合化评价值
1	002422.SZ	科伦药业	0.3040	0.1991	0.0190	0.5221
2	600518.SH	康美药业	0.1343	0.1689	0.1113	0.4145
3	600380.SH	健康元	0.1053	0.2122	0.0333	0.3508
4	000513.SZ	丽珠集团	0.0788	0.1581	0.0342	0.2711
5	600521.SH	华海药业	0.0917	0.1229	0.0157	0.2303
6	000423.SZ	东阿阿胶	0.0335	0.1564	0.0399	0.2298
7	600085.SH	同仁堂	0.1347	0.0815	0.0114	0.2276
8	600216.SH	浙江医药	0.1315	0.0759	0.0166	0.2240
9	600062.SH	华润双鹤	0.0530	0.1577	0.0035	0.2142
10	000999.SZ	华润三九	0.1003	0.0893	0.0102	0.1998

　　为便于分析行业排名前 10 医药制造业上市公司的智能化能力年度变化状况，这里对每家公司分别再测度分析考察期间 2013 年至 2017 年基础层、应用层、市场层及智能综合化评价能力相对变化情况，如图 11.21～图 11.30 所示（其中纵坐标表示综合评价值，横坐标表示年份）。

　　（1）科伦药业（002422.SZ）

　　经测度分析，科伦药业智能化能力年度趋势变化如图 11.21 所示。

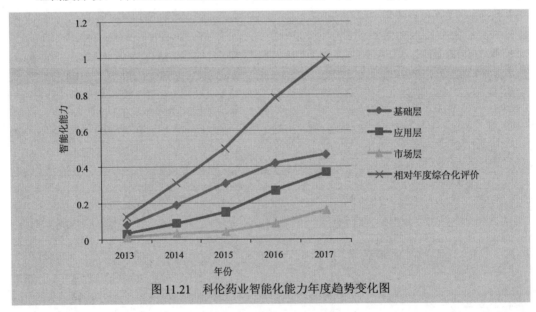

图 11.21　科伦药业智能化能力年度趋势变化图

　　从图 11.21 可以看出，科伦药业的"智能化"能力总体上是呈现持续快速上升趋势。在转型升级过程中，基础层、应用层和市场层都保持了持续上升趋势，其中基础层作用最为关键，应用层发展自 2015 年以后获得了更为快速的增长，而市场层发展基本保持稳定发展状态。

（2）康美药业（600518.SH）

经测度分析，康美药业智能化能力年度趋势变化如图 11.22 所示。

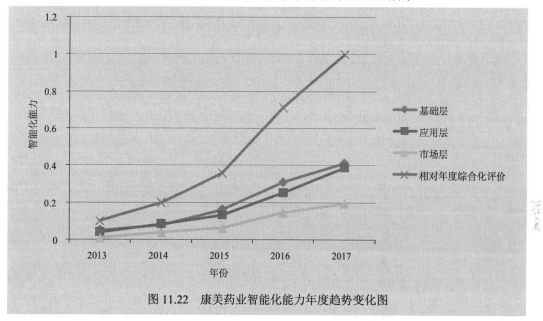

图 11.22　康美药业智能化能力年度趋势变化图

从图 11.22 可以看出，康美药业的"智能化"能力总体上是呈现持续快速上升趋势，2015 年之后发展速度加快。在转型升级过程中，基础层和应用层作用最为关键，市场层发展自 2015 年也获得了更为较为快速的增长。

（3）健康元（600380.SH）

经测度分析，健康元智能化能力年度趋势变化如图 11.23 所示：

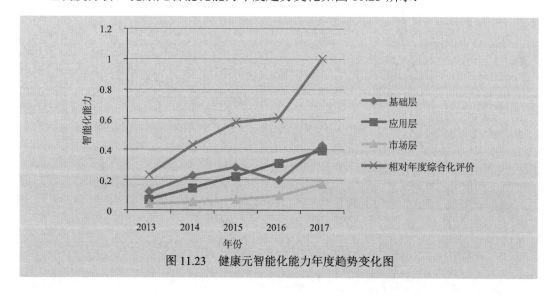

图 11.23　健康元智能化能力年度趋势变化图

从图 11.23 可以看出，健康元的"智能化"能力总体上是呈现持续上升趋势。但 2016 年发展速度明显放缓，而 2017 年又实现了恢复性的快速增长，这是源于 2016 年基础层中技术人员突然减少，而 2017 年又实现了恢复性的增加所致。在转型升级过程中，基础层和应用层作用一直最为关键，市场层发展一直处于平稳增长状态。

（4）丽珠集团（000513.SZ）

经测度分析，丽珠集团智能化能力年度趋势变化如图 11.24 所示。

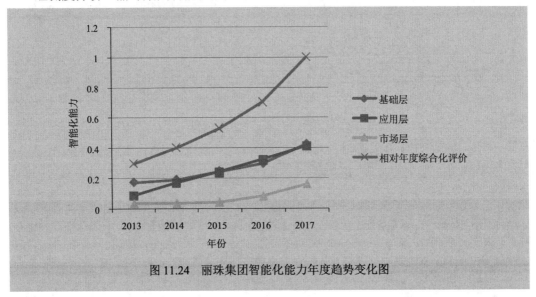

图 11.24　丽珠集团智能化能力年度趋势变化图

从图 11.24 可以看出，丽珠集团的"智能化"能力总体上是呈现持续上升趋势。在转型升级过程中，基础层、应用层和市场层都保持了持续上升趋势，其中基础层和应用层作用最为关键，而市场层发展基本保持稳定发展状态。

（5）华海药业（600521.SH）

经测度分析，华海药业智能化能力年度趋势变化如图 11.25 所示。

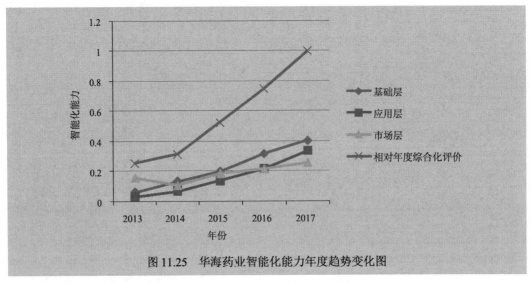

图 11.25　华海药业智能化能力年度趋势变化图

　　从图 11.25 可以看出，华海药业的"智能化"能力总体上是呈现持续上升趋势。在转型升级过程中，基础层与应用层都保持了持续上升趋势，而市场层发展存在一定波动，但自 2014 年之后也基本保持稳定发展状态。

　　（6）东阿阿胶（000423.SZ）

　　经测度分析，东阿阿胶智能化能力年度趋势变化如图 11.26 所示。

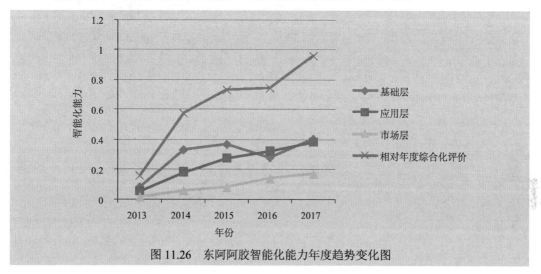

图 11.26　东阿阿胶智能化能力年度趋势变化图

　　从图 11.26 可以看出，东阿阿胶的"智能化"能力总体上是呈现波动较快速上升趋势。其中，基础层与应用层作用是最为关键的，但基础层在 2016 年因技术人员发生减少现象，2017 年又增加了技术人员的投入，从而保证了基础层发展的整体提升，而应用层与市场层发展考察期内基本保持稳定发展状态。

　　（7）同仁堂（600085.SH）

　　经测度分析，同仁堂智能化能力年度趋势变化如图 11.27 所示。

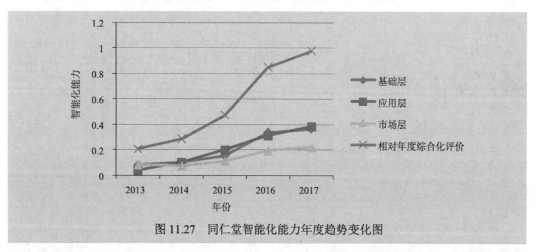

图 11.27　同仁堂智能化能力年度趋势变化图

　　从图 11.27 可以看出，同仁堂的"智能化"能力总体上是呈现持续上升趋势，2017年增速减缓。其中，2014 年以来基础层与应用层作用最为关键；市场层发展考察期内基本保持稳定发展状态。

（8）浙江医药（600216.SH）

经测度分析，浙江医药智能化能力年度趋势变化如图 11.28 所示。

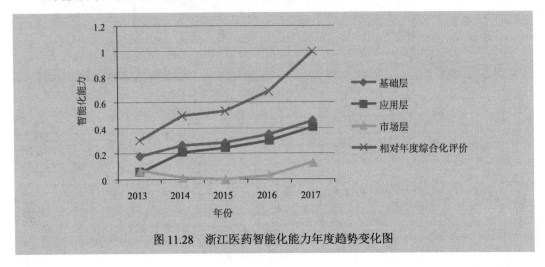

图 11.28 浙江医药智能化能力年度趋势变化图

从图 11.28 可以看出，浙江医药的"智能化"能力总体上是呈现持续上升趋势，存在一定波动。在转型升级过程中，考察期内基础层与应用层作用最为关键；市场层发展考察期内虽然存在一定波动但整体上是增长的。

（9）华润双鹤（600062.SH）

经测度分析，华润双鹤智能化能力年度趋势变化如图 11.29 所示。

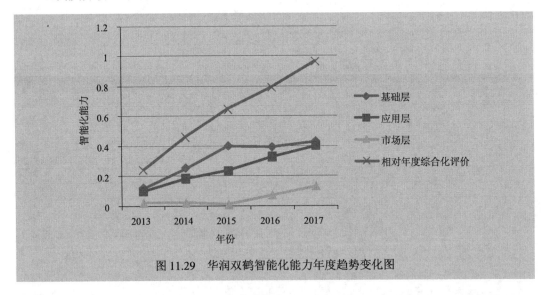

图 11.29 华润双鹤智能化能力年度趋势变化图

从图 11.29 可以看出，华润双鹤的"智能化"能力总体上是呈现持续上升趋势。在转型升级过程中，考察期内基础层、应用层和市场层都保持了整体的上升趋势，其中基础层和应用层作用最为关键，基础层在 2015 年以后增速减缓，而市场层发展速度在 2015

年之后加快。

（10）华润三九（000999.SZ）

经测度分析，华润三九智能化能力年度趋势变化如图 11.30 所示。

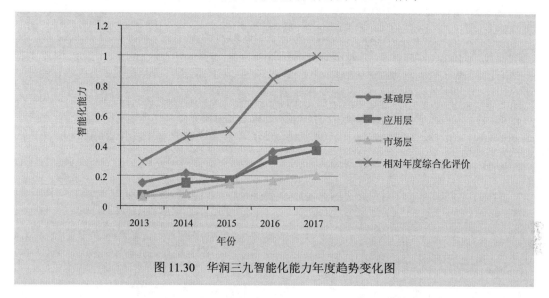

图 11.30　华润三九智能化能力年度趋势变化图

从图 11.30 可以看出，华润三九的"智能化"能力总体上是呈现持续波动上升趋势，2015 年增速减缓，但 2016 年实现了恢复性增长，这主要源于基础层在 2015 年发生技术人员减少现象，2016 年又增加了技术人员的投入，从而保证了基础层发展的整体提升。在转型升级过程中，考察期内基础层、应用层和市场层都保持了整体上的升趋势，其中市场层发展速度相对稳定。

总体来说，2017 年综合值前 10 家医药制造业上市公司多数是医药制造业各个领域的领先者，2013 年至 2017 年考察期内每一家医药制造业上市公司综合化评价持续上升，并且涨幅明显，这也与目前所提倡的制造业"智能化"相吻合，说明行业领先者更注重"智能化"投入或者更具备对其投资的能力，也一定程度上说明了指标的可靠性。其中基础层、应用层和市场层发展考察期内整体上呈现上升趋势，这说明医药制造业愈发重视包含基础设施建设、人才建设、生产与管理技术应用和市场等各方面的投入；基础层发展考察期内有三家上市公司由于技术人员投入减弱，而出现短暂波动，但在第二年由于又都加大了技术人员投入，实现了恢复性增长；而应用层发展考察期内保持相对快速发展势头；市场层发展考察期内涨幅不明显并且出现波动，这主要是因为市场层指标受到市场环境以及企业自身状况影响，出现企业规模绩效波动变化，进而导致市场层发展也出现波动，但相较于 2013 年，各企业市场层评价在 2017 年都有不同幅度提升。因此，这些医药制造业上市公司除了继续加强技术应用投入外，还须发展更为全面均衡的能力，始终注重医药产品质量稳定和均一，适应数字化、网络化和智能化转型升级趋势要求。

2. 化学原料和化学制品制造业

化学原料及化学制品制造业是具有基础产业作用的化学工业主导产业，也是关乎国民经济的重要行业，与新材料和环保领域密切相关，结构调整保持政策高压，其生产运行投入与经营、技术产品研发创新和准入门槛进一步提高，企业智能化发展须注重创造可持续增长的价值。

　　这里对 2017 年 233 家化学原料和化学制品制造业上市公司的"智能化"综合化评价值进行测度和排序后，筛选出"智能化"综合评价值排名前 10 的企业，结果见表 11.15，分别为万华化学、云天化、中泰化学、浙江龙盛、华谊集团、兴发集团、君正集团、华邦健康、阳煤化工、新奥股份。结合表 11.15，2017 年万华化学在基础层、应用层、市场层、综合化四个指标评价中都位于第 1 位，并且优势较为明显。作为全国智能制造试点企业，万华化学"智能化"水平始终位于首位， 2018 年，万华化学通过吸收合并母公司万华化工，整合了所有 MDI 产能，在 MDI 领域超过了国际巨头巴斯夫，跃居世界第一，这与其长期重视"互联网化"、"数字化"发展不无关系。

表 11.15　2017 年化学原料和化学制品制造业"智能化"综合评价值前 10 企业

排名	股票代码	股票简称	基础层综合评价值	应用层综合评价值	市场层综合评价值	综合化评价值
1	600309.SH	万华化学	0.2429	0.2508	0.1254	0.6191
2	600096.SH	云天化	0.1559	0.1475	0.0801	0.3836
3	002092.SZ	中泰化学	0.1331	0.0886	0.0568	0.2785
4	600352.SH	浙江龙盛	0.0803	0.1100	0.0656	0.2558
5	600623.SH	华谊集团	0.0573	0.0869	0.0871	0.2313
6	600141.SH	兴发集团	0.0894	0.0629	0.0463	0.1986
7	601216.SH	君正集团	0.0786	0.0367	0.0773	0.1927
8	002004.SZ	华邦健康	0.0771	0.0448	0.0419	0.1639
9	600691.SH	阳煤化工	0.1080	0.0263	0.0268	0.1612
10	600803.SH	新奥股份	0.0359	0.0404	0.0673	0.1436

　　为便于分析行业排名前 10 家化学原料和化学制品制造业上市公司的智能化能力年度变化状况，这里对每家公司分别测度分析考察期间 2013 年至 2017 年基础层、应用层、市场层及智能综合化评价能力相对变化情况，如图 11.31～图 11.40 所示（其中纵坐标表示综合评价值，横坐标表示年份）。

　　（1）万华化学（600309.SH）

　　经测度分析，万华化学智能化能力年度趋势变化如图 11.31 所示。

　　从图 11.31 可以看出，万华化学的"智能化"能力总体上是呈现持续上升趋势。在转型升级过程中，基础层、应用层和市场层都保持了持续上升趋势，其中基础层和应用层作用最为关键，基础层稍高于应用层，两者在 2015 年之后发展速度趋同，而市场层发展基本保持稳定发展状态。

　　（2）云天化（600096.SH）

　　经测度分析，云天化智能化能力年度趋势变化如图 11.32 所示。

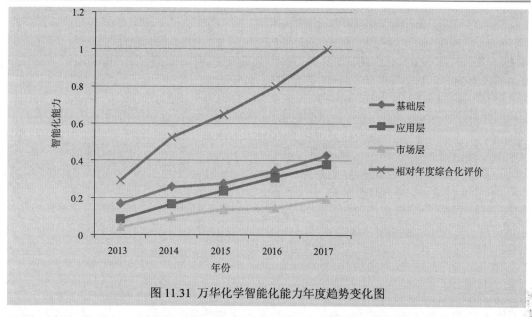

图 11.31 万华化学智能化能力年度趋势变化图

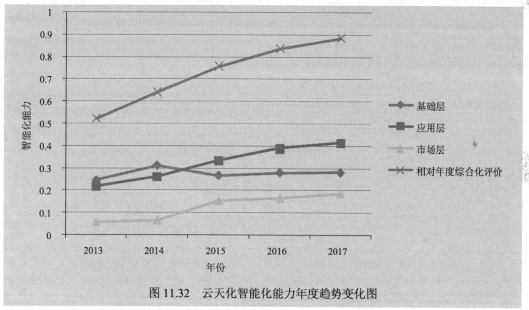

图 11.32 云天化智能化能力年度趋势变化图

从图 11.32 可以看出，云天化的"智能化"能力总体上是呈现持续上升趋势。在转型升级过程中，基础层由于技术人才投入在 2014 年有大幅增加，其后又减弱，呈现波动现象，应用层和市场层都保持了持续上升趋势，相对来说应用层增长速度最为稳定。

（3）中泰化学（002092.SZ）

经测度分析，中泰化学智能化能力年度趋势变化如图 11.33 所示。

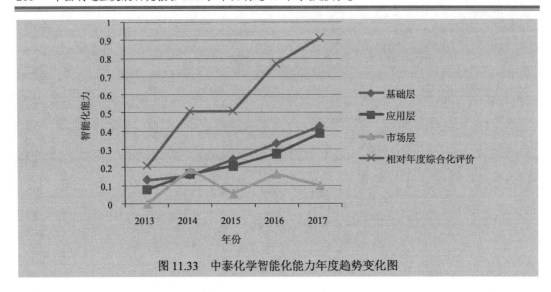

图 11.33　中泰化学智能化能力年度趋势变化图

从图 11.33 可以看出，中泰化学的"智能化"能力总体上是呈现波动上升趋势，但在 2015 年增速基本上呈停止状态，2016 年实现了快速恢复性增长，这主要源于市场层存在大幅波动现象。另外，考察期内基础层和应用层作用成为最为重要的因素，保持了稳定的增长；虽然市场层波动较大，但相较于 2013 年，2017 年的评价值略高些，说明市场层发展考察期内总体上是增长的。

（4）浙江龙盛（600352.SH）

经测度分析，浙江龙盛智能化能力年度趋势变化如图 11.34 所示。

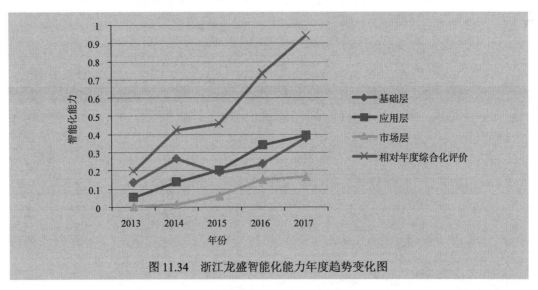

图 11.34　浙江龙盛智能化能力年度趋势变化图

从图 11.34 可以看出，浙江龙盛的"智能化"能力总体上是呈现波动上升趋势，但在 2015 年增速减缓，2016 年又实现了快速恢复性增长，这主要源于基础层存在大幅波动现象，主要是技术人员投入减弱，其后至 2017 年加大了技术人员的投入，保证了基础层整体上的提升。即使如此，考察期内基础层和应用层作用仍然是最为重要的因素，其中应用层在 2016 年超越基础层，实现了较为快速的增长，而市场层是逐年增长的，2017年增速有所减缓。

（5）华谊集团（600623.SH）

经测度分析，华谊集团智能化能力年度趋势变化如图 11.35 所示。

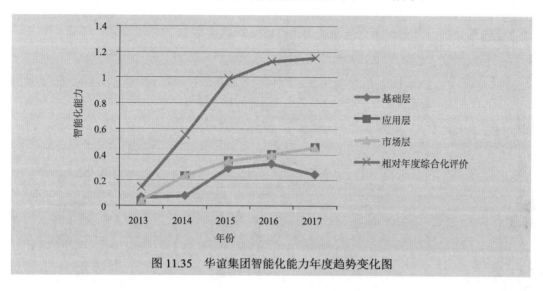

图 11.35　华谊集团智能化能力年度趋势变化图

从图 11.35 可以看出，华谊集团的"智能化"能力总体上是呈现持续上升趋势，但在 2015 年以后增速逐渐收敛。另外，考察期内应用层和市场层作用成为最为重要的持续上升的因素，两者变化呈现高度耦合的发展趋势；而基础层整体上是上升的，但存在较大的波动情况，2017 年因技术人员投入减弱而发生下降现象。

（6）兴发集团（600141.SH）

经测度分析，兴发集团智能化能力年度趋势变化如图 11.36 所示。

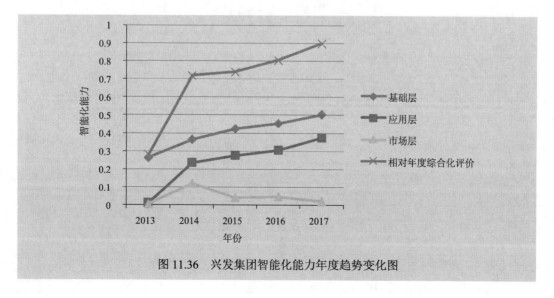

图 11.36　兴发集团智能化能力年度趋势变化图

从图 11.36 可以看出，兴发集团的"智能化"能力总体上是呈现持续上升趋势，但在 2014 年以后增速放缓。另外，考察期内基础层和应用层作用成为最为重要的持续上升的因素，两者变化呈现一定的一致性；而市场层存在较大的波动情况，2014 年发生下降现象，但 2017 年评价值还是略高于 2013 年评价值。

（7）君正集团（601216.SH）

经测度分析，君正集团智能化能力年度趋势变化如图 11.37 所示。

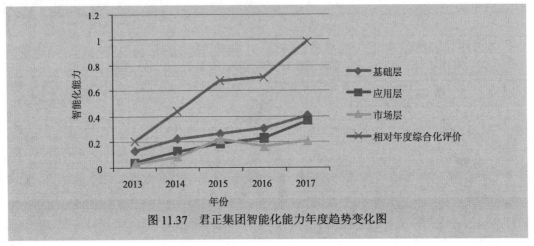

图 11.37　君正集团智能化能力年度趋势变化图

从图 11.37 可以看出，君正集团的"智能化"能力总体上是呈现持续上升趋势，在 2016 年曾一度增速放缓。另外，考察期内基础层和应用层的发展是持续上升的，两者变化呈现一定的一致性；而市场层存在一定的波动情况，2015 年发生下降现象，但考察期内整体上是上升的。

（8）华邦健康（002004.SZ）

经测度分析，华邦健康智能化能力年度趋势变化如图 11.38 所示。

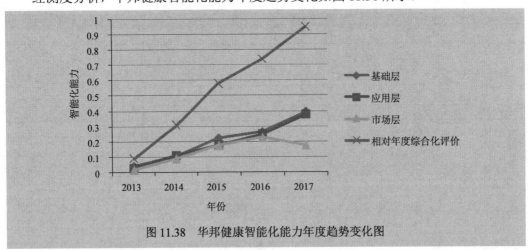

图 11.38　华邦健康智能化能力年度趋势变化图

从图 11.38 可以看出，华邦健康的"智能化"能力总体上是呈现持续快速上升趋势。另外，考察期内基础层、应用层和市场层的发展在 2017 年之前都是持续上升的，呈现高度一致的变化趋势，但在 2017 年市场层发展出现分化，呈下降现象。

（9）阳煤化工（600691.SH）

经测度分析，阳煤化工智能化能力年度趋势变化如图 11.39 所示。

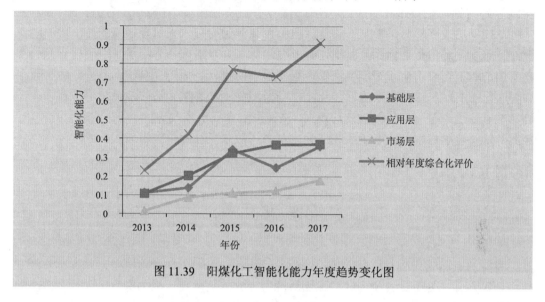

图 11.39　阳煤化工智能化能力年度趋势变化图

从图 11.39 可以看出，阳煤化工的"智能化"能力总体上呈现上升趋势，但在 2016 年由于基础层技术人员投入减弱而发生暂时性的下降现象。除了基础层发展存在波动上升现象之外，应用层和市场层发展都是持续上升。

（10）新奥股份（600803.SH）

经测度分析，新奥股份智能化能力年度趋势变化如图 11.40 所示。

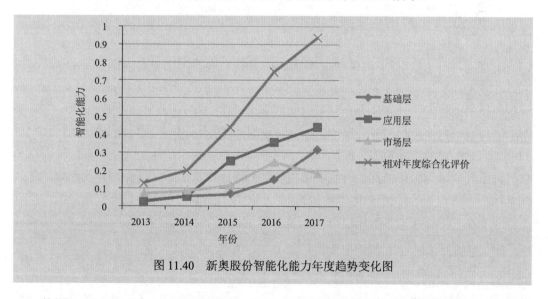

图 11.40　新奥股份智能化能力年度趋势变化图

从图 11.40 可以看出，新奥股份的"智能化"能力总体上是呈现持续快速上升趋势。另外，考察期内基础层和应用层保持连续上升趋势，其中应用层于 2015 年实现了快速发展，而市场层发展整体上是上升的，但在 2016 年出现快速上升之后，2017 年却出现回落现象。

总体上，化学原料和化学制品制造业 2017 年综合值前 10 家上市公司在 2013 年到 2017 年考察期内综合化评价都是逐年提升的，并且涨幅明显，智能化能力保持增长态势。其中，基础层发展整体呈现上升趋势，但不少企业因为技术人员投入减弱而出现波动情况；应用层发展考察期内都是呈现连续上升趋势，并且增幅较为明显，表明化学原料和化学制造业上市公司对于智能生产以及智能管理的投入是不断提高的；另外，由于化学原料和化学制品制造业行业去产能化，市场发展处于低迷期，造成部分化学原料和化学制品制造业上市公司规模绩效波动较大，从而影响企业市场层评价，存在波动上升现象。因此，这些化学原料和化学制品制造业上市公司除了继续加强技术应用的投入外，也还须发展更为全面均衡的能力，注重在新材料和环保方面的可持续性价值增长，适应数字化、网络化和智能化转型升级趋势要求。

11.5　本章小结

智能制造已成为 21 世纪企业创新发展的新机遇，正在引领企业制造方式变革和产业转型升级，并成为企业竞争力和技术创新能力提升的制高点，成为衡量企业能力水平的重要价值标杆。为推动智能制造可持续发展和智能化能力转型升级，本章针对制造业上市公司创建了"智能化"能力评价指标体系，主要包括基础层、应用层、市场层等 3 个一级指标和 5 个二级指标。通过收集制造业上市公司指标数据，分别对离散型制造业上市公司和流程型制造业上市公司进行了智能化能力的评价。其中离散型制造业上市公司选择了典型代表性的汽车制造业和计算机、通信及其他电子设备制造业，流程型制造业上市公司选择了典型代表性的医药制造业和化学原料化学制品制造业，依据离差最大化法选取了 2017 年智能化能力综合评价值排名前 10 名上市公司，并分别对这 10 家上市公司进行了年度趋势分析。

（1）汽车制造业 2017 年"智能化"能力综合评价排名前 10 的上市公司依次为上汽集团、潍柴动力、华域汽车、比亚迪、长安汽车、中国汽研、威孚高科、福田汽车、广汽集团和中国重汽；在 2013 年至 2017 年考察期间这 10 家汽车制造业上市公司"智能化"能力总体上都呈现上升趋势，其中基础层和应用层作用更大更为关键，而市场层也起到了非常积极的拉动作用。因此，汽车制造业上市公司须持续加大基础和技术应用的投入，更好地适应和带动其他行业需求变化，从而加快实现数字化、网络化和智能化转型升级。

（2）计算机、通信及其他电子设备制造业 2017 年"智能化"能力综合评价排名前 10 的上市公司依次为京东方 A、中兴通讯、彩虹股份、信威集团、新海宜、纳思达、东旭光电、国民技术、长江通信和海康威视；在 2013 年至 2017 年考察期间这 10 家计算机、通信及其他电子设备制造业上市公司"智能化"能力总体上都呈现上升趋势，多数企业基础层和应用层的作用更为重要，同时，部分企业市场层发展也可以替代基础层和应用发挥更大的作用。因此，计算机、通信及其他电子设备制造业上市公司须继续加大基础和技术应用的投入，强化在制造业智能化发展中的自身优势基础，有能力和条件尽快实现数字化、网络化和智能化转型升级。

（3）医药制造业 2017 年"智能化"能力综合评价排名前 10 的上市公司依次为科伦药业、康美药业、健康元、丽珠集团、华海药业、东阿阿胶、同仁堂、浙江医药、华润双鹤、华润三九。在 2013 年至 2017 年考察期间这 10 家医药制造业上市公司"智能化"能力总体上都呈现上升趋势，其中应用层持续性上升趋势起到中流砥柱的作用，部分企业基础层和市场层的发展存在波动，因此，医药制造业上市公司在数字化、网络化和智能化转型升级过程中更应注重全面协调发展能力和医药产品质量稳定和均一。

（4）化学原料和化学制品制造业 2017 年"智能化"能力综合评价排名前 10 的上市公司依次为万华化学、云天化、中泰化学、浙江龙盛、华谊集团、兴发集团、君正集团、华邦健康、阳煤化工、新奥股份。在 2013 年至 2017 年考察期间这 10 家化学原料和化学制品制造业上市公司"智能化"能力总体上都呈现上升趋势，其中应用层持续性上升趋势起到中流砥柱的作用，部分企业基础层和市场层的发展存在波动，因此，化学原料和化学制品制造业上市公司在数字化、网络化和智能化转型升级过程中也应注重全面协调发展能力和在新材料和环保方面可持续性价值增长。

参 考 文 献

龚炳铮. 2015. 智能制造企业评价指标及评估方法的探讨. 电子技术应用, 41(11): 6-8.

上海证券交易所. 2018-06-27. 上市公司 2012-2017 年度年报. http://www.sse.com.cn.

邵坤, 温艳. 2017. 基于因子分析法的智能制造能力综合评价研究. 物流科技, 40(7): 116-120.

深圳证券交易所. 2018-06-27. 上市公司 2012-2017 年度年报. http://www.szse.cn.

尹峰. 2016. 智能制造评价指标体系研究. 工业经济论坛, 3(6): 632-641.

易伟明, 董沛武, 王晶. 2018. 基于高阶张量分析的企业智能制造能力评价模型研究. 工业技术经济, 37(1): 11-16.

中国电子技术标准化研究院. 2016. 智能制造能力成熟度模型白皮书. 北京: 中国电子技术标准化研究院.

撰稿人：周飞雪　何文剑　李健旋

审稿人：刘军

第12章

中国与主要发达国家智能制造发展战略国际比较研究

12.1　引　　言

当前，伴随着新科技革命和产业变革在全球范围内的高速发展，发达国家率先将"智能制造"提升至国家战略高度，"智能制造"已成为未来制造业转型升级的绝对方向。在此国际形势下，"中国制造 2025"战略也着重关注"智能制造"带来的新发展机遇，大力发展"智能制造"成为传统制造业转型升级的重要突破口。鉴于此，本章整理了美、德、英、日、中等五个国家的智能制造发展概况，并对各发达国家的智能制造战略重点和推进措施进行了阐释和分析，通过分析得出，各国智能制造发展战略的共同点在于从"硬件制造"转向注重"软性制造"，以及从"物理"到"信息"的趋势；各国的发展重点也颇具特色，各有所长。最后，通过对中国和发达国家智能制造发展战略进行比较，了解发达国家智能制造发展战略的优势与我国的不足之处，结合我国国情对我国智能制造发展战略未来的发展提供启示和借鉴，促进我国智能制造健康、有序、稳定地发展。

12.1.1　研究背景

近年来，在新科技革命和产业变革的国际背景下，制造业迎来了新的发展契机。智能制造，有别于传统制造，已经成为全球制造业发展的新趋势，主要的工业国家都在大力推广并且着力应用智能制造技术进行生产活动。

1. 研究意义

智能制造产业正在全球范围内高速发展，我国发展智能制造有以下具体的实际意义。

第一，发展智能制造是制造业升级的内在要求。智能制造的发展能够加速我国高端制造业的形成与壮大，是我国制造业从低端、中低端向高端发展的必经之路。

第二，发展智能制造是我国制造业破茧重生的必要条件。智能制造的内涵符合我国绿色发展的理念，能够使我国在制造业发展的同时，实现能源、资源节约以及环境友好发展。我国制造业的发展面临"双重压力"，即高端制造领域发达国家的垄断竞争压力和中低端制造领域新兴发展中国家的追赶压力。在双重压力的夹缝中谋求绿色发展，智能制造是必需的选择。

第三，发展智能制造是扩大制造业发展空间的重要措施。从近年来发达国家在智能制造领域的发展经验来看，智能制造发展的"重中之重"是智能制造的技术革新和高端智能装备的制造能力，这两方面的发展可以为制造业提供更加广阔的发展空间。在智能制造技术、智能制造设备、智能制造服务等多个领域进行规划和政策支持，有利于制造业发展空间的扩大。

2. 研究现状

国外对智能制造的研究始于 20 世纪 80 年代。美国纽约大学怀特教授等在《智能制造》一书中首次提出了智能制造的概念。智能制造的概念自产生以来，就引起了众多发达制造业国家的重视，美、欧和日本纷纷开始投资研究，相继形成了美、欧、日三大研究中心（李震彪和黎宇科，2017）。在智能制造的研究过程中，从最初的数控机床的自动加工到现在的智能制造系统的建立，相关理论和构建方案在逐步完善。进入 21 世纪以后，随着人工智能技术的出现和机械加工水平以及互联网技术的不断提高，智能制造逐步脱离了"空想主义"，开始被运用于实业中，具备领先制造实力的国家也开始重视智能制造基地的建设。2008 年以来的国际金融危机席卷了全球大多数国家，各国的经济形势都较为严峻。为促进本国的经济恢复，保持其制造业的主导优势，各发达国家相继提出了推进智能制造发展的具体政策和措施。

　　发达国家中，德国依托于在前几次工业革命中积累的制造技术水平优势，提出了"工业 4.0"理论构想，以巩固其在制造技术上的优势地位。在这一理论的引导下，一些制造业协会和组织合作建立了工业 4.0 发展平台，并且制定了相应的战略计划。计划明确提出了要使德国成为"智造技术"以及"CPS 技术"两个市场主要提供者的目标（任宇，2015）。受德国影响，美国在智能制造领域发力，针对工业产业实施了变革。美国工业互联网联盟（Industrial Internet Consortium，IIC）主导了"工业互联网"计划。美国意图通过控制工业设计标准的制定权，使设备制造商能够共享部分甚至全部的数据和信息，并由互联网技术将真实环境和虚拟环境交叉连接，来改变以往传统的工业制造过程。与德国和美国的智能制造发展相对应，2015 年，日本制定了"机器人革命倡议协议"来推广新的机器人战略。这一协议主要依托于大数据挖掘水平的提升，通过机器深度学习达成网络自动管理。

　　随着科技水平不断进步，先进的技术（如人工智能等）已经能够支持智能制造的实践。西门子作为智能制造这一行业的领军者，已经建立了自己的智能工厂，初步实现了工厂内部的智能制造。它在德国建立的"安贝格工厂"，是整个欧洲最完善的现代工厂，其自动化程度非常高，基本上无须工人介入生产线。

　　我国对于智能制造的相关研究始于 20 世纪 80 年代，当时就启动了"智能模拟"的规划课题，该课题主要攻克方向是专家系统，取得了一定程度的突破（中国机械工程学会，2011）。20 世纪 90 年代，智能制造被选入我国的自然科学基金项目，并且被列为重点项目，清华大学等许多知名大学也参与其中。2015 年 5 月，国务院批复《中国制造 2025》计划，标志着我国的智能制造产业发展正式走上正轨。当前，我国的工业结构还存在诸多问题，产业转型刻不容缓，在这种关键时期，智能制造一旦发展起来，不但可以反哺经济发展，迅速提高工业水平，提升我国工业制造在世界上的影响力，而且可以使我国的工业水平能够与一些关键技术的发展需求相匹配（李鹏飞，2016）。

　　经过这二十几年的发展，我国的智能制造应用中取得了一定的成绩。一些企业在智控系统和自动化生产方面取得了重大突破，一些企业能够自主开发以及提供局部甚至整体的智能制造的解决方案。

12.1.2　智能制造的内涵

　　智能制造（intelligent manufacturing，IM）是一种由制造专家和智能设备共同组建的人机一体化智能系统，它能够针对产品进行有效的智能分析，诸如分解、推理、判断、构思和决策等，通过专家与设备的通力合作，扩大、延伸和部分地取代人类制造专家在制造过程中的脑力劳动。同时，智能制造突破了自动化制造的外沿，使制造拓展到柔性化、智能化和高度集成化。这一技术核心基础是数字化和信息化。数字化能够将人类的判断分析能力转化为机器语言，以供机器进行深度学习，人机依此产生交互；信息化的作用则是为人类专家与制造设备的交互提供载体，即系统化的平台（王媛媛，2016）。

在《智能制造》一书中这样定义"智能制造"：由"智能机器"产生的生产行为被称为"智能制造"。"智能机器"是一种在小规模的生产活动中能够替代人的"有思想机器"。它通过三种方式实现：第一，用机器语言的外显来模拟人的认知判断能力，使智能制造机器能够以一定形式对生产制造过程产生一定的自我控制；第二，用"深度学习系统"来模拟人类的经验判断能力，让智能制造机器能够将外来信息进行分解、判断，并且输出操作指令，同时能够通过自主学习，积累生产实践经验，从而实现机器的自主决策和优化；第三，"机械手"代替工人的手，接收操作指令，进而进行生产操作。

智能制造的目的是最大限度的解放体力劳动和脑力劳动，实现高度的自动化生产。在这个基础上，英国的 Williams 教授补充了智能制造的概念，他认为智能制造不是机器人自身独立完成的一个封闭过程，而是专家和机器人共同组成的（Keen and Williams，2013）。在这个过程中，智能机器人使用机器语言和专家进行交流，共同去分析数据、判断信息并做出决策，从而实现机器和人类之间的协作，实现智能的集成化。

通过智能制造的定义可以看出，智能制造具有感知、分析等典型特征，这些特征可以归结为四个方面，即：状态感知、实时分析、自主决策和精准执行（李鹏飞，2016），如图 12.1 所示。

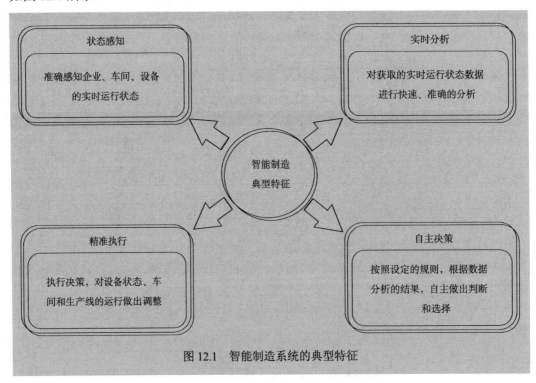

图 12.1　智能制造系统的典型特征

12.2 智能制造相关研究综述

智能制造是 20 世纪末兴起的新兴研究项目，主要从制造业研究的基础上发展衍生而来，针对智能制造研究的外文文献总体数量偏少，专业性的中文文献也是近两年才出现。在这一部分，我们回顾了已有的外文和中文文献，为后续探究积累理论基础。

12.2.1 关于智能制造的外文文献综述

关于新工业革命的本质，一直存在许多争议，但是大部分研究都认为"制造业智能化"是新工业革命的核心。智能制造产业将会成为新工业革命的引导性产业。

国外关于智能制造的相关研究始于 20 世纪 80 年代，从最初的智能制造的概念的诞生再到现在的智能工厂，可以看到，基础性的智能制造已经基本得以实现。智能制造并不是凭空出现的，它是伴随着科技的高速发展而产生的。1980 年开始，一些先进的制造技术以及计算机技术在制造业中得到了广泛的应用。然而，仅仅凭借信息技术的进步，并不能给制造业带来翻天覆地的变化，传统制造业面临的诸多困境依然存在。因此，许多专家学者把传统制造技术以及人工智能科学和计算机技术等技术手段有机地结合起来，发展出一种新型的制造技术和系统，也就是智能制造技术和智能制造系统。20 世纪 80 年代，美国的 Wright 教授和 Bourne 教授联合出版了《智能制造》一书，书中首次对"智能制造"概念进行了定义。同时还对智能制造的目的进行了阐释：智能制造是将知识工程、制造软件系统、机器人视觉和机器控制相结合，对技术人员的技能和专家知识进行建模，使智能机器人无须人工干预即可实现小规模生产（王媛媛，2016）。

20 世纪 90 年代初，在美国、欧洲和日本的共同发起下，"智能制造国际合作研究计划"正式实施。计划将"智能制造系统"定义为贯穿有智能活动的一套较为完整的制造过程，并且把这种智能活动和智能机器有机结合起来，把完整的制造过程以一种柔性方式集成起来的，最大限度地提高生产率的先进生产系统，这一制造过程包括了从产品设计、产品生产到市场销售等所有环节。

21 世纪以来，伴随着以物联网和大数据等为主的新型信息技术的迅速发展和应用，智能制造具备了新的内涵，即新科技革命背景下利用网络技术和数字技术来拓展智能制造的外延。一些著名学者也针对"智能制造"这一全新的课题进行了一系列探索。Zhong 等（2017）认为，智能制造的目的是充分利用先进的信息和制造技术来优化生产和产品交易，这是一种基于智能技术的新型制造模式，极大地提高了典型产品在其整个生命周期中的设计、生产、管理和集成能力。智能制造系统（IMS）是智能制造的实现形式之一，被认为是新一代制造系统。通过采用新的模型、新的形式和新的方法，将传统的制造系统转化为智能系统。在"工业 4.0"时代，IMS 通过互联网使用面向服务的体系结构（SOA）。Chen（2017）认为智能制造与人体相似，具有感知、决策和行动三大功能。随着当今传感与控制技术的飞速发展，制造系统中存在着大量的传感器和执行器，关键在于如何处理信息和知识，以便在适当的时间和地点由计算机自动做出正确的决定，而不需要人为干预。在这方面，大数据分析、机器学习和云计算等新技术层出不穷，为制造业的智能化发展提供了巨大的潜力。Li 和 Si（2017）认为智能制造是"工业 4.0"的核心，它可以看作是制造环境中的网络物理系统（CPS），能实现材料和信息的完全自动化。CPS 是一个互联网环境，所有用户、硬件和软件都集成在一起。无论何时何地，CPS 都可以通过良好的协调和增强的能力来适应不同的工作条件。

12.2.2　关于智能制造的中文文献综述

我国学者针对智能制造的探究起步也较早，在 20 世纪 80 年代就针对如何用机器模拟人类的生产制造行为进行了专项探究，逐渐取得了一定的成绩，但总体上进度偏慢。出版于 2011 年的《中国机械工程技术路线图》是我国较早的一部专门研究智能制造的专著，它将智能制造技术定义为在整个制造活动的过程中关于信息感知、信息分析、知识学习、知识表达、智能决策、自动执行的一项综合交叉技术（中国机械工程学会，2011）。杨叔子和吴波（2003）认为，智能制造系统通过提高智能化以及集成化，来增强智能制造系统自身的柔性化和它的自组织能力，并且提高智能制造系统对整个市场需求波动的快速响应能力。熊有伦和金卯（2008）指出，智能制造这一概念的本质其实是在制造过程中应用人工智能的相关理论以及技术去解决实际生产遇到的问题。因此，如何去保存、转移和利用长期以来企业在制造过程中因为解决问题而积累的大量经验、技能和知识，是现代企业必须解决的问题。卢秉恒和李涤尘（2013）则认为，智能制造系统具有感知信息、分析数据、自主做出决策等功能，是先进的制造技术、物理信息技术以及智能技术的高度集成和深度融合。

以上对于智能制造的研究主要是从机械工程的角度进行的，只有很少一部分的学者是通过产业经济学这个角度对智能制造进行研究的。黄群慧和贺俊（2013）认为，把智能制造作为核心的新的产业革命已经发生，其在产业层面或者说经济层面上已经深刻地改变了市场竞争范式和国与国之间的产业竞争时局。左世全（2013）指出，制造业的智能化发展是实现工业化和信息化整合的有效手段，也是我国打造"制造强国"品牌的必然要求。它将有效地提高产品设计的质量和效率，降低资源和能源的消耗。与此同时，产品制造模式、生产组织模式和经营模式的根本变化将引发制造业的革命性变化。

还有一部分学者则分析了当前形势下，我国应该如何应对来自其他国家，尤其是发达国家智能制造发展的挑战。金培（2013）指出要想培育战略性新型产业，不单要重视行业技术革新，还应根据产业周期全面改造研发模式，重点关注技术创新。黄群慧和贺俊（2013）认为新工业革命的背景下，我国不能局限于只追求在某些前沿制造技术上的突破，更加重要的是要在技术创新的整个体系以及企业治理的结构组织等方面寻求突破。左世全（2014）指出我国智能制造产业起步较晚，目前发展水平有待提高，应该贯彻落实"两步走"战略：第一步是到 2020 年，利用技术试点验证智能制造在我国的发展现状并着力推广；第二步是 2020 年之后，全面铺开智能制造产业发展，在各领域推进智能化的实现。吕铁和韩娜（2015）也认为与发达国家相比，当前，我国的智能制造业仍然存在很多问题。例如，我国制造业的关键零部件一直由其他国家提供，导致我国国内智能制造设备的价格低迷，十分缺乏竞争力；软件系统方面的研发也相对滞后，导致我国总体的智能水平一直难以提高。目前，全球制造业的垄断势力已经初步形成，对于后发的一些国家，要想改变当前的格局，必须把基础系统的开发及标准制定共同纳入顶层设计，强化本国的关键技术，打造自主品牌；培养技术工人，注重利用全球的人才资源；健全相关的配套政策，全力鼓励技术创新。

12.3　中国与各发达国家的智能制造发展战略阐释

20 世纪 80 年代末，在数字化技术最初兴起时，欧美、日本等发达国家提出了智能制造的概念。进入新世纪后，实现智能制造技术的成本和条件已经成熟。此外，近年来，随着资源环境压力、劳动力成本压力等制造业固有约束的增加，智能制造市场在全球范围内爆炸式增长，呈现出新的特点。

2008 年金融危机在全球范围内全面爆发之后，各国经济都进入了一个低迷期，制造业等实体经济受到的冲击和影响尤其剧烈。为了刺激本国经济复苏，也借此机会整合资源重新打造新型的、优质的产业机构，各国政府出台了以发展智能制造为主要目标的国家级战略，如表 12.1 所示。

表 12.1　主要国家的智能制造发展政策

政策名称	国家	时间	政策目标
再工业化	美国	2009 年	发展先进制造业，实现制造业的智能化，保持美国制造业价值链上的高端位置和全球领先地位
工业 4.0	德国	2013 年	通过分布式、组合化的工业制造单元模块和多部件、智能化的工业制造系统，迎接以制造业为主的第四次工业革命
新机器人战略	日本	2015 年	通过科技和服务创新的价值，"智能制造系统"作为计划的核心理念，促进日本经济持续增长，迎接全球竞争时代
高价值制造	英国	2014 年	运用智能技术和专业知识，使产品、生产工艺和相关服务不断增长，创造出高经济价值，从而达到振兴英国制造业的目的
新增长动力规划及发展战略	韩国	2009 年	确定三大领域 17 个产业为推进制造业数字化工业设计和数字化合作建设的发展重点，加强对智能制造基础发展的持续支持
新工业法国	法国	2013 年	通过创新重塑工业实力
中国制造 2025	中国	2015 年	通过"三步走"战略实现制造大国到制造强国的转变

美国是工业实力排名全球第一的国家，研究和发展智能制造的时间最长，成果也最为显著。全球几乎所有的智能制造设备和技术，都需要美国相关技术企业的支撑才能够完成，因此目前美国在智能制造领域处于绝对霸主地位。

德国是高度发达的工业国家，是全球著名的工业中心之一，拥有着最为强大的基础工业支撑，多年来在重工业制造上积累的强大实力，让德国在智能制造核心基本配件领域也占有重要的一席。德国的"工业 4.0"也成了现代智能制造的标杆战略之一。

英国是第一次工业革命起源地，被称为"现代工业革命的摇篮"。制造业悠久的发展历史使英国在整个欧洲制造产业链中有着极为重要的地位。英国制造业未来的发展方向以及定位也是与智能制造密切相关的高价值制造业。

日本的汽车、机器人以及电子信息等领域在全球的制造业体系中拥有绝对优势。为更好地促进本国制造业的发展，日本政府发表了《制造业白皮书》，确定发展以 3D 打印技术、智能机器人等为代表的智能制造技术，调整本国的制造业结构。

上述四国的制造业均具有悠久的历史以及良好的发展态势，先后明确提出发展智能制造技术，在智能制造发展方面极具典型性，因此笔者选取美、德、英、日四国的智能制造发展作为研究对象，与我国的智能制造发展进行比较，以期为我国智能制造发展战略未来的发展方向提供借鉴，促进我国智能制造健康、有序、稳定、快速地发展。

12.3.1　美国智能制造发展战略

美国智能制造发展战略历程如图 12.2 所示。

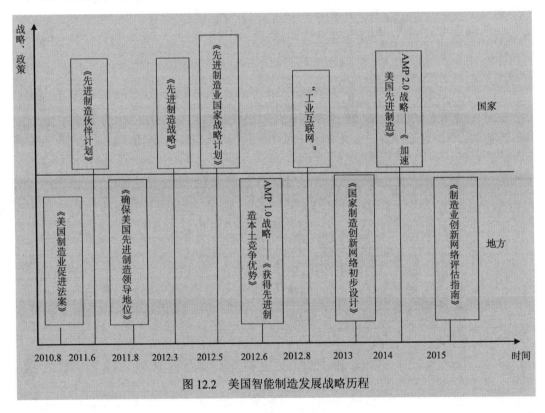

图 12.2　美国智能制造发展战略历程

1. 战略背景

劳动力成本过高一直是美国制造业发展的劣势。为此，美国政府一直积极发展高端制造产业，在智能制造领域也是重点突破，力争重要制造业大型企业能够回归。2008 年金融危机之后，美国相继推出了一系列政策，旨在振兴本国制造业，重新规划未来制造业的发展路径。显然，美国想要通过发展智能制造业抓住第四次工业革命的领导权，重塑美国的竞争优势。

2. 战略推进

2009 年以来，美国相继出台了《先进制造战略》等一系列纲领性文件，均明确提出要降低制造成本，提高就业率，把美国建设成为各企业的总部基地。想要实现这一目标，必须改造传统制造业，大力发展智能制造，重点关注智能电网、新一代机器人、清洁能源等新兴领域。上文提到，美国制造业发展的最大制约因素是劳动力成本高，发展以上新兴领域为代表的智能制造，就可以大大降低制造业的劳动力需求，使制造业的劳动力成本支出保持在合理的比例内。

3. 战略落实

美国抢先实施"再工业化"战略，同时非常重视智能制造产业的发展，企图抢占全球高端制造业的战略高地，大力推动本国智能制造业的发展。为了实现这一目标，美国一直在以下关键领域落实其智能制造的战略措施。

（1）高端制造与智能制造产业化。为了重塑美国制造业的全球竞争优势，奥巴马政府将高端制造业作为再工业化战略产业政策的突破口。智能制造业作为先进制造业的重要组成部分，以高端的传感器、工业机器人和先进的制造检测设备为代表，长期受到美国政府和企业的高度关注。美国的创新机制近年不断完善，与智能制造相关的一些技术产业也都展现出了良好的发展势头。

（2）科技创新与智能制造产业的支撑。美国"再工业化"战略的主导方向是以科技创新引领的更高起点的工业化。美国政府高度重视高新技术的发展和对战略性新兴产业的扶持，例如清洁能源、生命科学、智能电网等，在这些高新技术的研发过程中，不断加大研发投入，积极鼓励科技创新，重视培养高技能人才，全力推动 3D 打印技术、工业机器人等应用。

（3）中小企业与智能制造创新发展的动力。与大型企业相比，中小企业拥有灵活方便、效率高等优点，鉴于此，美国把中小企业作为其"再工业化"的重要载体，从政策、融资以及财税等多个方面，为中小企业提供帮助，不断加大对中小企业的扶持力度。

美国智能制造战略及策略的简要情况如表 12.2 所示。

表 12.2　美国智能制造战略及策略

项目	具体内容
战略定位	保持美国在制造业领域的高端位置和全球领先地位
战略选择	先进制造和工业互联网
政策措施	《重振美国制造业框架》《先进制造伙伴计划》《制造创新国家网络》计划等，重视科技创新和中小企业的发展
政策重点	重振实体经济，增强国内企业竞争力，增加就业机会；发展先进制造业，实现智能制造；打造工业互联网
主要特色	升级传统工业，发展新兴工业，使美国的产业结构转换为具有高附加值、知识密集型和以新技术创新为特征的产业

12.3.2　德国智能制造发展战略

德国智能制造发展战略历程如图 12.3 所示。

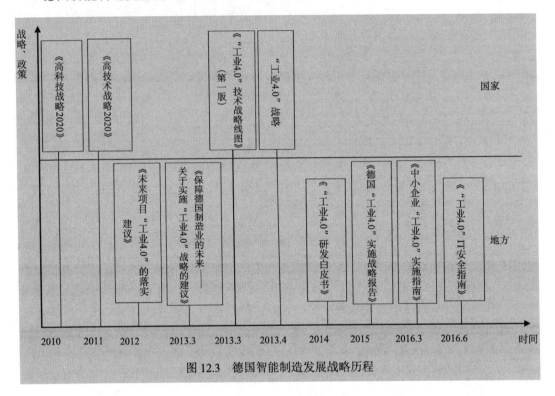

图 12.3　德国智能制造发展战略历程

1. 战略背景

2008 年金融危机爆发以后，在欧洲其他发达国家经济依然低迷之时，德国经济在 2010 年就率先回升，而经济得以迅速复苏的主要原因和重要力量就是德国制造业的发展。德国一直重视制造业的发展，注重工业技术产品的创新和复杂工业过程的管理。

2. 战略推进

德国的新型制造业发展重点基于信息物理系统（CPS），辅以当下最先进的 IT 技术手段，将德国传统优势制造业向智能化转型发展。2010 年，在联邦教研部的支持下，《高科技战略 2020》出台，它强调现代制造业应该以人为本，新兴产业的发展应注重为人类服务，同时也提出了一系列的创新措施。该战略重点关注的领域就是未来科技以及全球竞争，同时，在这一战略中，"工业 4.0"战略被明确列为德国未来十大项目之一。2013 年，德国政府和学术界联合发布了《保障德国制造业的未来——关于实施"工业 4.0"战略的建议》（以下简称《建议》），《建议》中第一次出现了"工业 4.0"的说法。该建议一经发布就引起了学界和商界的热议。随后，在德国工程院、西门子公司等为代表的德国学术界和工业界的推动下，在同年举行的汉诺威工业博览会上，"工业 4.0"战略正式启动，从而使得"工业 4.0"上升为德国国家层面战略，并且成了《高科技战略 2020》中最重要的一部分。

在"工业 4.0"战略的实践过程中，德国在其强大的制造能力优势背景下，着力发展物联网等新型智能技术，以更好地发挥出德国重工业制造和高度自动化优势，从而精研产品，从终端角度设计智能化方案，逐步改进制造流程，最终使得产品成为全新的智能化设备。目前，"工业 4.0"已经成为德国制造的新旗帜，也被广泛地作为制造业转型升级的研究和教学案例。由于"工业 4.0"战略需要德国联邦政府与州政府的合作，政府与企业和民间组织的协调，它促成了各方精诚合作、共谋新发展的良好局面。

3. 战略落实

德国"工业 4.0"计划中智能制造概念也占据核心位置，具有鲜明的发展特征，主要在以下三个领域优先采取行动。

（1）工业标准化与智能制造基础投入。德国的制造业之所以可以在全球制造业领域内遥遥领先，与其十分重视标准化密不可分。标准化是指整个行业都采用统一的生产标准，"工业 4.0"是在标准化的引领下发展的。在提出"工业 4.0"的初期，德国关注的首个领域就是标准化。通过在整个国家和行业的标准化的制定和发展，德国首先实现了数字化。

（2）工业系统管理与智能制造流程再造。"工业 4.0"计划通过构建智能工厂来推动复杂制造系统的应用。与此同时，随着开放式虚拟工作平台和广泛应用的人机交互系统，企业的工作内容、流程以及环境都发生了天翻地覆的变化。智能制造过程再造可以颠覆封闭的传统工厂车间管理模式，将智能设备、智能管理、智能监控等技术集成到新的制造过程中，实现真正的智能生产。

（3）规范产业合法化与人才能力提升。现在技术创新的周期短，同时新技术的突破大，这就带来了规则滞后的风险，即现行规则与技术变革的步伐不同步。智能制造模式、新业务流程再造和三维业务网络框架对企业数据保护、责任归属、个人数据处理和贸易限制提出了挑战。原有的职业培训体系也随着智能化带来的工作和技能的变化而变化。因此，建立一套与智能制造相适应的法律监管体系和职业发展体系就显得尤为重要。

德国智能制造战略及策略的简要情况如表 12.3 所示。

表 12.3　德国智能制造战略及策略

项目	具体内容
战略定位	发展以 CPS 为核心的智能工厂，使德国处于供应商领先和市场领先的"双领先"地位，确保德国工业处于世界前列
战略选择	"工业 4.0"战略
政策措施	领先的供应商策略和主导市场策略
政策重点	德国设备供应商为制造企业提供世界领先的技术解决方案，保持其在全球市场的领先地位，成为智能制造技术的主要供应商；建立 CPS 技术和产品新的领先市场
主要特色	重构了包括制造、工程、材料使用、供应链和生命周期管理在内的整个工业流程

12.3.3 英国智能制造发展战略

英国智能制造发展战略历程如图 12.4 所示。

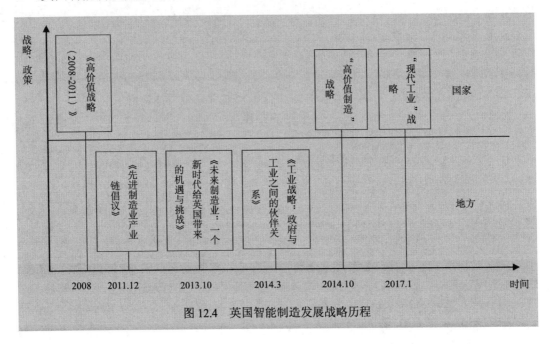

图 12.4 英国智能制造发展战略历程

1. 战略背景

在 2008 年爆发的国际金融危机中英国的经济受到重创,加之曾经推崇的"去工业化"战略使得实体经济本身就受到沉重的压迫,英国的经济形势一度一蹶不振。这迫使英国政府去探求新的制造业的振兴之道。为提高英国制造业对全球大型企业的吸引力,英国政府提出建设新型制造业基地,以吸引海外企业投资。英国政府于 2011 年 12 月提出了《先进制造业产业链倡议》,在传统优势产业(汽车、飞机)之外,还囊括了世界领先的可再生能源和低碳技术。英国政府计划投资 1.25 亿英镑建立世界领先水平的制造业产业链,从而推动本国制造业竞争力的恢复。

2. 战略推进

新技术和新产业层出不穷,使得传统的制造业发展模式受到了巨大冲击,全球产业格局也发生了深刻变化。2012 年初,英国政府实施了一项旨在预测本国未来制造业发展方向的战略研究项目,该项目通过对国际形势的判断,提出了未来英国制造业发展可能面临的问题与挑战,对制造业如何复兴提出了一系列政策建议。2013 年,英国政府科技办公室发布了报告《未来制造业:一个新时代给英国带来的机遇与挑战》。该报告的战略价值在于提出了制造业不是传统意义上的"先制造后销售",这是以往的传统制造业的模式与流程,现代制造业应该是"服务再制造",即打造以生产为中心的完整价值链。现代制造业除了涉及传统制造业的领域，更应该关注传感器、物联网、机器人、移动网络等诸多技术领域，进而形成一个完整的智能制造格局。

2014 年，英国政府发布了《工业战略：政府与工业之间的伙伴关系》（以下简称《战略》）。《战略》的重点是大力发展可持续性制造业，减少未来英国制造业发展的不确定性。《战略》中还细致分析了英国当前的行业现状，明确了需要政府重点扶持的领域和需要大力发展的前沿技术。除此之外，《战略》还指出，英国需要通过创新平台的建设与发展来加强创新研发与制造业产业之间的关系。英国应该完善落实以技能培训体系以及扶持科技创新为主的政策措施，重点支持大数据、机器人与自动化、先进制造等一系列重要前沿产业领域（张韩虹，2016）。

3. 战略落实

英国政府的政策重点主要包括以下两方面。

第一，鼓励制造业回归。英国政府选择帮助制造业企业降低成本，比如使用税收优惠来直接降低英国本土企业的税收，以吸引更多的本土企业生产力回流。在这种情况下，一些英国公司选择将海外产能转移回国内，包括 John Lewis 百货公司、Hornby 玩具模型公司、Laxton 集团等制造商，都因为政策红利将海外生产基地逐步转移回英国本土。

第二，保证制造业发展的质量。在引进大量制造企业后，英国政府意识到，不能一味地追求数量的绝对值，而更应该追求质量的绝对值，即追求"高端制造业"的发展。2011 年，英国政府确定了制造业的五大竞争战略，即占领全球价值链、加快生产力技术改革、增加无形资产的投入、加强人力资本投资、发展低碳经济。同年 3 月，在政府主导和企业的共同合作下，英国设立了 9 个致力于高端制造的创新制造研究中心，其发展高端制造业的意愿初见端倪。《英国工业 2050 战略》也把重点放在高价值制造业上，作为未来发展的方向。

英国智能制造战略及策略如表 12.4 所示。

表 12.4　英国智能制造战略及策略

项目	具体内容
战略定位	重振本国制造业，拉动整体经济发展
战略选择	"高价值制造"战略
政策措施	资金扶持措施
政策重点	确保高价值制造已成为英国经济发展的主要动力，推动企业从设计到商品化的全过程实现智能化制造水平
主要特色	开放的知识交流平台，包括知识转化网络、知识转化伙伴和高价值制造创新研究中心，帮助企业整合智能制造技术，创造世界级的产品、流程和服务

12.3.4　日本智能制造发展战略

日本智能制造发展战略历程如图 12.5 所示。

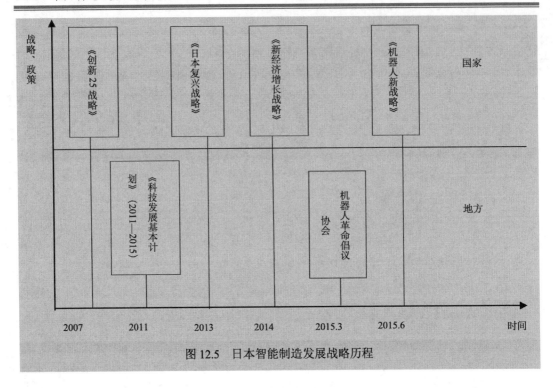

图 12.5　日本智能制造发展战略历程

1. 战略背景

早在 1990 年 6 月，日本通商产业省就与欧洲委员会和美国商务部磋商，提出了日本智能制造研究的十年计划，还共同成立了一个智能制造国际委员会。在接下来 10 年中，日本在智能制造系统的研究和实验中投入了 1500 亿日元。1992 年，日本、美国和欧洲联合提出了研究和开发合作系统，希望人类和智能设备不受生产经营和国界的限制。1994 年，研究团队启动了包括全球制造、制造知识系统和分布式智能系统控制等项目的国际合作研究项目。日本机器人在制造工厂获得了广泛的应用，日本最著名的汽车制造企业中智能制造技术运用得十分普遍，这些企业注重自动化、信息化和传统制造业的集成与整合，使工业生产更具效率。

2. 战略推进

作为世界上安装工业机器人数量最多的国家，日本的机器人产业极具竞争力。为了适应产业转型的需要，同时保住其作为"机器人大国"的地位，日本政府于 2015 年初发布了最新的机器人战略，战略中最为突出的就是以下三大目标。

第一，要成为"世界机器人创新基地"。通过加强政府、产业界及学术界的合作，使制造商能更方便地接触到受众群体，了解受众需求，从而指导生产改革；另外通过机器人技术的普及，吸引更多优秀人才进入机器人行业，保证日本始终处在机器人领域的世界强势地位。

第二，要成为世界上第一个机器人应用国。机器人在日本的应用非常广泛，主要用于制造业、工程建设、基础设施建设、服务业、医疗卫生、自然灾害应对、农业种植等领域。日本通过国家战略的引导，让机器人为人们所熟知和理解，引导广大受众享受机器人带来的便利，逐渐使机器人在社会上随处可见。

第三，要"走向世界领先的机器人时代"。当今时代是一个充斥着信息和数据的时代，伴随着物联网技术的不断进步，世界范围内所有的对象都将"上线互联"，未来我们将依托于机器人进行交流和沟通，即使相隔万里仍能够随时可见，这就离不开机器人技术的革新与发展。

3. 战略落实

实行严格的技术保密是日本智能制造设计与开发的一个重要特点。为了确保核心技术不被泄露和盗版，各大中型制造企业普遍建立了相应的智能制造"设计中心"，其主要功能是将研发中心所生产的新技术固化在智能制造设备的生产中。例如，日本机器人制造商 FANUC 以"黑匣子"的形式集中控制软件并将其交付给客户，以确保核心机密不被泄露或盗版；日本 ASMO 微电机有限公司成立了自己的智能制造设计中心，承接了70%自主研发中心的设计图纸，由于在前期就针对智能制造领域制定了严格的保密制度并且加强了加密措施，保护企业的核心技术资源，企业能够长期屹立不倒。

日本智能制造战略及策略如表 12.5 所示。

表 12.5　日本智能制造战略及策略

项目	具体内容
战略定位	积极的技术带动经济发展战略
战略选择	《创新 25 战略》
政策措施	成立机器人革命促进委员会，设立信息物理系统（CPS）推进委员会，深化产学研合作的创新机制，加快创新成果商业化
政策重点	在全球大竞争时代，通过科技和服务创造新价值，提高生产力，促进日本经济的持续增长
主要特色	"智能制造系统"是计划的核心概念之一，主要包括用智能计算机替代人类在生产过程中的智能活动，将设计和制造过程与虚拟现实技术相结合实现虚拟制造，通过数据网络实现全球制造，开发自主协作的智能处理系统等

12.3.5　中国智能制造发展战略

中国智能制造发展战略历程如图 12.6 所示。

1. 战略背景

为了适应工业化后期的发展特点，迎接新科技革命和产业转型的挑战，中央、地方政府和企业制定并实施了一系列战略、政策和具体措施，推动智能制造业的发展。

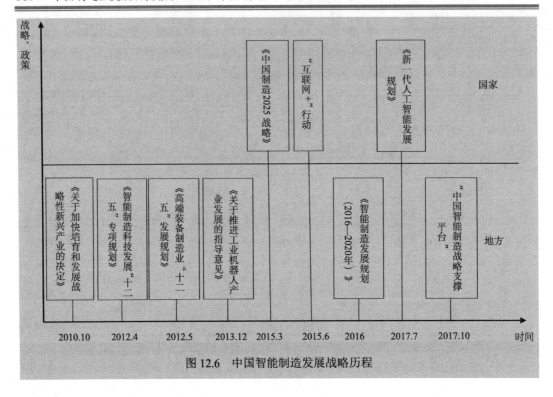

图12.6　中国智能制造发展战略历程

2. 战略推进

2010年10月，国务院发布《关于加快培育和发展战略性新兴产业的决定》，文件第一次承认并定义了我国七大战略性新兴产业，明确提出要加强对七大战略性新兴产业的培育和倾斜力度，其中就有"高端装备制造业"产业。2012年5月，工信部发布了《高端装备制造业"十二五"发展规划》，规划中明确了今后发展的主要方向，在智能制造设备领域，将重点开发智能测控系统、关键基础部件、高档数控机床和基础制造设备、主要智能制造设备等四大龙头产品。2011～2014年间，国家发改委与财政部、工信部连续4年联合实施《智能制造装备发展专项计划》，计划侧重于对自动控制系统、工业机器人、伺服和执行部件为代表的智能设备，通过税收优惠、政策倾斜、技术支持等手段予以重点开发。2015年3月，国家工信部启动了智能制造试点项目，在全国范围内逐步铺开了智能制造的试点发展工作。2015年，"中国制造2025"成为国家战略。随着这一系列国家战略的颁布和实施，中国智能制造业发展的重点和方向基本清晰，支持智能制造业发展的政策框架也基本完成。

3. 战略落实

改革开放40年来，我国的东部沿海发达地区的制造业供给形势发生了巨大变化，劳动力、土地、资源、能源等方面相继进入短缺状态，因此迅速进入了只能依靠产业转型和技术革新才能维持发展的新的历史阶段。在这种情况下，发达地区的地方政府率先借鉴国外发达国家的发展经验，全面布置智能制造业的发展布局。具体来看，2012年开始，浙江省就开始全面推进"机器替人"工作，并在 5 年内完成了近 5000 亿的自动化机器置换项目。自 2014 年来，每年东莞市都要投入不下 2 亿元财政资金支持辖区内企业更新"机器替人"的进度，目前东莞市的制造业企业已经基本实现自动化。通过国家政策的支持与各地政府的资源倾斜，全国各地如雨后春笋般涌现了一批主要制造工业机器人的企业。有些发展较好的地区，如上海、广东、江苏等地还组织了关于机器人的技术创新联盟。2013 年 3 月，中国机器人产业创新联盟在北京成立，标志着中国机器人等智能制造产业迈上了新的台阶。

中国智能制造战略及策略如表 12.6 所示。

表 12.6　中国智能制造战略及策略

项目	具体内容
战略定位	由"制造大国"到"制造强国"，由"中国制造"到"中国智造"
战略选择	"中国制造 2025"
政策措施	《促进中小企业国际化发展五年（2016—2020）行动计划》《装备制造业标准化和质量提升规划》《工业绿色发展规划（2016—2020 年）》等
政策重点	提高我国制造业的创新能力；推进两化深度融合；进一步推进制造业的结构调整；大力发展服务型制造；提高制造业的国际发展水平
主要特色	抓住政策机遇，率先进入"国家队"行列

12.4　主要发达国家智能制造战略比较分析

目前在世界范围内，美、德、英、日等四国的智能制造发展都取得了令人瞩目的成绩，通过对这四个发达国家智能制造战略的具体探究，我们可以发现美、德、英、日四个国家在智能制造发展战略方面存在一些共同特征，发展过程中也都运用了一些类似的措施。但各国在智能制造战略的发展上又蕴含着本国的特色，即有不同的发展侧重点，发挥出本国竞争优势。中国与上述四个发达国家在智能制造发展方面还存在差距，因此我们要分析、借鉴发达国家发展优势，弥补本国智能制造发展的不足。本节笔者将具体分析美、德、英、日四国智能制造发展战略的优势所在。

12.4.1　各国智能制造战略的相同特征

1. 从"硬件制造"到"软性制造"的转型

从上文所提到的各国目前对制造业领域发展方向的规划可以看到，制造业已逐渐脱离了原本的"硬件生产者"形象，软件、服务等无形资产正成为制造业新的附加值。与以往的大量硬件产品需求不同，当前制造业对辅助服务或基于商品的解决方案的需求正在迅速增长。

"软性制造"一词最早出现在日本。IBM 日本公司在 2006 年举办了一次关于软件制造企业创新的研讨会，会后，参加研讨的讲师根据他们在实施客户项目时获得的专业能力和实践经验，编写了一本名为《软性制造》的专著。该专著后来得到了读者的一致好评。软性制造，旨在增加产品的附加值，拓展服务和解决方案。由于软件、附加服务或解决方案与硬件相比，通常是不可见的、无形的，所以我们将其对应称为"软制造"。在"软性制造"特征下，制造业将逐步削弱"硬件"生产的地位，更好地突出"软件"在制造业转型中的作用，利用产品附加值扩展制造业的外沿。也就是说，未来制造业需要摒弃传统的"硬件本位"思维模式，从软件和服务增值的角度进行发展。

现阶段，在软性制造领域，美国的一些制造业巨头的转型效果最好。其中最突出的就是 GE 和 IBM 两大制造业巨头，它们很早就认识到软件在制造业变革和发展中的重要作用。于是，GE 迅速跳出了传统制造业的禁锢，将发展重点向制造业软件方面的研究和收购倾斜，现在，我们更愿意将 GE 称为一家从事数据整合和挖掘的软件服务公司。IBM 由于本身就是电子设备制造领域的巨头，因此看得更远。它们分析认为，大数据时代即将到来，因此更加重视在数据挖掘和数学分析方面人才的引进和相关人才能力的培养。同样，欧洲一些发达国家，如德国和英国，它们在制定产业政策时，也意识到软件是未来全球制造业竞争的核心。在欧盟的框架计划中，嵌入式软件基础研究项目（ARTEMIS）的投资高达 27 亿欧元。在这样的大背景下，SIEMENS、BOSCH 等大型跨国企业积极投身于 IT 领域，力图为原有产品增加更强大的软件附加值。

软性制造的第二个重要表现是对售后服务、客户服务和解决方案的重视。在美国、德国和英国，对服务和解决方案业务的理解已经非常普遍。美国的大型企业往往将行业中的服务和解决方案标准化，并将其推广到新兴市场国家。

中国的软性制造也取得了一定的进展。已经有部分制造业企业，如华为、海尔等，在实践着"软性制造"，为自己的产品附加更多软价值。如海尔董事局主席张瑞敏就提出，在互联网时代，企业应创造用户终身价值，即"软价值"的概念，而非仅仅强调产品本身的财富，让用户全流程参与价值共创、共享，以持续创造用户终身价值。

2. 从"物理"到"信息"的趋势

过去，我们通常认为，制造业最为核心的价值体现在产品的核心元器件。但是，随着模块封装技术的进步和全球范围内数字化程度日益提升，电子元器件也逐渐普及于众多发展中国家。受到竞争的影响，电子元器件的利润空间被压缩殆尽。因此，发达国家的制造业开始重视包装，通过零部件组装、功能模块化和功能系统化来提高附加值。

模块化就是将标准化的零件通过既有设计图纸进行组装，从而拼接成产品。这种做法最大的优势在于，它可以较为快速地针对各种市场需求做出第一时间响应，满足消费者的特殊需要。过去，非模块化的生产过程中需要耗费大量的时间成本和人力资源，如今，若通过运用模块化技术，以多个既有模块组装复杂产品，则可以同时解决多样化和效率问题。

从面向产品的"物理"思维转变为面向系统的"信息"思维中，各发达国家始终保持较为领先的地位。其中，美国的制造业巨头 GE 在 20 世纪末就意识到单纯地通过产品技术来控制下游企业的做法难以为继，因此着手转型，研发系统来控制下游企业和市场。目前，GE 成功转型，核心技术是系统，不再为传统制造业困境所困。德国"工业 4.0"

计划中，核心资源就是物理信息系统（CPS），德国的 SIEMENS、BOSCH 等大型跨国公司本身的系统化程度非常高，对发展系统化有着独到的见解。其中，BOSCH 公司还特地引进了基于 AUTOSAR 国际标准的包装系统，并将其大量应用于投放在印度、中国等新兴市场的产品中。美国的 Amazon 公司对货品的包装几近严苛，从产品外观到国家标准以及产品的 SKU 码，都有严格操作流程和标准。例如，用于包装的纸箱重量必须小于等于 15kg，若单件出售的商品大于 15kg，需要在纸箱的四面张贴"超重"的警示标志。而日本的包装艺术一直在世界占据领先地位，在日本买了化妆品，当服务员得知是送给朋友的礼品，她们会更加精心地把商品打扮包装一番。"中国制造 2025"也强调了产品模式要向定制化转化：用户下单后，订单送达互联工厂，工厂即开始向模块商下单定制所需模块，通过模块化的拼装，可以实现用户对不同功能的侧重，并且最大限度缩短产品制造所耗时间。

12.4.2　各国智能制造战略的主要差异探究

第四次工业革命的到来为各国的发展和变革提供了机遇，同时也带来了竞争格局变化的挑战。智能制造已成为各国竞争的新战场，各国围绕制造业提出了相应的对策。上文提到，四个发达国家在智能制造发展战略方面有一些共同举措或者是发展趋势，然而，因为各国的制造业基础、文化以及制造业优势领域不同，因此它们的智能制造发展战略侧重点以及主导方式都不同。

从侧重点来说，美国注重创新优势，率先布局"先进制造"和"工业互联网"；德国重在构建智能工厂和实现智能生产；英国强调"制造业＋服务业"，发展"高价值制造业"；日本提倡基于大数据的"下一代制造业"和机器人技术；中国以"中国制造 2025"为核心，实现制造业由大到强的历史性跨越。

从主导方式来说，德国工业 4.0、美国工业互联网、日本机器人新战略都是由本国智能制造领域龙头企业主导发起并大力推动的，其智能制造战略目的，本质上都是进一步巩固和发展本国龙头企业的竞争优势，通过战略推广在新一轮产业变革浪潮中争夺市场主导权，抢占更大市场份额。而英国和中国的智能制造发展则主要是政府主导，骨干企业参与。其智能制造的战略取向，本质上是通过政策引导以及行政手段来配置宝贵的创新资源和人才资源，使得本国的智能制造能够追平美国、德国和日本。以下笔者将具体分析国家战略之间的差异。

1. 智能制造发展的侧重点差异

（1）美国：注重创新优势，布局"先进制造"和"工业互联网"

20 世纪 80 年代，"智能制造"概念在北美大陆最先被提出。2008 年金融危机过后，美国制造业一度十分萎靡，为恢复制造业元气，美国首先从国家层面为制造业发展颁布了一系列战略，先后发布了《国家制造业创新网络》《先进制造伙伴计划（AMP）》等注重先进制造业以及高端制造业的国家级规划。除此之外，在学术层面，美国政府还动员一批具有雄厚研究实力的机构，着力开展与智能制造生产应用相关的课题研究。比如美国国家标准与技术研究所，其具有雄厚的科研能力以及先进的制造能力，是美国重要的科研基地之一，它承担了诸如"智能制造系统互操作性"等一系列的重大科研项目。在产业层面，由 AT&T、CISCO、GE、IBM 和 INTEL 等行业龙头公司成立的"工业互联网联盟"，充分整合资源和技术，各取所长，将互联网等新兴技术融合到工业的设计、研发、制造、营销、服务等各个阶段中。

这一系列战略和措施都表明，在美国政府的主导下，企业和学界对智能制造发展都尽己所能，而且，从国家高度主导的产业变革更容易产生效果。目前，美国在智能制造的产业体系、产业化运用、创新体系等方面都取得了长足的进步，针对传统制造企业如何进行业务调整与业务创新也有所涉猎。另外，在人工智能、控制论、物联网等智能技术领域，美国长期在世界范围内处于绝对领先地位，因此它在智能产品研发方面也一直创新能力突出。无论是最早期的集成电路技术、数控机床制造，还是近年来兴起的智能手机领域、无人驾驶技术等未来科技，美国都始终遥遥领先，走在技术的最前端。

（2）德国：构建嵌入式制造系统，重视智能工厂和智能生产

构建实时互联的智能生产系统和智能工厂成为德国智能制造的发展方向，主要包括大力发展虚拟现实技术以及智能传感器等。在"工业 4.0"阶段，基于信息物理系统和社会网络的新型智能工厂可以实现自然的人机交互，这一行为将会重塑以往传统的制造模式中人与生产设备之间单纯的控制与被动反应的机械关系，从而实现人与机器实时交互。为了实现人与机器实时交互的这一目标，德国把智能终端和智能传感器广泛地植入到原材料、零部件和其他制造设备中。最终，依托于物联网技术，不仅实现了终端之间的实时交互、信息自交换以及自动触发动作实施决策，而且还实现了独立控制，从而达到了生产过程的个性化管理。同时，工厂的工人还可以通过远程控制系统，在家里或者其他非工厂的场合控制生产制造系统，这可以使员工的工作与家庭生活的关系更加和谐。

德国在发展智能制造的过程中，还非常重视嵌入式制造系统的构建与发展，通过大数据分析，来提高生产效率，生产智能产品，实现智能生产。根据"工业 4.0"的规划，嵌入式生产系统由智能工厂以及智能产品共同组成。在"工业 4.0"阶段，构成工业生产的所有因素中，除了以往传统的土地、劳动力、资本等这些因素外，数据将成为十分关键的影响因素。依靠信息物理系统，智能工厂能够制造出在制造生产过程中实时收集并生成数据的"智能产品"，从而形成大数据系统。在生产过程中，通过对大数据的实时收集、分析和汇总，形成有效的智能数据，然后通过智能的可视化和交互处理，分析得出产品以及生产流程的实时优化方案，并及时反馈给智能工厂，从而就可以形成"智能工厂—智能产品—智能数据"的闭环，进而达到实现生产系统的智能化的目标。这一切的实现都是基于"工业 4.0"时代发展的云技术等一些互联网基础设施的研发、建设以及应用。

（3）英国：强调"制造业＋服务业"，发展"高价值制造业"

英国制造业复兴的道路不是工业化进程的简单重复，而是对传统制造业的升级和改进。英国的服务业非常发达，拥有强大的服务部门，如金融和营销产业。在振兴制造业的道路上，英国更加注重发展"高价值制造业"，使服务业能够真正服务于制造业转型升级的过程，两者也能够相互促进、相互借鉴。早在 2008 年，英国政府就号召企业发展国际化战略，培养国际化眼光，一些在国内口碑较好的企业要着力将自身产品打造成国际知名的产品，以扩大制造业对英国 GDP 的影响力。除了进行传统的手工生产和机械操作

外，制造工人还从事更多的研究、设计、销售和售后服务。英国更将高端制造业与金融业融合，以此更好地适应新形势，抢占制造业的新制高点。

以英国本土品牌劳斯莱斯为例，劳斯莱斯是世界顶级的豪华车制造商，1906 年在英国成立，是建立逾百年的、极具影响力的品牌。在智能制造的大背景下，劳斯莱斯不仅凭借自身产品的优良品质吸引受众，而且充分利用现代信息技术，建立完善的售后服务和管理体系，为客户提供优质的售后服务，培养客户对品牌的忠诚度，从而保持其在市场上的领先地位。例如，它可以根据客户的独特需求提供引擎设计服务和定制方案。此外，客户可以参与设计，不仅享受设计乐趣，还可以获得个性十足的独特产品。

（4）日本：提倡基于大数据的"下一代制造业"和机器人技术

2007 年，日本考虑并开始实施"创新 25 战略"。由于日本社会的老龄化程度非常严重，为此设计了一项与制造技术创新与社会制度改革相结合的战略，包含一系列的短期和中长期项目。中长期项目主要集中在"智能制造系统"的制造和开发上，对周边新技术与新方法进行辐射研究。2013 年 6 月，日本最新 IT 战略《创建最先进 IT 国家宣言》正式公布。这一宣言对将来几年间日本将要进行的最新战略进行了详细描绘，要点主要包括主动向国民开放公共数据；推进大数据在各领域更加广泛灵活的应用；对医疗卫生格外关注，主要包括构筑医疗信息联结网络。

2015 年，日本宣布了新版《机器人战略》，主要希望能够"扩大机器人的运用领域"和进行"新一代机器人科技的研究"。未来，大数据技术、物联网技术的相关企业将逐步进驻日本的机器人制造行业，推动机器人朝联网化和智能化领域更加深入发展。目前，日本通过对智能制造设备的运用，打破了本国劳动力短缺的发展桎梏，使制造成本大幅下降。日本许多大型企业在电子信息、汽车制造、工业机器人等领域一直保持领先地位，不断吸引优秀人才，改善研发环境，为进一步产业智能化转型提供保障。

（5）中国制造 2025：实现制造业由大变强的历史跨越

当前，在新科技革命和产业变革的大背景下，中国与众发达国家面临着同等的机遇与挑战，为中国制造业发挥长期积累的优势，实现跨越式发展提供了可能性和机会。中国制造业发展有其独特的历史背景和优势。新中国成立近 70 年来中国制造业取得了长足发展，特别是近 40 年来改革与对外开放带来的急速扩张和发展，使中国成为世界最主要的制造业大国之一。接下来近 20 年将会成为发展智能制造业资源最足也是环境最优的一段时期，中国制造业必须更加果断地投身于这一股浪潮之中，集中国家优势力量进行有重点的战略发展，以发达国家为标准进行对标找差，实现中国制造业对西方发达国家的赶超和跨越式发展。

"中国制造 2025"是自 2016 年来中国发展现代制造业的第一个纲领性文件。"中国制造 2025"提出了"三步走"战略，我们将步步为营，每一步将用 10 年左右的时间，最终将中国打造成为世界上数一数二的制造强国。

根据我国目前的制造业发展水平和技术水平，我国智能制造的发展可分为两步：第一步，到 2020 年，工业领域普及数控机床技术，在高端数控机床等高端领域，实现一部分智能制造手段；第二步，到 2030 年，在制造业全面推进数字化改革，在我国较为优势的领域全面推动智能化模式转型，形成与世界发达国家在高端制造业领域全面竞争的能力。

2. 智能制造发展战略的主导方式差异

美国是当今的互联网第一强国，互联网起源于美国国防部的"阿帕网"（ARPANET）。美国一直牢牢把握互联网产业发展的主导权。作为具有代表性的美国制造业企业，GE联合 AT&T、CISCO、IBM 等通信和计算机企业发起推广工业互联网，并在航空发动机、医疗器械、能源装备等 GE 具有领先优势的领域率先开展工业互联网的示范应用。在工控系统和工业软件领域，GE、罗克韦尔、霍尼韦尔、AutoDesk 等美国企业在全球市场也占有一席之地。美国推出工业互联网战略，希望借助其在网络端的优势，打通从软件到硬件的通道，构建全球化的工业网络，实现通信、控制和计算的结合，占领新一轮产业变革的制高点。

德国是装备制造第一强国，特别是在智能装备及部件、工控系统领域，具有巨大的优势。德国典型企业西门子在可编程逻辑控制器（PLC）的市场份额全球第一，高档数控系统全球第二，在其他相关领域西门子也均处在全球领先地位，甚至连原本相对较弱的工业软件，西门子也通过并购美国 Unigraphics 公司挤进全球领先行列。库卡是全球工业机器人四大家之一，博世也是伺服系统领域的领军企业。德国工业 4.0 更多强调智能生产，偏重于生产制造过程，希望从设备端出发，打通从硬件到软件的通道，保持德国企业在智能制造系统供应商的主导地位。

日本工业机器人产业在世界范围内执牛耳，四大国际机器人公司中日本就占了两家（发那科、安川）。控制器、伺服电机、减速器等机器人关键部件，日本企业的市场份额也均居全球首位，在减速器领域更是占了近乎垄断的 75% 的市场份额。但机器人技术发展日新月异，正朝着与信息技术相融合的趋势发展，如果不加快推进下一代技术的开发，日本作为机器人大国的地位将会被威胁。日本推出机器人新战略，旨在确保日本企业在机器人领域的世界领先地位。

英国的现代制造业发展初期是由英国政府设立了一家制造业咨询机构，为先进制造业领域的中小企业提供咨询帮助和商业建议。自 2002 年启动以来，制造业咨询机构已完成了 2.8 万份综述和 1 万个具体项目。通过提高效率和附加业务，为英国公司带来了超过 7 亿英镑的收益。其后，也是以政府为主导，从法律、财税政策等方面，大力推动智能制造的发展。

中国在智能制造发展战略方面更多的是关注规划。战略过程分三个阶段：构思、规划、执行。规划是指，在采取该战略之后，应该在哪一时期实现相应的目标，要从总体上进行统筹安排。比如，"中国制造 2025"战略的目标是通过"三步走"实现制造强国：第一步，到 2025 年迈入制造强国行列；第二步，到 2035 年中国制造业整体达到世界制造强国阵营中等水平；第三步，到新中国成立一百年时，综合实力进入世界制造强国前列。从这点上看，中国对于智能制造业的发展更加注重的是目标的达成。

总体上说，上述五国在智能制造战略上最根本的区别是：英国和中国更关注于目标的达成和政府的直接努力，通过制度保障来促进本国智能制造的发展。美国、德国和日本则更专注于利用龙头企业的合作与带动，来完善制造企业的良好微观环境。

3. 中国与主要发达国家智能制造发展战略的差异点总结比较

根据前两个部分的分析与比较，除了侧重点和主导方式层面，中国和世界上主要的发达国家之间，还存在着一些差异点，部分差异在上文提到过，现将中国与四大发达国家的差异点进行总结，如表 12.7 所示。

表 12.7　中国与主要发达国家智能制造战略的差异点总结比较

差异	美国	德国	英国	日本	中国
战略定位	保持在制造业领域的高端位置	使德国处于"双领先"地位	重振本国制造业，拉动整体经济发展	积极的技术带动经济发展	由"制造大国"到"制造强国"的转变
战略选择	先进制造和工业互联网	"工业 4.0"战略	"高价值制造"战略	"创新 25 战略"	"中国制造 2025"
政策措施	《先进制造伙伴计划》计划等，重视中小企业的发展	领先的供应商策略和主导市场策略	资金扶持措施	成立机器人革命促进委员会，设立信息物理系统（CPS）推进委员会	《促进中小企业国际化发展五年（2016—2020 年）行动计划》、《工业绿色发展规划（2016—2020 年）》等
政策重点	重振实体经济，增强国内企业竞争力，增加就业机会；发展先进制造，实现智能制造；打造工业互联网	为制造企业提供世界领先的技术解决方案，成为全球智能制造技术的主要供应商；建立 CPS 技术和产品的新的领先市场	确保高价值制造成为英国经济发展的主要动力，推动企业从设计到商品化的全过程实现智能化制造水平	通过科技和服务创造新价值，提高生产力，促进经济的持续增长	提高我国制造业的创新能力；推进两化深度融合；进一步推进制造业的结构调整；大力发展服务型制造；提高制造业的国际发展水平
主要特色	转换产业结构	重构整个工业流程	开放的知识交流平台	"智能制造系统"	抓住政策机遇，率先进入"国家队"行列
侧重点	注重创新优势，布局"先进制造"和"工业互联网"	构建嵌入式制造系统，重视智能工厂和智能生产	强调"制造业＋服务业"，发展"高价值制造业"	提倡基于大数据的"下一代制造业"和机器人技术	三步走；两化融合
主导方式	龙头企业主导发起并大力推动	龙头企业主导发起并大力推动	政府主导，由骨干企业参与	龙头企业主导发起并大力推动	政府主导，由骨干企业参与

12.5　各发达国家智能制造战略对我国的启示

12.5.1　我国智能制造产业目前存在的主要问题

新中国成立以来，中国制造业走过一些弯路，但成果也令世人瞩目。特别是自 20 世纪 70 年代末，我国全面推行改革开放以来，制造业的发展速度更是迅猛无比，厚积薄发，在世界范围内打响了"中国制造"的名号。改革开放四十年，"引进来"战略吸引了一批颇具实力的外资企业进驻中国，几十年的高速发展让中国确立了世界制造大国的地位。可以说，我国制造业的确取得了一定的成绩，在国际上也声名鹊起，但我们不能盲目自信与过分乐观，也应看到在制造业发展的过程中存在的诸多隐患。尤其是近年来兴起的智能制造领域，我国的实践基础还十分薄弱，并且存在诸多问题。

第一，我国经济发展速度与相对落后的制造业发展水平的不匹配。制造业企业在提高自身信息化水平的基础上，也必须加快数字化设计的探索、生产技术的智能化改进、生产数据的收集和分析等工作。然而，由于我国企业在 CAD 软件等工业信息软件方面起步较晚，其开发还不成熟，能够满足要求的技术供应商较少。

第二，缺乏高知名度品牌致使我国智能制造品牌效应薄弱。目前我国一些具备智能制造基础技术的企业虽然在世界上有一定的知名度，也基本能够完成具备一定技术含量的智能制造订单，但和世界领先水平的大型跨国集团相比，还有着较大差距，如西门子、通用电气等厂商可以提供更完整的系统规划和设计规划，具体方法模型和综合实施方案。

第三，智能制造研发水平落后，国内市场活力不足。由于当前大多数制造业企业还能够通过基础制造订单实现利润收入，因此体会不到更新技术的紧迫感，大多制造业企业暂时不会投资于新技术的研发和工业应用，国内市场严重欠缺求新求变的研发氛围。

12.5.2　我国智能制造战略发展的启示与建议

经过几十年的积累和发展，目前在世界范围内，借着新科技革命的"东风"，智能制造已经迎来了最好的发展时机。我国应积极投身于这一"风口"，总结各发达国家近年来在智能制造领域的经验教训，发展我国的智能制造技术，真正让"中国智造"的头衔响彻世界。根据上文对美、德、英、日这四个发达国家智能制造发展战略的分析总结，现将对我国智能制造发展的启示与建议总结成如下四点。

1. 加大智能制造产业扶持力度，发展与经济水平相适应的智能制造产业

当前全球范围内都兴起了发展智能制造的热潮，美国、日本以及欧洲一些发达国家起步早，时至今日政府更是不遗余力地支持，都希望能抢占智能制造"高地"，实现技术垄断。例如，美国政府着重对学术界的支持，给予每个智能制造创新领域的重大项目都有超过 1 亿美元的研究基金。日本为保持并扩大其在机器人研发领域的优势，每年向关键技术的攻关团队拨款 1000 万美元，这在日本工业发展史上也是极少见的。

在这样的国际大环境下，我国政府也必须重视并加强对智能制造产业的支持力度，以使智能制造产业能够逐渐追赶上经济发展的水准。第一，为缓解创业型智能制造企业的财务压力，应推行较宽松的税收政策，通过税收补贴等形式扶持一批有潜力的新兴创业型公司。第二，设立相关的研发基金，鼓励企业重视技术，积极探索，逐步提升我国智能制造企业的创新意识与能力。第三，政府应做好表率，引导对国内企业智能制造设备的政府采购，还可以推荐给辖区内一些高新技术企业试用，给优质国产智能制造企业一个良好的成长空间。第四，结合我国经济水平不平衡、技术水平地区差异较大的特征，可以推行试点制度，在有经济和研发实力的地区首先推行智能制造改革，后续再辐射到全国，完成制造业企业的智能化转型升级。

2. 注重发展机器人产业，着力打造具备国际影响力的智能制造品牌

未来在智能制造领域，机器人将成为主力生产力，代替人类完成大部分基础性工作，因此我们必须重视机器人产业的发展。目前，日本在工业机器人、仿人型机器人、家用机器人等领域均有绝对话语权，是唯一的机器人净出口国，拥有全球最大的机器人产能，机器人产量占全球的 66% 左右，在众多核心技术上具有绝对的垄断权。

我国机器人产业基础较为薄弱，但近年来，依靠资本优势和优质的制造水平，通过合资与自主研发相结合的方式，也逐渐掌握了一些核心技术。未来，我国应注重产学研结合，大力推进关键技术的攻关，争取早日进入"技术上游"，在减速机和控制系统研究方面有所突破。为此，必须扶植一批有潜力的新兴机器人研究企业，提升我国自主品牌的竞争力，逐步打造出一批具备高知名度和高国际影响力的机器人制造品牌。

3. 全力加大研发投入，尤其重视行业标准的竞争和核心系统的开发

智能制造追求的是"人机交互"，未来智能机器将具备高度的拟人化特征，因此最重要的是掌握行业标准和系统的核心技术。根据前文的分析，技术型企业方面，已经高度重视并积极开展工业智能机器人技术的探索与开发，如美国 Alphabet 就利用其在互联网领域的技术优势，抢先研发机器人的技术标准与系统；制造型企业方面，依托于最新的 CPS 系统，迅速实现转型升级，如德国西门子等公司，主动由第二产业向第三产业转型，目前已经能初步提供一整套智能家居解决方案。

长期以来，我国企业在研发方面的投入一贯偏少，因此制造型企业始终受制于拥有垄断核心技术的国外企业，每年付出的专利费用稀释了很大部分的利润。现如今，我国企业逐渐明白"一流的企业定标准"的道理，在智能制造领域要争取参与行业标准的制定，也要积极开发拥有自主核心技术的操作系统，才能保证在现今这一工业时代，在智能制造领域，我国不再受制于人。

4. 坚持"以人为本"，始终将提升人才素质放在重要位置

虽然智能制造已经部分淡化了人类作为劳动力的作用，但归根结底，机器依然必须依据人类命令进行生产活动，因此相关人才素质的提高依然是重中之重。美国在这方面独树一帜，其政府颁布的《重振美国制造业框架》以及《先进制造业国家战略》，都从国家政策层面强调了必须首先提高人才素质，加强相关技能培训，以适应全新的技术形势需要。

一段时间内，职业技能培训在我国受重视程度不高，应利用智能制造这一大好发展机遇，着力推进适应智能制造发展需要的专业人才培养。另外，国家应针对智能制造高端人才的引进给予政策倾斜，大力培育本土专业人才的同时，吸引国外高端人才落脚中国，共同发展中国的智能制造产业。

12.6　本章小结

　　发展智能制造，是时代的必然选择和发展的主要趋势。虽然目前世界上关于智能制造的研究和探索还处于起步阶段，许多想法仍是理论假设，但各国政府和先进制造企业对它的重视和投入正逐步增加，相继出台的国家级战略、政策为它的发展在保驾护航。要实现智能制造，需要解决制造智能、计算机信息化、网络安全、管理智能、物联网现代化、"以人为本"的交互、大数据、云计算等一系列"宽领域、大概念"的问题。除了鼓励和增加对智能制造研究的投入外，中国也应该在理论研究和实践验证上尽快取得一定突破，通过跨学科的整合，以培养创新型人才，并引入完善的配套法律体系和规范的配套措施，完善智能制造上层建筑，以此促进国内智能制造健康、有序、稳定发展。

参 考 文 献

黄群慧, 贺俊. 2013 "第三次工业革命"、制造的重新定义与中国制造业发展. 工程研究-跨学科视野中的工程, 5(02): 184-193.

金培. 2013. 航空结构关键部位损伤识别方法研究. 南京: 南京航空航天大学硕士学位论文.

李鹏飞. 2016. 航空工业 FAC 科研院所智能制造研究. 西安: 西北大学硕士学位论文.

李毅中. 2015a. "中国制造 2025"主战场是智能制造(附图). 工程机械.

李毅中. 2015b. 智能制造因制订标准而更能发挥作用(附图). 工程机械.

李震彪, 黎宇科. 2017. 发达国家智能制造战略研究. 汽车与配件, (32): 65-67.

刘柳. 2017. 智能制造: 中国制造业转型必由之路. 互联网经济, (z1): 40-45.

卢秉恒, 李涤尘. 2013. 增材制造(3D 打印)技术发展. 机械制造与自动化, 42(4): 1-4.

吕铁, 韩娜. 2015. 智能时代三部曲之二智能制造: 中国 2025——智能制造: 全球趋势与中国战略. 人民论坛·学术前沿, (11): 4-17.

任宇. 2015. 中国与主要发达国家智能制造的比较研究. 工业经济论坛, 2(2): 68-76.

宋天虎. 1999. 先进制造技术的发展与未来. 机器人技术与应用, 2(15): 6-8.

宋天虎. 1998. 先进制造技术的发展与未来. 中国机械工程, 9(4): 2-5.

唐德淼. 2016. "互联网+"背景下智能制造产业发展模式与路径创新研究. 经济研究导刊, (33): 35-36.

王菲. 2016. 智能制造之国家政策归纳. 智慧工厂, (2): 34-38.

王媛媛. 2016. 智能制造领域研究现状及未来趋势分析. 工业经济论坛, 3(5): 530-537.

熊有伦, 金卯. 2008. 熊有伦 中国著名数字制造、机械工程专家. 航空制造技术, (6): 30-31.

杨叔子, 吴波. 2003. 先进制造技术及其发展趋势. 机械工程学报, 39(10): 73-78.

佚名. 2013. 中国经济发展战略需适时调整. 当代贵州, (9): 14.

张韩虹. 2016-12-09. 专家: 智能制造是模式的转变. 江苏经济报, A01.

张瑞敏. 2016. 智能制造要有"互联网"管理模式. 智能机器人, (12): 21-23.

张晓铭. 2017. 智能制造需要这样的国际合作. 机器人产业, (4): 26-29.

甄炳禧. 2015. 智能制造与国家创新体系——美国发展先进制造业的举措及启示. 人民论坛·学术前沿, (11): 27-39.

周佳军, 姚锡凡, 刘敏, 等. 2017. 几种新兴智能制造模式研究评述. 计算机集成制造系统, 23(3): 624-639.

左世全. 2013. 第三次工业革命背景下我国制造业的战略转型. 机械管理开发, (6): 5-6.

左世全. 2014. 我国智能制造发展战略与对策研究. 世界制造技术与装备市场, (3): 36-41.

中国机械工程学会. 2011. 中国机械工程技术路线图. 北京：中国科学技术出版社.

Chen Y. 2017. Integrated and intelligent manufacturing: Perspectives and enablers. Engineering, 3(5): 588-595.

Gao Q, Shi R, Wang G. 2016. Construction of intelligent manufacturing workshop based on lean management. ProcediaCirp, 56: 599-603.

Keen P, Williams R. 2013. Value architecture for digital business: Beyond the business model. MIS Quarterly, 37.

Li H X, Si H. 2017. Control for intelligent manufacturing: A multiscale challenge. Engineering, 3(5): 608-615.

Zhong R Y, Xu X, Klotz E, et al. 2017. Intelligent manufacturing in the context of industry 4. 0: A review. Engineering, 3(5): 616-630.

撰稿人：崔维军　刘军　李健旋

审稿人：程中华

第13章

中国制造业智能化的影响因素研究

13.1　引　　言

改革开放以来，中国制造业在取得长足进步的同时，也受到了诸如技术壁垒等因素的限制，如何在当前严峻形势下实现突破发展，是中国制造业面临的一个重要课题。从实际情况来看，人口红利退化和劳动要素成本上升已成为当前中国制造业的客观现实，与此同时，欧美发达国家正掀起人工智能革命，内在要求与外在环境使得中国制造业必须进行转型升级，制造业智能化是其中重要的发展途径和转型方向。

前文已对中国制造业智能化的概念、内涵、发展现状和趋势进行了详细分析，制造业智能化在发展过程中同样会受到经济和社会因素的影响，因此，准确识别制造业智能化的影响因素，对于推动中国制造业智能化发展具有重要意义。基于此，本章将对中国制造业智能化的影响因素进行分析。

13.2　文　献　综　述

目前关于制造业智能化的影响因素研究尚不多见，因此，本章将从智能化的技术发端、定义及其他研究视角对制造业智能化进行阐述。

实则，早在 20 世纪 80 年代末和 90 年代初，学者就已关注到制造业智能化的技术发端。O'Grady et al.(1987)研究了柔性制造系统中智能单元控制问题，Ehrismann 和 Reissner（1988）研究了激光切割与冲压的智能制造技术。学者也尝试研究制造过程中的智能管理问题，Chandra 和 Talavage（1991）针对柔性生产系统中出现的路由错误问题提出了一种智能选择策略。Fry et al.（1993）针对柔性生产系统提出两种基于人工智能的排程方法，并通过仿真来确定其在自动化生产系统中的适用性。也有学者对"智能制造"这一概念进行了理论拓展，并就其影响进行了探索性分析。Kusiak（1990）认为智能制造是在制造过程中通过计算机来模拟人类脑力活动进行分析与决策，旨在替代或延伸人力的脑力与体力功能。Swinbanks 和 Anderson（1990）则分析了智能制造所产生的技术推动作用及其引发的弊端与社会问题。

一些权威著作、学术机构和政府部门也对智能制造进行了定义。《麦格劳-希尔科技术语辞典》认为智能制造是通过生产工艺及技术的使用，自动适应不断变化的环境和不同工艺要求，能在最少的操作人员的监督和协助下生产各种产品。美国国立标准与技术学会将智能制造定义为实时响应以满足工厂/供应网络/客户要求中不断变化的需求与条件的全集成且能协同生产的系统。《智能制造发展规划（2016——2020 年）》指出智能制造是基于新一代信息通信技术与先进制造技术深度融合，贯穿于设计、生产、管理、服务等制造活动的各个环节，具有自感知、自学习、自决策、自执行、自适应等功能的新型生产方式。

也有学者从其他角度对制造业智能化进行了探讨。吕铁和韩娜（2015）从战略的视角进行了研究，认为中国发展智能制造需要将基础系统软件的开发和标准的制定放入顶层设计，加强核心技术开发以及技术人才的培养。梅顺齐等（2017）以纺织业为例，探讨了纺织智能制造设计的关键技术以及发展方向,构建了智能设备分析建模的理论框架。Wang et al.(2016)通过以糖果包装应用为例阐述智慧工厂设计取向,即通过构建不同的要素层次使其能够与其他系统集成和处理个性化需求,并建立交互谈判机制以实现对资源的动态配置。周佳军等(2017)从智能制造模式的视角进行了探讨,分析了制造物联、信息物理融合生产系统、泛在制造、云制造、社会化企业、主动制造和智慧制造等新兴模式,并就其区别与联系进行了阐述。蔡秀玲、高文群(2017)针对智能制造与农业转移劳动力就业之间的关系进行了研究,认为智能制造具有就业替代和就业创造的双重效应,而中国在未来十年更多地表现为就业替代。刘世豪等(2017)则从方法优化的视角对智能制造进行了阐述,提出了一种集多种模型优点于一体的数控机床多目标优选方法。

综上所述,无论是国际组织或主要国家的相关报告,还是学者们的研讨,焦点均将智能制造描述为一种新的制造方式,已有的文献主要从技术、战略或行业的视角对智能制造进行了解析,而较少从制造业智能化的角度进行解读,也鲜有文献研究制造业智能化的影响因素。基于此,本章将可能的影响因素纳入到考虑范围,研究不同因素对于中国制造业智能化的影响差异。

13.3　中国制造业智能化的影响因素理论分析

具体而言,可以将中国制造业智能化的影响因素概括为七个因素,因此,本章将从七个方面分析其对制造业智能化的影响。

1. 环境规制(ENRE)

目前环境保护愈加成为政府和企业关注的重点,因而环境规制可以作为影响制造业智能化的主要制度因素。中国的环境问题愈加严峻,制造业又是环境问题产生的重要源头,因而通过法律等手段来要求制造业企业降低污染排放,而智能化是企业进行绿色生产的重要方式。通过对制造业的工艺和设备进行智能化改造,达到实时监控污染排放情况和降低生产的能源投入的目的。

2. 产权结构(RIST)

产权结构是指国有及国有控股企业在经济结构中的占比。国有及国有控股企业是国民经济的重要组成部分,也是引领产业未来发展的"风向标",与民营企业在资源配置水平和管理机制方面具有显著差异。国有及国有控股企业在国家进行宏观调控过程中扮演着重要的角色,是国家引导产业发展的主要推手。因而,当中央政府努力推动制造业智能化转型,需要借助国有及其控股企业来推动智能制造的供给与应用,进而带动非国有企业的智能化改造,从而对制造业智能化产生影响。

3. 生产规模(SCST)

规模结构是指大中型工业企业的占比。相对于小微型制造业企业来说,大中型企业具有较强的融资能力,制造业企业在进行智能化改造过程中,需要进行持续性的资本投入，小微型企业融资能力有限，大中型制造业企业更易于进行智能化升级，并且其在成本投入时更容易获得规模经济和产生规模报酬递增。因而，本章亦将生产规模作为制造业智能化的影响因素之一。

4. 技术研发（RETE）

技术研发水平反映了制造业企业的技术创新能力，制造业企业在进行智能化改造不仅需要资本投入，还需要利用技术创新能力对智能设备和系统进行持续性改造和维护，从而对制造业智能化起到促进作用和支撑作用。

5. 互联网普及率（INTE）

互联网普及率反映了该地区对于网络的利用程度。制造业智能化是制造业这一产业体系系统性的推进过程，而单独的制造业企业的智能化并不是制造业的智能化，因而需要利用网络将每个独立的制造业企业进行联通，才能从整个制造业产业层面来推进智能化进程。互联网普及率越高，其信息沟通的效率也就越高，进而使得整个产业具有更高的协同度。

6. 成本压力（COST）

随着中国人口红利的逐渐消失，劳动力成本慢慢成为制造业成本的重要组成部分，一方面，制造业企业希望通过"机器换人"等智能化手段来降低劳动力的投入，继而减少劳动力成本，另一方面，生产实践显示智能化改造能够极大地提升生产效率，从而为制造业企业带来更多的利润，这在一定程度上降低了劳动力成本在总成本中的占比，也就是说，劳动力成本间接地影响了制造业智能化。

7. 人力资本（HUCA）

人力资本反映了一个地区的劳动力素质水平。制造业智能化需要较高素质水平的劳动力的参与才能有效地推进实施，而人力资本是劳动力素质水平的重要体现。

13.4 模型设定与数据说明

根据以上分析，建立中国制造业智能化影响因素的计量模型，如下：

$$\text{intel} = c + \alpha_1 \text{ENRE} + \alpha_2 \text{RIST} + \alpha_3 \text{SCST} + \alpha_4 \text{RETE} + \alpha_5 \text{INTF} + \alpha_6 \text{COST} + \alpha_1 \text{HUCA} + \varepsilon$$

被解释变量：智能化水平。智能化水平的衡量采用第 8 章的量化方法。

解释变量：①环境规制以各地区工业污染治理投资完成额与该地区工业总产值的比值来表征；②产权结构以国有及国有控股工业企业主营业务收入占规模以上工业企业主营业务收入的比重表示；③规模结构以大中型工业企业主营业务收入占规模以上工业企业主营业务收入的比重表示；④技术研发以专利申请数量表示；⑤互联网普及率以网民总数与总人口数的比值来表示；⑥成本压力以制造业人均工资表示；⑦人力资本以人均受教育年限来表征，通过教育年限对劳动力数量进行加权得出（李强和郑江淮，2013）。

　　文章数据来源于《中国环境统计年鉴》《中国统计年鉴》《中国工业统计年鉴》《中国劳动统计年鉴》以及国家数据网站（http://data.stats.gov.cn/）。各变量的描述性统计如表 13.1 所示。

表 13.1　描述性统计

变量	样本数	平均值	标准差	最小值	最大值
intel	390	12.2254	2.0058	7.7968	16.5790
ENRE	390	−11.1200	1.3043	−14.9593	−8.5051
RIST	390	−0.9756	0.5440	−2.8823	−0.1460
SCST	390	−0.3853	0.1838	−2.6745	−0.1275
RETE	390	9.4306	1.6046	4.8203	13.1313
INTF	390	3.0481	0.8767	0.7885	4.3373
COST	390	10.1713	0.5261	9.0946	11.3957
HUCA	390	2.1459	0.1162	1.7273	2.5004

13.5　实　证　分　析

　　根据上文设定的模型，利用普通面板数据分析方法进行估计。为了对中国制造业智能化的影响因素进行深入分析，故本章分别从总体面板数据和分地区面板数据进行回归。

13.5.1　总体面板数据回归

　　为了从整体层面来探究中国制造业智能化的影响因素，本章对制造业智能化进行回归，回归结果如表 13.2 所示。

表 13.2　总体面板数据的回归结果

解释变量	固定效应	随机效应
ENRE	0.0058	0.0962**
	(0.0548)	(0.0458)
RIST	−0.4044***	−0.2779**
	(0.1388)	(0.1188)
SCST	0.3521**	0.2654*
	(0.1513)	(0.1456)
RETE	0.0962*	0.2993***
	(0.0565)	(0.0399)
INTE	−0.1260	−0.0868
	(0.0635)	(0.0653)
COST	0.6803***	0.2931***
	(0.1235)	(0.1059)

续表

解释变量	固定效应	随机效应
HUCA	0.9468**	1.1093***
	(0.4469)	(0.3891)
常数项	−12.8504***	−10.2002***
	(1.2873)	(1.1939)
R^2	0.6779	0.8331
Hausman	$\xi_2 = 43.93$	$P = 0.000$
OBS	390	390

注：（1）***、**、*分别表示变量系数通过了 0.01、0.05、0.1 水平下的显著性检验；（2）括号内数值为标准差；（3）OBS 表示观测样本数。

根据研究设计，对制造业智能化影响因素模型进行固定效应和随机效应估计，从两种模型结果来看，各变量系数及显著性基本一致。根据 Hausman 检验结果，P 值小于 0.01，所以固定效应模型更加稳健，因而选择固定效应模型进行分析。

环境规制对制造业智能化影响不显著。这可能的解释是，环境规制作为一种重要的制度因素，其所产生的影响主要在于要求企业采用清洁生产技术和环保生产工艺，智能生产是其中一种绿色生产方式，但是并没有作为制造业企业进行绿色生产的主要途径。当前，已有制造业企业尝试采用现代科技手段来对污染排放进行监控，实现从人工监管向智能化监管转变，但是这类企业目前仍是少数，只限于部分地区或规模以上企业，而且只是单纯用于污染监控，并没有用于污染治理。所以，从目前发展来看，环境规制对于制造业智能化的影响不明显。

从产权结构来看，产权结构对制造业智能化影响存在显著的负向作用，这可能的解释是，国有及国有控股企业是国民经济的重要组成部分，其发展更多地受益于其固有的市场地位以及财政补贴，而以外资和民营企业为主的非国有制造业企业具有更加迫切的内生动力来推进制造业的智能化发展，进而推动产业演变与升级，进而改善总体经济效率（杜浩然和黄桂田，2015）。国民经济中国有成分的增加可能会对非国有成分的制造业企业的智能化需求产生一定程度的挤出效应，所以产权结构对于制造业智能化存在显著的负向作用。从规模结构来看，规模结构对制造业智能化存在显著的正向作用，这可能的原因是，智能化发展依赖于强大的资本保障，对于小型制造业企业来说，其资本大多数用于原材料投入，较少部分用于智能化发展。相较于小型企业，大中型企业具有较为雄厚的资本，能够对智能化发展进行持续性投入，并且随着规模的扩大，也会相应带来一定的规模成本递减效应，有利于推进制造业企业的智能化进程。

从技术研发来看，技术研发对制造业智能化水平存在显著的促进作用。这可能的解释是，技术研发水平越高说明该地区具有较高的技术创新能力，能够发挥出该地区智能基础的潜力，开发出更加智能的应用软件，适应快速变化的市场需求，推动制造业智能化发展。从信息技术来看，信息技术对智能化水平的影响不显著，这可能的原因是，一方面，目前中国信息化还处在发展阶段，正在逐渐融入社会经济中，其信息化水平与欧美发达国家存在较大差距，难以通过连接智能设施设备来充分挖掘制造业智能化的潜力；

另一方面，目前中国网络速度较慢，在一定程度上限制了生产环节之间的有效沟通，难以进一步地提升智能化水平。

从成本压力来看，成本压力对于制造业智能化水平存在显著的促进作用。这可能的解释是，成本压力的提高要求制造业企业进行智能化投入，也就是通过对智能硬件基础设施设备和智能化软件应用等投入来提升其劳动生产率，进而实现劳动力替代，谋求通过提高制造业智能化水平来释放劳动的成本压力。

从人力资本来看，人力资本对制造业智能化水平存在显著的促进作用，这可能的原因是，人力资本是知识、劳动和管理技能等方面的综合，一方面，诸多研究表明人力资本的积累有助于创新能力的形成，进而有助于制造业智能技术的开发，另一方面，人力资本的提高有利于促进工作效率的提高和挖掘生产潜力，从而能够有效地推进制造业智能化进程。

13.5.2　分地区面板数据回归

为了进一步探究区域异质性，本章利用不同区域的面板数据进行回归[①]，分析各区域的制造业智能化影响因素的差异性，如表 13.3 所示。

表 13.3　分地区面板数据回归结果

解释变量	东部地区	中部地区	西部地区
ENRE	0.0081	0.2026***	−0.0930
	(0.1310)	(0.0719)	(0.1044)
RIST	−0.2414	−0.2298	−0.9667**
	(0.2436)	(0.1451)	(0.3899)
SCST	0.3715***	0.3090**	0.9468
	(0.3210)	(0.2185)	(0.3800)
RETE	0.1996**	−0.0806	0.3253***
	(0.0965)	(0.0601)	(0.1158)
INTE	−0.1523	−0.0961	0.1001
	(0.1062)	(0.0926)	(0.1327)
COST	0.6626***	0.7628***	−0.1792
	(0.1547)	(0.1701)	(0.3194)
HUCA	2.0956**	0.7986	0.1747
	(0.8079)	(0.7090)	(0.6640)
常数项	−16.2667***	−9.5301***	−6.7719**
	(2.3582)	(2.1143)	(2.6901)
R^2	0.7472	0.6360	0.7201
OBS	144	104	144

[①]　东部地区为北京、天津、河北、辽宁、上海、江苏、浙江、福建、山东、广东、海南等 11 个省份，中部地区为山西、吉林、黑龙江、安徽、江西、河南、湖北、湖南等 8 个省份，西部地区为四川、重庆、贵州、云南、陕西、甘肃、青海、宁夏、新疆、广西、内蒙古等 11 个省份，港澳台及西藏地区由于数据不完整而未考虑。

从东部地区来看，其与总体回归结果的差异在于：产权结构对制造业智能化的影响不显著，这可能是由于东部地区社会经济中非国有经济成分愈加发挥重要作用，市场化水平呈现逐年递升趋势，政府宏观调控力度的减弱为制造业企业提供了更大的发展空间，因而制造业企业更能充分调动资源进行智能化转型升级。在所有影响因素中，人力资本的回归系数最大，是提升东部地区制造业智能化的关键因素，东部地区相较于其他地区集聚着更加丰富的教育资源，人力资本的积累有助于知识的创新与扩散，促进制造业智能化技术的开发与应用。

从中部地区来看，其与总体回归结果的差异在于：一是环境规制对制造业智能化存在显著的促进作用，这可能是由于环境规制在一定程度上激发了"创新补偿"，也就是说环境规制激发了技术的进步，环境规制强度越高，其所带来的技术进步越明显（张成，2011），实则中部地区逐年加强对于环境污染的整治，环境治理效果明显，促进了技术进步，进而也带来了制造业智能化水平的提升，即环境规制间接地促进了制造业智能化。二是产权结构对制造业智能化的影响不显著，其原因与东部地区类似。三是技术研发对制造业智能化的影响不显著，这可能是因为，相较于东部地区，中部地区的研发水平较为薄弱，而技术研发水平直接关系到智能软硬件的开发能力及其维护服务能力，进而对制造业智能化产生影响，因而中部地区低水平的技术研发难以有效地支撑制造业智能化的发展。四是人力资本对制造业智能化的影响不显著，这可能的原因是，一方面中部地区的教育水平与东部地区存在较大差距，另一方面中部地区人口占比存在下降趋势，导致其对于制造业智能化的服务能力下降。在所有影响因素中，成本压力是促进中部地区制造业智能化水平的关键因素，这可能的原因是，随着人口红利的逐渐消退，劳动力成本在制造业企业投入中的占比越来越大，并且近年来中部地区已有部分制造业企业转移至东南亚或印度等劳动力成本低廉地区，在此背景下，中部地区的制造业企业寻求通过"机器换人"的方式来减轻劳动力成本压力。

从西部地区来看，其与总体回归结果的差异在于：一是成本压力对制造业智能化的影响不显著，可能的原因是西部地区劳动力资源丰富且成本较为低廉，对于制造业企业而言可以通过雇佣劳动力而不必通过智能化改造来改善企业盈利。二是人力资本对制造业智能化影响不显著，其中原因与中部地区类似。在所有影响因素中，产权结构是约束西部地区制造业智能化发展的重要因素，这可能是由于西部地区的国有经济成分在国民经济中占据主导地位，而其智能化改造的积极性有待进一步提高。

13.6　研究结论与政策建议

本章研究了制造业智能化的影响因素，并进一步分析了制造业智能化影响因素的区域异质性。从影响因素的回归结果来看，以成本压力和人力资本为主的个体因素发挥了重要的作用，可以看出中国制造业智能化的发展主要依靠制造业内生动力产生的推动作用，同时技术研发也在其中发挥着重要作用。分地区检验表明，制造业智能化影响因素的区域异质性明显。根据研究结果，得出以下政策建议：

减少政府的市场干预，增加对中小型制造业企业的补贴与优惠政策。一方面，制造业智能化作为一种社会化现象,应该更多地交予市场进行主导。国有制造业企业借助政府力量进行市场扩张在一定程度上会重构市场经济的原有秩序,也会使非国有制造业企业面临更激烈的市场竞争,因而,应适当减少政府对于市场的干预,充分发挥政府联络协调的作用。另一方面,中小型制造业企业囿于其融资能力难以进行大规模智能化改造,因而政府需要给予中小型制造业企业优惠政策,将公共资金与市场风险投资等结合起来,创新财政产业资金的使用方式,加大对于制造业企业智能化改造的扶持,同时对于示范性制造业企业给予一定的补贴,提高企业智能化改造的积极性。

鼓励技术创新,进一步扩大互联网基础设施建设的投入。制造业智能化是一个高技术、高投入的系统性工程,其中智能核心装备和关键技术的需求最为关键,因而要进一步突破发展困境和引领智能化发展,就必须着力于技术创新,尤其是原始性创新和关键共性技术创新,如智能制造关键技术装备、重大成套设备的开发与应用,以及先进感知与策略、高精度运动控制、高可靠智能控制和工业互联网安全等一系列关键技术。扩大互联网基础设施建设的投入,建设高速、安全和泛在的网络体系,以互联网为纽带,实现人机物的互联互通,形成"物联网"和"务联网"为基础的智能传输网络。

区域协调发展,共同推进制造业智能化进程。根据中国制造业智能化评价结果可以发现,东部地区制造业智能化水平远高于其他地区,说明中国制造业智能化发展极不均衡,需要区域协调发展来共同推进制造业智能化进程。打造中国智能制造增长极,分别为以智能软件和工业互联网为特色的环渤海地区,以智能装备产业集群为特色的长三角地区,以机器换人和个性化智能产品生产为特色的珠三角地区,以光电产业和高精尖制造业为特色的鄂渝川地区,形成区域发展特色,并建立起以四大增长极为中心、向周边城市扩散的智能制造产业链,并积极引导东部区制造业向中西部梯度转移,逐步提升中西部制造业智能化水平,使得区域协调发展,形成制造业智能化的发展合力。

参 考 文 献

蔡秀玲, 高文群. 2017. 中国智能制造对农业转移劳动力就业的影响. 福建师范大学学报(哲学社会科学版), (01): 68-78+86+168.

杜浩然, 黄桂田. 2015. 产权结构变动对经济增长的影响分析——基于中国30省份1995—2013年面板数据的实证研究. 经济科学, (03): 20-31.

李强, 郑江淮. 2013. 基于产品内分工的我国制造业价值链攀升: 理论假设与实证分析. 财贸经济, 09: 95-102.

刘世豪, 杜彦斌, 姚克恒, 等. 2017. 面向智能制造的数控机床多目标优选法研究. 农业机械学报, 48(03): 396-404.

吕铁, 韩娜. 2015. 智能制造: 全球趋势与中国战略. 人民论坛·学术前沿, (11): 6-17.

梅顺齐, 胡贵攀, 王建伟, 等. 2017. 纺织智能制造及其装备若干关键技术的探讨. 纺织学报, 38(10): 166-171.

张成, 陆旸, 郭路, 于同申. 2011. 环境规制强度和生产技术进步. 经济研究, 46(02): 113-124.

周佳军, 姚锡凡, 刘敏, 等. 2017. 几种新兴智能制造模式研究评述. 计算机集成制造系统, 23(03):

624-639.

Chandra J, Talavage J. 1991. Intelligent dispatching for flexible manufacturing. International Journal of Production Research, 29(11): 2259-2278.

Ehrismann R, Reissner J. 1988. Intelligent manufacture of laser cutting, punching and bending parts. Robotics & Computer Integrated Manufacturing, 4(3): 511-515.

Fachwörterbuch E, Wörterbuch T, Wörterbuch W. 2013. The McGraw-Hill Dictionary of Scientific and Technical Terms. New York: Mc Graw-Hill Education Press.

Fry S T D, Philipoom P R, Sweigart J R. 1993. A comparison of two intelligent scheduling systems for flexible manufacturing systems . Expert Systems with Applications, 6(3): 299–308.

Kusiak A. 1990. Intelligent manufacturing systems. Journal of Engineering for Industry, 113(2): 581-586.

O'Grady P J, Bao H, Lee K H. 1987. Issues in intelligent cell control for flexible manufacturing systems. Computers in Industry, 9(1): 25-36.

Swinbanks D, Anderson A. 1990. Intelligent manufacturing——2 sides of the coin. Nature, 347(6291): 320-320.

Wang S, Wan J, Imran M, et al. 2016. Cloud-based smart manufacturing for personalized candy packing application. Journal of Supercomputing, (21): 41-59.

撰稿人：石喜爱 程中华 李健旋

审稿人：李廉水

第14章

智能化对中国制造业生产方式的影响研究

14.1　引　言

智能化是新时代技术发展的趋势性特征，主要表现为生产过程的少人化、自动化、智能化和高效率。智能化对生产方式的影响主要分为两个方面：一是对生产方式的物理影响，即生产力水平的提高；二是对生产方式的人际的影响，即生产关系的改变。中国制造业向智能化迈进的过程中，生产方式的改变主要表现在三个方面：首先是要素配置效率的革命性提高，智能化时代制造技术和原材料的配置更加高效，整体向低库存、无人化和少时化发展；其次是人力资本积累和配置方式的颠覆性变革，在劳动力市场上，无形的人力资本市场逐渐取代有形的劳务市场，劳动力配置趋于多元化，劳动者可以实现人力与智力的分离，也可以实现从单一雇主到多雇主并存的模式转换；再次是制造过程的分工更加细致，比较优势充分发挥，技术水平趋向一致，生产过程的技术差异大大减少。

在技术发展史中，智能化作为一种新兴的技术手段，势必会对中国制造业生产方式产生影响。生产方式既包括生产力，又包括生产关系。智能化对生产方式的影响也表现在两个方面，一是生产效率，二是雇佣关系（人力及人力资本配置方式）。本章从这个角度出发，系统论述智能化对制造业生产的可能性影响。

14.2　智能化与技术（工业）革命

总的来说，在智能化之前，人类已经大致经历了三次较大的技术革命。它们分别是蒸汽革命、电气革命和信息革命。每次技术革命，都对人类社会的生产和生活产生了巨大的全方位的影响（贾根良，2016）。蒸汽革命不仅大大提高了劳动生产率，还细化了分工，派生出了与之相适应的资本主义生产方式。英国在蒸汽革命中异军突起，成为日不落帝国，其根本原因就是在蒸汽技术发展上抢占了先机。随之发生的电气革命，让美国成为世界第一强国，德国成为欧洲第一，世界第二强国，就连日本也后来居上，超过英国，位列其中，成为世界强国。二战之后的信息革命，再次稳固了美国世界第一强国地位。随后发生的亚洲四小龙、东亚增长的奇迹以及最近迅速崛起的中国，无不与技术革命有关。

每一次技术革命，归根结底都是对生产方式的影响。既有生产力方面的影响，也有生产关系方面的影响（张笑扬，2017）。蒸汽机代替了手工生产，生产力数十倍的提高，只有在这种生产力水平下，较细的分工才能发生，农民可以转变为专业的纺织工人，社会结构中以地主与雇农为主体的生产关系，逐渐转变为以资本家和雇佣工人为主体的生产关系。社会制度也随之由封建主义转变为资本主义，土地不再是唯一重要的生产资料，除了土地，资本成为重要的生产要素。可以说，资本的形成，是技术革命的必然结果。生产关系的转变，本质是由生产力水平决定的。生产力是生产方式物的方面，生产力决定了生产过程中生产要素的组合方式。劳动者作为一种生产要素，其组合方式就是生产关系。技术革命，既改变了物质生产的物理结构，也改变了物质生产的社会结果。资本的形成，同时形成了新的社会阶级力量，即资本家。资本家主导的生产方式将农民的身份转换为工人，以土地为核心的生产关系不再适应社会的发展，逐渐被取代。

技术进步对生产方式的影响无疑是深远的。首先，技术水平从根本上决定了生产效率，这就意味着从根本上决定了生产的最佳规模和生产要素的最佳组合。比如，机器织机的生产规模是 1000 匹为最佳，手工织机的生产规模是 50 匹为最佳。这时候，机器织机所代表的技术水平，决定了生产者在组织生产的时候，需要配置更多的原材料，相应比例的人员和能源。当然，手工织机所代表的技术水平，也会对生产组织者提出相应的要求。总之，技术决定要素组合，要素组合是生产方式的核心构成部分。其次，生产者根据技术水平选择最佳的要素组合方式，其中自然包括人力资源（劳动力和人力资本）的配置方案。这个配置方案，其实就是所谓的生产关系，每个劳动者是如何被组织的，生产收益如何分配，都是生产关系要处理的问题。逻辑上，技术水平决定了生产组织方式，也即生产力水平，生产力水平决定了参与生产的劳动者的边际回报，假定制度安排是给定的，则生产力水平决定劳动者关系和报酬水平。因此，技术水平是决定生产方式的核心力量。

智能化是人类生产技术进入新时代的标志，是当代技术发展最突出的成就，也是未来生产技术发展的趋势（高江虹，2017）。工业技术革命以来，人类技术上几次大的飞跃，都有一个主线，即生产效率的提高。技术进步在生产效率提高方面一般有两个方向：一是使用大量复杂的机器设备替代人力劳动，使得有限的劳动力可以生产出更多的产品；二是提高资源配置效率，在更大的范围，更短的时间内，利用最佳的生产方式，使用最合适的原材料，生产消费者最需要的产品，从而提高生产效率。在智能化之前，技术进步更多是以第一个方向为主。智能化的到来，则会将技术进步极大地推向第二个方向。这决定了智能化在整个技术进步史中的地位。

在不同时期，我们对技术革命的看法也有所不同。概况来说，技术革命在历史上往往是依靠通信技术和能源技术的密切结合而"诱发"的重大经济转型。从这个角度说，第三次技术革命是以可再生能源的生产、转换、存储、使用方式的革新引发的能源互联网革命为基本特征的新的生产体系。所谓智能化是指开发人的智力资本、创造智能工具机（智能计算机、智能机器人）、智能软件、智能材料及各种智能基础设施（智能电网、智能交通等），对所有传统产业和整个国民经济体系进行工业智能化改造的过程。智能化从本质的角度而言，不仅是一个体现智能制造的社会生产方式，而且是产业组织形态由科层制逐步走向垂直分离的网络化、模块化、智能化演进，且产生模块化生产网络、智能化生产网络、模块化产业集群、智能化产业集群的过程，更是产业结构由制造业到服务业再到智能产业演化的过程。所以，智能化是技术发展的高级阶段，也是人类生产方式从传统向创新迈进的新起点。

14.3　智能化影响生产方式的基本路径

生产方式包括两部分：一是生产力水平；二是生产关系。生产力水平是生产方式的物质部分，也即生产方式的物理表现。生产关系是生产方式的社会部分，也即生产方式的人的关系的表现。智能化影响生产方式的基本路径，决定了智能化对中国制造业生产方式可能产生的实际作用效果。

智能化是以数据信息为基础的工业化，其核心是数据计算和管理。在具体的生产过程中，智能化不仅可从数据层面体现为塑造智能环境，最终产生"智能工厂—智能制造—智能服务—智能产品—智能数据"的闭环，逐步推动生产系统的智能化，而且还可从厂商层面体现生产者内部经营管理方式趋于标准化、模块化、社会化发展的过程，其涵盖了科技水平、制造业结构、产业组织结构等高端要素（韩江波，2017）。具体而言，智能化影响生产方式的基本路径可以总结为以下逻辑：

第一，智能化的基础是信息技术，载体是网络制造。在上一代技术条件下，信息技术还不够发达。人的劳动嵌套在每个生产环节之中，无法使得生产过程形成完整的信息流。每个生产环节，人的劳动都可能存在异质性问题，很难形成标准化的流程控制。在这样的生产过程中，人的创造性体现在对生产环节的灵活控制。例如，在一套流水线上，第一环节的工人制模，工人操作制模工具，灵活处理制模过程中的各种情况，只要最终生产出来的模型符合技术要求就行了。第二个环节工人打孔，根据图纸在模具上打出相应的螺丝孔，以备后续工序加工。同样，这个环节的工人对打孔的控制仍然是个性化的，每个人都不同的掌握，只要结果符合技术要求就行了。类似地，这样的环节有很多，直到最后一个工序完成了，产品才下线。每个环节的工人就是一个信息源，工人之间的沟通需要通过管理人员来完成。智能化条件下，工人的活动被智能设备代替，智能设备之间的信息流由信息技术控制，在控制中心，生产过程按照信息技术嵌套原理进行安排。简单地说，信息技术替代了生产过程中人的环节，降低了人的劳动对生产过程的影响，生产效率的可控性提高。

第二，智能化解除了专业化与综合性矛盾，二者可以在一个生产逻辑中共存。在工业革命初期，专业化是唯一的发展趋势。大规模生产要求更精细的专业化。在这种技术条件下，分工是核心要素，劳动者的专业化程度很高。在这种条件下，综合性和专业化就是一对矛盾，不可能在一个生产系统中并存。在这一时期，具有代表性的厂商一般都是专业性较强的生产者，它们专业生产某一零配件。只有极少数规模较大、实力较强的生产者，才具有综合性的生产能力。综合性厂商通过市场购买零配件和原材料，最后再集中生产相应的产品。虽然从产品角度看，这个厂商具有综合性的特点，但实际上，它只不过从事了专业的集成活动。智能化可能会打破这种模式，通过信息技术，将专业化的环节集中起来很现实，因为降低了对劳动者专业化水平的要求，厂商完全可以既从事非常专业的生产，又从事非常综合的生产。智能化导致生产者的发展方向更接近市场，而不是分工。

第三，智能化降低了交易成本，扩大了市场容量。在智能化时代，交易成本大大降低。无论是生产要素的获取，还是产品的销售，交易成本都变得很低。这一特征无疑扩大了市场容量。人力资本可以在更宽泛的范围内流动，可以低成本地寻找到合适的雇主。反过来也一样，更多的厂商可以在要素市场上选择更合适的原材料、人力和技术。市场容量的扩大，为更好的技术和更具价值的人力资本提供了可能性。在此之前，受到交易成本的限制，技术和人力资本都可能因为规模原因导致低效率，如果规模得到扩充，原本受制于交易费用的技术和人力资本可能更有市场，更容易占领商机，推动技术进步。

第四，智能化使得管理扁平化，公司治理模式发生本质变革。在智能化生产条件下，管理不再是科层制的。上下级的信息流结构完全可以由新的智能化信息系统替代。智能化使管理扁平化，在智能化生产方式下，每个环节人都可以通过信息技术与上级或同级沟通，这种技术条件的满足，从需求上来说会导致更多的人采用平行的沟通方式，直接通过问题导向，找到具体的人，而不是科层制下，层层反馈，反复沟通找到具体的人。管理扁平化，从根本上改变传统的公司治理模式，是对生产关系最明显的影响。

第五，智能化引发网络化雇佣关系，雇佣关系不再唯一。传统模式下，每个人参与生产的劳动者，都有明确的、一对一的雇佣关系，即使存在某些兼职的情况，但主体一对一雇佣关系还是主流。智能化条件下，这种雇佣关系可能发生根本性变化。劳动者可以把自己的劳动分割成多个部分，分别服务于不同的雇主。同时，雇主也可能同时雇佣多个劳动者从事相同的工作，并根据实际需要，高效地完成这些劳动者在具体工作岗位上的切换。智能化条件下，这种网络化雇佣关系可能是一种常态，从而打破原有的低流动性的劳动力供给模式。就好比云存储一样，智能化条件下的劳动者，不确定为某个生产者服务，他做好了为很多生产者提供服务的准备，在云上等着生产者的具体需求，以最合适、最快捷的方式满足。智能化条件下，生产者的角色也发生了改变，不再是生产要素的物理集成者，而是生产要素的虚拟集成者，在这个集成过程中，雇主与雇员之间的雇佣关系也是虚拟的。从这个角度看，网络化雇佣关系已经完全改变了传统的生产关系。生产资料拥有者的优势被削弱，人力资本的优势突出。

总的来说，智能化影响生产方式的基本路径可以总结为三句话：①生产过程的少人化，生产过程中的人被智能机器替代；②市场的均等化，交易成本大大降低，每个生产者都平等地面对一个巨大的市场；③管理扁平化和雇佣网络化，生产组织模式由立体变成虚拟，资本优势被削弱，人力优势被提升。

14.4　智能化对中国制造业生产方式的具体影响

智能化对中国制造业生产方式的具体影响主要表现为两个方面。第五次技术浪潮下，中国在 2002 年提出了新型工业化道路，当时对新型工业化的认识主要集中在信息技术革新生产过程、提高制造水平两个方面。随着信息技术不断更新，新业态、新模式不断出现，对新型工业化道路的认识，应转变为制造业智能化革命、绿色智能技术革命方面，从而提出智能制造的概念。相比新型工业化，智能工业化具有更为鲜明的特色，更符合未来技术发展的趋势（韩江波，2017）。

一方面，智能化比新型工业化具有更丰富和更深刻的内涵。自 2008 年金融危机之后，以欧美等为代表的发达国家及地区先后提出不同形式的再工业化战略，这种战略的核心内容之一便是"制造业智能化革命"（郭勇，2016；韩江波，2017）。这种革命旨在进行资本的高度智能化，以高效地完成大量简单、重复、灵活、精密的工作，极大降低生产制造环节的成本，实现更高的利润。这一战略促使制造业向发达国家回流，进而削弱了中国以简单劳动力为基础的比较优势。从生产力角度看，第三次技术革命与前两次技术革命有本质的差异。简单地说，蒸汽革命和电气革命是机器替代人力劳动，第三次技术革命则是机器部分替代脑力劳动，同时通过替代脑力劳动，进而在更大程度上替代体力劳动。相对于第三次技术革命，智能化会在更大程度上替代脑力劳动，人工智能、智能机器人等智能技术及其相关技术，会在中国制造系统中掀起一场智能化革命。智能化是升级版的信息化，也是新技术革命的本质内容。智能化比信息化的内容更丰富、更深刻。相比信息化，智能化更能反映制造业发展的新趋势。在此背景下，中国制造业所面临的机遇和挑战也是非常明确的。

另一方面，智能化包含的智能制造模式，代表了未来中国制造模式新的发展方法。在智能制造之前，制造业主要以服务业与制造业相互融合为主，很大程度上可被视为基于柔性制造系统的大规模的定制。这种模式与基于刚性制造系统的大规模生产模式相比具有很大的先进性。然而，在智能化趋势下，这种模式将被以先进的智能制造模式为主导的企业生产方式所替代。本质上，智能制造模式是基于可重构制造系统的大规模定制生产模式，与基于刚性制造系统的大规模生产模式和基于柔性制造系统的大规模定制模式相比具有根本的差异，它不仅涵盖了这两种制造模式的优点，而且还有很大的提升。

14.5　中国制造业生产方式转变的政策含义

智能化引致中国制造业生产方式发生转变，其具有如下的政策含义：

首先，技术要素在生产过程中的比重越来越高。在传统模式下，制造业对资本的依赖度较高，只要有充足的资本，就可以购买相应的设备，组织人力和原材料进行生产。在这种模式下，资本具有优势的原因有两个：一是技术进步的速度不够快，购买的技术在一定时间内不会被淘汰；二是市场壁垒，较高的交易成本提高了资本的比较优势。然而，在智能制造时代，资本在制造业中的优势会被大大削弱，信息技术改变了要素的流动性，技术的发展速度非常快，要素组织的平台越来越大，资本的作用越来越小，市场壁垒被打破，开始由技术壁垒主导市场。因此，在智能制造时代，中国制造业如果继续采用引进学习的技术发展模式，而不进行自主研发，很可能迅速失去市场，成为全球智能制造浪潮下的失败者。

其次，雇佣关系的网络化，改变了中国制造业的人员组织模式。劳动者不再属于某个制造商，而是在为整个制造业服务。中国制造业生产关系的革新，应从网络雇佣关系开始，将人力资本进行全网流动。只有在这种条件下，制造业人才才能符合智能制造的技术要求，才能促进制造技术的不断进步，才能解决制造业人才不匹配问题。

再次，智能制造时代，要素配置效率获得革命性提高，制造技术和原材料的配置更加高效，制造业整体向低库存、无人化和少时化发展。人力资本积累和配置方式发生颠覆性变革，在劳动力市场上，无形的人力资本市场逐渐取代有形的劳务市场，劳动力配置趋于多元化，劳动者可以实现人力与智力的分离，也可以实现从单一雇主到多雇主并存的模式转换。制造过程的分工更加细致，比较优势得以充分发挥，技术水平趋向一致，生产过程的技术差异大大减少。这些都要求中国制造业需要进行生产方式的变革。

14.6　本章小结

　　智能化对中国制造业生产方式的影响，实际上包含了对制造过程物的影响和人的影响两方面。智能化对制造过程物的影响，主要表现为更多的技术投入替代了原来的人力的投入。物化的智力，在智能制造过程中起的作用越来越大。比较而言，人力的投入则越来越少。体力进一步被机器设备替代，熟练的操作技能在智能化时代失去了比较优势。劳动力操作经验上的积累被弱化，取而代之的是精准的智能操作设备。智能化进一步改变了制造业生产过程中的雇佣关系，智力劳动者可以通过灵活的雇佣关系，同时服务于更多生产者。由于熟练操作优势的下降，体力劳动者的就业灵活性也会大大增强。

参 考 文 献

高江虹. 2017-12-01. 智能制造潮涌：生产方式变化催生"新制造业". 21 世纪经济报道, 第 017 版.
郭勇. 2016. 积极稳妥推进智能制造发展战略. 广东经济, (7): 34-35.
韩江波. 2017. 智能工业化：工业化发展范式研究的新视角. 经济学家, (10): 21-30.
贾根良. 2016. 第三次工业革命与工业智能化. 中国社会科学, (6): 95-100.
张笑扬. 2017. 论智能化时代马克思主义分工论的价值实践. 理论导刊, (9): 51-53.

　　撰稿人：蔡银寅

　　审稿人：刘军

第15章

智能化对中国制造业就业的影响研究

15.1　引　　言

制造业在工业体系中占据着主导地位，也是国民经济的支柱。继"工业4.0"的概念提出，在人工智能等高新技术迅速发展的势头带领下，制造业必将掀起席卷世界的新一轮产业革命。制造业将从产品、设备、生产方式、管理以及服务等多方面实现智能化的产业改造升级，实现管理决策、运营模式、生产模式和商业模式的全方位创新。智能制造是制造业发展的未来方向，智能化转型升级对于推进制造业供给侧结构性改革，培育经济增长新动能，促进制造业向中高端迈进，推动经济高质量发展具有战略意义。我国已把智能制造作为"中国制造2025"的主攻方向，明确提出"智能制造是新一轮科技革命的核心，也是制造业数字化、网络化、智能化的主攻方向"。

随着我国人口红利正逐步消失，劳动力成本的增长，传统制造业依靠大规模人力的发展道路已经越来越窄。与此同时，随着市场竞争越加激烈，企业对市场的响应速度和敏捷性要求提高，人力可实现的范围已经不再能满足市场需求。同时，制造业生产的价值取决于效率，从产品和服务的概念阶段到交付阶段都要尽量减少人工失误带来的影响。制造业智能化在帮助企业提高整体运作效率的同时，也在产品的研发设计与生产制造等环节影响就业。我国《新一代人工智能发展规划》指出，人工智能可能改变就业结构，对政府管理、经济安全和社会稳定乃至全球治理产生深远影响。可见，国家对制造业智能化及其可能产生的就业风险非常重视。

就业是民生之本，人工智能等新技术的发展也再一次引发了"机器替代人"的失业恐慌和焦虑。清华大学中国科技政策研究中心发布的《中国人工智能发展报告2018》中指出，已经有越来越多的人担忧自己的工作会被人工智能技术所取代；但是，制造业智能化的实现也需要相关的人力，据工业和信息化部教育与考试中心专家称，未来几年，中国对人工智能领域的人才需求可能增至500万。制造业智能化得益于人工智能等新技术的引入和工业机器人等新设备的应用，那么，制造业智能化将对我国制造业就业产生哪些影响，影响程度如何，如何影响。这些科学问题目前尚未得到有效解决。本章研究制造业智能化对就业的影响，揭示其内在机理，并提出相关政策建议，具有较高的理论价值和应用价值。

本章结构安排如下：15.2节为文献综述，详细论述当前关于技术创新以及制造业智能化对就业的影响研究；15.3节就智能化对就业的替代效应和补偿效应，构建智能化对制造业就业影响的机制；15.4节基于2006～2015年中国省级制造业面板数据，采用静态的固定效应、随机效应、广义最小二乘法模型和动态空间面板模型，对智能化对中国制造业就业的影响进行实证分析；15.5节为本章的结论与政策建议。

15.2　文　献　综　述

人工智能等新技术的出现，给制造业的信息化、智能化推进带来了较大的发展机遇，以劳动密集型为主的某些制造业产业也不可避免地开始面临劳动力就业的多重问题。关于制造业智能化对就业影响的研究，出现了三类不同的观点。

一种观点认为制造业智能化会替代就业。Acemoglu 和 Restrepo（2017）研究发现制造业智能化在一定程度上取代了劳动力就业，每千人中增加一个机器人就会减少 0.18%～0.34% 的就业人口，并让人均工资下降 0.25%～0.5%。Dekker 等（2017）的研究也得到了类似观点。赵磊和赵晓磊（2017）研究了制造业智能化与就业机会消长的关系，认为制造业智能化创造的新需求和新产业能减缓失业，但无法对冲失业，生产力发展只是创造出了更多的自由时间，而不是更多的工作岗位。

另一种观点认为制造业智能化并不会替代就业。Harrison 等 （2014）从创新角度认为，制造业生产向新产品的转变不会减少劳动需求，新产品需求的增长是创造就业的最大动力。Arntz 等（2016）研究了自动化对就业的影响，认为非常规交互任务是自动化无法替代的，所以，自动化程度对就业的替代作用不明显。Borland 和 Coelli（2017）发现计算机技术的发展并没有带来工作量的减少，劳动力市场结构和工作周转速度也没有加快，并质疑了"技术进步的就业破坏效应"这一论断。Morikawa（2017）基于 3000 多家日本公司的原始调查数据分析，发现受过高等教育的员工倾向于期望人工智能等相关技术对其就业产生积极影响，参与全球市场的大型企业对人工智能的影响也持肯定态度。

此外还有一种观点认为制造业智能化对就业的影响存在多种结果。Acemoglu 和 Restrepo（2018）构建了人工智能、自动化对就业影响的理论模型，研究显示自动化的就业替代效应会减少劳动需求和工资，但会受到生产力效应的抵消，自动化带来的成本节约、资本积累会增加劳动需求；自动化对高技能劳动力和低技能劳动力会产生不同的影响。Kromann 等（2011）研究表明无论是短期还是长期，制造业自动化都对提高劳动生产率有积极影响；而在短期内会倾向于降低劳动力需求，长期来看则会增加就业。David（2015）认为在多数情况下，人工智能和机器人技术既能替代但也可以补充人类的劳动，自动化的前沿技术还在发展，在具有灵活性、需要判断力的任务中用机器替代人工依然挑战巨大。曾湘泉和徐长杰（2015）认为，以信息化和智能化为特征的新一轮科技革命已然发生，本次技术革命对就业数量的补偿效应和替代效应同时存在。刘敏（2017）同样认为这次新技术革命对就业规模的影响具有不确定性，新的技术革命创造工作岗位的同时也在消灭一定数量的工作岗位。需要制定差异化的就业促进和社会保障政策，才能有效应对智能化对制造业就业产生的负面的替代效应，同时扩大正向的补偿效应（王君等，2017；邵文波和盛丹，2017）。

关于制造业智能化对就业影响的研究已经取得了一定的成果，但尚未形成统一理论体系，且多数研究是从发达国家角度出发，对于以发展中国家为分析对象的研究相对较少，特别对中国制造业的数字化、网络化和智能化制造并存，不同地区、不同行业发展不平衡，以及制造业劳动力技能存在较大差异等大国经济特点较少涉及，与我国的现实状况存在一些差距；现有研究大多从定性层面进行分析，定量研究较少。因此，为进一步深入研究智能化对我国制造业就业的影响，本章分别采用静态面板数据模型和空间面板数据模型，对制造业智能化对就业的影响进行实证分析。

15.3　智能化对制造业就业影响的机制

大量的历史经验和理论分析表明，技术进步对就业既产生负面的替代效应，也有正向的补偿效应。人工智能和机器人发展热潮逐步出现，推动信息技术革命不断加速深化，引发了全球新一轮技术革命猜想，全球范围也再次重现对"机器换人"的恐慌与焦虑，智能化对制造业同样会产生双向效应。

15.3.1　就业替代效应

当前，企业的日常运作正逐渐结合更多的人工智能技术，以工业机器人为代表的智能设备正在为制造业企业的产品设计、生产制造等重要环节带来"替代劳动力"的效应。

1. 智能设计研发替代设计工作者

产品的设计研发是制造业企业的首发环节，传统的设计研发需要投入大量的脑力工作者，从概念设计的提出到产品的正式研发生产一般需要较长的周期。而信息革命带动了数字化智能化设计的发展，新的设计科学也促进了设计方法和研发思维的变革，给传统工作者带来新的挑战。智能化在产品研发设计阶段对就业的替代效应主要体现在 3 个方面：首先，智能化设计根据设计方法学等相关理论，借助三维图形软件、虚拟现实技术以及多媒体、超媒体工具进行产品开发设计，表达产品构思并描述产品结构。智能设计为设计者提供了更加便捷的设计工具，大大提高了设计者的工作质量和效率，对工作者的需求也会减少。其次，机器学习能够采用标准的算法，学习历史样本来选择和提取相对固定的特征构建并不断优化模型，使得在设计研发过程中增加了自主学习，减轻了研发者相应的工作量和研发难度，从而减少相关的人力需求。最后，在虚拟现实技术、计算机网络、数据库技术等支持下，可在虚拟的数字环境里协同实现产品的全数字化设计，结构、性能、功能的模拟与仿真优化，极大提高产品设计质量和一次研发成功率（周济，2015）。这使工作者从以往繁复的工作中解脱，将更多的时间和精力运用于持续的创新设计上，也会相对减少企业对研发设计的人力需求。

2. 智能生产制造替代生产劳动力

生产制造环节的数字化、网络化、智能化，可大幅度提升制造业企业生产系统的功能与自动化程度。智能化在产品生产制造阶段对就业的替代效应主要体现在 4 个方面：第一，智能化对就业的影响重点表现在劳动手段的变化上（王君等，2017），机械化生产工具的不断革新，是对劳动力大脑和双手的双重解放，直接减少了生产对体力劳动者的需求。广泛使用工业机器人，能实现"减员、增效、提质、保安全"的目标（周济，2015），使传统的体力劳动者被替代。第二，机器学习、神经网络、模糊控制等方法在产品生产过程的应用，实现了产品制造流程的智能化。控制设备和流水线的自动化替代了传统生产线上的操作工人和物料人员，替代了传统的手工操作。第三，常规性、程序性较强的岗位因其工作内容简单且大量重复，可以通过自动化的智能机器人帮助实现。大量普通的一般性工作岗位逐渐"消失"，制造业朝更加自动化智能化的方向发展，生产效率大幅提升、生产质量也得到了保障。第四，智能生产实质上就是智能化集成制造系统，系统可以将企业的产品设计、制造过程和优化管理集成起来，具有灵活性、自适应和学习功能、容错和风险管理等特点，智能化集成制造系统的特点很大程度上减少了对企业人力的需求。

15.3.2　就业补偿效应

制造业智能化虽然不可避免地带来技术性失业或结构性失业，但从长期影响看其对就业具有拓展性的补偿效应。制造业智能化会创造新的产品和服务并拓展业务范围，进而催生出新的职业和行业，延伸产业链；还能吸引高端人才，提高劳动力素质，改善就业质量与环境。

1. 延伸产业链，扩大就业规模

智能化对就业的补偿效应体现在 3 个方面：首先，人工智能等技术进步会促使新产品或新生产部门的出现，从而扩大企业的生产领域和业务范围，增加就业（王君等，2017）。其次，制造业在智能化的过程中，各种投入和产出品无论是有形还是无形的，都会因为一定的技术或经济联系为另外一些产业相互提供产品和服务。就上游产业而言，企业实现智能化需要上游智能化设备生产行业的大量产出，行业的发展需要一定的人力投入，进而扩大劳动力需求，创造就业岗位。就下游产业而言，制造业在不断深入推进智能化的过程中必定会衍生出新产品、新技术、新工艺，也就会有新的产业随之兴起，带动相关产业的发展，进而创造出就业岗位。最后，人工智能等技术进步通常导致企业对资本需求的增加，资本产业链的纵向延伸需求使资本品生产部门倾向于扩大生产规模，进而扩大就业规模。

2. 吸引高端人才，增加就业机会

人工智能等新技术的开发和应用对企业的人员数量和结构都会产生较大影响。企业在不断推进智能化的过程中，需要懂设计、懂技术、会操作的高端人才，从而增加就业机会。就人才引进而言，智能化对就业的补偿效应体现在 4 个方面：首先，产品的研发设计需要更多工业设计方面的软硬件工程师，不仅要具备智能研发的水平还要拥有智能设计的新观念。其次，智能制造中大量机械化、数字化设备的引入对劳动力的要求也进一步提升，智能设备的操作需要懂技术会操作的人才参与。再次，智能化仓储管理不同于传统的仓库管理与操作，智能化仓储管理系统对仓库管理员的自身业务水平提高了要求，自动化立体仓库等的运用则要求更高端的人才来管理。最后，制造业智能化过程中需要的不是掌握专利或只懂技术的"专才"，而是综合素质高的"通才"，这为高素质人才提供了更多的发展机遇。

综合以上分析发现，制造业智能化在企业生产制造等各个环节可能会替代很多就业岗位，但通过延伸产业链和吸引高端人才也会创造更多的就业岗位。制造业智能化究竟是增加就业还是减少就业，取决于两种效应的强弱。如果替代效应大于补偿效应，制造

业智能化将会取代更多的劳动力就业，从而减少就业量；如果补偿效应大于替代效应，制造业智能化将会扩大就业规模，增加就业量。具体的影响还需要我们通过定量的方法进行具体实证分析。

15.4　智能化对制造业就业影响的实证检验

根据 15.3 中智能化对制造业就业的影响机制分析，智能化给劳动力就业带来的究竟是替代效应还是补偿效应很难凭经验预估，因此需要用实证的定量方法来解决，本节通过构建计量模型，运用我国 30 个省份制造业相关数据进行实证，以判断智能化对制造业就业产生的具体影响。

15.4.1　计量模型设定

基于柯布-道格拉斯生产函数 $Y = A(t)L^{\alpha}K^{\beta}$，先将其变形为劳动投入关于产值和资本投入的关系式 $L = F(Y, K) = \beta_0 A(t)^{\beta_1} Y^{\beta_2} K^{\beta_3}$。结合已有研究，将相关衡量指标纳入生产函数中，建立智能化对我国制造业就业影响的回归模型，如下所示：

$$L = F(I, Y, K, \text{wage}, \text{str}, \text{Geo}) = \beta_0 I^{\beta_1} Y^{\beta_2} K^{\beta_3} \text{wage}^{\beta_4} \text{str}^{\beta_5} \text{geo}^{\beta_6} \tag{15.1}$$

对式（15.1）取对数，以取消异方差对模型的影响：

$$\ln L = \beta_0 + \beta_1 \ln I_{it} + \beta_2 (\ln I)^2 + \beta_3 \ln Y_{it} + \beta_4 \ln K_{it} + \beta_5 \ln \text{wage}_{it} + \beta_6 \ln \text{str}_{it} + \beta_7 \text{geo}_{it} + \varepsilon_{it}$$

$$\tag{15.2}$$

其中，L 为被解释变量，表示制造业就业人数；I 为核心解释变量，表示智能化程度，我们引入智能化程度的平方项，以验证被解释变量与核心解释变量之间是否存在"倒 U 形"关系；Y 代表制造业工业总产值、K 为制造业固定资产投资；wage 为制造业从业人员的工资水平；str 为制造业产业结构；geo 为虚拟变量，表示地理区位；下标 i 和 t 分别表示地区和年份，其他字母则分别表示常数项、变量系数和随机项；为使方程易于观察，在式 15.1 基础上取对数后，将 β 的下标自动延后。

15.4.2　变量说明与数据来源

1. 变量说明

（1）制造业就业人数（L）。我们用各个省份制造业全部就业人员年平均数衡量制造业就业规模。

（2）智能化程度（I）。人工智能不同于一般的技术进步，制造业智能化对就业的影响将是巨大而深远的。考虑到数据的可得性，我们从投入角度来衡量智能化：分别是智能化经费及设备投入与智能化人才投入[①]。借鉴刘军和石喜爱（2018），采用电信固定资

[①]智能化经费及设备投入：智能化经费及设备投入是制造业智能化发展的基础，为企业发展智能技术及实现网络化、智能化提供有力的支撑。我们用电信固定资产投资作为其代理变量。智能化人才投入：智能化人才投入是制造业智能化发展的重要保证，加大智能人才投入有助于提高企业创新能力和智能化水平。我们用软件开发人员数作为其代理变量。

产投资与软件开发人员数的乘积衡量各省份的智能化程度，乘积的数值越大，则说明智能化水平越高。根据前智能化对制造业就业影响的机制分析，智能化对制造业就业规模的影响有待验证。

（3）生产规模（Y）。生产规模是指企业所拥有固定投入的数量，其中劳动力是不可或缺的重要组成部分。劳动力的密集度很大程度上决定了企业的生产规模，而生产规模越大，需要的劳动力数量也越多。我们选取制造业工业总产值衡量各省份制造业的生产规模，并预期生产规模对就业规模产生正效应。

（4）资本投入（K）。在柯布-道格拉斯生产函数中，资本要素包括对机器、工具、设备和工厂建筑的投资，而未包括劳动力要素投资。一般而言，资本投入的增加一定程度上会替代人力需求，从而减少企业人力投入。我们选取制造业固定资产投资衡量制造业的资本投入，并预期资本投入会对就业产生负效应。

（5）工资水平（wage）。随着经济实力的快速提升，劳动力成本也开始逐渐增长，这就给劳动密集型的制造业企业带来较大的压力，从而对劳动力的需求会有所下降。我们选取制造业就业人员平均工资衡量制造业的工资水平，并预期工资水平会对就业规模产生负效应。

（6）产业结构（str）。在中国国家统计局公布的《三次产业划分规定（2017）》中，制造业被划分 30 个大类。不同类型的制造业产业对劳动力的需求也有所不同，一般而言，产业结构的升级会促进经济总量的增长和规模的扩张并催生新兴产业，这会使劳动力产生"结构性增加效应"。我们选取劳动密集型制造业行业[①]的产值占比来衡量各地制造业的产业结构，并预期制造业产业结构对就业规模产生正效应。

（7）地理区位（geo）。我国制造业产业有明显的东中西地区差异，沿海地区因其地理优势和工业基础，制造业实力更强，吸引更多劳动力。本节选取是否沿海作为虚拟变量，表示地理区位，若为沿海地区，取值为 1，若不是则取值为 0。预期地理区位会对制造业就业规模产生正效应。

2. 数据来源

采用 2006~2015 年我国 30 个省份的制造业面板数据，数据主要来源于《中国统计年鉴》（2007~2016）、《中国劳动统计年鉴》（2007~2016）、《中国工业统计年鉴》（2007~2016）、《中国高技术产业统计年鉴》（2007~2016）、国研网、《中国信息产业年鉴》（2007~2016）。处理后的数据的描述性统计结果如表 15.1 所示。

---

①引用张佩（2016）中的计算方法与结论，对我国制造业 30 个大类的行业劳动-资本系数进行计算，如果行业的劳动-资本系数高于全国平均水平，则我们将这类制造业行业定义为劳动密集型制造业行业，这些行业包括：纺织业，纺织服装、服饰业，皮革、毛皮、羽毛及其制品和制鞋业，木材加工和竹、藤、棕、草制品业，家具制造业，印刷和记录媒介复制业，文教、工美、体育和娱乐用品制造业，电气机械和器材制造业，计算机、通信和其他电子设备制造业，仪器仪表制造业，其他制造业，共 11 个行业，由于其他制造业的数据缺失严重，本节主要研究除其他制造业行业之外的其他 10 个制造业行业。

表 15.1　主要变量指标的描述性统计结果

变量	样本量	均值	标准差	最大值	最小值
$\ln L$	300	4.4663	1.0236	6.9278	1.9036
$\ln I$	300	4.6197	2.4841	10.3942	−1.7372
$(\ln I)^2$	300	27.4922	23.2122	108.04	0.0032
$\ln Y$	300	9.2560	1.2564	11.8620	5.7176
$\ln K$	300	7.4237	1.2602	9.9631	3.8953
$\ln$ wage	300	10.3740	0.4094	11.3947	9.5223
$\ln$ str	300	−2.7161	1.8805	−0.5609	−10.9543
geo	300	0.2667	0.4430	1	0

15.4.3　研究方法选择

面板数据（panel data）的估计方法包括聚合最小二乘回归（pooled OLS regressions）、固定效应（fixed effect，FE）和随机效应（random effect，RE）模型等多种形式。除了上述 3 种模型形式，还可以采用可行的广义最小二乘法（FGLS）进行估计，这一方法可以在一定程度上消除可能存在的异方差性和序列相关性，能够得出有效的估计结果。为了得出较为稳健的结论，我们将分别采用固定效应（FE）模型、随机效应（RE）模型、可行的广义最小二乘法（FGLS）模型进行估计。另外考虑劳动力就业存在空间溢出和动态效应，即劳动力会有空间转移，我们采用动态空间面板模型进行估计。分析软件是 Stata14.0。

15.4.4　实证分析

1. 总体回归

我们以地区制造业劳动力就业人数作为被解释变量，对各解释变量进行回归，表 15.2 的方程 1、方程 2、方程 3 和方程 4 分别报告了固定效应（FE）、随机效应（RE）、可行的广义最小二乘法（FGLS）以及动态空间面板模型估计的解释变量系数估计值。

表 15.2　回归结果

解释变量	方程 1（FE）	方程 2（RE）	方程 3（FGLS）	方程 4（动态空间面板）
$\ln I$	−1.024***	0.0548*	0.1917***	0.1932***
	（−2.84）	（1.71）	（11.85）	（8.24）
$(\ln I)^2$	0.0114***	0.0077***	−0.0040***	−0.0037**
	（4.59）	（3.09）	（−2.62）	（−1.97）
$\ln Y$	0.1443*	0.4559***	0.5765***	0.6164***
	（1.72）	（6.35）	（16.62）	（11.37）
$\ln K$	0.1637***	0.0832*	−0.0740***	−0.1555***
	（2.61）	（1.70）	（−3.62）	（−4.29）
lnwage	−0.1986	−0.7418***	−0.7089***	−0.6719***
	（−1.56）	（−11.71）	（−23.70）	（−13.43）

续表

解释变量	方程 1（FE）	方程 2（RE）	方程 3（FGLS）	方程 4（动态空间面板）
ln str	−0.0047	−0.0069	−0.0118**	−0.0117
	(0.05)	(−0.85)	(−1.88)	(−1.13)
geo		0.3482***	0.2160***	0.1767***
		(3.30)	(5.71)	(3.72)
常数项	4.1222***	6.7486***	6.1686***	4.8378***
	(4.24)	(11.74)	(20.77)	(12.11)
R^2	0.7130	0.9213		
Hausman 检验值	0.0000			
$\ln L_{it-1}$				0.2119**
				(1.99)
Wly_ln I				-5.29×10^{-7}
				(−1.47)
OBS	300	300	300	270

注：（1）括号中数值为 t 值；（2）***、**、* 分别表示变量系数通过了 1%、5%、10%的显著性检验；（3）OBS 表示样本观察值个数；（4）Wly_ln I 表示空间溢出效应。

先比较方程 1 和方程 2 的估计结果，根据 Hausman 检验，P 值为 0.0000，小于 0.05，固定效应优于随机效应。其次，由于可行的广义最小二乘法（FGLS）在一定程度上消除了可能存在的异方差性和序列相关性，因此认为方程 3 较方程 1 更稳健。但是，方程 3 和方程 4 的回归结果存在一些差异，通过观察显著性可以发现方程 4 的估计效果更好。而且由于 FGLS 模型没有考虑空间溢出效应和地理因素，忽视劳动力就业的空间转移效应，可能会带来估计和分析的偏差。动态空间面板模型则既考虑了就业的空间溢出效应，也考虑了就业规模存在的内生性问题。因此得到的结果更有说服力，我们在方程 4 估计结果的基础上讨论实证研究的发现。

通过观察方程 4 中解释变量系数的估计值，我们可以得出：智能化程度的系数为正值，通过了 1%的显著性检验，智能化程度平方项系数为负值，通过了 5%的显著性检验。表明智能化与制造业就业之间存在"倒 U 型"关系，即智能化程度较低时，会增加制造业就业；智能化程度达到一定水平后，会减少制造业就业。与此同时，发现当加入一阶滞后变量 $\ln L_{it-1}$ 后，其系数为正且通过 5%的显著性检验，验证就业规模具有连续性特征，即前一期变量对就业的影响会延续到本期以及滞后若干期。产生这样的结果，我们认为其原因可能为：①就目前的形势而言，虽然机器学习、人工智能等技术取得了令人瞩目的研发成果并日渐成熟，但距离最终的产业化和全面性应用脱产可能还有很长的路要走，因此从短期看，智能化对制造业就业的冲击还是局部现象而且相当有限，即现阶段对就业的补偿效应大于替代效应。②我国制造业产业近些年发展速度很快，规模和水平都有十分明显的上升优势。制造业产业的就业规模也十分庞大，因此短期内的智能化水平对大规模的就业存量的影响还很小，不足以产生明显的替代效应。③在智能化开始的初期，企业为提高智能化水平会吸纳很多智能化相关的高端人才，从产品的设计研发到生产制造再到仓储管理都为智能化人才提供了就业岗位。人工智能相关的研发成果明显增加得益于大量人才及人力资本的投入。因此，现阶段智能化程度的加深对就业产生更强的补偿效应。④当智能化程度达到一定的水平后，智能化对制造业就业将产生冲击，大规模的投入使用智能机器会替代大量劳动力，此时替代效应将大于补偿效应。

工资水平对制造业就业的影响系数为负，且通过了 1% 的显著性检验，表明制造业工资水平对制造业就业具有显著的负向作用，与预期一致。制造业产值和地理区位均正向影响制造业就业，与预期一致，且都通过了 1% 的显著性检验，表明制造业产值和地理区位均对制造业就业发挥比较重要的作用。制造业产业结构对就业的影响为负且不显著，固定资产投资对就业则为显著负影响，这可能是因为制造业全行业不存在明显的异质性，且其固定资产投资没有足够多的运用在扩大企业生产规模上，从而对就业无法产生增加效应。

2. 分区域回归

为比较我国地区之间的智能化程度就业影响差异，我们将 30 个省份划分为东中西 3 个区域[①]，用动态空间面板模型进行分区域回归。表 15.3 为回归结果。

表 15.3　分区域的回归结果

解释变量	东部	中部	西部
$\ln I$	0.3831***	0.0637	0.2101***
	(7.10)	(0.62)	(7.01)
$(\ln I)^2$	−0.0019	0.0046	−0.0080***
	(−0.47)	(0.47)	(−2.71)
$\ln Y$	−0.0907	0.8237***	0.7771***
	(−0.07)	(7.35)	(8.59)
$\ln K$	0.2209***	−0.1999*	−0.2808***
	(3.50)	(−1.87)	(−3.86)
ln wage	−0.5166***	−0.8338***	−0.7122***
	(−4.89)	(−7.35)	(−7.92)
ln str	0.0072	−0.0075	−0.0039
	(0.31)	(−0.55)	(−0.41)
geo	0.8289***		
	(8.67)		
常数项	4.1270***	8.7098***	7.2731***
	(8.30)	(6.24)	(6.50)

① 本章中的东部地区包括北京、天津、河北、辽宁、上海、江苏、浙江、福建、山东、广东和海南 11 个省份；中部地区包括山西、吉林、黑龙江、安徽、江西、河南、湖北、湖南 8 个省份；西部地区包括四川、重庆、贵州、云南、陕西、甘肃、青海、宁夏、新疆、广西、内蒙古 11 个省份。

续表

解释变量	东部	中部	西部
$\ln L_{it-1}$	0.4274*	−0.2930	−0.1958***
	（1.50）	（−1.58）	（−2.86）
Wly_ln I	−7.80×10⁻⁶**	−4.65×10⁻⁶**	−2.30×10⁻⁶
	（−2.38）	（−2.29）	（−1.13）
OBS	99	72	99

注：同表 15.2。

　　由表 15.3 看出，东部、中部、西部的智能化程度系数均为正值，东部和西部的智能化程度平方项系数为负值，中部则仍为正值。这表明现阶段智能化程度对 3 个区域制造业就业的影响均为正向效应，而智能化水平达到一定程度后，对东部和西部地区制造业就业的替代效应有所加强且超过补偿效应，对中部地区的影响则仍为补偿效应。其中，东部地区的智能化程度系数为 0.3831，大于中西部地区的系数，表明东部地区的制造业智能化程度更高，这也符合我们的预期以及现状；而当智能化达到一定程度后，智能化对制造业就业产生不是很显著的替代效应。东部地区的制造业规模和水平在全国处于领先水平，较强的地理区位因素也吸引了更多的资金和人才来提高智能化水平，从而对就业规模的影响最为明显，且不易受智能化程度加深的影响。西部地区的智能化程度系数大于中部地区的系数，且智能化程度平方项系数显著为负，说明西部地区的智能化程度对就业的影响较中部地区更明显，且当智能化达到一定程度后，对制造业就业的替代效应显著大于补偿效应。这首先得益于政府的政策支持，如"西部计划"等政策从资金、人才等方面，都给予西部更多的发展机遇，从而提高了西部地区的制造业水平，其智能化程度的提升也吸引了较多的劳动力，扩大了就业规模；而机器大量引进使用后，对就业的替代效应也十分明显，反映出东西部地区的智能化本身存在一定的异质性，因此对就业的影响也产生一定的差别。中部地区一向以传统重工业产业为主，制造业水平还处于较弱的地位，智能化的程度也不及其他地区，当前对就业的补偿效应和替代效应都不是很明显。综合来看，智能化程度的提高对东部地区的就业影响最突出，对中西部地区的影响还有很大的提升空间。

15.5　本章小结

　　本章重点分析了制造业智能化对就业的影响机制，基于中国 2006～2015 年 30 个省份的制造业面板数据，运用静态面板模型和动态空间面板模型实证分析了智能化对中国制造业就业的影响。结果表明，智能化与制造业就业总量之间存在"倒 U 型"关系，我国现阶段的智能化发展程度对就业的影响还处在"倒 U 型"曲线的左侧，即智能化对就业的补偿效应大于替代效应。通过分区域回归，发现智能化对制造业就业的影响存在一定的地区差异，对东部地区的影响最为明显。

　　由此提出 4 条政策建议。

（1）进一步提高我国制造业整体的智能化水平，强化智能化对就业的补偿效应。制造业全行业的智能化程度要想加深，必须首先注重和培育人工智能、机器人制造等新兴产业，通过新技术新产品的设计研发，实现我国制造业智能化的自给自足；同时通过制造业产业链的不断延伸，实现新兴产业发展和就业增长的双赢。

（2）加快培养制造业发展急需的专业技术人才、经营管理人才，提高制造业企业的就业吸纳能力。人才培养过程中注重对不同智能化程度的制造业行业区别对待，根据不同行业需求进行针对性的人才培养。为高端人才提供相应的就业优惠政策，制造业企业也要积极实现与政府政策的对接，进一步扩大企业的就业吸纳能力。

（3）加深智能化程度以加快制造业产业的转型升级，通过产业产出增长和产业结构高级化，促进就业。我国要想走上制造强国的道路，必须不断加深制造业的智能化应用程度，实现更高效更稳固的转型升级，从而实现制造业的产出增长和产业结构的高级化，进一步拉动就业。

（4）针对地区差异，制定相应的制造业智能化激励政策。提高中西部地区的智能化水平以带动当地地区就业，缩短与东部发达地区的差异，实现整体智能化对就业的正向补偿效应。

参 考 文 献

刘军, 石喜爱. 2018. "互联网+"是否能促进产业聚集——基于 2007—2014 年省级面板数据的检验. 中国科技论坛, 4: 66-72.

刘敏. 2017. 新技术革命对就业的多重影响及政策建议. 宏观经济管理, 3: 54-56.

邵文波, 盛丹. 2017 信息化与中国企业就业吸纳下降之谜. 经济研究, 6: 120-136.

王君, 张于喆, 张义博, 等 2017. 人工智能等新技术进步影响就业的机理与对策. 宏观经济研究, 10: 169-181.

曾湘泉, 徐长杰. 2015. 新技术革命对劳动力市场的冲击. 探索与争鸣, (8): 32-35.

张佩. 2016. 劳动力成本上涨与我国劳动密集型制造业转型发展研究. 兰州: 兰州交通大学.

赵磊, 赵晓磊. 2017. AI 正在危及人类的就业机会吗?——一个马克思主义的视角. 河北经贸大学学报, 38(6): 17-22.

周济. 2015. 智能制造——"中国制造 2025"的主攻方向. 中国机械工程, 26(17): 2273-2284.

Acemoglu D, Restrepo P. 2017. Robots and jobs: evidence from US labor markets. MIT Department of Economics Working Paper, No. 17-04.

Acemoglu D, Restrepo P. 2018. Artificial intelligence, automation and work. National Bureau of Economic Research.

Arntz M, Gregory T, Zierahn U. 2016. The risk of automation for jobs in OECD countries: A comparative analysis. OECD Social, Employment, and Migration Working Papers, 189: 0_1.

Borland J, Coelli M. 2017. Are robots taking our jobs? Australian Economic Review, 50(4): 377-397.

David H. 2015. Why are there still so many jobs? The history and future of workplace automation. Journal of Economic Perspectives, 29(3): 3-30.

Dekker F, Salomons A, Waal J. 2017. Fear of robots at work: The role-of economic self-interest. Socio-Economic Review, 15(3): 539-562.

Harrison R, Jaumandreu J, Mairesse J, et al. 2014. Does innovation stimulate employment? A firm-level analysis using comparable micro-data from four European countries. International Journal of Industrial

Organization, 35: 29-43.

Kromann L, Skaksen J R, Sørensen A. 2011. Automation, labor productivity and employment–A cross country comparison. CEBR, Copenhagen Business School.

Morikawa M. 2017. Firm's expectations about the impact of AI and robotics evidence from a survey. Economic Inquiry, 55(2).

撰稿人：刘军

审稿人：程中华

第16章

生产智能化对企业就业结构的影响
——基于中国制造业企业调查数据的经验分析

16.1　引　言

技术进步对经济的影响一直是经济学家重点关注的问题之一。随着人工智能的发展，有关人工智能对经济的影响引发了学术界新的关注（陈永伟，2018；曹静和周亚林，2018；Autor，2015；Acemoglu and Restrepo，2018a）。党的十九大报告也强调"推动互联网、大数据、人工智能和实体经济深度融合"。随着人工智能逐渐改变现代和未来经济社会的方方面面，目前有关人工智能对经济、收入分配、就业等方面影响的文献与日俱增。国内外众多研究者就人工智能对经济、就业、收入分配等经济各方面的影响展开了探讨（曹静和周亚林，2018；Autor，2015；Arntz et al.，2016；Borland and Coelli，2017；Acemoglu and Restrepo，2018a，2018b；Bessen，2018；Eden and Gaggl，2018）。研究人工智能等新技术对经济社会的影响，有助于我们更好地理解以人工智能为代表的新技术所产生的积极效应和消极效应，从而可以设计出更合理的公共政策，以规避和应对其可能带来的风险和挑战。

诸多国外研究者预测人工智能等新技术将改变世界各地的就业岗位和就业方式（Brynjolfsson and McAfee，2012；Sirkin et al.，2015；Masayuki，2016；Manyika et al.，2017）。虽然，研究者们对智能化产生的效应存在期望和担忧，但我们对进入智能化阶段后，特别是人工智能和机器人等智能化技术对劳动力市场的影响还不完全了解。有关人工智能及智能化的理论研究表明，机器人的使用和快速增长对就业会有不利影响（Acemoglu and Restrepo，2018b）。有研究者认为，新的信息技术将在各种职业中占据相当大的就业份额，人们将在不久的将来面临风险（Frey and Osborne，2017）。另一些研究者则认为，非熟练的生产工人和智能技术间产生替代效应是合理的，但熟练的生产工人和 IT 人员通常会与新技术产生互补效应（Autor et al.，1998），人工智能等新技术只会取代一部分高技能工作（Remus and Levy，2017），替代或将发生，但需要很长时间（Autor，2015）。

当一个行业或一个国家中大部分行业实现生产自动化时，其就业率究竟会发生什么样的改变，是否有许多工作会因新技术应用而消失，从而导致就业结构发生变化，对处于经济快速发展和转型期的中国来说，是一个亟须关注的问题。

此外，我国劳动力市场的制造业部门中女性员工就业份额逐年增加，2014 年达到 40.4%（魏下海等，2018），那么，制造业企业生产制造环节的技术升级，对工作岗位产生的是替代效应还是补偿效应，是否更不利于女性员工就业？

在借鉴已有研究的基础上，本章使用世界银行 2012 年提供的中国制造业企业层面调查数据，考察生产制造环节智能化过程中（采用 ICT 使用或投资度量智能化）女性员工占比是否降低，并采用中介效应模型检验生产制造中应用 ICT 影响女性员工占比的渠道。与以往的文献相比，本章的贡献主要体现在 3 个方面：①在研究视角方面，本章采用企业面板数据检验企业生产制造智能化对女性员工占比的影响，弥补已有研究的不足，为洞察智能化对劳动力市场的影响提供了新视角，具有重要的理论价值和现实意义。②在研究内容方面，本章使用世界银行所构造的 2005 年城市 IT 指数作为 2012 年企业生产制造智能化的工具变量，较好地解决了模型中的内生性问题，探求了企业智能化与就业结构的因果关系。估计结果发现企业生产制造中应用 ICT 程度的标准差每增加 1 倍，企业中女性员工占比标准差将降低 0.38 倍。③在影响机制分析方面，本章发现应用 ICT 会通过降低企业生产成本和改善生产制造的柔性，减少女性员工占比，两种影响渠道的中介效应占总效应的比例分别为 19.38% 和 33.91%。

本章后续部分结构安排如下：16.2 节是企业智能化对就业影响的相关文献述评；16.3 节阐述本章的数据来源、模型构建及变量，并对中国制造业企业智能化与就业结构进行事实分析；16.4 节检验了企业智能化对女性员工占比的影响，并进一步分析其影响的渠道；16.5 节是本章的结论与启示。

16.2　相关文献述评

目前，国内外已有文献普遍认为智能化对就业主要有 2 种影响：分别是就业替代效应和就业补偿效应（Acemoglu and Restrepo，2018a）。一方面，智能化可以直接（比如机器人可以完成之前必须由人工完成的工作，直接减少了对劳动力的需求）或间接（比如信息通信技术可以通过提高劳动效率来减少单位产量所需的劳动数量）替代工人，这不光对低技术含量的工人产生影响，同时也对中等或高技术水平的工人产生影响（Bresnahan et al.，2002；Autor and Dorn，2013；Autor，2015；Brynjolfsson and McAfee，2012；Arntz et al.，2016；Falk and Biagi，2017；宁光杰和林子亮，2014；邵文波等，2018）。另一方面，从有利的方面来讲，智能化（例如 ICT 的采用）也有可能带来就业补偿效应，例如 ICT 在提高劳动生产效率的同时会使产品价格下降，进而促使产品销售量提高，促进生产发展；此外，智能化也会促进产品创新的发展，增强经济活力。在这两种情形下，智能化都会扩大企业生产规模，促进就业。

在已有的理论分析中，智能化的就业替代效应仍是众多学者的争论焦点（Arntz et al.，2017；Acemoglu and Restrepo，2018b；曹静和周亚林，2018），以智能化为代表的技术创新对就业的替代效应可能会导致对劳动力市场的破坏和不确定性，被认为在短期内会导致就业量的减少（Calvino and Virgillito，2018）。同时，产生就业补偿效应，创造就业岗位，也需要多种技能共同发挥作用，而不仅是被 ICT 所替代的那一种技能（Autor，2015；Pantea et al.，2017）。目前，鉴别智能化对就业产生的替代效应和补偿效应的主导地位，研究者们持不同观点，存在较大争议（Acemoglu and Restrepo，2018a；Brambilla，2018）。除此之外，企业生产的智能化或技术进步会影响劳动者的技能构成（姚先国等，2005；杨惠馨和李春梅，2013；Nobuaki and Keisuke，2018；Frey and Osborne，2017），当然，这可能只是一种局部影响，并不会对全球的劳动者技能结构产生较大影响（Autor et al.，1998；Bresnahan and Yin，2017；Peng et al.，2017）。其实对上述问题进行较为清晰的回答，尚需要更多严谨的实证检验。

目前，智能化的（主要采用 ICT 使用或投资度量智能化）两种就业效应在企业层面的实证分析结果未取得一致结论，研究者们基于使用的数据、方法，所得结论也不确定（Michaels et al.，2014；Autor，2015；Calvino and Virgillito，2018）。采用企业面板数据对智能化的就业效应研究方兴未艾，由于这方面的数据严重不足（Falk and Biagi，2017），导致许多研究主要集中在 ICT 有关的技术变革问题上，比如分析流程创新和组织创新对企业雇佣的影响（Bresnahan et al.，2002），但有研究也发现企业的这一创新行为对就业的影响通常是微不足道的（Brambilla，2018）。需要指出的是，虽然多数研究主要集中在制造业方面，但往往在国家、时间、部门覆盖和研究方法等方面存在差异，这些差异也在一定程度上导致了已有研究结论的模糊性（Bessen，2018）。

从新近的实证研究结论来看，Acemoglu 和 Restrepo（2017）分析了 1990～2007 年机器人使用的增加对美国劳动力市场的影响，结果表明机器人使用确实减少了就业，而且每千人中增加一个机器人就会使就业人口比例下降 0.18%～0.34%。Dauth 等（2017）通过对德国的分析也发现，机器人会改变就业结构，虽然减少制造业就业，但会增加服务业就业。Autor（2015）探讨信息化时代为什么还存在大量的工作岗位，通过对美国宏观面板数据进行分析，他发现自动化确实取代了劳动力，但自动化也补充了劳动力，提高了产出，进而导致对劳动力需求的增加，并与劳动力供给的调整相互作用。就业两极分化不会无限期地持续下去（Autor and Dorn，2013），而且一些评论员或记者倾向于夸大人力劳动被机器替代的程度，忽视了自动化和劳动力之间的强大互补性，Almeida 等（2017）采用智利的公司面板数据得到了相似结论。Arntz 等（2016）对 21 个 OECD 国家工作岗位的自动化程度进行了测算，结果发现在这 21 个国家中，平均有 9% 的工作岗位是自动化的，但各国表现差异较大。因此，他们认为自动化和数字化不可能破坏大量的工作岗位。Brambilla 和 Tortarolo（2018）扩展了基于任务的技术进步和劳动力市场模型，以允许企业间的异质性和工资差异，结果发现，只要熟练劳动力是 ICT 的补充，企业就会雇佣更多的熟练工人。而且只要企业产出增长足够高，那么就可以克服信息化所带来的替代效应，而且最终还会带动非技术工人比例的增加。Falk 和 Biagi（2017）对 ICT 应用及数字化对欧盟国家高技能工人的影响，Nobuaki 和 Keisuke（2018）对 AI 在不同地区对就业岗位的影响也都发现，智能化与就业（岗位、结构）间具有复杂的关系。

学术界有关智能化对就业的影响研究，在理论方面主要倾向于对就业具有显著的负面影响，而实证分析结果却发现两者存在较为复杂的关系，大多数实证研究对生产的智能化水平采用了和 ICT 有关的技术创新变量进行度量，到目前为止尚无直接采用机器人数量或资本作为智能化变量的测度。本章将使用中国制造业企业面板数据，以企业生产制造环节应用 ICT 的程度作为企业生产智能化的度量方式，就生产智能化对中国企业制造业就业结构进行实证检验。

16.3 研究设计

16.3.1 模型构建

借鉴关于智能化（信息化）对就业影响的研究文献（Bresnahan et al.，2002；Pantea et al.，2017；Almeida et al.，2017；邵文波等，2018），本章建立回归方程：

$$\text{empolyment}_{jic} = \alpha + \beta \text{ict}_{jic} + X'_{jic}\gamma + \mu_{jic} \tag{16.1}$$

其中，employment_{jic} 表示 c 城市，i 行业，j 企业生产线中女性员工所占比例；ict_{jic} 是企业层面的 ICT 技术在生产运营方面应用的程度；X'_{jic} 表示其他可能影响企业雇佣的一系列控制变量，μ_{jic} 是随机误差项。为防止异方差对结果产生影响，在回归方程中我们采用 White 鲁棒性标准差。之所以没有采用聚类标准差，是因为有研究表明聚类数量低于 42 时，用聚类标准差方法解决回归模型中的异方差问题将产生偏误（Angrist and Pischke，2008；余林徽等，2013）。

式 16.1 中，β 代表了智能化对就业结构的影响程度，如果 β 在统计上显著为负，说明企业在生产制造过程中应用 ICT 程度越高，企业雇佣的员工中女性占比将越低，当然两者的负相关并不意味着智能化与劳动力就业结构之间存在因果关系，为此我们使用工具变量法处理模型中存在的内生性问题。具体而言，我们采用世界银行在 2005 年对中国 120 个城市进行企业调查的数据构建工具变量，相应的回归结果呈现在 16.4 节。

16.3.2　数据来源

本章使用的数据来源于世界银行 2012 年在中国进行的企业调查。此次调查采取分层随机抽样方法，对全国 25 个城市①的制造业、服务业和 IT 产业②进行数据采集，样本企业共 2848 家，其中 2700 家为私营企业，148 家为国有企业③。调查问卷的内容主要涉及企业基本情况、基础设施与服务、创新与科技、融资、政府关系，以及企业的各项财务指标和雇佣状况等信息。调查主要采集了企业上述各方面 2011 年的数据，但在销售收入等个别问题上也追访了 3 年前的数据。与被广泛使用的中国工业企业数据库相比，本章使用的调查数据具有自身独特优势，在世界银行调查问卷中有对企业雇佣结构和 ICT 在生产制造环节的应用进行详细询问的问题，还有关于员工平均接受教育水平的问题。另外，在本章中城市和省际数据则分别来自相应年份的《中国城市统计年鉴》和《中国统计年鉴》。

16.3.3　变量选取与描述性统计

在调查问卷中，有关于企业 2011 年全职员工中生产线员工总数和全部生产线员工中女性员工人数两个方面的问题。据此，对于企业性别就业结构（employment），本章采用生产线中女性员工人数占生产线总员工人数比例进行度量（female）。

本章的核心解释变量企业智能化水平，国内外已有文献对这一概念的定义尚未达成一致意见。但大多倾向于从产品全生命周期和制造系统维度进行考察，并愈加强化信息技术的作用（蔡秀玲和高文群，2017）。《智能制造》（国家制造强国建设战略咨询委员会和中国工程院战略研究中心，2016）认为，所谓智能制造就是面向产品全生命周期，以

---

　　①25 个城市是合肥、北京、广州、深圳、佛山、东莞、石家庄、唐山、郑州、洛阳、武汉、南京、无锡、苏州、南通、沈阳、大连、济南、青岛、烟台、上海、成都、杭州、宁波和温州。

　　②世界银行中国企业调查行业分类方法采用的是 ISIC Rev.3.1 版本。

　　③这 148 家产权 100%属于国有的企业没有给出相应所属行业，且国有企业在实际经营过程中受政府行政干预影响较大。因此在实证检验中我们将其予以剔除。

新一代信息技术为基础，以制造系统为载体，关键环节或过程拥有一定的自主感知、学习、分析、决策、通信与协调控制能力，能够动态适应制造环境变化，实现目标优化的先进制造系统。从这一定义也可以看出，企业智能化离不开 ICT，那么 ICT 在生产运营方面的应用程度（ict）越高，企业智能制造的倾向也就越大。

与王永进等（2017）采用的企业信息化测度方式不同，我们根据调查问卷中 ICT 在企业生产和运作活动中的应用程度这一问题进行构建，与其他有关企业 ICT 使用的问题相比[①]，我们认为这个问题主要是针对 ICT 在企业生产和制造过程中的应用程度设立，能够比较真实和客观的测度 ICT 在企业生产中真实的应用状况和程度，从而也可以更好地反映企业的智能制造状况。企业回答这个问题的选项分别为"从不使用""很少使用""有时使用""经常使用""一直使用"，我们将这些选项依次赋值为"1""2""3""4""5"，数值越大则企业在生产制造中应用 ICT 程度越高。张龙鹏和周立群（2016）在分析"两化融合"的创新效应时也采用了这种度量方式。

借鉴已有企业就业结构的文献（Bresnahan et al.，2002；Bresnahan and Yin，2017；Falk and Biagi，2017；宁光杰和林子亮，2014；邵文波等，2018），本章在回归模型中还设置其他可能影响企业就业结构的变量。①企业成立年限（age），一般而言，成立年限较长的企业与新成立的企业在管理和生产中往往存在着系统性的差异，从而对企业就业结构产生影响。我们采用截至 2011 年受调查企业成立年数的自然对数进行度量。②企业规模（size），采用 2011 年企业正式员工数的自然对数度量。这是因为企业规模经济的存在会影响企业的雇佣及其结构。③企业人均工资（ln wage），一般而言，在劳动力市场中，工资水平越高，则企业越倾向于减少对员工的雇佣，而且劳动力市场中又存在性别歧视，这会进一步导致女性在就业处于不利地位。④国外技术授权（lic），就企业生产技术对就业结构的影响而言，采用国外先进的技术更有可能会减少企业工作岗位，企业在面临压缩工作岗位时，会倾向于首先解雇女性员工（Borland and Coelli，2017）。在调查问卷中，有关于当前企业是否使用了除办公软件外的国外公司技术授权问题，如回答"是"则赋值为"1"，"否"赋值为"0"。⑤企业研发（rd），已有研究表明，企业创新行为对就业增长有不利影响，企业内部创新行为，无论是管理方面的创新还是产品、生产流程的创新，都与就业增长存在显著负相关（韩孟孟等，2016）。本章这里采用过去 3 年企业内部是否有研发活动度量，如回答"是"则赋值为"1"，"否"赋值为"0"。⑥企业非国有股比例（private），目前非国有经济成为吸纳就业的最重要的力量，遵循 Li 等（2017）的方法，我们采用 2011 年企业国有股之外的其他股东持股比例之和度量。⑦企业产能利用率（capacity），企业的产能利用率高，可能意味着企业未来会有较好的成长空间，这会促使企业雇佣更多的劳动力。

除此之外，在回归模型中，我们还加入了企业所在地区的虚拟变量（dumcity，以北京市为参照组）和所属行业的虚拟变量（dumind，以食品加工业为参照组）。前者是为

[①]在 2012 年世界银行中国企业调查问卷中，关于企业使用 ICT 的问题还包括企业网络进行销售占总销售的比例、企业经常使用电子计算机工作的员工占员工总数的比例、企业在 ICT 方面的投资（包含办公设备）以及企业是否接入国际互联网等。

捕捉一些不可观测的地区因素（如区位、地区特定经济政策等的影响），后者是为控制行业特定因素。各变量的描述性统计呈现在表 16.1。

表 16.1　主要变量的描述性统计

变量	样本量	均值	标准差	最小值	最大值
female	1555	0.362	0.244	0	1
ict	1570	3.257	1.415	1	5
age	1596	2.332	0.574	0	4.820
size	1599	4.516	1.231	2.303	10.31
lnwage	1575	10.35	0.696	4.605	14.17
lic	1581	0.248	0.432	0	1
rd	1584	0.428	0.495	0	1
private	1598	95.93	17.73	0	100
capacity	1597	86.80	10.53	7	100

16.4　实证结果与解释

16.4.1　基准回归结果

在采用面板数据进行回归时，变量之间的多重共线可能会对回归结果产生影响，通过解释变量的相关系数检验，我们发现各变量之间的相关系数的绝对值基本上小于 0.5，而且在回归中进行方差膨胀因子（variance inflation factor, VIF）检验也表明，各变量及所有变量的 VIF 都小于多重共线临界标准 10。这表明我们不必过于担心多重共线问题对回归结果的影响。具体的回归结果呈现在表 16.2 的第（1）～（3）列。

从表 16.2 中的第（3）列可以看出，无论是否控制省市和行业虚拟变量，在其他条件不变情况下，企业在生产制造环节应用 ICT 频率与企业女性员工占比负相关，并在 1% 水平上显著。本章的初步回归结果与宁光杰和林子亮（2012）、邵文波等（2018）采用企业面板数据所得结论不一致，但与邵文波和盛丹（2017）的研究结论相似，这也许是由于本章对企业智能化的定义方式与他们不同所致。

企业应用 ICT 程度的提高之所以减少了女性就业占比[①]，可能是因为企业生产制造中应用 ICT 程度提高，其生产线越先进，那么企业通过对生产体系重组或引进卓越的先进技术，减少人工，实现更加自动化和智能化的生产，而且由于省力机械引进和生产线优化升级，又重塑原有工厂车间的工序内容，企业就会减少对体力和手工的要求，相应地增加对脑力和分析能力的需求（魏下海等，2018），在此情况下，企业的就业结构就可能会出现女性员工占比减少，受教育程度高员工占比增加的现象。除此之外，在中国"男主外、女主内"等传统家庭分工观念盛行，女性更多的承担家庭责任和义务，从而使女

---

①未来八年 美国女性的工作易被人工智能取代，http://www.chinanews.com/hr/2018/02-01/8438571.shtml。

性员工在劳动连续性和生产效率方面明显弱于男性，这也会促使企业在采取"机器代替工人"进行生产时倾向于减少女性员工的雇佣（李后建等，2018）。

表 16.2　企业应用 ICT 程度与就业结构初步回归结果

	（1）	（2）	（3）	（4）
	OLS	OLS	OLS	tobit
ict	-0.015***	-0.021***	-0.013***	-0.014***
	(0.004)	(0.005)	(0.004)	(0.005)
age		0.003	0.010	0.011
		(0.012)	(0.010)	(0.011)
size		0.015***	0.012**	0.016***
		(0.006)	(0.005)	(0.005)
ln wage		-0.030***	-0.014*	-0.013
		(0.009)	(0.008)	(0.009)
rd		0.010	0.009	0.012
		(0.013)	(0.012)	(0.013)
lic		0.025	-0.007	-0.01
		(0.015)	(0.014)	(0.015)
private		0.000	-0.000	-0.000
		(0.000)	(0.000)	(0.000)
capacity		0.001	0.001	0.001
		(0.001)	(0.001)	(0.001)
_cons	0.412***	0.580***	0.471***	0.563***
	(0.016)	(0.107)	(0.102)	(0.110)
dumind	否	否	是	是
dumcity	否	否	是	是
N	1526	1459	1459	1459
F	11.720	5.768	4.949	17.60
Adj-R^2	0.007	0.023	0.307	

注：（1）括号里为经过稳健性标准误修正后的 t 值。（2）***、**、*分别表示在 1%、5% 和 10% 显著性水平上显著。

　　总之，企业应用 ICT 将对就业产生替代效应，一方面 ICT 将通过工作的自动化直接减少对不同类型员工的需求；另一方面 ICT 还将通过提高劳动者的工作效率，使得企业在生产相同产量产品的同时减少要素的投入量，也包括劳动力的投入。

　　对于其他控制变量，回归结果表明，企业规模（size）变量的系数显著为正，这说明企业规模越大，企业中女性员工占比就会越高。人均工资（ln wage）变量的系数显著为负，符合劳动经济学基本理论，如果工资水平上升，企业会倾向于减少对员工的雇佣，从而会对女性员工就业产生不利影响。企业成立年限（age）、企业研发（rd）、国外技术授权（lic）、企业非国有股比例（private）和企业产能利用率（capacity）等变量的系数符号虽然符合理论预期，但统计上不具显著性，不再赘述。

此外，根据表 16.1 可知企业雇佣结构变量存在删失特征，因此本章还采用 tobit 模型进行回归，结果汇报在表 16.2 第（4）列，与使用 OLS 回归结果相一致，企业 ICT 应用程度与女性员工占比显著负相关，这再次意味着在生产过程中充分应用 ICT 将对女性员工产生不利影响。其他控制变量的符号与显著性也与 OLS 回归基本一致，不再赘述。

16.4.2 内生性处理

表 16.2 中的初步回归结果显示，企业应用 ICT 程度与女性员工占比之间存在显著负相关关系。但是企业应用 ICT 程度变量可能存在内生性问题。首先，一些不可观测的生产经营问题可能同时影响企业应用 ICT 程度和女性员工占比，存在遗漏变量问题。其次，有些技术先进的企业中女性员工数量较少，这样的企业在生产经营中应用 ICT 程度本身也较高，从而出现反向因果关系。为此，我们采用 2005 年世界银行在中国 120 个城市[①]进行的"营商环境"调查数据构建 IT 指数（ictid）作为企业应用 ICT 的工具变量。在 2005 年的调查问卷中，设有关于企业接受正规 IT 培训的劳动力比例和企业经常使用计算机的员工比例问题，将这两项不同的指标在城市-企业层面进行加总，然后得出该变量的地区平均值——城市层面的 IT 指数（世界银行，2007）。

采用城市层面的 IT 指数作为工具变量基于 2 点考虑：一是企业在生产运营中采用的技术往往与该城市同行业企业生产技术有一定的渊源，那么 2005 年的城市-企业层面 IT 指数不仅反映过去该城市中企业 ICT 的应用状况，也会影响 2012 年所在城市企业生产运营使用 ICT 的状况，从而满足了工具变量"相关性"的要求。二是 2004 年的城市-企业层面 IT 指数对于当前企业的雇佣结构影响程度较小，满足了工具变量"外生性"的条件。

另外，为了纠正模型中可能存在的异方差及自相关，我们采用两步最优高斯混合模型（Gaussian mixture model，GMM）进行估计。通过表 16.3 可知，回归结果进一步证实了表 16.2 初步回归结论的稳健性。结果表明，保持其他变量不变情况下，企业应用 ICT 程度每增加 1 倍的标准差（1.42），则企业女性员工占比将降低 0.38 倍的标准差[②]。如果考虑中国制造业部门巨大的就业吸纳能力[③]，那么这个下降水平对我国城镇劳动力就业结构的影响不容忽视，同时这也意味着在工业企业中推进"两化融合"时，需要注意经济效益与就业之间的权衡关系。从表 16.3 中的第（2）列可以看出，工具变量回归中的其他控制变量，如企业研发（rd）和企业产能利用率（capacity）的显著性由不显著变为显著，这意味着需要认真处理模型中的内生性问题。

在表 16.3 的下方汇报了对工具变量进行的相关性和弱工具变量检验。在允许随机误差项存在异方差及非独立同分布情况下，首先，利用 Kleibergen 和 Paap（2006）的 LM 统计量进行不可识别检验，检验结果在 1%水平上拒绝了"工具变量不可识别"的原假设；其次，利用 Kleibergen 和 Paap（2006）的 Wald F 统计量和 Cragg-Donald Wald F 统

[①]世界银行 2012 年调查的 25 个城市都包含在 2005 年所调查的 120 个城市中。

[②]计算方法为 $(\hat{\sigma}_{ict} / \hat{\sigma}_{employment}) * \hat{\beta}$。

[③]根据 2017 年《中国统计年鉴》数据测算，2016 年城镇制造业部门就业人员 4893.8 万人，占当年城镇就业人员的 27.4%。

计量进行弱工具变量检验，在只有 1 个内生变量的情况下，根据 Stock 和 Yogo（2005）提供的最小特征值统计量的临界值，我们可以看出这 2 个统计量均处于 10%显著性水平之上，因此以上证据可以强烈拒绝工具变量是弱的原假设；最后，利用 Anderson-Rubin Wald 检验和 Stock-Wright LM S 统计量，结果都在 1%显著性水平拒绝了"内生回归系数之和等于 0"的原假设，这更进一步说明本章选择的工具变量与内生变量之间存在较强的相关性。

表 16.3　企业应用 ICT 程度与就业结构关系的工具变量回归结果

	（1）	（2）
	first	IV
ict		−0.065***
		（0.018）
ictid	3.68***	
	（0.42）	
age	0.064	0.014
	（0.058）	（0.010）
size	0.14***	0.019***
	（0.028）	（0.005）
ln wage	0.137***	−0.008
	（0.048）	（0.009）
rd	0.207***	0.023*
	（0.072）	（0.013）
lic	0.498***	0.023
	（0.073）	（0.018）
private	0.014***	0.000
	（0.002）	（0.000）
capacity	0.009***	0.001**
	（0.003）	（0.001）
_cons	−3.177***	0.507***
	（0.569）	（0.108）
dumind	是	是
dumcity	是	是
N	1459	1459
F	17.212	17.212
不可识别检验		
LM 统计量（Kleibergen and Paap, 2006）	65.93***	
弱工具变量检验		
Wald F 统计量（Kleibergen and Paap, 2006）	76.72	

续表

	（1）	（2）
Cragg-Donald Wald F 统计量（Kleibergen and Paap, 2006）	81.30	
	(16.38)	
稳健弱识别推断		
Anderson-Rubin Wald 检验	14.72***	
Stock-Wright LM S 统计量	16.23***	
Adj-R^2	0.254	0.234

注：（1）括号里为经过稳健性标准误修正后的 t 值。（2）***、**、*分别表示在 1%、5%和 10%显著性水平上显著。

根据以上 3 种检验，我们可以有信心推断本章使用的工具变量不仅合适，而且工具变量回归结果还再次证实了企业生产中应用 ICT 程度的提高将减少企业对女性员工的雇佣，从而智能化对就业产生的替代效应大于补偿效应。

16.4.3　稳健性检验

为了保证表 16.2 中基准回归结果的可靠性，我们采取 4 种稳健性检验。

（1）替换解释变量。从广义上看，企业应用 ICT 的程度还可以体现在企业原料采购、生产、配送及售后服务等多个环节中采用 ICT 的程度，从而表现为 ICT 应用在整个供应链上优化企业生产管理环节，最终减少生产制造环节人员的干预。在本章使用的调查问卷中，有关于企业资源计划（enterprise resource planning，ERP）系统、供应链管理（supply chain management，SCM）系统和客户关系管理（customer relationship management，CRM）系统等管理软件是否应用的问题，据此，如果企业对该问题回答"是"则赋值为"1"，"否"则赋值为"0"。回归结果见表 16.4 第（1）列，结果显示采用企业管理软件应用度量的变量系数显著为负，因此，表 16.2 中基准回归结果再次被证实。这说明企业在经营管理中采用管理软件，会对女性员工就业产生不利影响。

（2）考虑区分不同地区样本。本章按惯常划分地区标准将样本企业分为东部地区和中西部地区。然后分别进行回归，从表 16.4 的第（2）和第（3）列中可以看出，对东部地区而言，企业应用 ICT 程度与女性员工占比负相关，且在 1%水平上显著；但对中西部地区企业而言，应用 ICT 并不会减少女性员工占比结构。另外，结果还显示相对于中西部地区企业，东部地区企业应用 ICT 程度提高对企业女性员工占比下降的作用更大。

表 16.4　企业应用 ICT 程度对就业机构影响的稳健性检验回归结果

	（1）	（2）	（3）
	OLS	OLS	OLS
	替换自变量	东部	中西部
ict	−0.043***	−0.016***	−0.009
	(0.013)	(0.005)	(0.010)

续表

	(1)	(2)	(3)
age	0.009	0.007	0.015
	(0.01)	(0.012)	(0.020)
size	0.013	0.010	0.011
	(0.005)	(0.006)	(0.010)
ln wage	−0.013	−0.016*	−0.006
	(0.008)	(0.009)	(0.023)
rd	0.008	0.022	0.005
	(0.012)	(0.014)	(0.023)
lic	−0.003	0.010	0.004
	(0.014)	(0.016)	(0.024)
private	−0.000	−0.000	0.000
	(0.000)	(0.000)	(0.001)
capacity	0.001	0.001*	−0.002
	(0.001)	(0.001)	(0.002)
dumind	是	是	是
dumcity	是	否	否
_cons	0.46***	0.432***	0.448
	(0.101)	(0.104)	(0.298)
N	1471	1173	286
F	5.19	2.918	0.671
Adj-R^2	0.308	0.256	0.397

注：同表 16.2。

（3）考虑企业成立年限的影响。成立年限不同的企业，在生产运作中的制度完善程度具有异质性。一般而言，成立年限短或进行过技术改造的企业，生产及管理更高效。例如成立年限较短的企业倾向于采用较先进的机器设备和技术进行生产，而先进的设备和技术一般又是劳动节约型的。本章根据企业成立年限的均值（11.908）将样本企业区分为两组。如果企业成立年限低于样本企业成立年限的均值，就界定为处于成长期企业；否则，界定为成熟期企业，然后分别进行回归，从表 16.5 的第（1）和第（2）列可见，对成长期的企业而言，企业应用 ICT 程度与企业女性员工占比呈显著负相关，表 16.2 基准回归结果再次得到印证。对于控制变量，它们的符号与显著性与表 16.2 中的回归基本一致。

（4）考虑企业规模的影响。不同规模的企业生产中劳动需求各异。参考世界银行对调查企业的界定[①]，将雇佣人数不足 100 人的企业界定为微型企业和中型企业，否则界定为大型企业。然后分别进行回归。从表 16.5 第（3）和第（4）列中可知，在大型企业

①世界银行对企业规模定义分为 3 类：微型企业（雇佣 5～19 人）、中型企业（雇佣 20～99 人）和大型企业（雇佣超过 100 人）。

中，企业生产制造过程中应用 ICT 程度与企业女性员工占比呈显著负相关，这与表 16.2 中的基准回归结果及其他稳健性检验结果一致。同时，对大型企业而言，本章的核心变量——企业应用 ICT 的回归系数大于微型和中型企业。

表 16.5　企业应用 ICT 程度对就业机构影响的区分成立年限和规模检验

	（1）	（2）	（3）	（4）
	OLS	OLS	OLS	OLS
	成长期	成熟期	微型和中型	大型
ict	−0.010*	−0.002	−0.002	−0.014**
	(0.005)	(0.011)	(0.007)	(0.007)
age	−0.003	−0.022	0.013	0.002
	(0.015)	(0.038)	(0.017)	(0.012)
size	0.007	0.008	0.015	0.005
	(0.006)	(0.010)	(0.012)	(0.008)
ln wage	−0.006	−0.047***	0.012	−0.038***
	(0.010)	(0.017)	(0.014)	(0.010)
rd	0.018	0.016	0.004	0.024
	(0.014)	(0.027)	(0.018)	(0.018)
lic	0.015	−0.001	−0.024	0.036**
	(0.017)	(0.030)	(0.025)	(0.018)
private	−0.000	−0.000	−0.001	−0.000
	(0.000)	(0.001)	(0.001)	(0.000)
capacity	0.000	0.000	0.000	−0.001
	(0.001)	(0.001)	(0.001)	(0.001)
dumind	是	是	是	是
dumcity	是	是	是	是
_cons	0.447***	0.850***	0.217	0.850***
	(0.124)	(0.250)	(0.159)	(0.160)
N	1074	385	772	687
F	4.320	1.815	3.493	4.260
Adj–R^2	0.337	0.261	0.335	0.335

注：同表 16.2。

16.4.4　机制检验

本章通过构建中介效应模型分析企业应用 ICT 程度对女性员工占比影响的机制，检验通过信息化来降低生产成本（cost）、改善生产制造柔性（flexible）的中介效应。对于中介效应的检验，本章采用温忠麟和叶宝娟（2014）修订了 Baron 和 Kenny（1986）的逐步法后提出的中介效应检验方法，回归方程有 3 个，其中式 16.2 与式 16.1 相同。

$$\text{empolyment}_{jic} = \alpha + \beta \text{ict}_{jic} + X'_{jic}\gamma + \mu_{jic} \qquad (16.2)$$

$$\text{mediation}_{jic} = \rho + \varphi \text{ict}_{jic} + X'_{jic}\kappa + \omega_{jic} \tag{16.3}$$

$$\text{empolyment}_{jic} = \phi + \beta' \text{ict}_{jic} + \psi \text{mediation}_{jic} + X'_{jic}\eta + \xi_{jic} \tag{16.4}$$

检验的步骤如下：①检验式 16.2 中的系数 β，如果显著，则中介效应成立，并进行后续检验。②依次检验式 16.3 中的系数 φ 和式 16.4 中的系数 ψ，如果都显著，则意味着间接效应显著，并进行第 4 步检验；如果至少 1 个不显著，则进行第 3 步检验。③用自助法直接检验原假设 $\varphi*\psi=0$，如果显著，则间接效应显著，进行第 4 步检验；否则停止分析。④检验式 16.4 中的系数 β'，如果不显著，则直接效应不显著，表明模型中只存在中介效应；如果显著，则需要进行下一步检验。⑤比较 $\varphi*\psi$ 和 β' 的符号，如果符号一致，则意味着存在部分中介效应，并计算中介效应占总效应之比 $\varphi*\psi/\beta'$；如果符号相异，则存在遮掩效应，此时要计算间接效应和直接效应之比的绝对值 $|\varphi*\psi/\beta'|$。

检验结果见表 16.6，①的结果意味着企业应用 ICT 程度变量对企业女性员工占比的影响存在中介效应。那么对于降低企业生产成本的中介效应，在②中，检验发现企业应用 ICT 程度变量对中介变量作用显著，并且间接效应也显著，我们继续采用自助法检验间接效应是否显著，检验结果拒绝原假设。④和⑤检验表明 $\varphi*\psi$ 的系数符号与 β' 的符号一致且显著，这意味着部分中介效应存在。以上结果说明企业在生产制造环节应用 ICT 将通过降低企业生产成本来减少对女性员工的雇佣。根据⑤的检验结果，可以计算得到中介效应占总效应的比例为 19.38%。

对于改善企业生产制造柔性的中介效应检验。表 16.6 中的结果也表明中介效应存在，并且后续回归也通过了直接效应和间接效应检验，这也意味着企业在生产制造中更多应用 ICT，可以使企业在应对市场需求变化时能灵活调整生产节奏，进而提升企业生产制造柔性和组织运行效率（王永进等，2017），不仅提高产出水平，在其他条件不变情况下，最终还使企业对劳动力的需求减少。根据⑤的检验结果，可以计算得到中介效应占总效应的比例为 33.91%。

表 16.6　企业应用 ICT 程度影响企业就业结构的机制检验

	降低生产成本			改善生产制造柔性		
	①	②	③	①	②	③
ict	−0.013***	0.126***	−0.010**	−0.013***	0.147***	−0.008***
	(0.004)	(0.014)	(0.005)	(0.004)	(0.014)	(0.002)
cost			−0.020**			
			(0.010)			
flexible						−0.030***
						(0.009)
age	0.010	0.046	0.014	0.010	0.059*	0.015
	(0.010)	(0.031)	(0.011)	(0.010)	(0.031)	(0.010)
size	0.012**	0.030**	0.010*	0.012**	0.006	0.010*
	(0.005)	(0.014)	(0.005)	(0.005)	(0.014)	(0.005)

续表

	降低生产成本			改善生产制造柔性		
	①	②	③	①	②	③
ln wage	−0.014*	0.035	−0.014	−0.014*	0.019	−0.014
	(0.008)	(0.023)	(0.009)	(0.008)	(0.025)	(0.009)
rd	0.009	0.137***	0.013	0.009	0.185***	0.015
	(0.012)	(0.037)	(0.013)	(0.012)	(0.040)	(0.013)
lic	−0.007	0.281***	−0.012	−0.007	0.316***	−0.007
	(0.014)	(0.046)	(0.014)	(0.014)	(0.047)	(0.014)
private	0.000	0.003***	0.000	0.000	0.004***	0.000
	(0.000)	(0.001)	(0.000)	(0.000)	(0.001)	(0.000)
capacity	0.001	0.001	0.001	0.001	0.000	0.001
	(0.001)	(0.002)	(0.001)	(0.001)	(0.002)	(0.001)
dumind	是	是	是	是	是	是
dumcity	是	是	是	是	是	是
_cons	0.471***	0.751***	0.513***	0.471***	0.857***	0.518***
	(0.102)	(0.279)	(0.105)	(0.102)	(0.289)	(0.105)
自助法检验		$Z=-2.55$，$P=0.000$			$Z=6.72$，$P=0.000$	
N	1459	1309	1273	1459	1310	1275
F	4.949	26.319	4.451	4.949	44.794	4.820
Adj-R^2	0.307	0.224	0.317	0.307	0.239	0.318

注：同表 16.2。

16.5　本章小结

我国《智能制造发展规划（2016—2020 年）》中强调"加快发展智能制造，是培育我国经济增长新动能的必由之路，是抢占未来经济和科技发展制高点的战略选择"。作为制造大国，生产的智能化对于推动我国制造业供给侧结构性改革，打造我国制造业竞争新优势，实现制造强国具有重要战略意义。然而智能化对就业具有替代效应和补偿效应，具有普遍意义的微观层面经验证据较为匮乏。为了理解生产的智能化（以企业生产制造环节中的 ICT 使用或投资度量）对就业结构产生的影响，本章使用世界银行提供的中国制造业企业调查数据，考察了企业生产制造智能化对企业就业结构的影响。

本章研究表明控制其他条件不变，生产制造环节应用 ICT 程度越高，企业雇佣的员工中女性员工占比就越低，企业生产制造中应用 ICT 程度与女性员工占比存在稳健的显著负向关系。就总体样本而言，工具变量回归结果表明，企业应用 ICT 程度每增加 1 倍的标准差（1.42），则企业中女性员工占比将降低 0.38 倍的标准差。而且本章的回归结果不随估计方法、变量度量方式改变而变。回归的稳健性检验也可表明，企业生产的智能化对女性就业的影响会受地区分布、企业成立年限和企业规模的影响，具体而言，在东部地区、处于成长期的企业和大型企业应用 ICT 后，对女性就业产生不利影响更显著。本章的研究还发现，企业生产制造环节应用 ICT 会通过降低生产成本、改善生产制造柔性，对女性员工就业产生影响，且 2 种中介效应占总效应的比例分别为 19.38% 和 33.91%。

结合本章的研究结论，有两个方面启示。一方面，从理论上看，我们分析了生产智能化对就业的替代效应，论证了企业生产智能化通过降低生产成本和改善生产柔性，对企业中女性员工就业产生不利的影响，这一结论为政府制定未来生产智能化政策提供了来自微观层面的经验证据。在实践中，这也意味着鼓励企业将 ICT 引入生产制造环节，提高企业生产的智能化和自动化水平，既要看到带来的生产效率提升，也要看到对就业的不利影响。另一方面，从政策上看，政府应增加对技能的投资，改善劳动力供给中的技能结构，加强对女性员工的专门技能培训，建立有关女性员工劳动保护的法律体系，创造更为公平和有效的竞争环境，以此来抵消生产智能化对女性员工就业造成的不利影响。

参 考 文 献

蔡秀玲, 高文群. 2017. 中国智能制造对农业转移劳动力就业的影响. 福建师范大学学报（哲学社会科学版）, 01: 73-83.

曹静, 周亚林. 2018. 人工智能对经济的影响研究进展. 经济学动态, 1: 103-115.

陈永伟. 2018. 人工智能与经济学: 关于近期文献的一个综述. 东北财经大学学报, 3: 6-21.

国家制造强国建设战略咨询委员会和中国工程院战略研究中心. 2016. 智能制造[M], 北京: 电子工业出版社, 第 1 版.

韩孟孟, 袁广达, 张三峰. 2016. 技术创新与企业就业效应基于微观企业调查数据的实证分析. 人口与经济, 6: 114-124.

李后建, 秦杰, 张剑. 2018. 最低工资标准如何影响企业雇佣结构. 产业经济研究, 1: 90-103.

宁光杰, 林子亮. 2014. 信息技术应用、企业组织变革与劳动力技能需求变化. 经济研究, 8: 79-92.

邵文波, 匡霞, 林文轩. 2018. 信息化与高技能劳动力相对需求: 基于中国微观企业层面的经验研究. 经济评论, 2: 15-29.

邵文波, 盛丹. 2017. 信息化与中国企业就业吸纳下降之谜. 经济研究, 6: 120-136.

世界银行. 2007. 政府治理、投资环境与和谐社会: 中国 120 个城市竞争力的提升. 北京: 中国财政经济出版社.

王永进, 匡霞, 邵文波. 2017. 信息化、企业柔性与产能利用率. 世界经济, 1: 67-90.

魏下海, 曹晖, 吴春秀. 2018. 生产线升级与企业内性别工资差距的收敛. 经济研究, 2: 156-169.

温忠麟, 叶宝娟. 2014. 中介效应分析: 方法和模型发展. 心理科学进展, 22(5): 731-745.

杨蕙馨, 李春梅. 2013. 中国信息产业技术进步对劳动力就业及工资差距的影响. 中国工业经济, 1: 51-63.

姚先国, 周礼, 来君. 2005. 技术进步、技能需求与就业结构: 基于制造业微观数据的技能偏态假说检验. 中国人口科学, 5: 47-53.

余林徽, 陆毅, 路江涌. 2013. 解构经济制度对我国企业生产率的影响. 经济学（季刊）, 1: 127-150.

张龙鹏, 周立群. 2016. "两化融合"对企业创新的影响研究: 基于企业价值链的视角, 财经研究, 7: 99-110.

Acemoglu D, Restrepo P. 2017. Robots and jobs: evidence from US labor markets. NBER Working Paper, No. W23285.

Acemoglu D, Restrepo P. 2018a. Demographics and automation. NBER Working Paper, No. W24421.

Acemoglu D, Restrepo P. 2018b. Artificial intelligence, automation and work. NBER Working Paper, No. W24196.

Almeida R, Fernandes A M, Viollaz M. 2017. Does the adoption of complex software impact employment composition and the skill content of occupations? Evidence from Chilean firms. Policy Research Working Paper, World Bank, No. 8110.

Angrist J D, Pischke J S. 2008. Mostly harmless econometrics: An empiricist's companion. Princeton: Princeton University Press.

Arntz M, Gregory T, Zierahn U. 2016. The risk of automation for jobs in OECD countries: A comparative analysis. OECD Social, Employment, and Migration Working Papers, No. 189.

Arntz M, Gregory T, Zierahn U. 2017. Revisiting the risk of automation. Economics Letters, 159: 157-160.

Autor D H, Katz L F, Krueger A B. 1998. Computing inequality: have computers changed the labor market?. Quarterly Journal of Economics, 113(4): 1169-1213.

Autor D H, Dorn D. 2013. The growth of low-skill service jobs and the polarization of the US labor market. The American Economic Review, 103(5): 1553-1597.

Autor D H. 2015. Why are there still so many jobs? The history and future of workplace automation. Journal of Economic Perspectives, 29(3): 3-30.

Baron R M, Kenny D A. 1986. The moderator–mediator variable distinction in social psychological research: Conceptual, strategic, and statistical considerations. Journal of Personality and Social Psychology, 51(6): 1173-1182.

Bessen J E. 2018. Automation and jobs: When technology boosts employment. Boston University School of Law, Law & Economics Paper, No. 17-09.

Borland J, Coelli M. 2017. Are robots taking our jobs?. Australian Economic Review, 50(4): 377-397.

Brambilla I. 2018. Digital technology adoption and jobs: A model of firm heterogeneity. World Bank Policy Research Working Paper, No. 8326.

Brambilla I, Tortarolo D. Investment in ICT, productivity and labor demand: The case of Argentina. World Bank Policy Research Working Paper, No. 8325.

Bresnahan T, Yin P L. 2017. Adoption of new information and communications technologies in the workplace today. Innovation Policy and the Economy, 17(1): 95-124.

Bresnahan T F, Brynjolfsson E, Hitt L M. 2002. Information technology, workplace organization, and the demand for skilled labor: Firm-level evidence. The Quarterly Journal of Economics, 117(1): 339-376.

Brynjolfsson E, McAfee A. 2012. Thriving in the automated economy. World Future Society, 27-31.

Calvino F, Virgillito M E. 2018. The innovation‐employment nexus: A critical survey of theory and empirics. Journal of Economic Surveys, 32(1): 83-117.

Dauth W, Findeisen S, Südekum J, et al. 2017. German robots: The impact of industrial robots on workers. CEPR Discussion Paper, No. DP12306.

Eden M, Gaggl P. 2018. On the welfare implications of automation. Review of Economic Dynamics, 29: 15-43.

Falk M, Biagi F. 2017. Relative demand for highly skilled workers and use of different ICT technologies. Applied Economics, 49(9): 903-914.

Frey C B, Osborne M A. 2017. The future of employment: how susceptible are jobs to computerisation?. Technological Forecasting and Social Change, 114: 254-280.

Kleibergen F, Paap R. 2006. Generalized reduced rank tests using the singular value decomposition. Journal of Econometrics, 133(1): 97-126.

Li P, Lu Y, Wang J. 2016. Does flattening government improve economic performance? Evidence from China. Journal of Development Economics, 123: 18-37.

Manyika J, Lund S, Chui M, et al. 2017. Jobs lost, jobs gained: workforce transitions in a time of automation. McKinsey Global Institute.

Masayuki M. 2016. The effects of artificial intelligence and robotics on business and employment: evidence from a survey on Japanese firms. RIETI Discussion Paper Series 16-E-066.

Michaels G, Natraj A, Van Reenen J. 2014. Has ICT polarized skill demand? Evidence from eleven countries over twenty-five years. Review of Economics and Statistics, 96(1): 60-77.

Nobuaki H, Keisuke K. 2018. Regional employment and artificial intelligence in Japan. RIETI Discussion Paper Series 18-E-032.

Pantea S, Sabadash A, Biagi F. 2017. Are ICT displacing workers in the short run? Evidence from seven European countries. Information Economics and Policy, 39: 36-44.

Peng F, Anwar S, Kang L. 2017. New technology and old institutions: An empirical analysis of the skill-biased demand for older workers in Europe. Economic Modelling, 64: 1-19.

Remus D, Levy F. 2017. Can robots be lawyers? Computers, lawyers, and the practice of law. Georgetown Journal of Legal Ethics, 30(3): 501-559.

Sirkin H L, Zinser M, Rose J. 2015. The robotics revolution: The next great leap in manufacturing. BCG Perspectives.

Stock J H, Yogo, M. 2005. Testing for weak instruments in linear IV regression//Andrews D W K, Stock J H. Identification and Inference for Econometric Models: Essays in Honor of Thomas Rothenberg . Cambridge: Cambridge University Press, 80-108.

撰稿人：张三峰

审稿人：李廉水

第17章

中国制造业智能化转型升级的
模式及路径研究

17.1　引　　言

新一代全球技术革命正在进行，工业模式体系有了重大变动，主要发达国家将信息技术的智能制造视为国家战略化的主导内容，如美国的"工业互联网"、德国的"工业4.0"、欧盟"2020增长战略"中以智能制造为基本点的先进制造等，都是以智能制造为主攻方向（吕铁和韩娜，2015）。智能制造早已变成各国振兴实体经济的首选途径。

中国制造业发展迅速，并逐渐呈现高端制造的特点，制造业是国民经济的主体，是立国之本、强国之基。目前，我国制造业正面对发达国家和其他发展中国家的挑战，同时经济发展进入新常态，制造业要应对更高挑战。我国要建设制造业强国，要抓住时机，完成中国制造向强国跨越的转变。同时将智能制造当作助推中国制造业由大到强，深化融合工业化和信息化的首要方向，将智能制造提升到重要的战略地位（周济，2015）。因此，制造业智能化转型升级模式及路径必须引起重点关注。

17.2　制造业智能化转型升级的时代要求

17.2.1　智能制造特征

智能制造是现代通信技术与先进制造技术的结合，体现在制造活动的各个环节。智能制造在国内的迅速发展，对于实现我国制造业供给侧结构性改革，形成新型制造模式，推动制造业往中高端发展，成为制造强国有极深远的意义。

智能制造呈现4种特征：①人机结合，实现机器和人的智能一体化（Pacaux-Lemoine et al.，2017）。②自律能力、知识能力与自我维护能力。自律能力使智能制造具有自力性、自主性和独特性，同时促进各系统平稳进行并产生竞争；知识能力能够创建强有力的知识仓储和基于理论的模型，在实践中不断地完善知识储备；自我维护能力使智能制造在操作过程中自行监测问题来源和实际问题，并进行排除和维护。③虚拟现实技术，以计算机为基础，融合信号诊断、动态画面、智能预测、模拟和多媒体为主要内容，模拟产品生产和未知的产品，从感觉上使人体验完全如同现实的感受，并随人的意愿而改变。④自组织与超柔性，在运行模式和结构形式上都表现超强的柔性，能够自行组成合适的结构。

17.2.2　智能制造的要素

智能制造其实是一个整体概念，用智能化的方式，依靠生产设备，通过生产方式来制造产品，并为用户提供服务，囊括了制造的全产业链。智能制造包含3个要素：①人的智力资源，其可以调整机器、机器人和人三者之间的关系与配合度（Zhou and Chuah，2000）；②智能产品，是指企业在智能制造模式下生产的产品，不同的企业、不同的产品，其智能制造的环节和模式有所不同；③智能物料和智能工厂，智能制造依靠数据驱动，数据反映生产设备的健康状况，反映产品的质量，生产过程与生产工艺都往高端技术方向发展。

智能制造包含 3 个层次要求：①将智能制造定为首要方向，要根据智能制造特点，分别开展流程制造、离散制造、产品装备智能化、制造业智能形式、智能化监管、智能服务等多个重点方向。智能制造有制造装备、制造系统、制造服务等方面，从智能制造装备工艺的源头开始突破，智能制造装备工艺流程是制造业智能化发展的首要任务。②发挥服务业的协同能力，需要着重发展以生产为主导的服务业为制造业的转型升级提供强大的牵引与助推，深化分工和合作，加强行业融合，推动行业集聚，继续有效化解过剩产能。③推动工业化与信息化的"两化"深度结合，推进"互联网+制造业"的融合，从而形成新的产业生态体系，集众智、聚众力，加快制造业向数据化、信息化、智能化方向发展，增强工业链整合，形成基于互联网的智造新模式（范宁宁，2016）。

17.2.3　智能制造时代要求

从国际角度来看，自 2008 年全球金融危机后，各国都意识到虚拟经济的泡沫性，转战实体经济，更加重视制造业的发展规模与地位。各发达国家重拾制造业优势，提升科技投入的水平，引发全球技术的革命。互联网、大数据等信息技术的发展推动制造业智能化实现，智能制造系统将具备自适应能力与人机交互功能，智能制造装备将实现广泛应用。

从国内角度来看，我国工业制造业发展比较迟、独立创新水平较低、主导技术不足、网络化水平较低。转型的制造业企业要把握这一时机，汲取国外的先进经验与教训，以智能制造为导向，推动我国智能制造行业技术不断升级，实现制造业的竞争优势从传统要素优势向技术优势转变，促进新一代网络化信息技术与传统工业制造业的完美契合，通过产业制造向智能化方向转型，加强工业制造业的根基能力，实现结构重组、产业技术升级和制造业新旧动能转换，从而完成从制造大国到制造强国的跨越。

17.3　国外制造业智能化转型升级的国际经验

17.3.1　日本：注重建立智能产业联盟

日本早在 1989 年就发起过"智能制造系统"计划。1990 年，日本通产省发起了一个新的国际合作研究计划——智能制造系统的研究。为应对全球制造业转型升级，日本实施了 3 个系列行动，来推进制造业升级：一是推进制造产业链的成长，建立日本制造的产业集合体，二是通过机器人革命加快工业型企业的不断革新，从中小企业着手，研究产业布局及产业协作的方式，三是利用物联网（internet of things，IOT）推进实践，加快创出与其他领域合作的新型业务。

作为工业强国，日本重点关注机器人领域。2017 年，日本医疗风险投资公司 Tmsuk R&D 与鸟取大学医院部附属医院共同合作，研制出一种名叫 Mikoto 的 3D 打印仿真机器人，主要用于新手医生与在校医学生的日常训练和紧急救护人员；日本东京工业大学开发出轻型四脚机器人，主要用于减少人力搬运重物，解放人的双手；日本东北大学研究小组研发出蛇型机器人，通过喷射空气装置来越过面临的障碍物；日本机器人开发创业公司 ZMP 发布 CarriRo Delivery 快递机器人，用于物流行业，代替快递人员的日常琐碎事务；索尼的人工智能机器狗 aibo 也重返市场。

日本发展智能制造有 2 个特点：①独特的文化使日本在制造业方面的发展集中在组织的不断优化、文化建设和对人的训练，但由此也带来了数据和信息系统方面的缺失，造成软件和 IT 技术人才的缺失；②实施严格技术保密是日本智能制造设计研发的重要特征，这一点也与日本人严谨缜密的文化思想有关。

17.3.2 德国：工厂内部智能互联

一直以来，德国都是制造业的佼佼者，着力发展制造业。第二次世界大战后，德国就依靠制造业振兴经济。德国为应对日本、韩国、中国等国的制造业威胁和美国的"再工业化"战略，提出了"工业 4.0"计划，想以此进一步振兴德国制造业的原有优势，展示现有先进优势，在全球制造业的未来宏图上占据重要位置（刘星星，2016）。

首先，"工业 4.0"战略主要分为 2 个方面：一是"智能工厂"，推进智能化在生产系统、信息化生产过程的应用，实现网络化的智能工厂设施；二是"智能生产"，在产品制造的生产环节、物流环节、机器操作以及先进科技运用等方面实现智能化。其次，通过物联网、互联网的信息技术手段，智能化从智能工厂转换成"智能产品"。最后，根据网络化信息数据，智能工厂产生实时数据，形成大数据系统，从而形成 "智能工厂—智能产品—智能数据"闭环。

德国制造业的特点：①制造业是一个三角形的企业组织形式，有夯实的地基，在制造业的整个大环境下细分出专业化与社会化生产的市场，依托互联网技术实现信息共享，实现产业横向与纵向的系统结合，从多个角度分析用户的个体需求，实现生产方式全新组合，满足定制化需求，实现方式更加简易。②作为工业巨头的德国在制造业发展历程中所形成的理论体系产生出系列性产品，同时将德国制造的理论成果以具体的数据或实体的形式作为附加服务提供给客户，目的是能在相同的客户上挖掘出可持续的获利潜力。③德国"工业 4.0"更多的关注智能生产这一方面，依赖其在工业生产过程中广泛应用的物联网、互联网信息和通信技术、完备的工具和智能装备业，实施"工业 4.0"计划会使其长期占领全球领先生产制造巨头的地位，还为制造业欠发达地区提供生产设备供应，同时也是信息通信技术供应商。

17.3.3 美国：基于数据分析的知识创新

美国奇点大学的瓦特瓦教授提出：新时代制造业革命必将由人工智能、机器人、数字化三者结合引起。美国在制造业方面始终占据全世界领头位置，从智能制造理论上看，美国人工智能、过程控制论、信息论等智能技术一直走在前沿；在智能产品研发方面，从信息化控制机床、集成电路 IC，到如今的智能化手机、无人驾驶汽车以及各种感应器，都是多年来美国取得的发明成果；在智能制造应用方面，从生产环节到智能系统平台到生产流程管理，无处不显示智能制造的应用；在智能制造系统方面，美国更加注重从产品基础零件到智能制造硬件工具再到工业软件体系的智能制造产业系统（甄炳禧，2015）。

　　美国在智能化制造领域领先其他的原因主要包括 3 方面：①深化顶层设计战略实施，健全法律制度；②发挥小企业的作用，将其培养成创新型智能制造的主力军；③加强多方联系，实现制造业与其他行业的横向联合，实现融合发展。美国通过完善的创新创业体制，完善国家智能制造生态。

　　总结日本、德国、美国作为制造业强国在制造业智能化升级方面的措施，可以发现：

　　（1）日本非常注重人的重要性，在制造行业实施精细管理，主要依靠人与制度来管理制造行业。我国与日本在文化上有很多共同点，且我国信息技术共享不足，缺乏稳健的信息积累，大多制造企业选择与日本相同的管理方式。

　　（2）德国"工业 4.0"是在实际应用层实现智能制造技术与现代信息化技术的融合，与我国政府提出的工业化与信息化"两化"深度融合有异曲同工之处。中国在智能制造上需要对制造业的全面转型升级进行整体谋划，不仅包括新兴制造行业的发展模式与路径问题，还包括传统制造行业的转型升级方式，制造业产品创新、工艺改造、模式转变引发的一系列问题。

　　（3）从美国发展智能制造的路径与方式上看，取其精华，吸收美国在智能制造发展模式上的先进经验，为我国在智能制造发展的进程中提供思路。如加强顶层设计和产业协调研究；成立国家先进智能制造研究创新基地，重点突破信息化基础薄弱和关键技术不足等难题；推进中国智能制造产学研一体，携手共同构建智能制造平台联盟协同。

17.4　我国制造业智能化转型升级的典型模式

　　从智能化与制造业环节的不同结合呈现 4 种形态：①研发、管理和生产环节与互联网结合，形成信息化协同制造模式；②数据资源与远程运维结合，提出集中信息资源共享的智慧模式；③从制造流程与智能化的融合，得出协同一体化管控模式；④根据个性化用户需求与柔性定制生产，得出离散型制造企业的敏捷柔性制造模式。

17.4.1　信息化协同制造模式

　　信息化协同制造是指通过构建不同企业实现信息资源共享，协同合作的平台，加强完善不同企业在生产、服务和管理过程中的系统化集成对接，为平台企业提供产品设计、信息资源分析、知识储备管理、信息数据安全等服务，并实现生产服务和数据信息的动态整合与个性化配置等。"智能制造+信息化协同"会成为未来制造业的大趋势，各大制造业企业也将会改变现有的制造模式，从单一的制造生产转变成制造智能化服务方式。协同制造就是将信息技术与制造业相融合，提高制造业数据化、信息化、智能化阶段进程。智能制造包括 3 个要求：一是大力发展智能制造；二是实现信息化协同制造能力；三是形成制造业服务业融合局面。信息化就是将制造行业与物联网、互联网、大数据等信息技术协调发展，提升制造业企业在互联网方面的发展优势，引导制造业互联网企业、电子商务等拓展国际市场。

　　信息化协同制造模式普遍运用在大型装备企业中，以克服产品构成复杂、形成周期长、制作工艺繁多等问题，如飞机、大型船舶等。如航空工业西安飞机工业（集团）有限责任公司，通过信息化协同与云制造模式融合，搭建异地协同制造的系统平台，在产品工艺设计、生产、服务的环节实现协调统一发展，应用数字化技术搭建信息网络平台，保障物流供应的快速、高效。

17.4.2　集中信息资源共享的智慧模式

随着物联网、云计算、大数据、互联网的快速运用，各行各业的信息建设已经完善，信息的维护服务尤为重要，从企业、国家与国际视角来看，各大信息资源主体之间正在实现资源共享、产业升级，传统制造业模式下，设备出现问题，解决问题周期长、效果差，而作为智能制造模式下的新一代制造业模式，需要具备远程运维服务的集中信息资源共享的智慧模式，以解决智能制造的后顾之忧，提高制造业智能化的服务水平（张琪，2016）。集中信息资源共享的智慧模式关键点在于：其一，构建集中共享、自学习、自更新的信息系统，对数据信息进行集中管理，实现知识积累与共享。其二，构建标准化、高质量、高效率的服务体系和可共享的供应链、服务商资源，实现平台上下协同合作，实地服务的及时和快速响应。

如华为在"共享"平台中，补充盟友的运维缺陷，提高本身与合作对象的远程运维水平和工作效率，充分体现智能化与资源共享的创新服务模式，具备实时监控及预测示警的功能，开启了智能运维和平台联盟共享的全新运维生态。

17.4.3　协同一体化管控模式

智能化在制造业的应用与融合，将推动智能制造在各制造流程协同一体化智能重组，建立从工艺装备到产品生产单元、产品生产线、智能工厂乃至智能制造系统的全方位一体化管控模式。通过信息化、自主化、智能化的操作管理模式，制造业创新由局部创新提升为一体化创新。在研发环节，通过自动化设计推动企业研发流程创新，构建研发平台，提升研发平台资源，同时依靠研发平台集聚社会创新资源。在生产环节，生产装备普遍数字化、智能化，并成为智能制造的关键基础，建立智能工厂提升生产效率并推动制造工艺不断创新升级。在管理方面，智能制造将企业管理引向网络协同方向。在销售环节，大规模个性化定制引领制造业销售能力新变革。在服务环节，共享平台远程运维促进制造业工艺转变升级。在质量追溯环节，提升企业品质管理（胡中峰，2017）。

欧派、索菲亚、尚品宅配、好莱客、金牌、志邦、皮阿诺和我乐八大家居制造企业，成立的"智能制造协同创新中心"，用开放和共享的理念，聚焦建立全球化协同机制，探索智能全球化背景下协同创新的发展方向，为各地经济发展提供新动能、创造新价值。

17.4.4　敏捷柔性制造模式

离散制造的发展趋势是网络、数据和产品生产过程的融合，基于生产数据自动流动，柔性制造拥有高度数字化的生产流程，可以实现小批量、多批次生产，快速响应用户的需求，建立柔性生产线，对需要快速响应用户需求的离散型制造业实现智能化升级提供柔性敏捷制造模式（张祖国，2015）。实现离散型制造企业的智能化应该从 2 个角度思考：①外部原因。其一，构建优良的宏观环境，包括政策和创新创业环境；其二，建设共享公共平台服务，包括云计算、物联网、协作平台、基础设施。②内部原因。其一，整顿制造业整个行业的自动化生产流程，实现智能工厂；其二，推动智能工艺制造业向系统集成化方向发展，实现模式化创新；其三，着力发展过程控制系统、感应器、机器人等智能制造装置，并在逐渐形成智能制造的过程中将智能制造工艺设备发展到新的台阶；其四，加强人员培训，使员工适应智能制造及新兴信息化技术（商滔，2016）。

如海尔智能工厂通过系统集成实现柔性制造，增强生产模块，提高装配效率，优化资源平台，推进协同创新，提升产品和技术的智能化水平。海尔运用物联网、大数据技术等先进智能技术，实现了产品与人、产品与环境的实时互动，满足用户各方面需求。

17.5 我国制造业智能化转型升级的提升路径

根据信息化协同制造模式，完善制造业产业体系，完成 "中间突破、两端发力"的转型升级路径；集中信息资源共享，体现"平等、参与、开放"的思维模式，从 3 个视角形成"层次性"升级路径；制造流程与智能化形成协同一体化管控，从智能装备扩大到智能联盟，形成"由浅入深"的循序渐进发展路径；将柔性制造渗入生产全生命周期，实现全生产周期的变革。

17.5.1 "中间突破、两端发力"转型升级路径

凭借各企业之间信息协同、资源协同、计算机及电子商务应用发展优势与智能制造系统的高度融合，形成中国智能制造的信息化协同，打造出产业链 "中间突破、两端发力" 的转型升级路径。进一步完善中国全面的智能制造产业系统，将中间的制造过程从"工业 2.0"制造与"工业 3.0"制造为主导地位的格局逐步演变为"工业 3.0"制造与"工业 4.0"制造协同并进的局面，智能制造行业需要摆脱传统制造业的低附加值困境，就必须向"微笑曲线"的研发和服务两端延伸，通过高新技术实现产业升级和发展制造型服务业是必经之路（杜壮，2015）。图 17.1 为制造企业的微笑曲线。

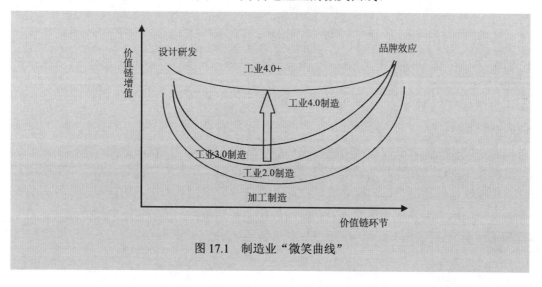

图 17.1 制造业"微笑曲线"

实现智能产品制造，依托信息技术，实施识别、追踪、监控产品，从而让制造过程上的机器设备可以根据个性化要求的定制产品进行制造加工。

17.5.2　"层次型"阶梯式的线性升级路径

制造业转型升级路径包括3个方面：首先，从行业产业的方面，制造型企业在转型升级过程中表现为从过程、产品、功能到不同产业跨越之间的升级；其次，是企业自身的方面，即制造企业升级过程可以总体概括为技术、品牌与其他相关方的升级；最后，是区域国家的方面，即企业升级过程还需要从各企业之间、区域性到国际化方面升级。

在制造业转型升级过程中要实现信息服务智能优化，通过以互联网为基础的电子商务，充分展示平等、开放、共享的信息运用思维，深入了解与合理预测客户潜在需求，使其在潜移默化中成为客户，也积极通过了解消费者的未来需求，使其成为产品的开发参与者。

17.5.3　"由浅入深"的循序渐进发展升级路径

智能功能"由浅入深"实现从智能装备到智能生产单元、智能生产线、智能工厂乃至智能制造系统集成的渐进式发展路径，如图17.2。智能制造体系依靠产品生命周期、层次系统升级和智能设备形成集合，推动智能制造系统的发展，从改造智能设备单一技术、自主个性化、共享智能车间工厂、协同平台联盟的路径发展。形成机器装备之间、机器与控制设备之间、企业之间的互联互通，实现单一技术由点智能化到组线技术—智能生产线—智能工厂—智能联盟的普及。

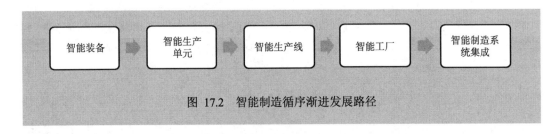

图 17.2　智能制造循序渐进发展路径

17.5.4　"产品全生产周期"的升级路径

智能制造实施路径包括产品设计、数字化工厂规划、生产工程、生产执行、增值服务、商业模式设计和商业模式实施七大环节，如图17.3。在智能产品生产周期中，要求实现动态生产线、更好的人机协作以及满足定制化需求。

实现智能制造绿色化，建立囊括产品全生产过程的绿色制造，构建绿色工艺设计、绿色生产、绿色物流、绿色回收的制造绿色化体系。在各个环节实施制造绿色化，追求资源损耗最低以及收益最高，推动绿色制造智能化。

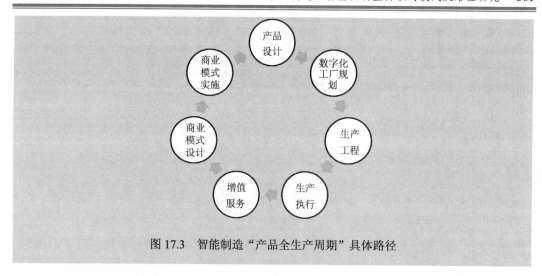

图 17.3　智能制造"产品全生产周期"具体路径

17.6　我国制造业智能化转型升级的政策建议

我国智能制造还有很多不足：其一，我国智能制造关键技术装备不足，缺乏智能制造知识，储备难以支撑中小企业智能化改造，制造业总体制造水平较低；其二，产品独立开发能力和研究自主能力相对弱小，部分企业在技术改造方面经验不足，缺乏先进技术引领，硬件和软件等基础配套跟不上；其三，智能制造生产线面临人力成本上涨压力，人才无法配套，需要适应新的生产流程，智能化制造最核心的是人才培养，从技术人才的培养到智能人才的培养，也是制造企业面临的重大问题。

17.6.1　推动工业时代同时进行，建立"工业 4.0"典型示范区

德国作为制造业强国已经进行到"工业 4.0"阶段，而我国绝大部分地区仍处于"工业 2.0"后期，想要赶上德国以及其他制造业强国还需要完善"工业 2.0"、全面实施"工业 3.0"、建立"工业 4.0"示范区，使中国制造从"工业 2.0"与"工业 3.0"并存为主的格局逐步演变为"工业 2.0""工业 3.0"与"工业 4.0"并存为主的格局。对于基础好、发展优良的重点地区和企业，通过流程型和离散型制造、信息化协同制造、大规模个性化定制、远程运维服务模式来建立示范园区，加快工业互联网、大数据、云计算等在企业研发、制造、服务环节的全产业链集成应用，推动智能制造在示范园区与服务平台建设，全面实现智能制造及信息协同共享协同创新，建立智能制造开放示范企业和国家区域技术中心建设。

17.6.2　推动我国技术产业升级转型，构建多元主体创新体系

中国原材料与劳动力成本的上升使得中国制造业的竞争优势逐渐消失，制造业转型升级面临着极大的挑战，需要凭借人工智能与先进制造技术的结合，打造新一代智能制造新模式，驱动企业智能化转变升级。首先，人工智能可以在复杂的产品研发设计阶段

进行智能化指导，在生产制造管理方面创造新生产模式，改进学习结果。其次，加强企业的创新引领作用，充分发挥大型企业的主导作用，加强中小企业创新活力，支持企业引领、政府主导、高校和科研院所的人才与技术资源的联盟参与；支持企业在技术层面、管理层面、商业模式层面的创新，实现产学研相结合的创新体系。最后，智能制造需要重点关注一下新兴技术产业。包括机器人、物联网、大数据、网络安全、人工智能、云计算、3D 打印、自动化和虚拟现实。

17.6.3 务实推进智能工厂的建设，推进制造业与服务业深度融合

智能工厂需要实现物流、建筑、移动设备和产品的全面智能化支撑。智能工厂分为3 种：其一，是从生产过程到工厂的智能化；其二，是生产单元与智能工厂智能化；其三，是柔性制造与共享信息的智能工厂。智能工厂的特点有 2 个：首先，智能生产的主要内涵在于将物联网、机器人等先进技术应用于整个工业生产过程，在生产过程中实现全面监控，实时数据收集与分析，自动生成报告，简化人力成本，建设智能工厂，无疑是制造企业转型升级的重要方式。其次，以新兴技术与智能工厂的结合推动中国"四新"经济的不断发展，实现制造行业与服务行业的融合发展，形成生产型制造向服务型制造转变的道路，大力发展与制造业紧密相关的生产性服务行业。

17.6.4 加快发展产品全生命周期，推进工业化与信息化深度融合

首先，推动产品设计、数字化工厂规划、生产工程、生产执行、增值服务、商业模式设计、商业模式实施的产品全生命周期，加快发展智能制造工艺和产品，推进制造业全面开放智能化，增强互联网在制造业和生产型服务业的应用，实现信息技术与制造装备融合的集成，应用于创新发展（孙杰贤，2017）。 其次，根据国外先进的智能制造经验，提出 5 点建议：①将智能制造流程中的设施开发和标准制定作为首要考虑任务；②加强关键核心技术攻关；③打造国产机器人自主品牌；④培养智能化工人，同时考虑国内劳动力成本升高的应对措施，利用全球资源；⑤尽快落实智能制造政府扶持政策，大力鼓励智能创新。最后，推进两化深度融合，以智能制造为主体，推动我国制造技术升级转型，实现制造业竞争优势由传统要素优势向技术优势的转型。

17.7 本章小结

智能制造是现今科技产业革命浪潮下，各国竞争的重要战场，也是我国制造业升级的重要一环。本章从智能制造的特征、智能制造的要素以及智能制造的时代要求，总结国内制造业发展不足；与国际制造业总体发展趋势相对比，得出要推动国内制造行业转型升级，将新一代网络化信息技术与传统工业制造业的完美契合；总结国外智能制造的转型升级的经验，选取日本、德国、美国，总结智能制造的发展特点和优势，提出对于国内智能制造的合适方式。

通过总结国外智能制造的经验，分析了制造业往智能制造转型的 4 种典型模式：信息化协同制造模式、集中信息资源共享的智慧模式、协同一体化管控模式和敏捷柔性制

造模式，总结制造业智能化的 4 种升级路径："中间突破、两端发力"转型升级路径、"层次型"阶梯式的线性升级路径、"由浅入深"的循序渐进发展升级路径和"产品全生产周期"的升级路径。根据我国智能制造的实际，提出建立"工业 4.0"典型示范区，推动技术升级，打造多元主体创新体系，深入推广"智能工厂"，发挥制造行业与服务行业的融合优势，加快发展产品全生命周期，推进工业化与信息化深度融合。

参 考 文 献

杜壮. 2015. 智能制造: 2.0 补课、3.0 普及、4.0 示范. 中国战略新兴产业, 14: 46-48.

范宁宁. 2016. "互联网+智能制造"技术架构研究及应用. 苏州: 苏州大学.

胡中峰. 2017. 智能制造创新生态系统中服务资源的动态自组织研究. 合肥: 合肥工业大学.

刘星星. 2016. 智能制造: 内涵、国外做法及启示. 河南工业大学学报(社会科学版), 12(02): 52-56.

吕铁, 韩娜. 2015. 智能制造: 全球趋势与中国战略. 人民论坛·学术前沿, 11: 6-17.

商滔. 2016. 面向智能工厂离散型智能制造单元的研究. 杭州: 杭州电子科技大学.

孙杰贤. 2017. 智能制造: 两化融合主战场. 中国信息化, 03: 30-37.

甄炳禧. 2015. 智能制造与国家创新体系——美国发展先进制造业的举措及启示. 人民论坛·学术前沿, 11: 27-39.

张祖国. 2015. 基于社会化的协同智能制造系统研究. 北京: 中国科学院大学.

张琪. 2016. 我国装备制造业智能化管理设计及应用研究. 上海: 华东理工大学.

周济. 2015. 智能制造——"中国制造 2025"的主攻方向. 中国机械工程, 26(17): 2273-2284.

Pacaux-Lemoine M P, Trentesaux D, Rey G Z, et al. 2017. Designing intelligent manufacturing systems through human-machine cooperation principles: A human-centered approach. Computers & Industrial Engineering, 111: 581-595.

Zhou Y, Chuah K B. 2000. Human intelligence: the key factor for successful intelligent manufacturing. Integrated Manufacturing Systems, 11(1): 30-41.

撰稿人：彭本红

审稿人：李廉水

第18章

徐工集团智能制造转型升级的案例研究

18.1　引　　言

中国离散型制造业的典型企业、中国工程机械制造业企业典范——徐工集团，在加快新旧动能转换，推动产业转型升级优化的经济新常态背景下，正以创新驱动发展为核心战略，全力推动制造业转型升级。"徐工"智能制造转型升级初始面临着市场状态与行业状态低迷、政策利好的战略背景，以创新驱动发展为核心战略，全力推动智能制造转型升级；以工业互联网建设为主要抓手，搭建工业云平台与物联网平台；以"智造出海"为创收新模式，坚持技术与产品先行的策略，不断拓宽海外物联网建设。徐工集团智能制造成功转型对工程机械行业具有重要的示范效应。

18.2　"徐工"智能制造的典型性分析

18.2.1　双典型制造业企业

徐工集团不仅是中国离散型制造业的典型企业，而且是中国工程机械制造业企业中的典范。徐州工程机械集团有限公司（简称：徐工集团）成立于 1943 年，前身是抗日烽火中许世友将军麾下的八路军兵工厂。经过发展，徐工集团从一个苏北的市属地方国企，成长为中国工程机械行业的排头兵，规模长期位列中国工程机械行业第 1 名。2017 年一季度，徐工集团实现爆发式增长，所有产品销售实现较大幅度增长，其中主导产品汽车起重机销量增长 150%，挖掘机销售量和销售收入增长双超 100%，出口增长 63%，产品销售全线飘红。在 2017 全球工程机械制造商 50 强排行榜上，徐工集团列居第八位，成为榜单上唯一跻身前十强的中国企业。

18.2.2　智能化水平

2017 年，徐工集团荣获江苏省"智能制造先进企业"。徐工集团通过车间和生产线仿真优化、智能化装备升级、智能物流、智能排程等手段，将生产效率提高 25.8%。如今徐工集团工业物联网大数据平台已实现对远在老挝、缅甸、巴西等地的设备远程监控，真正做到全球服务"零距离"。

在"中国制造 2025"的大背景下，面对"互联网+智能制造"的新机遇，徐工集团的成功探索无疑是中国制造业升级和实体经济转型的一个典范。

18.3　"徐工"智能制造转型升级的战略背景

18.3.1　市场状态：国内基础设施投资速度放缓

徐工集团所属的工程机械行业是一个充分竞争的行业，而且与宏观经济周期密切相关，基础设施建设、房地产、建筑业、水利及能源等投资密集型行业的景气程度将直接影响对产品的需求。2008 年金融危机后，中国政府推出 4 万亿元经济刺激计划（尹庆双和奉莹，2010），拉动工程机械行业迎来重大利好。但 2011 年起国家基础设施投资增速放缓，中国工程机械行业发展开始进入低迷期，市场容量连续下降，同期海外经济环境也持续低迷。

18.3.2　行业状态：工程机械行业发展陷入低迷期

2009～2011 年，在国家强烈刺激基础设施投资的背景下，"一哄而上"的粗放式竞争带来的问题逐步显现：市场存量设备饱和度高、工程机械企业经营压力大、负债水平较高、应收账款规模加大、回款风险加大、业内竞争加剧，让不少工程机械企业在市场竞争中，被迫裁员、调整战略重心，甚至落败、消失（黄满盈和聂秀平，2015）。比如，2013 年，中联重科将公司发展重点由单一的工程机械板块转型为工程机械、农业机械、环境产业、重型卡车和金融服务五大板块，齐头并进。2013 年，《法治周末》的一则报道或许能让我们窥见徐工集团甚至整个工程机械行业的发展困境。报道中称，徐工集团不再是毕业生眼里的"金饭碗"，收入低，且库存多。几乎同一时间，国内工程机械行业另一家知名民营企业（三一重工）掀起裁员风波，并转战房地产领域。

18.3.3　国家政策：利好政策助推工程机械行业复苏

（1）中国城镇化政策春风化雨。"十八大"召开之后，中共中央关于"新型城镇化"的战略日益清晰。围绕城镇化基础设施建设过程中，从"铁公机"的基本建设，到矿山、冶金、石化、水利、电力、市政等建设领域，几乎离不开工程机械（张秀利和祝志勇，2014）。城镇化是一个全新的投资主体，将带动 6.6 万亿元城镇建设投资。

（2）轨道交通建设拉动市场快速增长。根据《2013—2017 年中国城市轨道交通行业市场前瞻与投资战略规划分析报告》显示，轨道交通相关的产业链，规模可以达到数千亿元，共涉及相关行业达 20 多个，包括土建、机械、电气、电子及通信等技术密集型行业。

（3）西部大投资继续加码，改革红利值得期待。在经济转型之际，西部成为"投资重地"的重担日益凸显（刘瑞明和赵仁杰，2015）。2013 年，国家发展改革委进一步细化完善政策措施，进一步加大支持力度，加强对西部地区发展形势的预判、政策措施预研和重大项目储备，包括提出西部大开发新开工重点工程等；推动实施 2013 年修订的《中西部地区外商投资优势产业目录》，积极引导外商向西部地区转移和增加投资；加大重点基础设施建设向西部更大倾斜。按照以往的经验来看，重大项目实施、重点基础设施建设首先利好水泥、钢铁、玻璃、机械等传统行业。

（4）"一带一路"助推工程机械企稳回暖。2015 年 3 月 28 日，国家发展改革委、外交部、商务部联合发布了《推动共建丝绸之路经济带和 21 世纪海上丝绸之路的愿景与行动》。"一带一路"沿线地区承包工程项目突破 3000 个。2015 年，我国企业共对"一带一路"相关的 49 个国家进行了直接投资，投资额同比增长 18.2%。2015 年，我国承接"一带一路"相关国家服务外包合同金额 178.3 亿美元，执行金额 121.5 亿美元，同比分别增长 42.6%和 23.45%。进入 2016 年，随着"一带一路"政策的逐步落实，国家加大对基建投资力度，国家发展改革委不断下发各种基建政策来刺激经济增长，对于困境中的工程机械行业而言可谓雪中送炭（周五七，2015）。

（5）"中国制造 2025"政策出台。"中国制造 2025"是中国政府实施制造强国战略第一个十年的行动纲领，坚持"创新驱动、质量为先、绿色发展、结构优化、人才为本"的基本方针，坚持"市场主导、政府引导，立足当前、着眼长远，整体推进、重点突破，自主发展、开放合作"的基本原则，以期到 2025 年迈入制造强国行列。2016 年 4 月 6 日，国务院总理李克强主持召开国务院常务会议，会议通过了《装备制造业标准化和质量提升规划》，要求对接"中国制造 2025"（王友发和周献中，2016）。

18.4　"徐工"智能制造转型升级的战略推进

18.4.1　战略定位

在国内基础设施投资放缓的市场状态下、在工业机械行业发展陷入低迷期的行业状态下，作为江苏制造业领军企业，中国工程机械行业领军者的徐工集团，却借力国家不断出台的利好政策，发力智能制造，完成了制造之路的转型升级跨越式发展。"发展智能制造绝不是换几个机器人，多几台数控机床那么简单"，徐工集团相关负责人表示，徐工集团智能制造模式以智能化装备研发、工业互联网集成应用为抓手，通过智能化生产线/单元的升级、制造过程信息系统的集成应用，实现研发及制造自动化、精益化、数字化和智能化。

18.4.2　战略重点：以创新驱动发展为核心战略，全力推动智能制造转型升级

在整个行业低迷期，徐工集团的选择是坚守工程机械，"苦练内功、狠抓创新"。正如徐工集团相关领导所言："无论行业发展有什么变化，始终专注于匠心制造。"但那些日子注定难熬。即便是这样，徐工集团依然维持着 4.5%的技术投入，"高端工程机械智能制造国家重点实验室"通过招贤纳才，至 2017 年，已建成超过 6000 多人的研究技术团队，获得 5321 项有效授权专利。徐工集团闪耀的"智慧"光芒缔造出累累硕果。

1. 从生产过程来看，在科技创新的支撑下，徐工集团的生产车间实现"智能"进化

徐工集团四大智能化制造基地中，智能制造设备占比达 80%，基本实现生产过程的全自动化管控。如今徐工集团挖掘机械基地中挖掘机结构车间，工人热火朝天工作的场景已经消失，只见各种机器人在不同岗位上忙碌着。据徐工集团相关负责人介绍，"在动臂焊接方面，采用行业智能化程度最高的柔性焊接生产线，焊接线会自动向机器人分配任务。全过程的自动化消除了人工操作的不稳定因素，质量一致性得到保证，产能提高了 50%。"

2. 从生产产品上来看，在强大研发能力和制造能力的推动下，产出一批重磅研发成果

千吨级地面起重机、4000 吨履带起重机等相继问世，并进入美国等发达国家的高端市场；液压多路阀、MYF200 新型电控变速箱两大关键零部件打破外资品牌全球垄断。2016 年，徐工集团推出的"G 一代"轮式起重机，其轻量化、智能化等指标超出国际标杆企业，达到国际领先水平；65 米泵车还没下线，已拿下全球 25 台订单；大型矿山装

载机、挖掘机及液压油缸等批量装备更是远销澳大利亚力拓集团等世界级矿产品供应商。一系列创新驱动已使得徐工集团主要产品的市场占有率大幅度提升。

18.4.3　战略举措

1. 以工业互联网建设为主要抓手：工业云平台+物联网平台

徐工集团相关负责人表示，发力"互联网+"数据平台建设，是徐工集团顺应"中国制造 2025"和"工业 4.0"时代大潮，实现制造业变革的重大举措。通过对数据挖掘分析，让企业能够联动产业上下游，贯通产品价值链，使客户能真正感受到"互联网+工程机械"带来的产品无人化操控、设备资源智能化管控、施工工艺方案智慧优化、远程运维智能诊断、智能主动服务等核心能力的全面升级。徐工集团持续不断地在信息化整体提升工程"互联网+"建设上加大投入，建设两大数据平台。

（1）搭建工业云平台。2016 年 11 月，徐工集团与阿里巴巴合作的行业首个工业云平台（Predix 平台）对外发布。该平台成功填补了国内大数据在工业领域大规模应用的空白。

（2）搭建物联网大数据平台。由徐工集团自主研发的国内首个工业物联网大数据平台，至 2018 年初，已经接入设备 46 万台，采集 5000 余种工况，每天汇集超过 5 亿条实时数据，可实现设备远程自动升级、远程控制、异常报警等，为客户提供高品质服务。据徐工重型机械有限公司信息化管理部负责人介绍，利用这个平台可以看到产品在全国的分布情况，同时可以看到产品的作业工况，比如客户在作业时的臂长是多长，幅度是多少度，吊重是吊多重。这样可对数据进行分析之后，知道哪一种工况最适合客户。该平台的设备接入量级未来将达到百万级乃至更多。通过将连续可获取的数据与科学资料、机器学习以及应用在设备及行业领域的专长相结合，形成运营技术（operational technology, OT）和 IT 团队提供合作的创新平台，为企业自身提供强大的系统互联、数据采集分析和精准决策能力。

2. 以"智造出海"为创收新模式：技术与产品先行、拓宽海外物联网

作为行业龙头，徐工集团是最早开始实施国际化发展战略的企业之一。在"一带一路"建设以及国家"走出去"战略号召下，徐工集团走出了"智造出海"发展新模式，成为中国制造新名片。2011 年，徐工集团决定挥师欧美中高端市场。据相关负责人介绍，尽管当时欧美等发达国家需求下滑，但是仍占全球工程机械行业市场半壁江山。要想成为世界级企业，无论是品牌形象、技术水平、销售规模，都离不开欧美市场。至 2018 年初，徐工集团的海外市场收入占集团总营业收入 30%，其中"一带一路"沿线国家贡献最大。预计至 2020 年，海外收入在集团营收中的占比要达到 50%，新的市场增量主要该由中高端市场拉动。

（1）市场开拓，技术与产品先行。徐工集团着力推进海外适应性产品的研发与改进，已组建欧洲、美国、巴西和徐州 4 大研发中心，初步建立起能够支撑整个徐工集团国际化拓展的研发和技术平台，显著提高了在相应关键零部件与产品领域的研发能力。徐工集团欧洲研究中心产出的核心技术与关键零部件，使得中国企业首次拥有液压系统关键

技术，实现了行业的突破性发展。

（2）拓宽海外工业物联网业务。徐工集团还与阿里巴巴、华为等巨头公司展开合作，推广海外工业物联网业务。如今徐工集团工业物联网大数据平台已可实现对远在缅甸、老挝、巴西等国家和地区的设备远程监控，真正做到全球服务"零距离"。

18.5 本章小结

智能制造，不是未来计划，而是当下现实。徐工集团智能制造模式以智能化装备研发、工业互联网集成应用为抓手，通过智能化生产线/单元的升级、制造过程信息系统的集成应用，实现研发及制造自动化、精益化、数字化和智能化。正如徐工集团负责人所言，只有把握住科技革命机遇，才能实现徐工集团"技术领先、用不毁"的发展理念；未来徐工集团将更加积极探索物联网、智能制造领域的新技术与应用，有条不紊地提升产业多样化、产品智能化、制造服务化，为建设百年徐工、进入全球行业前三的宏伟目标提供强有力技术支撑，同时助力江苏制造业行业转型升级与可持续发展。

中国是制造业大国。中国制造业面临亟待转型升级问题，万物互联的物联网技术被认为是注入传统产业的创新要素，帮助传统产业进行全方位变革，激发出创新潜能。作为我国制造业的基础行业，工程机械行业正在经历着一场由传统迈向智能制造、"工业互联网"时代的变革。具体建议如下：①必须重视发展壮大实体经济，不能走虚拟经济单一发展、"脱实向虚"的路子。发展实体经济，就一定要把制造业搞好，而智能制造正是制造业转型升级的重要手段之一，代表着行业的新增长点。②装备智能制造有一个核心思想是通过虚拟网络和物理实体进行结合，提升生产技术，包括互联网技术、物联网技术、大数据技术、云计算技术等，达到缩短生产研发周期，降低运营成本，提高生产效率，提升产品质量的目标，降低能耗。因此特别要抓好创新驱动，掌握和运用好关键技术。此外，对工业互联网的探索也将是引领企业自身变革，抓住对国际行业内领先企业"弯道超车"的重要机会。

参 考 文 献

黄满盈, 聂秀平. 2015. 我国工程机械行业转型升级对其他制造业的启示. 经济纵横, 1: 77-81.
刘瑞明, 赵仁杰. 2015. 西部大开发: 增长驱动还是政策陷阱——基于 PSM-DID 方法的研究. 中国工业经济, 6: 32-43.
王友发, 周献中. 2016. 国内外智能制造研究热点与发展趋势. 中国科技论坛, 4: 154-160.
尹庆双, 奉莹. 2010. 金融危机背景下我国政府投资的就业效应分析. 经济学动态, 1: 64-68.
张秀利, 祝志勇. 2014. 城镇化对政府投资与民间投资的差异性影响. 中国人口资源与环境, 24(2): 54-59.
周五七. 2015. "一带一路" 沿线直接投资分布与挑战应对. 改革, 8: 39-47.

撰稿人：张明杨

审稿人：刘军

第19章

"比亚迪"智能制造转型升级的案例研究

19.1　引　言

在工业化与信息化深度融合的背景下，比亚迪作为著名的民族品牌，同时也是世界电动汽车行业与新能源汽车的领先者，凭借自主研发优势正在逐步实现智能制造转型升级。在技术研发层面，比亚迪拥抱互联网，搭建"开放+融合"的新生态创新平台，以"平台化"推动"智能化"；在商业模式层面，比亚迪巩固行业地位，实现国际化的产业布局和品牌效应，以商业模式创新助力智能化。比亚迪在智能制造转型升级过程中的创新性举措对中国制造业发展具有借鉴意义。

19.2　"比亚迪"智能制造的典型性分析

19.2.1　中国汽车行业领先者

"互联网+"时代下，数字化、智能化浪潮势不可挡，智能制造被认为是在新产业格局下获取竞争优势的重要突破口，汽车行业也不例外。作为国内汽车行业的翘楚，比亚迪不仅是具有创新的民族自主品牌，同时也是电动汽车和新能源汽车行业的领先者（肖太明，2013）。2003 年，比亚迪收购西安秦川汽车有限责任公司，正式跻身汽车制造行业，开启民族自主品牌汽车成长之路。经过发展，比亚迪在汽车行业的整车制造、模具研发、新能源等技术领域均达到世界先进水平。根据 *EV Sales Blog* 数据显示，比亚迪 2016 年的电动汽车销量排名世界第一，并且是唯一将电动汽车销往美国、欧盟、日本等高端市场的中国企业。2017 年中国新能源汽车销量榜显示，比亚迪高居国产新能源汽车销量榜首；2017 年，《财富》"最受赞赏的中国公司"明星榜公布，比亚迪位列第五，占据汽车行业榜首。2018 年，车用 IGBT 模块荣膺 *AspenCore* 颁发的"2018 年度中国 IC 设计公司成就奖之年度最佳功率器件"称号，这是中国 IC 产业的最高荣誉。比亚迪领先的核心技术和不俗的业绩奠定了其在汽车行业的领先者地位。

19.2.2　智能制造平台化的先行者

在新一轮科技革命推动下，以"国际化""电动化""智能网联化""共享化"为代表的"新四化"正从趋势逐步变为现实，这对中国汽车产业实现智能制造、由大变强是不可多得的机会。站在历史转折点上，比亚迪坚守"技术为王，创新为本"的战略思想，首次推出包容性"开放"策略，在全球率先推出全新"e 平台"和"DiLink 系统"，开放车载信息系统、车内传感和执行系统，通过连接全球汽车领域的开发者、驾驶者和乘坐者，整合汽车行业上下游生态，与全球合作伙伴共建多维开放的智能网联平台，全面进入平台化制造的"造车新时代"，夯实引领者地位。 数据显示，2017 年，中国在全球电动汽车市场占有率超 60%，新能源乘用车保有量总量占全球份额 50%以上，而比亚迪新能源汽车更是异军突起，连续三年实现产销量全球第一。

在全球工业互联网崛起的新时代下，"中国制造 2025"的主战场就是工业化与信息化的深度融合,而智能制造则是其中关键环节。比亚迪作为中国汽车行业智能制造的成功典范,其先进的发展思路和战略经验无疑能够为中国制造企业转型升级提供借鉴与指导。

19.3 "比亚迪"智能制造转型升级的战略背景

19.3.1 强大的研发实力

智能制造正在变革汽车行业,这一行业发展态势对高精端信息及技术研发提出了更高要求,因此,占据研发市场、取得核心技术优势显得尤为关键(缪小明和耿艳慧,2015)。技术是深入比亚迪"血液"的"DNA",比亚迪始终坚持"技术为王、创新为本"的科技发展理念,把掌握核心技术作为创新的基石(王传福,2007)。据公司公开年报数据所示,比亚迪 2017 年研发投入达 63 亿元,较 2016 年 45 亿元增长约 40%,其中研发费用资本化金额达 25.3 亿元,较 2016 年 13 亿元增长 94.6%。比亚迪先后投入巨资,成立中央研究院、汽车工程研究院等,并配备 1.5 万名高精尖技术团队,先后研发并攻克 542、双擎双模、TID、SBID、遥控驾驶等核心技术难关,实现汽车行业智能化领先生产。截至 2017 年末,比亚迪在汽车领域的专利累计公开总量高达 23740 件,强大的研发实力是比亚迪迅速崛起之根本。

19.3.2 全产业链垂直整合模式优势

凭借独特的垂直整合模式,比亚迪将原材料成本降低到极致,而供应链体系的保障使其拥有相对完整的生产线,使产品力快速提升(杨桂菊和刘善海,2013)。更重要的是,基于独特的垂直产业整合,比亚迪实现集成创新的速度优势,成功打造具有国际水平的技术创新平台,并在 IT、汽车等多领域不断推出领先世界的创新科技(郭燕青和时洪梅,2010)。总而言之,垂直整合模式,保障了比亚迪在原材料供应、原材料成本和产品集成创新的独特优势,助力公司团队成功研发全球首辆插电式混合动力新能源汽车,并最终与同行业竞争者形成技术上代差。

19.3.3 政策环境支持

"十三五"阶段,我国汽车行业正面临"三面夹击、双向挤压"的严峻形势,绿色制造以及产品功能低碳化、信息化、智能化将成为实现智能制造的关键突破口,其中新能源汽车、车联网、AI、共享出行等被列为重要突破点。为助力汽车行业有效实现转型升级,政府积极出台一揽子支持性政策,如"中国制造 2025"、《汽车产业中长期发展规划》、"新能源汽车碳配额"、"双积分"和《汽车产业投资管理规定》等。持续变革的产业政策将更突出对汽车市场及技术进步的推动作用。就比亚迪自身来看,2017 年,公司收到与汽车相关的政府补助 12.7 亿元,占比全年净利润的 1/3 左右;2018 年,新能源补贴政策对技术门槛的提高和项目的细化,使得比亚迪汽车在续航里程、电池能量密度、电控系统方面都有显著提升。

19.3.4 科技环境创造机会

"互联网+"代表着信息共享、空间平台开放。由技术进步带来的信息传递和处理低成本及实时性使企业突破边界，拥有强大的资源整合能力。信息网络、AI、云计算、物联网等技术使企业能够将内部资源、功能、知识、竞争优势分别与不同领域进行融合、利用，进而产生新技术和新产品（姚强强和仪秀琴，2017）。其中，汽车工业与互联网深度融合所形成的技术革新正在改变产业形态，使汽车从产品逐步转变成为互联网化的智能终端。汽车产品的终端化，将为比亚迪技术研发提供更加开放包容的平台，进而使其原本高度集聚的创新格局向更大规模的集群式平台创新演变。

19.3.5 行业竞争带来动力

网联智能化无疑是未来汽车基本配置，而产业形态的变革，也使车企之间由单一的产品竞争向产业链智能系统竞争转型。传统车企与互联网科技公司的产品开发和技术合作，变成争夺行业竞争主动权的重要途径（张化尧等，2012）。2013 年，微软在全球设立首个汽车产业创新中心；2015 年 3 月，上海汽车集团与阿里巴巴宣布合作，共同打造互联网汽车（刘美杉，2017）；2016 年 10 月，特斯拉发布自动驾驶系统硬件升级；2017年，北汽集团与长安汽车均表明，正在与百度、科大讯飞等互联网企业合作，实现汽车智能化领域的跨界创新。面对全新竞争格局，传统车企与互联网新贵纷纷摩拳擦掌，对于比亚迪而言，搭建开放共享的技术创新平台，实现核心技术与全新市场的无缝对接，是在智能时代获得先发优势的关键。

19.4 "比亚迪"智能制造转型升级的战略推进

19.4.1 战略定位

大而不强是我国制造业的现状，也始终是汽车企业的一大痛点。在 2017 年全球品牌价值 100 强榜单上，只有 2 家中国企业入围，且位次靠后。为此，比亚迪企业负责人表明"企业的品牌形象要跟技术地位相符"，并提出 "面向全球开发者开放汽车智能开发平台"的重大战略转变。根据比亚迪的最新战略规划，在定位上，比亚迪不再仅仅是一家汽车制造企业或电池公司，而是"新能源整体解决方案开创者"，为了让多个团队发挥协同发展优势，公司对内部组织架构进行重组。 在"用技术创新，满足人们对美好生活的向往"的全新使命下，比亚迪将以技术创新、流程创新和管理创新为动力，全面提升产品力和品牌价值，进入"国际化、电动化、智能化"的造车"新时代"。

19.4.2 战略重点

我国想要从制造大国转变为强国，需要依靠企业共同努力。在企业的发展历程中，比亚迪依靠科技创新和匠心精神，成功打造出国际领先水平的科技研发平台，在新材料、汽车驾驶、新能源等领域积累了丰富的开发经验，不断推出领先世界的新科技，为我国智能制造添上浓墨重彩的一笔。比亚迪的智能制造转型的重点领域并不是传统的汽车制造领域,而是聚焦于汽车产业发展的两个新兴领域:汽车智能化与新能源汽车。

1. 智能驾驶领域

当国内多数车企还在依靠进口发动机时,比亚迪已率先研发并推出 TID 黄金动力总成,并于 2011 年成功推出涡轮增压缸内直喷 TI 发动机和 DCT 自动变速箱,荣获多项汽车领域大奖;随后,其全球领先的双向逆变充放电技术,成功实现车辆之间相互充电的构想;S6 通过 C-NCAP 安全认证,是中国自主品牌首款在该认证体系获评五星的安全SUV;而其自主研发的短距离可视范围内遥控驾驶技术,更是全球首创。此后,比亚迪推出的 $PM_{2.5}$ 绿净技术、云服务等更是汽车智能装备追求极致的体现。

2. 新能源汽车领域

2008 年底,比亚迪 F3DM 双模电动汽车成功上市,这是全球首款不依赖专业充电站的新能源汽车(王洪泉,2012)。比亚迪预言"比亚迪将通过该车型占领新能源汽车的市场先机"。此后,公司又陆续发布"秦""唐""宋 DM"等插电式混合动力车型,真正在动力总成上实现全面领先。2017 年,比亚迪银川云轨线路正式建成通车,该项目在云轨的自主知识产权和商业运营上实现突破。比亚迪技术研发成就不胜枚举,不仅引领行业风向,更促进我国制造业的转型升级。

19.4.3 战略举措

1. 以"平台化"推动"智能化"

跨域 IT、汽车行业的比亚迪在智能制造和互联网思维等领域具有先发优势。当下,网络化、智能化已成为汽车科技的主要趋势,比亚迪对如何打造智能汽车生态环境有其独到而清晰的规划:首先,把每辆汽车都转变为一个智能设备;然后,智能设备之间能通过通信实现良好沟通;最后,每一个模块都能与周围环境和其他类型的智能设备实现互动。为此,比亚迪推出全开放实时连接互联网的"平台化"车机系统:"e 平台"和"DiLink 智能网联系统",向智能化方向发力(甄文媛,2016)。

(1)"e 平台"实现全行业产品研发技术共享。"e 平台"是比亚迪为开发新能源和自动驾驶等全新汽车技术而专门构建的产品研发平台。相比于其他车企在原有车型上进行修修补补,比亚迪的"e 平台"可以实现对新车型的彻底正向设计,从而大幅降低汽车制造成本。比亚迪用一组数字"33111"来概括"e 平台"的基本构成和主要特点。2个"3"指的是驱动"3 合 1",高压"3 合 1";3 个"1"就是"1 块板""1 块屏"和"1块电池"。比亚迪要把"e 平台"的所有技术与全球同行共享,加速迎接电动化出行时代的到来。

(2)"DiLink 智能网联系统" 打造智能共享式软硬件应用平台。"DiLink 智能网联系统"涵盖 DiPad、Di 云、Di 生态和 Di 开放 4 大平台,完成人-机-车-云全方位连接。"DiLink 智能网联系统"将重新构建汽车行业应用车联网的模式,迈入人车网联的新纪元。在"DiLink 智能网联系统"中，国际首创的智能自动旋转大屏 Di 平台，将手机生态尽涵其中；而 Di 云是基于互联网、车联网、大数据和 AI 所产生，凭借强大的云平台，实现用户全面、实时的互联网应用体验；更重要的是，"DiLink 智能网联系统"将汽车绝大部分传感器（共 341 个）和 66 项控制权进行共享，搭建多维开放式创新平台，与全球开发者共造梦想汽车，实现真正意义上的互联互通，从而形成强大的智能汽车生态系统。围绕平台的生态系统一旦形成，作为平台的所有者，比亚迪将具备主导整个产业生态系统的巨大影响力。

2. 以商业模式创新助力"智能化"

商业模式领域的创新为比亚迪智能化转型提供了强大助推力（章博文和李显君，2018）。主要表现在 3 个方面。

（1）全市场战略巩固行业地位。比亚迪提出"7+4"全市场战略布局的深化，使其逐步成为新能源汽车行业领先者。其中"7"表示 7 大常规领域，即城市公交、出租车、道路客运、城市商品物流、城市建筑物流、环卫车、私家车；"4"代表 4 大特殊领域，即仓储、矿山、机场、港口。比亚迪力图在道路交通领域用电能取代油耗，逐步完成全市场布局，将电动化交通落实到底。2015 年，比亚迪新能源汽车以 7 万辆的年销量，高居全球市场占有率榜首；2016 年，比亚迪在全球的总销量约 11.4 万台，同比增长 62.86%，继续位居全球第一；2017 年，比亚迪新能源汽车销量连续第三年全球领先。此外，比亚迪在新能源、轨道、新材料技术等多领域展开开放式战略合作，行业地位进一步巩固，品牌影响力进一步增强。

（2）全球视野构建世界生产研发格局。现在，比亚迪在全球共有 30 个生产基地，其中在美国、巴西、印度、日本、匈牙利等 5 个国家设有生产基地，电动汽车遍布全球 50 多个国家和地区的 240 个城市。与此同时，动力电池产能实现 16GW·h/年，位居全球第一。这一系列成果反映出，凭借全球 22 万员工和 2 万多研发人员，比亚迪基本实现了 IT、汽车、新能源、轨道交通的核心产业布局和"全球跑、全球造、全球雇"的国际化商业模式。

（3）广泛开展多元化战略合作。2017 年 12 月，比亚迪与万科集团签署协议，双方将共同探索轨道+物业新模式；2018 年 4 月，中国运载火箭技术研究院与比亚迪基于技术与项目的互补优势，在新能源整车、零部件、云轨、商业航天等领域展开合作；2018 年 6 月，比亚迪、百度 Apollo、大道用车三方达成战略合作，重点探索无人驾驶技术在新能源汽车领域的开发运用。如今的比亚迪，正在深度整合内外部资源，向重点行业集中发力，以点带面推动产业整体发展。

19.5 本章小结

在新科技革命时代下，"云计算""互联网+"等新产业形态为我国制造业实现跨越式发展迎来机遇。比亚迪在智能制造转型中，凭借其在智能技术和互联网领域的独特优势，通过自动遥控、云服务、BDI 技术、智能网联等技术实现智能化进阶。技术是深入比亚迪"血液"的"DNA"，强大的研发实力是比亚迪的根本。正如其企业负责人所言："要坚持技术与创新，不只是产品、战略及商业模式的创新，一切都要高度重视技术，只有技术才能让企业永葆竞争力。"展望未来，比亚迪将把握汽车行业发展的历史机遇，进一步加强研发，补足短板，在人工智能的大风口下，迎风而上，以国际化视野汇聚全球顶尖人才，打造颠覆传统的先进技术和代表未来智能科技的产品，重新定义"中国车"。

十九大报告明确提出，在"智能制造"发展浪潮下，要加快建设制造强国，加快发展先进制造业，促进产业迈向全球价值链中高端。伴随着"大数据""云计算"的推陈出新，中国汽车行业应发挥后发优势，抓住智能制造这一转型契机，乘势而上，走一条平台化和智能化并行的创新升级之路。

比亚迪的历程为中国制造企业尤其是车企的转型升级提供了深刻的启发：①智能制造转型升级要以提高创新能力为本。作为发展中国家后发企业在智能制造转型升级时，要明确自身的技术优势，聚焦制造过程的核心环节，整合现有各类科技资源，展开关键共性技术研发。②树立前瞻性视野，夺取未来技术制高点。在信息飞速传递的互联网时代，具备快速获取并分析信息的能力，是抢占行业制高点的前提。汽车行业技术更迭速度极快，企业应加强在海外建设研究基地，利用互联网与世界各国结成密切合作关系，并将此视为获取行业动向信息的重要途径。③平台化与智能化融合，构建以关键产品和技术为核心的生态系统。平台已经成为一种重要的经济组织形式（田洪刚和杨蕙馨，2015）。平台模式不但具有很强的创新资源整合能力，同时还具有很强的系统主导性；平台模式不但能带来创新能力的飞速增长，也会使平台所有者成为整个产业系统的主导者。国内制造企业应该把握时机，适时的将核心产品或技术实现平台化共享，从而获取强劲的竞争优势。④商业模式创新是促进产品快速贸易化的关键力量。企业应通过商业模式创新，不断巩固行业地位，完善体系架构，实现产业链内优势资源互补和资源高效配置，助力智能化转型升级。

参 考 文 献

郭燕青, 时洪梅. 2010. 比亚迪新能源汽车开发中的创新方式研究. 管理案例研究与评论, 03(6): 469-478.

缪小明, 耿艳慧. 2015. 企业技术创新战略制定过程可视化研究——以西安比亚迪汽车为例. 科技进步与对策, 4: 62-66.

刘美杉. 2017. 大数据背景下 A 车企车联网发展战略研究. 北京: 北京交通大学.

田洪刚, 杨蕙馨. 2015. 产业链环节重塑架构下平台问题研究. 上海经济研究, 6: 61-69.

王传福. 2007. 创新是企业成长的原动力. 工业审计与会计, 3: 14-15.

王洪泉. 2012. 比亚迪新能源汽车战略分析. 天津: 天津大学.

肖太明. 2013. 比亚迪电动公交市场发展策略分析. 上海: 上海交通大学.

杨桂菊, 刘善海. 2013. 从 OEM 到 OBM: 战略创业视角的代工企业转型升级——基于比亚迪的探索性案例研究. 科学学研究, 31(2): 240-249.

姚强强, 仪秀琴. 2017. 基于 SWOT 分析法下华为战略发展研究. 农场经济管理, 12: 23-25.

张化尧, 李德扬, 谢洪明. 2012. 技术截断下的中国民营汽车企业能力升级研究: 以奇瑞、比亚迪和吉利为例. 科学学与科学技术管理, 33(2): 122-130.

章博文, 李显君. 2018. 商业模式与新进入者领先: 来自电动汽车产业的实证研究. 科技进步与对策, 2: 59-65.

甄文媛. 2016. 比亚迪: 低调的智能化进阶. 汽车纵横, 7: 45-47.

撰稿人：花磊

审稿人：李廉水